叢書・ウニベルシタス　1104

新しい思考

フランツ・ローゼンツヴァイク
村岡晋一・田中直美 編訳

法政大学出版局

新しい思考 ● 目次

第Ⅰ部 『救済の星』について

1 新しい思考──『救済の星』についてのいくつかの補足的な覚書 … 5

2 『救済の星』の「原細胞」 … 53

第Ⅱ部 自由ユダヤ学舎と教育について

5　神についての学 …… 165

6　人間についての学 …… 197

7　世界についての学 …… 221

8　自由ユダヤ学舎——『学報』のための序文 …… 243

9　教育ときりのなさ（『コヘレトの言葉』第一二章一二節）
　——現在のユダヤ人教育問題、とくに民衆大学問題についての願い …… 249

10　新しい学び …… 275

11　国家におけるユダヤ人 …… 287

第Ⅲ部　翻訳について

12　新ヘブライ語？——スピノザ『エチカ』の翻訳にさいして … 295

13　文字と言葉——新たな聖書翻訳のために … 309

14　『イェフダ・ハレヴィ』のあとがき … 321

15　聖書とルター … 353

16　「永遠なる者」——メンデルスゾーンと神の名前 … 401

第Ⅳ部　人について

18 護教論的な思考——ブロートとベックについての所見 445

19 マルティン・ブーバーの博士論文のある箇所について 467

20 入れ替えられた前線 473

編訳者あとがき 巻末
人名索引 479

凡　例

一、底本には、Franz Rosenzweig, *Kleinere Schriften*, Berlin 1937 Schocken Verlag（『小論文集』と略記）、*Franz Rosenzweig Collection 1832–1999*, Internet Archive（コレクション版と略記）を用い、Franz Rosenzweig, *Der Mensch und sein Werk Gesammelte Schriften*, Haag Martinus Nijhoff（全集版と略記）を参考にした。参照した英訳と邦訳は以下のとおりである。

英　訳

Franz Rosenzweig, Philosophical and theological writings, translated and edited, with notes and commentary, by Paul W. Franks and Michael L. Morgen, Hackett Publishing Companiy, Inc., 2000（「新しい思考」、「『救済の星』の「原細胞」」、「護教論的な思考」、「入れ替えられた前線」）

Franz Rosenzweig, God, Man and the World, Lectures and Essays, edited and translated from German by Babara E. Galli, Syracuse University Press 1998（「神についての学」、「人間についての学」、「世界についての学」、「信仰と知識」）

Scripture and Translation Martin Buber and Franz Rosenzweig, translated by Lawrence Rosenwald, Everett Fox, Indiana Univesity Press 1994（「文字と言葉」、「聖書とルター」、「永遠なる者」）

Franz Rosenzweig On Jewish Learning, edited by N. N. Glatzer, University of Wisconsin Press 1955（「自由ユダヤ学舎」）

邦　訳

合田正人・佐藤貴史訳「新しい思考――『救済の星』に対するいくつかの補足的な覚書」『思想』第一〇一四号、岩波書店、一七五～二〇三頁、二〇〇八年。

三ッ木道夫訳「イェフダー・ハレヴィー訳詩集へのあとがき」（上）『コミュニカーレ』第六号、同志社大学グローバル・コミュニケーション学会運営編集委員会編、八九～一〇二頁、二〇一七年。（下）『コミュニカーレ』第八号、六三～

七七頁、二〇一九年。

三ッ木道夫訳「聖書＝文書とルター」（上）『言語文化』第一三巻第三号、同志社大学言語文化学会運営編集委員会編、三〇五～三二一頁、二〇一一年。（下）『言語文化』第一四巻二・三号、二三五～二六三頁、二〇一二年。

村岡晋一訳「取り替えられた前線」『現代思想』第二二巻第四号、青土社、一八二～八五頁、一九九四年。

二、各章の冒頭に訳者による解題を付した。原註は番号（原註1、原註2、原註3）を、訳註は番号（1、2、3）を行間に付して各章末にまとめた。

三、『　』は原書の書名イタリック、傍点は原書の強調イタリック、「　」は原書の引用符である。（　）は原書によるものか、訳者が原語を示すために使っている。

四、〔　〕は訳者による補足、〈　〉は訳者による強調である。

五、［　］はコレクション版と全集版のテキストの異同、または全集版による補足を示す。

新しい思考

第Ⅰ部　『救済の星』について

1　新しい思考――『救済の星』についてのいくつかの補足的な覚書

一九二五年二月にフランクフルトで執筆。『モルゲン（*Der Morgen*）』誌（一九二五年、第一巻第四号）に発表され、一九二六年に『二つの川のあいだの土地（*Zweistromland*）』、一九三七年に『小論文集』三七三～九七頁に再録された。現在では、全集版第三巻一三九～六一頁に収められている。主著『救済の星』があまりにも難解すぎるという読者からの苦情に答えて、主著の論旨が簡潔にまとめられている。『健康な悟性と病的な悟性（*Das Büchlein vom gesunden und kranken Meschenverstand*）』（一九二一年）とともに、著者自身による主著の解説書として重要である。

私はかつて『救済の星』を序論なしに世に送りだした。哲学者たちが付けるおきまりの序文の二の舞を演じるのを恐れたからである。彼らの序文は、ガチョウが卵を産んだあとでガアガア鳴くようにうるさくがなりたて、読者にはまだなんの咎もないのに――なにしろ一度もその本を読んでいないのだから――、無礼にも読者を侮辱する。冷静なカントでさえこの危険を免れていないし、ショーペンハウアーにいたるまでの騒々しい後継者たちとなるとなおさらだ。私は以下の覚書で出版当時には幸いにも気づかれずにすんだ誤りを正すつもりはないし、事実また『救済の星』がいつか再版されるとき、冒頭か末尾にこの覚書を再録するつもりもけっしてない。この覚書は、『救済の星』が出版されてから四年間に呼びおこした反響にたいする応答である。とはいえ、『救済の星』が拒絶されたことへの応答ではない。それは私がどうこうできることではない。むしろ、まさに『救済の星』が受けいれられたことにたいする応答である。門前払いをくらわされたのなら、なにも失うものはなかった。しかし、好意的に敬意をもって受けいれられたために、私はしばらくのあいだ慣例にしたがって紹介され、それに応じてさまざまなかたちの儀礼的な丁重さで客人としてもてなされた。だがそのあと、ある日しかるべきときに仮面を脱ぎすて、儀礼的な関係から個人的な関係が生まれる――あるいは生まれない――ような決定的な瞬間を呼びよせることはおそらく許されるし、それどころか礼儀にしたがえばおそらくそうしなければならない。ある日いつか避けられなくなるこの真理を求める行為によって、当然ながらこれまで無邪気に享受されてきた社会関係の快適さを危険にさらすはめになることは、十分に覚悟しておかなければならない。

なにしろ、じつのところ『救済の星』がこれまで受けいれられてきたのは、私と同じくらい、あるいは私よりもうまく書ける人びとのわずかな集団を除けば、あくまでそうした「社会的なとり違え」のおかげだからである。『救済の星』は「ユダヤ教の書物[1]」として買われ――さらに憂慮すべきことに――そのようなものとして読まれもした。この書物は、読まれないままに――すでに述べたようにもっとゆゆしいことに、たとえ読まれたとしても――さまざまな手段で古い律法への帰路を見つけようとする一部のユダヤ人青年の書物だとみなされている。たしかに、そうみなされても私個人にとってはそれでよいのかもしれない。タルムードのパリサイ派や教会の聖人たちが知っていたこと、つまり、人間の理解力が及ぶのはその行為が及ぶ範囲までだということは、人間の名誉のために言えば、〈理解されること〉にもあきらかにあてはまるからである。しかし、読者は〔ユダヤ的な書物だという」先入見のせいで『救済の星』にいくつかの――余計な――難解さを見いだすだろうし、購入者は――まったく当然ながら――失望するだろう。以下で私は、読者のためにそうした難解さをいくらかでも軽減し、他方で購入者の失望をいくらかでも和らげることに努めたい。購入者は、すばらしいユダヤ教の書物を手に入れたと思っていたのに、そのあとで、最初の批判者のひとりのように、それがけっして「各家庭のだれもが普段使いするには向いていない」ことに気づかざるをえなかった。私は『救済の星』を、その批判者が簡潔明瞭に述べた以上に適切に述べることはできない。『救済の星』はじっさい、各家族のだれもが普段使いするには向いていない。それはそもそも「ユダヤ教の書物」ではないし、すくなくとも私にとても腹を立てた購入者たちがユダヤ教の書物としてイメージしているようなものではない。たしかに、『救済の星』はユダヤ教をあつかっているが、キリスト教よりも詳しくあつかっているわけではないし、イスラム教よりわずかばかり詳しくあつかっているにすぎない。宗教哲学であると主張しているのでもけっしてない――宗教という言葉がこの書物にそもそも現われないのに、どうしてそんなことが主張できようか！　むしろ、『救済の星』はひとつの哲学体系にすぎない。

　とはいえたしかに、専門家であれ素人であれ読者が〔『救済の星』が与える〕哲学に、たとえそれが哲学であっても不満を抱くのはしごくもっともである。というのも、この哲学は思考のたんなる「コペルニクス的転換[2]」を惹き起こしたいわけではないからだ。コペルニクス的転換をなしとげた人は、そのあとではたしかにあらゆるものが逆転するのを見るが、それでもやはり以前にもすでに見ていたのと同じものを目にするにすぎない。むしろこの哲学が惹き起こしたいのは、思考の完全な更新である。

もし私が、みずから考えだしたとも、現在それを教えられるのは自分だけだとも、思わないような思考についてではなく、自著についてのみ語りさえすればよいのであれば、私はそんなことは語らないだろう。だが、常識はつねにそう考えてきたし、すくなくとも現代の思想家たちは、ユーバーヴェークとハインツェ[3]が今日期待しうる以上に多くの人がそう考えている。〔思考の更新という〕いま述べたことは『救済の星』を推奨することにはならず、むしろ逆である。というのも、専門家であれ素人であれ新しいものなど望んでいないからである。専門家が喜ぶのは、新しいことを学んでも相変わらずこれまで通りやっていけるときである――そうでないなら、彼はけっして専門家ではないだろう。素人は、いつか「哲学に興味をもつ」ことがあっても、これまた新しい革命的な哲学ではなく、「定評のある哲学」つまり「現在の哲学」を提供してもらいたがる――そうでないなら、彼はけっして素人ではないだろう。読者はこの二つの人間集団からなっているのだから、私は〔思考の更新を主張したからといって〕自著を推薦することになるのではないかなどと恐れることなく、みずからが語ったことを語ってもよいのである。

　哲学体系というものは、神聖視された慣習にしたがえば、論理学と倫理学と美学と宗教哲学からなる。『救済の星』は三巻本であるにもかかわらず、この慣例を破っている――一巻にまとめて出版されたのは、当時の出版事情によるものでしかなく、出版業者氏の約束では、第二版以降は本来の三巻本で出版されることになっている。たしかに『救済の星』は、ちゃんとした体系という〔いわば〕混合飲料の成分の四つ目〔宗教哲学〕を除けば、ほかのすべてを含んでいる。論理学は、とくに第一巻第二章、第二巻第一章、第三巻第三章に、倫理学は、第一巻第三章、第二巻第二章と第三章、第三巻

第一章に、美学は第一巻と第二巻の全章と第三巻第二章に含まれている。[4] しかし、奇妙な配置からすでにわかるように、この哲学の体系原理は〔従来のものとは〕異なる。〔『救済の星』という〕表題もまた、――要素、軌道、形態という――天文学になぞらえた三つの巻の題名を統合することによって、この原理を示唆しようとしている。[5] ただちに悪評を招いた第一巻の一連の定式がおこなおうとするのは、なじみの問題提起から新しい問題提起へのそうした移行にほかならない。いまからこの第一巻とその定式に向かうことにしよう。

　読者は哲学書の最初の数頁に特別な敬意を払うものである。最初の頁がそれ以降のすべての頁の基盤だと信じているからだ。そのために、読者は全体を論駁するには最初の数頁を論駁すれば十分だと思いこんでしまう。カントが『〔純粋理性〕批判』の冒頭で展開したような空間・時間論に途方もない関心が寄せられるのも、[6] ヘーゲルを『論理学』の〔存在、無、生成という〕最初の三段階によって「論駁」したり、[7] スピノザをその定義によって「論駁」するような[8]滑稽な試みがなされるのも、そのためである。その結果、一般読者（general reader）は哲学書を前にするとお手上げになってしまう。彼らは、哲学書は「とりわけ論理的」であるにちがいないと考え、論理的であるということを、そのつど次の文がすぐ前の文に依存していることだと理解するので、〔哲学書から〕有名な文の石ひとつでも引きぬかれれば、「全体が崩壊する」と考えてしまう。しかしじっさいには、哲学書ほどそうでないものはない。哲学書においては、文は前の文からではなく、むしろはるかに後ろの文から帰結する。ある文や段落がまだ理解できていないからといって、なにひとつ理解できないままにしてはいけないという誠実な信念のもとに、その文や段落をたとえばくり返し読んだり最初から読みかえしても、ほとんど役にたたない。哲学書にかんするかぎり、ひとつの要塞たりとも征服しないまま背後に残してはならないと考える秩序だった旧体制《アンシャン・レジーム》の戦術は役にたたないのである。哲学書はナポレオンのやりかたで征服されなければならない。つまり、敵の主力を大胆に攻撃して勝利すれば、小さな国境要塞はおのずから陥落するだろう。したがって、なにかを理解していない人が解明をもっとも確実に期待できるのは、勇気をもってさらに読みすすむときである。初心者にとって、さらにまた、先に引きあいに出した事例が示すように初心者でない多くの人にとっても、こうした規則が受けいれがたい理由は、考えることと書くことが同じではないからだ。じっさい考えることにおいては、ひとつの動きが何千という結びつきを生みだす。書くことにおいては、この何千という結びつきが何千という行の連続へときれいに並べられなければならない。現にショーペンハウアーは、自著の全体はただひとつの思想を伝達しようとするのだが、自分はそれを自著より簡潔に伝達できないと語っている[9]。したがってたしかなのは、哲学書がそもそも読むに値するなら、冒頭が理解されていないか、すくなくとも誤って理解されているばあいだけだということだ。というのも、書物が説明を始めるやいなや「それがどうなっていくのか」がただちにわかってしまうなら、それが伝える思想はすでにあきらかに知られているのだから、熟考する（nachdenken〔あとから考えてみる〕）にはほとんど値いしないからだ。〔しかし、〕こうしたすべてがあてはまるのは書物だけである。なにしろ、書物だけは流れさる時間をいっさい気にせず書いたり、読んだりできるからである。語ることと聞くことは別の法則に従っている。とはいえ当然それは、じっさいに語ることと聞くことだけであって、「講義」と自称するようなものではない。というのも講義のばあい、聞き手は自分が口をもっていることを忘れなければならず、したがってせいぜい〔講義を〕書きとる手にしかなれないからだ。だが、書物とはまったくそういうものである。

理解をめぐるこうした主要な戦いがいったいどこでおこなわれ、したがっていったいどこで全体が一目で見渡せるようになるかは、あらかじめ言えない。一般に、その場所はおそらく書物の最後の頁より前にすでにあるが、書物の真ん中より前にあることはまずなく、二人の読者にとってまったく同じ箇所にあることがほとんどないのは確実である。すくなくとも、自立した読者であって、あまりに学識があるために最初の言葉を読む前に早くも書物になにが書いてあるかがわかったり、あまりに頭が悪いために最後の言葉を読んでもまだそれがわからない読者でないならそうである。いま述べた読者のこの二つの特徴は、これまでの書物ではたいてい二種類の人間、たとえば教授と学生に割りふられていたが、最近の書物では同一人物がかねそなえていることがよくある。

ここでふたたび『救済の星』に戻ろう。哲学書の冒頭を読む賢明な方法についてたったいま述べたことはすべて、『救済の星』の第一巻にあてはまる。したがってなによりもまずこうである。急げ！　止まるな！　重要なことがまずやってくる！　そして、難解なもの、たとえば無の概念や、「さまざまな無（Nichtse）」の概念――この概念はここでは方法論的な補助概念にしか見えないだろう――の内容的な意味は、第一巻の短い結びの節〔「移行」と題された節〕ではじめてあきらかになり、それどころかその究極的な意味は、本書全体の最終章〔第三巻第三章〕ではじめてあきらかになる。ここ〔第一巻〕に書かれているのはまだ、古い哲学の矛盾の論証と同時に救出でしかない。この逆説とも見えるものを説明すれば、おそらく第一巻の意図を読者にもっともあきらかにできるだろう。

すべての哲学は「本質」を問うてきた。どんな哲学もこの問いによって、常識の非哲学的な思考からみずからを区別している。つまり常識は、事物が「本来的に（eigentlich）」なんであるかなどとは問わない。常識にしてみれば、イスがイスであることを知っているだけで十分なのだ。常識は、たとえばイスが本来的にはなにかまったく別のものであるかどうかなどは問わない。哲学が本質を問うときに問うているのは、まさにこのことである。世界はけっして世界であってはならないし、神はけっして神であってはならないし、人間はけっして人間であってはならない。すべては「本来的には」なにかまったく別のものでなければならない。なにしろ、それらが別のものでなく、じっさいにあるがままのものでしかなければ、結局のところ哲学は、すくなくとも是が非でも「まったく別の」なにかを探りだそうとする哲学は、余計なものになるだろう――そんな馬鹿な！　とんでもない！

　たしかに、これまでのすべての哲学は、これらの哲学について大学で得た私の知識の及ぶかぎりで言えば、そうしようとしてきた。毎年四回発行される厳密で労苦をいとわない『カント研究』[10]の展望を信頼してよければ、カラス〔これまでの哲学〕はあいかわらず山の周りを飛んでいる（若いアトリが美しいくちばしをもちながら、カラスの思惑どおりにカアカアと鳴こうとあいかわらず努力し、しかも気の毒にもそれをうまくやりおおせているのは、残念なことだ）。そのつどあるものを別のものに「還元」するさまざまな可能性が、あいかわらず飽くことなく入れかわり立ちかわり現われてくるが、その可能性は大雑把に見れば、ヨーロッパ哲学の三つの時代――宇宙論的古代、神学的中世、人間学的近代――を特徴づけるものである。とりわけ近代のお気に入りの思考は、当然ながら「自我」への還元である。[11]世界の経験や神の経験をそれらを経験する自我に還元したり「基礎づけ」たりすることは、学問的な思考にとって今日でもなおあまりに自明なので、この定説を信じず、むしろみずからの世界の経験を世界に、神の経験を神に還元しようとするような人は、頭っからまともに相手にしてもらえない。この哲学はそもそも還元をきわめて自明視しているので、そのような異端者を火あぶりにすることをすすんで引き受けるさいには、禁じられたやりかたで還元したという理由だけで告発し、すべては世界であると語る「極端な唯物論者」としてか、すべては神であると語る「神秘主義的な熱狂者」として火あぶりにする。〈すべては……「である」〉などとそもそもだれも語ろうとしなかったとは、この哲学には考えもつかない。しかし、「すべてのもの」に向けられた、〈なんであるか〉というこの問いのうちにはすでに、答えの誤りのすべてが含まれている。〈……は……である〉という文は、わざわざそれを口に出すに値するというのであれば、「である」の述語の部分に、主語の部分にはまだ存在しなかった新しいものをつねにもたらさなければならない。したがって、そのような種類の〈である〉の問いが神と世界に向けられるなら、〔述語の部分に〕自我が現われても驚いてはいけない――いったいほかになにが残っているだろうか！　なにしろ、ほかのすべて、つまり世界と神は、「である」の主語の部分にすでに与えられているのだから。汎神論者とその共同出資者である神秘主義者が、世界と人間は神的な「本質」をもつことを発見するばあいにも、あるいは、別の会社に属する唯物論者や無神論者が、人間は「自然の」産物でしかなく、神は「自然」の鏡像でしかないことを発見するときも同じである。

　しかし、じっさいにはすべての哲学の〔神、世界、人間という〕この三つの究極にして第一の対象は玉ねぎのようなものであって、好きなだけ皮を剝けるが、たどりつくのはいつもきまって玉ねぎの皮でしかなく、「まったく別のもの」ではない。「である」というささいな言葉の〔主語をまったく別のものに〕変化させる力によってきまって邪道に陥るのは、思考ぐらいのものである。経験はどれだけ深く入りこもうとも、いつもふたたび人間のなかに人間的なものだけを、世界のなかに世界的なものだけを、神のなかに神的なものだけを発見する。そして、神のなかにのみ神的なものを、世界のなかにのみ世界的なものを、人間のなかにのみ人間的なものを発見する。哲学の終焉（Finis philosophiae）だって？　そうなれば、哲学にとってはますますゆゆしい事態になるだろう！　しかし、私はそれほどゆゆしい事態になるとは思わない。たしかに、この地点で哲学はその思考とともに終焉を迎えるだろうが、むしろここでこそ経験する哲学（die erfahrende Philosophie）が始まりうる。

　いずれにせよ、これが『救済の星』第一巻の要点である。第一巻が教えようとするのは、哲学的思考の〔神、世界、人間という〕この三つの重要な基礎概念のうちのどれもたがいに還元されえないということにすぎない。〔ところが〕この教えは、印象的なものにしようとして肯定的なかたちで表現される。つまり、どの概念もほかの二つの概念に還元されえないということではなく、むしろ反対に、そのどれもがただそれ自体にのみ還元されうるということが示されるのである。どの概念もそれ自体「本質」であり実体であって、そのさいこの表現はまったく形而上学的な重みをもっている。スピノザは自著の冒頭で、スコラ哲学の実体概念を一八〇〇年の偉大な観念論者たちに手渡した。(12) この点で彼はヨーロッパ思想の二つの時代の重要な仲介者である。なぜならほかでもなく、彼は実体概念を過ぎさった時代のように神学的にでもなければ、来るべき時代のように人間学的にでもなく、宇宙論的・自然主義的に理解し、それによって実体概念を形式化し、それゆえ変更可能なものにしたからである。そのさい、スピノザは周知のように、実体をそれ自身において存在し、それ自身によって理解されるものと定義した（〔周知のようにという〕筆者のこうした厚かましい言葉をまずここで使っても許されるだろうし、読者は〔それを知らないことに〕赤面することもないにちがいない。なにしろ、読者は哲学書の最初の文章を知っているのが普通だからである）。第一巻の三つの章の難解だが建設的な部分の意図を説明しようとすれば、ここで「本質」概念の〔神、世界、人間という〕三つの可能な担い手のそれぞれにかんして、どのようにしてそれらがそれぞれの仕方でこの定義を満たすかを語る以上に適切なことはないだろう。私のもとで「然り（ja）」が意味するものは、スピノザの定義の「それ自身で存在する（in se esse）」に対応し、私のもとで「否（nein）」が意味するものは、「それ自体によって理解される（per se percipi）」に対応する。とはいえ、それがけっして同じではないのはもちろんである。なにしろ、私が本論文全体において『救済の星』の読者に与えるのはヒントにすぎないからである。本論文に書いてあることを知りたければ、『救済の星』をすでに読んでいなければならない。私には読者のその労を省いてやることはできない。

しかし、いずれにせよいま述べたことによって、私は著者としてできるかぎり――つまり頭のよい読者よりは確実に描く――第一巻の傾向を示せたと思う。本質の問いには同語反復的な答えしかない。神はただ神的でしかないし、人間はただ人間的でしかないし、世界はただ世界的でしかない。それらには好きなだけ深く竪穴を掘ることができるが、発見されるのはいつもふたたびそれら自身にすぎない。これは三つすべてに一様にあてはまる。神の概念もけっして特殊な地位にはない。神の概念は、概念であるかぎり、人間の概念や世界の概念よりも手が届かないわけではない。逆に、人間の本質も世界の本質も――本質であるかぎりは！――、神の本質よりも――本質であるかぎりは！――到達可能というわけではない。われわれは、それらすべてについて同じくらい多くを知っているし、同じくらいわずかしか知らない。つまり、すべてを知っているし、なにも知らない。われわれはそれ自体で受けとられた神が、人間が、世界がなんで「ある」かをきわめて厳密に知っており、経験の直観知によって知っている。それを知らないなら、どうしてそれについて語れるだろうか。とりわけ、どうしてそれらの二つをそのつどたがいに「還元」したり、そのつど別の二つの還元可能性に反論したりできるだろうか！　それに、〔主語を別のものに〕「変化させる」思考の狡猾な知識をもってしても、われわれは神や世界や人間がさらにそれとは別のなんであるかをまったく知らない。それを知っているなら、われわれをくり返し巧みに説得してこの問いを問わせ、このような還元の試みをさせるそうした知識にたいして、あの直観知はなおどうしてあんなふうにもちこたえられるだろうか。認識のおんどりが鳴けば、幽霊は姿を消すものである。〔しかし、〕この幽霊はけっして姿を消さない。われわれが神、世界、人間というこれらの本質のあるものは近く、ほかのものは遠いと信じているのも、それと関連する内在と超越という馬鹿げた用語の誤用も、その本質を現実と混同しているせいである。それらの現実のあいだには、たしかにさまざまな近さと遠さ、接近と隔たりがあるが、これらが硬直化して存在の性質になることはないし、したがってたとえば、神は超越的で「ある」ということにもならない。そうではなくむしろ、神、世界、人間は本質であるかぎりたがいに同じようにまったく超越的だが、現実についてはそれがなん「である」かは言えない。言えるのはただ——しかし、それはまだここで論じるわけにはいかない。

しかし、われわれはいったいこの〔神・世界・人間という〕現実的なものについてすべてを知っていることとなにも知らないことのほかに、そしてそのあいだにあるものについて、いったいなにを知っているだろうか。すくなくとも〈なにか〉をもまた知っている。つまりそれはわれわれが神的、人間的、世界的という言葉で思い浮かべているものにほかならない。なにしろ、われわれはそれによってまったく特定のもの、たがいに取り違えようのないものを思い浮かべているからである。それはいったいなんだろうか。この〔神的、人間的、世界的という〕三つの形容詞は、三つの本質をたがいに切りはなされた状態で、非現実的であると同時に具象的なものとして際だたせるが、この三つの本質がそのようなものとして見いだされるのはどこにおいてだろうか。ここで〔第一巻の〕第二のモティーフがあきらかになる。このモティーフは、論理的・形而上学的な第一のモティーフと絡みあい、そのように絡みあいながらそれと一体になって第一巻の構成を支配している。

それでは、本質的でありながら真理も生動性も現実性も欠いたそうした形態はどこにあるのだろうか。真なるものでも現実的でもないような神と、生き生きとしたものでも真なるものでもない世界と、現実的でも生き生きとしてもいない人間などどこにあるのだろうか。おたがいについて、それぞれ自分以外の二つについてなにも知らず、なにも望まないこれらのもの、つまり、われわれの現実とわれわれの真理とわれわれの生とは同じ空間に住んでいないが、それでもわれわれの空間に起こるすべてに出没するこれらの亡霊は、どこにいるのだろうか。その答えは、読者がシュペングラーについてのみずからの知識に助言を求めれば得られるだろう。シュペングラーのアポロン的文化は、ここで考えられている神々と諸世界と人間を正確に捉えている。シュペングラーのユークリッド的なものという概念は、ここで示された本質的な分離、つまり相互的な「超越」を正確に示している。[13] ただし、シュペングラーは正しく見てとったものをいつものように誤って解釈している。神話的なオリンポスと、造形的なコスモスと、悲劇の英雄[14]は、過去のものだという理由で用済みにはならない。というのも、それらは言葉の厳密な意味で「あったもの」ではけっしてないからである。〔たしかに、〕現実のギリシア人が祈るとき、彼の祈りを聞きとどけてくれるのは、けっしてゼウスやアポロンではなく、当然ながら神であった。彼はまたけっしてコスモスではなく創造された世界に生きていたのであり、その太陽はわれわれの太陽でもあり、ホメロスをも照らしていた。そして、現実のギリシア人はアッティカ悲劇の英雄ではなく、われわれと同じひとりの哀れな人間であった。しかし、この三つの形態はけっして現実的ではなかったにもかかわらず、われわれのすべての現実性の前提である。神は神話の神々のように生き生きとしている。創造された世界は、ギリシア人がそこに生きていると信じ、政治的な生物としてそこに生きることを望み、芸術家としてみずからの周りにつくりあげていた造形的に完結した有限なものと同じように現実的な世界であり、たんなる「現象」ではない。神が語りかける人間は、かたくなに反抗する悲劇の英雄と同じように真の人間であり、けっして観念の詰まったカプセルではない。世界史においてはただここでのみ、つまりシュペングラーの「アポロン的文化」においてのみ、たがいに分離され、それによって眼に見えるようになったこうした精神的な諸形態は、すべての生のうちに――この生が老いていようと若かろうと、この生自身が歴史的な形態になっていようと、歴史的に不可視の生にとどまっていようと――その秘密の不可視な前提として含まれている。これこそが古典的古代の古典性であり、『救済の星』の第一巻が異教の哲学にならざるをえない理由でもある。というのも、第一巻は経験のこれらの要素的な内容を、それらを混ぜあわせたがる思考の企てから純化して際だたせようとするからである。いまや第一巻みずからが、この三つの「実体」の構成的な演繹にしたがって歴史的形態から異教を再構成する。そのさい、近代のお気に入りである「極東の精神宗教[15]」は不本意なあつかいを受けることになる。

したがって、異教は大人が子どもを脅すたんなる妖怪、宗教哲学の妖怪ではない。数世紀前の正統派や、奇妙なことに最近マックス・ブロートのよく知られた書物[16]が、ふたたび異教をそのようなものとして利用してはいるが。そうではなく、異教は真理以上でも以下でもない。とはいえ、むろんその真理は要素的で、不可視の、非-啓示的なかたちでの真理でしかない。したがって、異教が要素的ではなく全体、不可視ではなく形態、秘密ではなく啓示であろうとするところではどこでも、嘘になる。しかし、異教は全体であり目に見え啓示的であるもののうちにあるような要素と秘密としてならば、永続的である。思考の重要な対象である「〔三つの〕実体」もまた、現実的で非対象的で非実体的な経験のうちにあるばあいには同じように永続的である。

〔なぜ経験が非対象的かと言えば〕なにしろ経験は、対象についてはなにも知らないからである。経験は、想起したり、体験したり、期待したり、恐れたりするにすぎない。想起の内容を対象として理解することはどうにかできるかもしれないが、そのばあいでも理解されるのはまさになんらかの理解の働きであって、内容そのものではない。内容そのものは私の対象としてけっして想起されないのだから。どんな知識にも「私」が居合わせており、したがって「私」が木を見るのでなければけっして木を見ることができないなどというのは、この三百年の偏見にすぎない。じっさい、私の〈私〉が居合わせているのは、それが居合わせるばあいだけであり、つまりたとえば、ほかの人は木を見ていないのだから木を見ているのは私だということを私が強調しなければならないばあいだけである。そのばあいには、たしかに私の知識において木は私と結びついている。しかし、そうでないばあいにはつねに、私が知っているのは木についてだけであって、ほかのことについてはなにも知らない。どんな知識にも〈私〉が遍在しているという哲学のおなじみの主張は、この知識の内容をゆがめている。

したがって、経験は事物を経験するのではない。たしかに事物は、経験が〔哲学的に〕思考されるばあいには究極の事実として目に見えるようになるが、経験はみずから経験するものを、こうした事実のかたわらで経験する。それゆえ、経験を明確かつ完全に記述するには、まずそうした事実を純粋に外に置いて、それらを〔経験が経験するものと〕取り違える思考の傾向に立ち向かうことがきわめて重要である。究極の事実などというものは、配役リストや芝居のプログラムのようなものである。つまり、演劇そのものの一部ではないにもかかわらず、それらもまた事前に読んでおくほうがよい。言いかえれば、どんなおとぎ話も「むかしあるところに」で始まるが、ただ始まるだけであって、それはおとぎ話の途中で物語の流れのなかで二度と現われることがない。いま述べたことは、〔第一巻の〕かなり適切な比喩でもある。というのも、第一巻が「なんであるか」という哲学の古い問いに答えたからこそ、しかも、哲学的思考の統一衝動に向かって〈これまでのところはそうであってそれ以上ではない〉という経験の言い分を伝えるというやりかたで答えたあとだからこそ、いまや第二巻において、経験される現実そのものが描かれうるからだ。こうした描写は古い哲学の手段によってはなされえない。なにしろそうした手段では、「存在者」についての問いを越えられないからである。それらの手段は、「存在者」の問いにたいして、たいていは誤った答えしか与えないし、せいぜいその問いに見合った答えしか与えない――現実的なものは「存在する」のではないのだ。そうだとすれば、第二巻の方法は別の方法でなければならないだろう。われわれがたったいま述べた比喩を使えば、それは物語るという方法でなければならない。シェリングは『世界の時間（*Weltalter*）』という天才的断片の序論で、ある種の物語る哲学を予言していた。(17) 第二巻はそれを提供しようとする。

物語るとはいったいどういうことか。物語る人が語ろうとするのは、「本来的に（eigentlich）」どうだったかではなく、現実に（wirklich）ことがどう進んだかである。ドイツの偉大な歴史家(18)はみずからの学問的な意図についての有名な定義において、「現実に」ではなく「本来的に」という言葉を使ったが、それでもなお彼が考えていたのはそういうことである。物語る人が示したいのはけっして、本来的にはまったく違っていたということではない――そんなことを目指すのは、概念のとりこになったりセンセーショナルなことを喜んだりするような、できの悪い歴史家であることの証拠である。むしろ、物語る人が示したいのは、たとえば三十年戦争や宗教改革のように概念や名前としてだれもが口にするこれこれのことが現実に(19)はどのように起こったかである。そのばあい彼にとっても、名前や概念といった本質的でしかないものは解消されるが、とはいえ同じように本質的でしかない別のものにではなく、それ固有の現実へ、もっと正確に言えば、それ固有の現実化へと解消される。物語る人は、そもそも「である」という文をほとんど使わないし、すでに述べたように、「であった」という文さえもせいぜいはじめに使うだけである。(20) 名詞（Substantive）つまり実体を表わす言葉（Substanzworte）は、たしかに物語に現われはするが、その関心は名詞ではなく、動詞つまり時間を表わす言葉（*Zeitwort*）にある。(21)

要するに、物語る人にとっては時間が完全に現実的になる。生起するものが時間において生起するのではなく、時間が、時間そのものが、生起するのである。第一巻の三つの章の順序はまったく偶然的であった。〔順番を決める〕ほかの五つ[22]の可能性もまったく同じように可能であっただろう。本質は時間にはいっさいかかわりをもとうとしない。〔それにたいして〕いまや真ん中の〔第二〕巻において、順序は重要になるだけではなく、伝えられるべき真に重要なものになる。この順序そのものがすでにして、私が最初に述べた新しい思考にほかならない。たとえば古い思考が、神は超越的か内在的かという問題を立てたのにたいして、新しい思考は、神はいつどのようにして遠い神から近い神になり、ふたたび近い神から遠い神になるかを語ろうとする。あるいは、古い哲学が決定論か非決定論かの二者択一を立てたとすれば、新しい哲学はたとえば、性質の制約やたがいにせめぎ合う動機のからみ合いから出発して、選択という輝かしい恩寵の瞬間を通って、あらゆる自由を越えた〈必然（ein Müssen）〉に向かうような行為の道をたどる。そしてそうすることで、世界の化粧をほどこされた部分「である」か、偽装をほどこされた神「である」かのどちらかを人間に強いる二者択一のあいだをふらつく事態を克服する。そのさい新しい哲学がおこなうのは、常識の「方法」を学問的な思考の方法にすることだけである。常識（der gesunde Menschenverstand〔＝健康な人間悟性〕）は、病的な人間悟性といったいどの点で異なるのだろうか。病的な人間悟性は古い哲学つまり「哲学的驚嘆[23]」の哲学とまったく同じように、――驚嘆（staunen）とは〔驚いて〕立ち止まる（stillestehen）ことなのだから[24]――ひとつの事柄に食らいついて離れず、それを完全に「所有する」まで離そうとしない。それにたいして、常識は待つことができ、さらに生きつづけることができる。常識はどんな「固定観念」ももたない。

常識は、待てば海路の日和ありということを知っている。この秘密こそが新しい哲学の知恵のすべてである。この知恵が教えるのは、ゲーテとともに語るなら、「しかるべき時に理解する」ということである。

真理はどうして遠く離れたところにあって
底知れぬ深淵に身をかくすのだろうか。
だれもしかるべき時に理解しないからだ！
しかるべき時に理解すれば、
真理は近くに広がり、
愛らしく穏やかだろうに。[25]

新しい思考は、常識の太古の思考とまったく同じように、時間に依存せずに認識することは不可能だということを知っている——それ〔時間に依存しないこと〕こそが、哲学がこれまでみずからに与えてきた最高の名誉の称号だったというのにである。会話を後ろから始めたり、戦争を講和条約締結で始めたり（平和主義者ならむろんそれを歓迎するだろうが）、生を死で始めたりできないように、機が熟すまではよかれあしかれ、能動的にであれ受動的にであれ待つことを学ばなければならず、どんな瞬間も飛び越えてはならない。したがって、認識もまたどの瞬間においてもまさにこの瞬間に拘束されており、みずからの過去を過去でないものに、みずからの未来を未来ではないものにすることもできない。これは日常の事柄にも言えることであり、だれもが認めていることである。治療する医者にとっては、たとえば治療が現在、発病が過去、死亡確認が未来であって、時間を超越した認識という奇妙な考えに突き動かされて、たとえば診断から知識と経験を、治療から大胆さと確固たる態度を、予後から懸念と希望を締めだそうとしても無意味であることは、だれもが知っている。それにまた、買い物をすませた人は、買い物をしたいと思っていた段階では、あとで後悔した時点でその商品を見るような仕方であらかじめ見ることができるとはまともに信じていない。しかし、このことは〔日常の事柄だけではなく〕、時間を越えてしか認識できないと一般にみなされている究極にして最高のものにもまったく同じように言える。神がなしたこと、なすこと、なすだろうこと、世界に起こったこと、起こるだろうこと、人間に起こっていること、人間がなすだろうこと——これらすべてはその時間性から切りはなせない。したがって、たとえば来るべき神の国は、創造された被造物と同じようには認識できないだろうし、被造物は未来の王国と同じように眺められてはならないだろう。それとまったく同様に、人間はつねに現在でしかない経験の稲妻を炭化して過去にしてはならないし、そうした稲妻を未来に期待してもならない。なぜなら、その稲妻はつねに現在的でしかなく、それを待つことが稲妻に打たれないようにするもっとも確実な手段だからである。さらにまたまったく同様に、人間の行為は、まだ間近に迫っているかぎりでのみ行為であり、いったんなされてしまえば、ほかのすべてと区別がつかないたんなるひとつの出来事でしかなくなる。

　現実の時間はこのように取り違えようがない。個々の出来事はそれぞれそれなりの現在と過去と未来をもち、それなしには認識できないか、もしくは歪んだかたちでしか認識できない。現実全体もまたそうである。現実全体もまたそれなりの過去と未来を、しかも永続的な（immerwährende）過去と永遠の（ewige）未来をもっている。[26] 神や世界や人間を認識することは、それらが現実のこうした時間においてなにをおこない、それらになにが起こるかを、つまりたがいにたいしてなにをおこない、たがいからなにが起こるかを認識することである。ここで前提されているのは、それらの「存在」の分離である。分離していないなら、それらはたがいになにもなしえないだろう。ショーペンハウアーが望むように、[27] 他者が「もっとも深いところでは」私と同じなら、私は他者をけっして愛せないだろう。なにしろ、私はただ私を愛しているだけだからである。神が「私のうちに」あるか、「私のより高次の〈私〉でしかない」なら――これは理髪師見習いの教義であり、彼らは多くの青年組織に入会するさいに、神は壮大な〈すべて〉だというもうひとつの教義と並んでこの教義に署名しなければならない――、そんな教義さえもちこまなければ明確であるような関係を、無益にも言語によって混乱させるだけではなく、なによりもそんな神は私に言うべきことをほとんどもたないだろう。私のより高次の〈私〉が私になにを言うべきかは私だって知っているからである。ドイツの熱狂的な教授がラビンドラナート・タゴールのまとう〔神秘主義的な〕マント[28]に感銘して公言したように、人間が「神のよう」であるなら、そんな人間には、人間的な人間であればだれにでも開かれている神への道がふさがれてしまうだろう。こうして、「存在」の分離が前提されていることがきわめて重要なのだが、いまはこれ以上語らない。というのも、われわれが唯一経験する現実においては、そうした「存在」の分離に橋がかけられ、われわれが経験するすべてはそのような架橋の経験だからである。われわれが神を把握しようとすると、神自身は身を隠し、人間つまりわれわれの〈自己〉は心を閉ざし、世界は目に見える謎になる。それらはたがいの関係においてのみ、つまり創造と啓示と救済においてのみ、みずからを開くのである。

いまや、この大いなる世界の詩は三つの時間において語りなおされる。なぜなら、ほんとうの意味で物語られるのは、第一巻、つまり過去についての巻だけだからだ。現在においては物語は直接的な対話に席をゆずる。現在的なものについては、人間であろうと神であろうと三人称では語れず、語りかけられたり、それを聞いたりできるだけだからである。そして、未来についての巻において支配的なのは、合唱の言語である。未来のものを捉えうるのは、たとえ個人であっても彼が〈われわれ〉と言いうる時と場所においてだけだからである。

こうして、新しい思考の時間性から新しい方法が生まれる。たしかに、それは〔第二巻の〕三つの章すべてに言えることだが、それがもっとも顕著なのは、この第二巻のみならず全巻の中心的な章である現在的啓示についての第二章においてである。〔ここでは〕従来のすべての哲学が育ててきた思考の方法に、語りの方法がとって代わる。思考は無時間的であり、またそうであろうとする。思考は、無数の結びつきを一挙につくりだそうとする。思考にとっては、最後のものつまり目的が〔そのまま〕最初のものである。語ることは、時間に拘束されており、時間に培われている。語ることは、みずからのこの培地を去ることができないし、去ろうとはしない。語ることは、みずからがどこに現われるかをあらかじめ知らない。語ることは他者からそのきっかけの言葉を与えられる。たとえ他者が物語の聞き手であろうと、対話の応答者であろうと、合唱の唱和者であろうと、語ることはそもそも他者の生を糧としている。それにたいして、思考は、たとえ複数の「共に哲学する人びと（Symphilosophierenden）」[29] のあいだで共同で思考されるとしても、つねに孤独である。共に思考しても、他者は私に、本来ならば私みずからがしなければならないような抗議しかしないからだ――たいていの哲学的な対話が、プラトンの対話の大部分さえもが退屈なのは、なんといってもそのためである。現実の対話においてはまさになにかが起こる。私は、他者が私になにを言うかをあらかじめ知らない。なにしろ私はみずからがなにを語るかさえもまだ知らないし、それどころか、ばあいによってはみずからがそもそもなにかを語るかどうかさえおそらく知らないからである。対話を始めるのが他者であるということはたしかにありうるし、それどころか真の対話においてはたいていそうである。それは福音書とソクラテスの対話を比較してみれば容易に納得できる。ソクラテスのばあい、対話つまり哲学的な議論を始めるのはたいてい彼である。思想家はまさにみずからの思想をあらかじめ知っているからである。思想家がみずからの思想をわざわざ「口にする」のは、彼が言うところのわれわれの意思疎通手段の欠陥に譲歩してのことにすぎない。その欠陥とは、われわれが言語を必要とすることではなく、時間を必要とすることにある。時間を必要とするということは、なにも先取りできず、すべてを待たなければならず、自分自身を含めてすべてを他者に依存しなければならないということにほかならない。こんなことはすべて、思考する思考者にはまったく想像もできないが、言語思考者（Sprachdenker）にはそれだけがふさわしい。言語思考者――ここで思考者という言いかたをするのは、古い思考つまり思考する思考が内的な語りなしには生じなかったように、新しい思考つまり語る思考もまた当然ひとつの思考ではあるからだ。古い思考と新しい思考、論理的思考と文法的思考の違いは、その声の大小にあるのではなく、他者を必要とすることと——同じことだが——時間を真剣に受けとることにある。このばあい、思考するとは、だれのためにも思考せず、だれにも語りかけないことである（そのさい、そのほうが聞こえがよいというのであれば、この「だれのためにでもなく」の代わりに「万人」とか、有名な「公共性」〔という言葉〕を使ってもかまわない）。それにたいして、語ることは、だれかに語りかけることであり、だれかのために思考することである。そして、このだれかはつねにまったく特定のだれかであり、公共性のようにただ耳しかもたないのではなく、口ももっている。

拙著〔『救済の星』〕から引きだされうるような思考の更新は、このような方法のうちに集約されている。この方法はまずフォイエルバッハによって発見され[30]、のちに、その革命的な力を意識することなしに、ヘルマン・コーヘンの遺著〔『ユダヤ教の源泉からの理性の宗教』（一九一九年）〕によって哲学にふたたび導入された。私は〔『救済の星』を〕書いた時に、コーヘンのこの箇所をすでに知っていた[31]。それにもかかわらず、拙著の完成に決定的な影響を与えたのはその箇所ではなく、オイゲン・ローゼンシュトックである。いまや出版されている彼の『応用心理学』は、私が執筆しはじめる一年半前にすでにその第一稿が私の手元にあった[32]。それ以降、『救済の星』のほかにも、新しい学問のさらなる原理的な叙述が出版された。それは、ハンス・エーレンベルクみずからが時間を必要とする真の対話という新しい形式で書いた観念論についての著作の第一巻、「フィヒテ」をあつかった巻である[33]。ヴィクトール・フォン・ヴァイツゼッカーの『医者の哲学』は、近いうちに出版されるだろう[34]。ルドルフ・エーレンベルクの『理論生物学』は、有機的自然の理論をはじめて現実の不可逆的な時間の法則のもとに置いている。[35]さらに、マルティン・ブーバーが[36]『我と汝』において、フェルディナンド・エブナーが拙著とちょうど同じ時期に完成した著作『言葉と精神的実在』[37]において、先に挙げた著作から独立に、そしてたがいにも独立に、新しい思考の焦点に、つまり『救済の星』の中心的な章〔第二巻第二章〕であつかわれているものにまで突きすすんだ。新しい思考が実践的に使用されている教訓的な例は、私の『イェフダ・ハレヴィ』[38]の註解に含まれている。こうしたすべてのことにかんする正確で深い知識は、フローレンス・クリスチャン・ラングのまだ大半が刊行されていない膨大な著作の基礎のうちに含まれている。[39]

いま名前を挙げたすべてにおいて、新しい思考の出現に神学的関心が力を貸したのはたしかである。それにもかかわらず、新しい思考は神学的な思考ではない。すくなくとも、これまで神学的な思考として理解されなければならなかったようなものではけっしてない。目的においても手段においてもそうではない。新しい思考は、論理的、倫理的、美的な問題のもとで、それどころかそれらにまぎれてあつかわれるような、いわゆる「宗教的問題」にもっぱら向けられているのでもなければ、神学的な思考の特徴である、攻撃と防御に明け暮れ事象に冷静に取りくまないような態度も知らない。新しい思考が神学だとしても、いずれにせよ哲学としてと同じく神学としても新しい。そもそも〔『救済の星』の各巻の〕三つの序論はおなじみの精神的世界から『救済の星』の世界へと導く道を読者に示そうとするものだが、第二巻の序論はこの問題をあつかっている。神学は哲学を下女に貶めてはならないが[40]、哲学が近代においてもここ最近においても、日雇雑役婦の役割を神学に期待することに慣れてしまっているのはまったく同じように品位を疑わせる。この二つの更新された学問の真の関係は、上述の序論が説明しているように、兄弟のような関係であり、それどころかその担い手たちのもとでは同君連合にまでいたりつかなければならない。神学的問題は人間的なものに翻訳され、人間的な問題は神学的なものにまで駆りたてられなければならない。たとえば、神の名前の問題は、名前一般の論理的な問題の一部にすぎないし、[41] 芸術家が至福になりうるかどうかをまったく考えないような美学は、たしかに高尚な学問ではあるが、不完全な学問でもある。

じっさい、一般に完全性こそは新しい思考を真に確証するものである。新しい思考の問題の大部分は、古い思考からはたんに見えないだけであり、たとえ視野に入っても、学問的な問題とは認識されない。これは、狭義の神学的な問題だけではなく、文法的方法がその学問的理解を目指して、たとえば〈私〉と〈君〉の論理学や、すでに述べた名前の論理学を目指して具体化するような人間的な問題の大部分にも言える。それにたいして、新しい思考の立場からは、古い思考の全領域をあいかわらず理解できるし接近できる。たとえば、アリストテレスやカントの古い論理学の問題は、言語的思考にとっても〈それ（Es）〉〔つまり一人称〈私〉と二人称〈君〉にたいする三人称〕の問題として一貫して問題でありつづける。古い論理学の問題がそうした問題としてあつかわれるのは、この〔第二〕巻の第一章においてである。むろんそれは最初の方向づけにすぎないが、それでもすでに〈私〉との誤った関係から連れだされ、すくなくとも概略的には、〈彼は〉や〈彼を〉〔という三人称〕への正しい関係に組みいれられたかたちであつかわれる。

神が創造したのは、けっして宗教ではなく、世界である。神がみずからを啓示しても、それを取りまく世界はもとのままであり、それどころか、そののちはじめて真に創造された。じっさい、啓示は真の異教である創造の異教をけっして破壊せず、異教に改心と更新の奇跡を生じさせるだけである。啓示はつねに現在的であり、たとえ過去だとしても、人類の始原にあるような過去――アダムへの啓示――に由来する。「永続的なもの」としての異教が第一章の内容であるように、「つねに更新されるもの」としての啓示が第二章の内容である。[42] 第二章は、目に見え耳に聞こえる現実、だからこそまさにあらわな〔＝啓示的な（offenbaren）〕現実をあつかう。〔それにたいして〕前章は、そうした現実の暗い無言の隠れた前提をあつかう。啓示の二つの歴史的形態とその区別、つまりユダヤ教とその対蹠的な後裔であるキリスト教については、ここではまだなにも問題になっていない。両者いずれも「アダムへの啓示」を更新するからこそ、そしてそのかぎりでのみ、新しい思考はユダヤ的思考でもあればキリスト教的思考でもある。だが他方、その歴史的形態における異教は、〔いまだ〕異教徒でもユダヤ教徒でもキリスト教徒でもなかったアダムへのこの啓示を忘れたり否定したりしたがゆえに、そのかぎりではみずから一定の形態にまで硬直化してしまい、けっして永続的ではない。この歴史的異教は、まさに独立し形式化されてしまったからこそ、現実にまったくかかわりをもたない。神々の神殿が荒廃し、神々の立像が博物館に陳列されているのも、当然のことなのだ。神々への礼拝がきちんと秩序づけられ整理されたことが、唯一途方もない過ちだったのかもしれない。しかし、苦しい胸のうちから神々に発せられた短い祈りや、息子をモロクの生けにえにささげたカルタゴの父親が流した涙[43]が、聞きいれられないままに終わったり、見られないままに終わったりすることはありえない。それとも、神はシナイ山を、ゴルゴタさえも、待っているべきだったのだろうか。いやそうではない。確実に神にいたる道は、シナイ山やゴルゴタからは通じていないし、神はオリンポスのまわりをめぐっている馬道で神を探しもとめた人にも対応しないわけにはいかなかった。人間が頼みにできるほど神の近くに建てられた神殿はないし、神の腕が容易に届かないくらい神から遠くに建てられた神殿もない。神がやってこられない方向はないし、やってこなければならない方向もない。神が一度も宿りそうもない丸太はないし、神の耳につねに届くダビデの詩篇もない。

ユダヤ教とキリスト教の特殊な地位はほかでもなく、それらが宗教になったときでさえ、みずからの宗教性から自由になり、特殊性とその取りまきから現実の開かれた領域へふたたび戻ろうとする衝動をみずからのうちに見いだすことにある。あらゆる歴史的宗教は、はじめから特殊化されており、「制度化されている」。ユダヤ教とキリスト教だけははじめこそ特殊化されていたが、それもけっして長つづきせず、けっして制度化されることはなかった。ユダヤ教とキリスト教はもともと完全に「非宗教的なもの」にすぎず、一方はひとつの事実、他方はひとつの出来事でしかなかった。ユダヤ教とキリスト教はまわりに宗教を、さまざまな宗教を見いだしたが、自分自身がそうした宗教のひとつとみなされたら、非常にいぶかしく思っただろう。最初から宗教であり、けっしてそれ以外のものであろうとしないのは、両者のパロディーであるイスラム教がはじめてである。イスラム教は意識的に「制度化されている」。したがって、イスラム教をあつかうこの〔第二〕巻の六つの箇所は、『救済の星』において厳密な意味で宗教哲学的である唯一の箇所である。

しかし、『救済の星』はすでにそのとびらが示しているように、「ユダヤ教の書物」なのだろうか[44]。私は、宇宙の美というテーマにかんするきわめて遠大なフーガを、忘れがたい導入部——私にはそれは若者や女性の姿で現われた——で終える詩人〔ゲーテ〕のように、おだやかに語ることができればと願っている。[45] そうすれば、いま語らねばならないことをまったく誠実に語ることができるだろう。私は、新しい思考をこれらの古い言葉で受けとったので、古い言葉で再現し伝えた。キリスト教徒であれば、私の言葉の代わりに新約聖書の言葉を口にしただろうことは承知しているし、異教徒であれば、たしかにみずからの神聖な書物の言葉ではなく――というのも、そうした言葉は現われるやいなや人類の根源語からそれていき、啓示の地上の道のように根源語に通じてはいないからである――、おそらくまったく固有の言葉を口にしたと思う。しかし、私にはこれらの言葉なのである。『救済の星』はたしかにユダヤ教の書物だが、「ユダヤ教的な事柄」をあつかう書物ではない。もしそうなら、プロテスタントの旧約聖書学者の書物だって、ユダヤ教の書物ということになろう。そうではなく、『救済の星』は、みずからが言わねばならないことのために、そしてまさにそれが言わねばならない新しいことのために、ユダヤ教の古い言葉に思いいたるような書物である。ユダヤ教的な事柄は、事柄一般と同様に、つねに過ぎさっていく。しかし、ユダヤ教の言葉は、たとえ古くても、言葉の永遠の若さにあずかっており、世界がユダヤ教の言葉に開かれるなら、その言葉は世界を更新するだろう。

しかしそうなると、形態をそなえたものや過ぎさることのないものがそれでもやはり存在するのは不思議である。たしかに、そうしたものはつねに更新される生の現実世界のうちには存在しない。そこでは、現在的なものはただ現在的にすぎず、過去的なものはただすでにあったものにすぎず、未来的なものはただ到来しつつあるものにすぎない。しかし、この三つのなかでもっとも時間らしい意味で時間であるのは、なんといっても現在だけである。そして、異教の諸形態が創造の過去と同様に、現在に入りこんでいるように、救済の未来も永遠の形態において先取りされている。出来事の流れは時間的な世界のうえにある天空に、そのきらめく像を投影し、その像は〔星になって〕残りつづける。それは原像ではない。むしろ逆に、このきらめく像は、目に見えない〔過去・現在・未来という〕三つの秘密の源泉から現実が絶えず流れとなってほとばしるのでなければ、存在しないだろう。なにしろ、この目に見えない秘密はこの像においてみずから具体的になり、生の絶えざる流れは円環となって反復される形式となるからである。

ユダヤ教とキリスト教はつねに更新される時間の二つの永遠の文字盤であり、週と年を示す二つの針をもっている。この文字盤とその針が示す一年において、模写できずただ体験し物語ることしかできない世界時間の流れが、形を与えられて模像となる。両者の神と世界と人間において、生きているあいだは経験することしかできず、言い表わすことができない神と世界と人間の秘密が、言い表わしうるものになる。われわれは、神と世界と人間がなん「である」かを知らない。知っているのはただ、それらがなにをおこなうか、あるいはそれらにおいてなにがおこなわれるかだけである。しかし、ユダヤ教の神ないしキリスト教の神、ユダヤ教の世界ないしキリスト教の世界、ユダヤ教の人間ないしキリスト教の人間がどのように見えるかなら、じつに正確に知ることができる。つねに更新される現実のひそかな前提として永続的でしかないような存在する実体に代わって、このつねに更新される現実を永遠に映しだすような形態が現われる。[46] 第三巻はこの形態をあつかう。

したがって、第三巻におけるユダヤ教とキリスト教の記述の動機となっているのは、根本的には宗教学的な関心ではなく、いま述べたことからすでに十分あきらかなように、一般的な体系的関心、とくに存在している永遠性についての問いであり、したがって、新しい思考を、たとえば「生の哲学」

やそのほかの「非合理主義的な」傾向が考えるような意味で、いやむしろそれらが考えるようなナンセンスなしかたで理解する危険性を克服するという課題である。なにしろ今日ではだれもが、観念論というカリュブディスの深淵を避けるのには十分賢明であるのに、このスキュラの暗い渦に引きこまれているように見えるからである。[47] したがって、〔ユダヤ教とキリスト教の〕どちらのばあいの記述も、両者に固有の意識、つまりユダヤ教においては律法、キリスト教においては信仰からではなく、外的で目に見える形態――両者がそれを介して時間からみずからの永遠性を手に入れる形態――から、つまりユダヤ教においては民族という事実、キリスト教においては教団創設という出来事から出発する。ここでは、律法と信仰はこの外的形態からのみ目に見えるようになる。したがって、ユダヤ教とキリスト教は社会学にもとづいて並列され対置される。それにもとづいて、両者を完全に公平にあつかうわけではないが、公平さを犠牲にしても、この領域で通例であった護教論や論争をおそらくはじめて越えるような記述が生まれる。これについては別の箇所（「護教論的な思考」という論文[48]）で必要なことを述べたので、ここでくり返す必要はないだろう。

さらに、ユダヤ教とキリスト教の記述がもとづく社会学的な基礎は、その記述にかかわりがある社会学的な部分で効果を発揮する。ユダヤ民族は自分自身がそれであるような事実にもとづき、キリスト教の教団はみずからがその周りに集まる出来事にもとづくということは、前者においては一般的な社会学に通じ、後者においては芸術の社会学に通じる。次いで、メシアニズムの政治つまり戦争の理論が第三巻の第一章[49]を締めくくり、キリスト教的な美学つまり受難の理論が第二章[50]を締めくくる。

こうして、ユダヤ教とキリスト教の形態をあつかう最初の二つの章で、倫理的問題と美学的問題の論述は終わる。両問題は三つの巻すべてを貫いているが、ここ第三巻ではじめて、おなじみのやりかたで平和的に二つの章に別れる。[51]〔なぜ平和的かと言えば〕なにしろ第三巻は、そもそもある意味では古い思考とその存在問題の水路にふたたび舞いもどってしまうような性格をもっているからである。この平和がほかの巻ではまだそれほどのものではなかったことは、第三巻の美学がまさに示している。第一巻は、美学のよく知られた根本概念をあつかったにすぎないし、第二巻は、たしかに美学を完全に整理し、ぎりぎりまで先鋭化することによって、無意識であるがゆえにとりわけ揺らぐことのなかった観念論的な伝統への拘束から解放したが、しかしそのさいにもやはり美学の慣例的な内容を展開したにすぎなかった。それにたいして、第三巻は応用美学を美学の頂点とみなし、このように芸術を工芸品によって正当化することで、美学をこの〔応用美学という〕未開の地から「目的から自由な適意（Wohlgefallen）」[52]の学という古典的な原産地へ連れもどしかねないすべての船を焼きはらうのである。

私は、本質的に第三巻の最初の二つの章にわたって展開されているこれらの事柄に、かなり短くではあるがとどまる必要があった。なにしろ、これらの部分はわかりやすいとみなされ、ある批評者などはこの巻の序文[53]から読みはじめ、そこから後ろと前へ読みつづけることを読者に勧めているほどだからである。この助言になにも文句をつけるつもりはないが、ただしそれは、彼が「前と後ろへ〔読みつづけること〕」から出発し、最終的には初めから終わりまで読んでくれればの話である。わかりやすいとして引用される部分にも潜んでいそうな誤解にたいしては、前述の箇所でいくつか解毒剤を与えたと思う。それにもかかわらず、このわかりやすいものと誤解を招きやすいものすべてのうちには、まったく真に理解しがたいものがまだ残っている。ユダヤ教とキリスト教の並置によって素朴な心情の持ち主たちを不安にせざるをえないものも、「存在者を多様化すること」がここであくまで真剣にみずからに要求されていることを知った思想家たちに奇異な感じを抱かせるのも、同じ理解しがたさにほかならない——もっともその思想家は、第一巻ではまだある種の暫定的措置だと考えていたので、それにがまんができたのだが。したがって〔そうした理解しがたさが残っていたからこそ〕、第三巻の、そして全体の最終章では真理が、ただひとつでしかありえないような真理が、問題になる。

　すべての哲学的思考は認識論的な考察によって始められなければならない、と今日でもなお考えられている。しかし、じっさいには哲学的思考はせいぜいそうした考察で終わるだけである。なんといっても、現代の認識論的な先入観の創始者であるカントの批判そのものも、そうした終わりにほかならない。つまり、それはバロック時代の自然科学で始まった歴史的時代の終焉なのである。彼の批判が直接あてはまるのはこの時代の哲学だけである。人間を宇宙のちりにしてしまったコペルニクスのコペルニクス的転換に対応するのがカントの「コペルニクス的転換」であって、この転換はその代償として人間を、カントが考えていたよりもはるかにはっきりと世界の王座に据えた。カントの転換は、〔コペルニクスが〕人間性を犠牲にして人間を途方もなく貶めたことにたいする修正ではあったが、これまた人間性を犠牲にするような極端なものだった。このように、すべての批判はなにかがなされたあとではじめて生じる。劇評家がどんなに頭が良くても、彼にはあらかじめ言うべきことがない。批評は、彼がすでにあらかじめもっていた頭の良さではなく、特定の上演においてはじめて彼に生じる頭の良さを証言するにきまっているからである。それと同じように、認識に、特定の認識に先行する認識論など意味がない。というのも、あらゆる認識は、じっさいになにかが認識されるときには個別的な行為であり、それ固有の方法をもっているからである。ある劇についての文学史家の考察が上演の直接的な印象から生まれる新聞批評家の批評の代わりにはならないように、歴史一般についての方法論的検討は個々の歴史作品に根ざした検討の代わりにはならない――あるいはむしろ、歴史一般の考察のほうがもっと代わりにならない。なぜなら、劇や上演のばあいはすくなくとも台本は同じだが、「歴史一般」などというものは――幸運にも――存在しないからである。学問の個々すべての作品にあてはまること、すなわち、その題材の秘密を探りだそうとすれば、これまで使われたことがない固有な方法と装置で題材に取りくまなければならないということ、みずからの方法を題材ではなく教師によって示してもらえるのは学生だけだということは、哲学にもまったく同様にあてはまる。ただし、哲学が大学の一学科であり、教授職で埋められなければならず、新入生はみずからの名刺に哲学専攻と印刷してもらうという滑稽な状況があるために、学生気分を一度も抜けだせない教授たち[54]がきまって存在し、彼らは自分では七〇歳の退職までそれに気づかず、学校の課題にはたしかにさしつかえないようなたぐいの認識論を唯一のものとみなしてしまう。

ケーキ〔からおいしい味を引きだすには、あらかじめいろんなものを入れておかねばならないの〕とまったく同じように、そこからなにかが出てくるような認識には、なにかが運びこまれてもいる。『救済の星』にはじめから運びこまれているのは、現実の経験のすべての事実に先だつ事実性（Tatsächlichkeit）の経験である[55]。この事実性は思考に、「本来的」（Eigentlich）というお気に入りの言葉の代わりに、それが普段は口にしたことがないすべての経験の根源語である〈と（Und）〉という小さな言葉を押しつける。神〈と〉世界〈と〉人間。この〈と〉こそが最初の経験であった。したがってそれはまた、究極の真理においてもくり返されるにちがいない。真理そのもの、ただひとつしかありえない究極の真理にもなお、ひとつの〈と〉が潜んでいるにちがいない。この真理は、自分自身のことだけにかまけていればよい哲学者たちの真理とは違って、だれかある人にとっての真理であるにちがいない。それにもかかわらず、真理はただひとつというのであれば、〈ただひとりの人〉にとっての真理でしかありえない。そうなると、われわれの真理が多様になり、真理「そのもの」がわれわれの真理に変容することがどうしても必要になる。こうして真理は、真「である」ものであることをやめ、真として実証されねばならないようなものになる。真理の実証という概念がこの新しい認識論の根本概念になる。この認識論は、古い認識論の無矛盾性の理論や対象理論にとって代わり、それらの理論の静的な客観概念の代わりに、動的な概念を導入する。古い認識論が出発点とし、それ以後はじっさいこの出発点を越えることがなかった数学の真理のようなどうしようもないほど静的な真理は、ここ〔新しい認識論〕から見れば、静止が運動の限界事例として理解されるように——より低いほうの——限界事例と理解されるべきである。それにたいして、より高次の真理や最高の真理は、ここからしてのみ真理として理解できるようになり、仮説や要請や要求の烙印を押される必要はなくなる。「2×2＝4」といったたぐいのもっともどうでもよい真理については簡単に意見が一致するし、ちょっと頭を使う以上の労力は必要ではない——その労力は、九九表ではいくらか少なく、相対性理論ではいくらか多くなる——が、ここから道は、ひとがそのために気前よく金を出す真理〔実用的な知識〕を越えて、みずからの人生の犠牲によってしか実証できないような真理へと、最終的には全世代の人生を賭けることによってはじめて実証できるような真理へと、通じている。

しかし、真理をその実証という代価と、それが人間のあいだに築くきずなにしたがって評価するこうしたメシアニズム的な認識論は、到来するメシアの待望〔ユダヤ教〕と再来するメシアの待望〔キリスト教〕というつねに和解不能な二つのメシア待望そのもの——真理をめぐるこの二つの究極の賭けの〈と〉——を、越えることができない。神そのもののうちにしか真理の実証はなく、神の前でのみ真理は〈ただひとつ〉である。したがって、現世的な真理は分裂したままである——神以外の事実性、世界や人間という根源的な事実が分裂したままであるように。そして、世界と人間およびそれらの〈と〉は、ユダヤ教とキリスト教というこの究極の事実において、法の世界と人間の信仰として、世界の法と信仰の人間としてくり返される。

しかしこのようにして、つまり、この経験の永遠に不可視の前提が経験を超えた真理の究極の明晰さのうちでこのようにくり返されることにおいて、いまや〔神と世界と人間という〕三つのものの真の順序が確立される。神が、真理の神が頂点に立つことによって、〔第三巻〕最終章〔第三章〕は、第一章の混乱を解消する。第一章の神は、世界と人間にどんな関係ももたなかっただけではなく、確固とした場所さえもたなかったので、真理の神ではなく、偽の神々でしかありえなかった。神の概念を、つまり「神とはなんであるか」という問いを満たすものとしてそこに登場できたのは、偽の神々でしかなかった。いまやすべての神の概念はとっくの昔にあいまいになって隠れた神になってしまい、神自身はみずからを、創造者、啓示者、救済者として啓示するので、真理の神において〈最初の人〉と〈最後の人〉と〈現在のまったただなかにいる人〉とが燃えあがってひとつになり、現実の〈あった〉と、現実の〈ある〉と、現実の〈あるだろう〉が合流するこの神について、われわれは——いまやはじめて――「神はある」と語ることが許される。

ここで書物は終わる。というのも、いまなお生じるものはすでに書物を越えており、書物からもはや書物ではないものへと通じる「門」だからである。もはや書物ではないということは、次のような魅力的で驚くべきことを認識することである。つまり、「神の顔に世界の似姿」を見てとるときには、このように瞬間（Augenblick）と瞬視（Augen-blick）の直接性においてすべての存在を捉えるときには、人類の限界が踏み越えられているというのがその認識である。もはや書物ではないということは、限界へと向かう書物のこの歩みが書物の中断によってのみ贖われうることに気づくということでもある。始まりであると同時に中間でもあるような中断とは、人生の日常のただなかへ入っていくことだ。哲学者の問題は、書物全体、とりわけ三つの序論を通じてあつかわれている[56]。哲学者の問題は、ここ〔書物の終わり〕ではじめて最終的な解決を見いだす。哲学はこれからのちも、いやこれからのちにこそ、なされるべきである。だれもが一度は哲学をすべきである。だれもが一度はみずからの立っている場所や生きている場所からまわりをぐるりと見まわしてみるべきである。しかし、この見ることは自己目的ではない。書物はけっして到達された目的ではないし、暫定的な目的でさえない。書物は、それだけで充足しているのでも、ほかの書物によって支えられるのでもなく、みずから申し開きをしなければならない。この申し開きは、生の日常においておこなわれる。この日常（Alltag）が〈すべて〉の日（All-tag）であることを認識し生きるだけのためにも、〈すべて〉の生の日が踏破されなければならなかったのである。

この覚書を書いているうちに、私は著者として自著について語ることのむずかしさを経験した。著者は、〔自分こそが〕ほんとうのことを言えるなどと思いあがることはとうてい許されない。というのも、自身の作品における精神であり、したがって別の精神に移植可能であるものにたいしては、著者自身といえどもほかのだれかと異なる地位にあるわけではないからである。それどころか、著者でない人は、著者ではないからこそ、「プラトンを彼自身が理解した以上に理解する」[57]というカントの厚かましい言葉にならって、そうしたことをくり返し試みることが許される――そうだとすれば、カントの言葉はそれほど厚かましくはないのである。私は、この希望を私の読者のだれからも奪いたくはない。著者自身が語らなければならないことは、たとえそれを註釈というかたちで語ろうとまじめに努力しても、つねに補足的註釈に簡単に変わってしまうだろう。いずれにせよ、読者は書物のある部分に下線を引いたり括弧に入れたりするものだから、この補足的註釈は著者の耳にこだまとして届いたものに左右される。したがって、補足的註釈はまた今日の読者にしか向けられず、まさに今日的なものであるからこそ、今日の読者でさえ満足させられないだろう。なぜなら、今日の読者が要求するもの、そして最終的に要求してよいものが、つまりスローガン的な標識が、彼に与えられなかったからである。それが与えられさえすれば、読者は、たとえば新しい思考にかんして、いま経験されたものをみずからの一般教養という墓地に埋葬することができただろう。読者にこうしたスローガンを与えなかったのは、悪意からではなく、私はそんなものをほんとうになにも知らないからだ。たしかに、私が新しい思考を解説しようとした『救済の星』は、いくつかのスローガンを攻撃している。こうしたものにたいしては、あらゆる〈主義（Ismen）〉への一般的な反感を越えた特殊な敵意を抱いている。しかしだからといって、私は『救済の星』を、そうした〈主義〉とは一般に正反対のものと主張すべきだろうか。私にそんなことができるだろうか。それができれば、私はいとも簡単に絶対的経験主義という標識にいまなお甘んじるにちがいないし、すくなくともこの標識は、概念の前世界（Vorwelt）と、現実性の世界（Welt）と、真理の超世界（Überwelt）の三領域すべてにおける新しい思考特有のふるまいをカバーするだろう。なにしろ、この新しい思考のふるまいにしても、天上のものについてはみずからが経験したもの以外はなにも知らない——たとえ哲学がそれをあらゆる「可能な」経験の「彼方にある」知識だと中傷しても、じっさいにそうだ——し、この世のものについてはみずから経験しなかったものはなにも知らない——たとえ哲学がそれをあらゆる「可能な」経験に「先だつ」知識だとほめそやしても、まったくそうだ——からである。経験にたいするこうした信頼は、たしかに新しい思考の教授可能で伝達可能な部分ではあるだろう。ただしそれは、この信頼そのものがすでに更新された思考の徴候——むろん私はそうではないかと思っているのだが——でなければの話であり、さらにまた上述のスローガン〔絶対的な経験主義〕そのものが次のような註釈のひとつでなければの話である。つまり、著者自身が書いたものだけに、前の頁のほかの多くの註釈と同じように、読者にとってある部分ではたんに容易なだけでなく、あまりにも容易すぎるように思われ、またある部分では書物そのものよりもむずかしいように思われる註釈でなければの話である。この二つの事態は避けられない。もっとも偉大なユダヤ詩人〔イェフダ・ハレヴィ〕でさえ、賢者の口をとおして異教徒の王に、「私の言葉はあなたにはむずかしすぎます。だからあなたにはそれがあまりに簡単に思われるのです」と答えさせるとき、前者のことを知っていた。もっとも偉大なドイツ詩人〔ゲーテ〕でさえ、彼のメフィストフェレスに、「そこでは多くの謎が解けるにちがいない」というファウストの熱い叫びにたいして、「しかし、多くの謎はたがいに結びついてもいる」と答えさせたとき、後者のことを知っていた。[58]

訳註

(1) 英訳はこのテーマに関連して次のような書簡を挙げている。一九一九年七月六日のハンス・エーレンベルク宛書簡「私は『救済の星』を、たとえそれが「ユダヤ教的であると同様にキリスト教的である」としても、ユダヤ教の書物として登場させざるをえないだろう　じっさいにはそうではないのだが」(全集版第一巻第二部、六三七頁)。一九二一年九月のハンス・エーレンベルク宛書簡「私はマックス・ウェーバーと同じくらいユダヤ文献の専門家ではない(ユダヤ的なものは私の方法であって、私の対象ではない)」(前掲書七二〇頁)。だが他方、一九一九年のおそらく八月終わりに書かれた書簡ではこうも語られている。「私の意図からすれば『救済の星』は、ユダヤ教の書物となるべきであり、そうなってほしいとも願っているので、それを外面的にも表現するような枠組みのもとで出版するというのが、私の望みである」(前掲書六四四頁)。

(2)「認識が対象にではなく、対象が認識に従わなければならない」というカントの批判哲学の立場を、コペルニクスによる天文学の天動説から地動説への転換になぞらえて表現した用語。

(3) ユーバーヴェークは一八六二年から六六年にかけて『哲学史綱要(*Grundriss der Geschichte der Philosophie*)』全三巻を刊行した。本書の企画は彼の死後も多くの哲学史家に受け継がれ、最終的には全五巻となった。ハインツェは彼の死後、本書の改訂や編集に尽力した。

(4)『救済の星』の目次は以下のとおりである。

第一巻「要素、あるいは永続的な前世界」

序　論「〈すべて〉を認識する可能性について」

第一章「神とその存在、あるいはメタ自然学」
第二章「世界とその意味、あるいはメタ論理学」
第三章「人間とその〈自己〉、あるいはメタ倫理学」
移　行
第二巻「軌道、あるいはつねに更新される世界」
序　論「奇跡を体験する可能性について」
第一章「創造、あるいは事物の永続的な根拠」
第二章「啓示、あるいはつねに更新される魂の誕生」
第三章「救済、あるいは御国の永遠の未来」
敷　居
第三巻「形態、あるいは永遠の超世界」
序　論「御国を祈りによって手に入れる可能性について」
第一章「火、あるいは永遠の生」
第二章「光線、あるいは永遠の道」
第三章「星、あるいは永遠の真理」
門

（5）「要素」は上向きの三角形（△）、「軌道」は下向きの三角形（▽）、「形態」がこの二つの三角形の統合で表現され、全体としてダヴィデの星つまり救済の星（✡）を表現する仕組みになっている。

（6）第一部「超越論的原理論」の第一部門「超越論的感性論」の第一章で「空間」が、第二章で「時間」があつかわれる。

（7）ヘーゲルは『論理学』の第一巻「存在論」の第一章「存在」において、A存在、B無、C生成という三段階の弁証法を展開している。

（8）スピノザの『エチカ』ははじめに八つの「定義」を掲げ、幾何学的方法によってそこからすべての命題を演繹するという体裁を取る。第一定義「自己原因とは、その本質が存在を含むもの、いいかえれば、その本質が存在するとしか考えられないもののことである」は、もっとも有名である。

（9）「できるだけこの本を理解してもらうために、どんな風に読んでいただくのがよいか、わたしはここでそのことを述べておこうと思い立った。この本によってわたしが伝えようとしているのはたった一つの思想である。だが、そのたった一つの思想を伝えるために、私にはこの本全体よりも短い道は、どんなに苦心しても見つからなかった」『意志と表象としての世界』の初版序文〔西尾幹二訳『意志と表象としての世界』III、中公クラシックス、二〇〇四年、二四七頁〕。

（10）『カント研究（*Kant-Studien*）』はカント学会が発行する季刊雑誌。一八九七年にハンス・ファイヒンガー（Hans Vaihinger 1852–1933）によってはじめて刊行され、今日まで続いている。

（11）この典型はデカルトの「我思う、ゆえに、我あり（cogito ergo sum）」である。彼はこの絶対確実な命題からすべての確実な命題を演繹しようとする。

（12）スピノザは、『エチカ』冒頭の三番目の定義で、実体をこう定義する。「実体とは、それ自身において存在し、それ自身によって理解されるものである。いいかえれば、その概念を形成するために他のものの概念を必要としないもののことである」。一八〇〇年には、たとえばシェリングが『超越論的観念論の体系』を出版している。

（13）シュペングラーは第一次世界大戦直後ベストセラーになった『西洋の没落（*Der Untergang des Abendlandes*）』（全二巻、一九一八年、一九二二年）において「世界史の形態学」を試み、古代ギリシアとローマの「アポロン的文化」と、紀元前のユダヤ人、初期キリスト教徒、イスラムを含むアラビアの宗教などに代表される「魔術的文化」と近代西洋の「ファウスト的文化」を区別した。これらの文化はそれぞれに固有な数学をもっており、「ユークリッド的なもの」は、図形と比例関係によって整然たる秩序を生みだし、「有機体の文化」としてのアポロン的文化を可能にした。

（14）「神話的なオリンポス」については『救済の星』四八頁以下、「造形的コスモス」については七六頁以下、「悲劇の英雄」については一一四頁以下を参照。

（15）インドや中国の宗教は『救済の星』のたとえば「アジア　非神話的な神」（五〇頁以下）であつかわれている。

（16）ブロートの「よく知られた書物」とは、『異教・キリスト教・ユダヤ教（*Heidentum, Christentum und Judentum*）』（一九二一年）である。この書物にたいするローゼンツヴァイクの評価については、『護教論的な思考』（本書四四五〜六二頁）を参照。

（17）それまでドイツ観念論の運動をリードしていた早熟の天才シェリングは一八〇九年の『人間的自由の本質』を最後に沈黙してしまう。しかし、『世界の時間（*Weltalter*）』という表題のもとに新しい「哲学」を模索していた。この表題をもつ膨大な草稿群が残されており、比較的まとまったものとしては、一八一一年、一三年、一四年のものがあり、シェリングは新設のミュンヘン大学でも一九二九年と三三年にこの表題で講義をおこなっている。彼はたとえば一八一三年の草稿の冒頭でこう述べる。「過去のものは知られ、現在のものは認識され、将来のものは予感される。知られたものは物語られ、認識されたものは叙述され、予感されたものは予言される」。ローゼンツヴァイクがこれらの草稿に決定的な影響を受けたことは、「『救済の星』の「原細胞」」（本書五三〜七七頁）にうかがえる。

（18）英訳註によれば、「ドイツの偉大な歴史家」とはレオポルト・フォン・ランケ（Leopold von Ranke 1795–1886）であり、彼は『ラテン民族とゲルマン民族の歴史』第一版の序論で、「本来的に」という用語を使用している。

（19）原文はeigentlichだが、文脈にしたがいwirklichと読みかえる。

（20）たとえば「あるところにおじいさんとおばあさんがいました」というぐあいである。

（21）たとえば「おじいさんは山に芝刈りに、おばあさんは川に洗濯に行きました」というぐあいである。

（22）原文では四つとなっているが五つの間違いであろう。三つの章の組み合わせは六通りになるからである。

（23）アリストテレスの*θαυμάζειν*（タウマゼイン）を暗示している。アリストテレスによれば、「人間は驚嘆するということによってはじめて哲学しはじめる」（『形而上学』982b12）。だが、ローゼンツヴァイクによれば、特定の哲学的態度を前提してはじめて「驚嘆」は可能になる。

（24）ドイツ語のstaunenにはもともと「硬直している（starr sein）」という意味がある。英訳註によれば、スイスの詩人にして解剖学者・生理学者のハラー（Albrecht von Haller 1708–1777）によって一七三〇年にドイツ文学に導入された。この語はスイスでは、「考え深く、あるいはなにも考えずに、じっと立っている」という意味でも使われるという。

(25)『西東詩集』「歓喜の書」生野幸吉訳、『ゲーテ全集』第二巻、潮出版社、二〇〇三年、一三二頁。

(26)『救済の星』の三つの巻にはそれぞれ「過去」、「現在」、「未来」という時間的性格が与えられ、第一巻「要素、あるいは永続的な（immerwährende）前世界」、第二巻「軌道、あるいはつねに更新される（allzeiterneuerte）世界」、第三巻「形態、あるいは永遠の（ewige）超世界」という表題が付けられている。ローゼンツヴァイクは三つの永遠性のありかたを区別するのである。

(27)たとえば、ショーペンハウアーは『意志と表象としての世界』第四巻第六七節で「同情」についてこんなことを言っている。「われわれは自分の苦しみによってではなしに他人の苦しみに動かされて泣くことがあるが、この場合は次のようにして起こってくるのである。われわれはなまなましい想像力で苦しんでいる他人の立場に身を置いてみるか、あるいはその人の運命のうちに全人類の運命を、したがってなによりもまずわれわれ自身の運命を見てとっていて、要するにそういう遠い回り道を経て、結局はつねにもう一度われわれ自身のために泣くというわけなのだ。われわれは自分自身に対して同情を覚えるというわけなのだ」（前掲訳書一六一頁）。

(28)タゴールの神秘思想は、第一次大戦後のヨーロッパに大きな影響を及ぼした。たとえば一九二〇年には、タゴールの教育理念にもとづいて、ドイツのダルムシュタットに「スクール・オブ・ウィズダム」が創設され、現在でも活動を続けている。

(29)このくだりはおそらく、フリードリヒ・シュレーゲルの『アテネウム断片（*Athenäums-Fragment*）』（一七九八年）の断片一一二が念頭に置かれている。「たがいに対立していない哲学者たちを結びつけているのは、ふつうは共感（Sympathie）であって、共哲学（Symphilosophie）ではない」。断片一二五ではこうも語られている。「共哲学（Symphilosophie）と共詩（Sympoesie）が一般的で親密なものになるときには、おそらく学問と芸術の新しい時代が始まっているだろう」。

(30)対話的原理が展開されているのは、おもに『将来の哲学の原理（*Grundsätze der Philosophie der Zukunft*）』（一八四三年）

三二～四一節である。ハンス・エーレンベルクは、一九二二年にフォイエルバッハのこの著作を、彼を我‐汝概念の発見者として言明したうえで編集した。

(31) たとえば、序論「B　宗教」第五節にはこうある。「〈君〉もまた〈私〉のもうひとつの例でしかなく、私が私の〈私〉にすでに気づいているときには、〈君〉をあらためて発見することなど必要ではないのではないか。事実はおそらく逆である。〈君〉がはじめて、〈君〉の発見がはじめて、私自身に私の〈私〉を意識させ、私の〈私〉を倫理的に認識させることができるのである」。

(32)『応用心理学（*Angewandte Seelenkunde*）』は、彼の言語思想を知りたいというローゼンツヴァイクの求めにおうじて一九一六年に書かれた。『人類の言語（*Die Sprache des Menschengeschlechts: Eine leibhaftige Grammatik in vier Teilen*）』第一巻（一九六三年）、七三九～八一〇頁に収められている。

(33)『論争（*Disputation*）』第一巻「フィヒテ」（ミュンヘン、一九二三年）。第二巻ではシェリング、第三巻ではヘーゲルが論じられている。

(34) ローゼンツヴァイクとは大学生時代に医学の授業で知り合う。「医者の哲学」という表題の著作は刊行されていない。有名な著作に『ゲシュタルト・クライス（*Gestaltkreis*）』（一九四〇年）がある。

(35)『理論的生物学――基本的生命過程の不可逆性の観点から（*Theoretische Biologie. vom Standpunkte der Irreversibilität des elementaren Lebensvorganges*）』はベルリンで一九二三年に出版された。

(36)『我と汝（*Ich und Du*）』（ライプツィヒ、一九二三年）はユダヤ系思想家の対話思想をヨーロッパに紹介するのに大いに貢献した。ブーバーはローゼンツヴァイクとともにヘブライ語聖書のドイツ語訳もおこなっている。

(37)『言葉と精神的実在――プネウマトロギー的断片（*Das Wort und die geistigen Realitäten: pneumatologische Fragmente*）』（フランクフルト、一九二一年）。

(38) ローゼンツヴァイク『イェフダ・ハレヴィの六〇篇の賛歌と詩のドイツ語訳（*60 Hymnen und Gedichte des Jehuda Halevi deutsch*）』（ランベルト・シュナイダー出版社、ベルリン）。これについては、「『イェフダ・ハレヴィ』のあとがき」（本書三二一～五〇頁以下）を参照。

(39)『カーニヴァルの歴史心理学（*Historische Psychologie des Karnevals*)』は一九二七年から二八年にかけて出版された。ヴァルター・ベンヤミンも彼とこの著作に大きな影響を受けている。

(40)「哲学は神学の下女である」という中世神学の立場を踏まえている。

(41) ローゼンツヴァイクは「神の名前」の問題を、「「永遠なる者」――メンデルスゾーンと神の名前」（本書四〇一～二八頁）や、「神についての学」（本書一六五～九四頁）などで論じている。

(42) これについては、訳註（4）と（26）を参照。

(43) モロク（あるいはモレク）は、古代中東の神だが、ユダヤ教では子どもの生け贄を要求する悪魔とされる。中世になると、フェニキアの主審バアル・ハモンと同一視され、プルタルコスは、カルタゴではこの神のために生け贄がささげられたと言う。

(44) これについては、訳註（1）を参照。とびらにはダヴィデの星（✡）が描かれている。

(45)「ごきげんよう、人間の生みの親！　ただ一言。何がほしいかは、下界のあなた方が感じ、何を与えるかは、天上の者の知るところ。あなた方巨人族《ティターネン》は壮大に事を起こす。永遠の善と美にそれを導くのは　神々の業であることを忘れないで」。ゲーテ『パンドーラ』小川超訳、『ゲーテ全集』第五巻、潮出版社、二〇〇三年、三五九頁。

(46) これについては、訳註（4）と（26）を参照。

(47) スキュラとカリュブティスはギリシア神話に登場する女の怪物。対岸にすみ、そこを通る船乗りたちを襲い、食ってしまう。したがって「スキュラとカリュブティス」は、「前門の虎、後門の狼」とか「一難去ってまた一難」という意味になる。二〇世紀転換期のヨーロッパは、普遍的理性とその形而上学に専念するドイツ観念論に代表される合理主義の哲学にたいして、もっと人間の実存的な現実に立ちかえるべきだという主張がなされるようになる。ヴィルヘルム・ディルタイ、ゲオルク・ジンメルなどに代表される「生の哲学」もそのひとつである。ローゼンツヴァイクはドイツ観念論に代表される「観念論」を批判するが、だからといってみずからの「新しい思考」を実存主義の生の哲学の一種とみなさないように注意をうながしている。

（48）本書四四五～六二頁参照。

（49）「世俗の諸民族　メシアニズム的政治」（『救済の星』五二三～二五頁）参照。

（50）「心情の内なる天　キリスト教美学」（『救済の星』五八六～九四頁）参照。

（51）第一章では倫理的な問題が、第二章では美学的な問題があつかわれる。なぜこれが「おなじみのやりかた」かと言えば、たとえばカントの批判哲学においては、前者は「実践理性批判」、後者は「判断力批判」というように独立に論じられるからである。

（52）カントの『判断力批判』には「目的から自由な適意」という表現は見あたらないが、美しいものについての判断である「趣味判断」をほかの判断から区別するものとして、「関心を離れた、自由な適意」（A 210）とか「目的なき合目的性」（A 221）という特徴が挙げられている。

（53）『救済の星』の第三巻の序論は、「御国を祈りによって手に入れる可能性について」である。

（54）文脈から、Schüler を Proffessoren と読む。

（55）「事実性」については、「『救済の星』の「原細胞」」訳註（29）を参照。

（56）三つの序論については、訳註（4）を参照。

（57）カント『純粋理性批判』（A 314/B 370）を参照。

（58）ゲーテ『ファウスト』第一部、山下肇訳、『ゲーテ全集』第三巻、ファウスト「あすこまで行けば、いろんな謎が解けるにちがいない」。メフィスト「でも、また新しい謎もそばから生まれますぜ」。

2 『救済の星』の「原細胞」

一九一七年一一月一八日のルドルフ・エーレンベルク宛書簡。友人たちによって上記の表題で呼ばれるようになり、この表題を付して『小論文集』三五七～七二頁に収録された。ヘーゲル研究者として出発したローゼンツヴァイクは、一九一三年の七月から一〇月にかけてユダヤ教の文献を集中的に研究しはじめ、ベルリンの「ユダヤ教学アカデミー」で一九一三年夏から一九一四年九月までヘルマン・コーヘンの講義を聴講した。一九一四年の第一次世界大戦の勃発とともに従軍した彼は、一九一六年の休暇中に友人のオイゲン・ローゼンシュトックと再会し、キリスト教とユダヤ教、理性と信仰について対話し、その後も書簡が交わされた。その間にローゼンツヴァイクは「新しい思考」を構想し、それが最初に表明されたのが本書簡である。現在では、全集版第三巻一二五～三八頁で読むことができる。

親愛なるルドルフ〔・エーレンベルク〕へ

……いまではもう一ヶ月前になるが、私はそのあいだに重要なものを手に入れたと、すくなくとも最初はそう思った。しかし、いまではふたたび確信がもてなくなっている。それというのも、豊かな適用例が多く生まれるという、そうした発見にふつう見られる特徴が今回は見られなかったからである。だが、もしかするとこれには外的な理由があるかもしれない。つまり、私が長いあいだ探しもとめてきた哲学的なアルキメデスの点のためかもしれないのである。君はたぶんまだ覚えていてくれるだろうが、一九一四年のハルツ旅行の初日に、われわれはモミの森から抜けだして、啓示とすべての人間固有の認識とは純粋に哲学的に区別できるか、そうでなくても、そもそもなんらかの明示可能な基準があるかについて話しあった。〔そのとき〕私にわかっていたのは〔この話しあいに〕「乗り気がせず」、「見よ、ここに我より強き神来たりたまいて、我を従えんとす（Ecce deus fortior me qui veniens dominabitur mihi）」[1]ということだけだった。「預言者は、駆りたてられた猟獣のように、しだいに立ち現われる像と戦う」という事実だけであり、したがって、人間が自発的に従うのは「自分の衝動」のみであり、正反対の方向へと人間につねに呼びかけるのは神の声だという前提だけだったのである。たしかにそうした事実や前提はただちに間違いではないが、あまりにも貧弱であり、おまけにそれが説得力をもつのはほんとうのところ……純粋に哲学的な基準にもはやたいした関心をもっていない人にとってでしかない。私は、当時もただちにこの不十分さを感じとりはしたが、中心概念とみなされ、そう望まれてもいた啓示の概念についてのあらゆる熟考がもたらしたのは、つねにただ歴史哲学的な成果だけで、けっして純粋に概念的な成果ではなかった（ところで、私がハルツでちょうどそのとき君に読んで聞かせた「無神論的神学」[2]という論文では、この概念にたいする綱領宣言的な告白が当時まだ印刷されないままだったのは私のせいではない）。私は前年のローゼンシュトックとの往復書簡で、彼が啓示をどう理解しているのかを率直に尋ねた。彼はこう答えた。啓示（Offenbarung）とは方向づけ（Orientierung）であると。[3]啓示のあとでは、もはや相対化されえない現実的な上と下――「天」と

「地」――が自然のうちに存在するようになる（君はここで、ローゼンシュトックが自然と呼んでいるものが彼の意に反してけっして自然科学の自然ではなく、詩の自然であることがわかるだろう。したがって、彼が精神科学において要求しているような、どちらかといえば自然科学的な方法のすべてもまた、そのように理解されるべきである。しかし、ふたたび本題に戻ろう）。さらに啓示のあとでは、現実的な確固たる〈以前〉と〈以後〉が時間のうちに存在するようになる。つまり、「自然的な」空間と自然的な時間においては、その中心はつねに私がまさに存在する地点である（人間は万物の尺度である（ἄνθρωπος μέτρον ἁπάντων））。(4) 啓示された空間・時間・世界においては、中心は不動の固定点であって、私は自分自身を変えたり動かしたりしても、それをずらすことはできない。大地こそが世界の中心であり、世界史にはキリスト以前と以後〔紀元前と紀元後〕がある（神とそれ自身のロゴスこそが万物の尺度である（θεὸς καὶ λόγος αὐτοῦ μέτρον ἁπάντων））。〔こうした思想はたしかに〕文字どおりではなく、おおよそそうだというにすぎず、じっさい概要でしかないが、驚嘆に値いする単純さと実り豊かさをもつ思想であり、まちがいなく正しい（私は〔啓示からだけではなく〕みずからの拠って立つところからもまたこの思想にたどりつかないなら、自分を信用しないだろう）。それではなぜ私はまだ不満なのだろうか。私はその思想をすんなり認めたにもかかわらず、自分自身になおも満足していなかったからである。その理由はあきらかに、私の思考の時計仕掛けを始動させる装置が「一八〇〇年」と呼ばれていることにある(5)（〔その始動装置は〕「ヘーゲル」と「ゲーテ」であり、つまりは二人の絶対的な自己意識である。ヘーゲルは最後の哲学者にして最後の異教的な頭脳であり、ゲーテはキリストが望んだ最初のキリスト教徒、つまりは最初の「人間そのもの」である――君はエッカーマンの語録〔『ゲーテとの対話（*Gespräche mit Goethe*）』（第一・二巻一八三六、第三巻一八四八年）」をご存知だろう。「偉大な異教徒」と「断固たる非キリスト教徒」という言い種は、滑稽にもあのエッカーマンの語録以上の意味をもたないが、まずそこから理解される必要がある）。したがって、私は私のこの知的な核心から、私にとって完全に透明になるべきすべてのものを見なければならない。ほかのどんな方法においても、私の理解力はただちに座礁してしまう。

とはいえ、なにか新しいものを期待してはいけない。むしろ逆である。おそらく新しいのは、かつてたんなる機知に富んだ着想が押しあいへしあいしていたところに、いまでは見通しのきく思想の関連があると私が感じていることぐらいである。つまり新しいのは、（ヴァイツゼッカーの意味での）「体系的なもの」にすぎない。しかも、これでさえ新しくはない。それを見てみたい。

次のように語ろう。哲学的理性は自分の脚で立っている。それは自己充足している。すべては哲学的理性に含まれており、この理性はついには自分自身をも含むようになる（それはいっさい反論不可能な唯一の認識論的作用である。というのも、この作用は現実認識と現実の形式であるA＝Bという形式ではなく、A＝Aという論理的な認識の形式にしたがって生じる唯一のものだからである）。〔ところが、〕哲学的理性がこのようにすべてをみずからに受けいれ、自分だけが実存することを宣言したあとで、人間はとっくの昔に哲学的に消化されたはずの自分がまだ存在していることを突然発見する。しかも、そこに発見されるのは〔勝利の象徴である〕シュロの枝をもつ人間――とっくの昔にクジラに飲みこまれ、いまやクジラの腹のなかで聖歌を歌って暇をつぶせるような人間――ではなく、「塵あくたである私[6]」である。ごくありふれた私的な主体としての〈私〉、姓名をもつ〈私〉、塵あくたである〈私〉、そうした〈私〉がまだ存在している。そして、そうした私が哲学している。つまり、絶対的支配者である哲学を哲学するという厚かましいことをしている。かつて哲学は、(塵あくたである)私に――いまだ一度も直接的にではなく、シュロの枝をもつ人間を通じてのみ――、姓名をもつ私はそもそも完全に黙っていなければならないと言わせ、それから、哲学はシュロの枝をもつ人間によって私を辱めておきながら、今度は彼自身を辱め、いくつかの理想の前でまったく卑小なものにしてしまい、次には理想を絶対的なものにもぐり込ませたものである。ところが、私はいまや突然なにごともなかったかのように登場し、グラッベのように最終幕において全体を照らしだす。[7] 私は〈言い表わしがたい勝ちほこる個体(Individuum ineffabile triumphans)〉[8]になる。驚くべきはそうした個体が「哲学」をする(“philosophie”rt)ことではなく、それがそもそもいまだ存在していて、あえぎながらも〔哲学を〕「する」(“iert”)とあえて言うこと自体すでに驚くべきことである。

　人間は、絶対者にたいして二つの関係をもっている。一方は絶対者が人間をもつばあいだが、他方は人間が絶対者をもつばあいである。この第二の関係とはいったいどのような関係だろうか。

　私は、〔この書簡を〕ふたたび読みかえしているうちに、その冒頭がひどく歓喜に満ちていることに気づいた。したがって「もう一度同じこと〔を取りあげよう〕」。理性は現実の根拠であるだけでなく、理性そのものの現実というものもまたある。理性が自分を自分で根拠づけること(思考の思考(νόησις νοήσεως)、ヘーゲル弁証法の原理[9])は、たしかに理性が現実を根拠づけるという要求をどうしてなしうるのかは説明する(したがって、ヘーゲルの弁証法はカントの批判の必然的な基盤である)。思考が存在を根拠づけうるというのであれば、思考は自分を自分で根拠づけなければならない。したがって、思考が自分を根拠づけることがどうしても必要なのは、存在が思考可能になるためにすぎない。しかし、存在とのこうした関係を別にすれば、思考みずからの根拠づけなどたんなる論理のお遊びではないかという疑いが残る。それと同様に、たしかに創造の実在性のためには、なんらかの創造者と自己充足的な（全能の）者が想定されなければならないが、そうした創造の実在性などいらないと信じ、人生を多彩な反映において過ごせる[10]と思っている人には、創造者の全能もまたたんなる一問題でしかない。このことからすれば、神の「存在」はさらに（自足という）その概念からも区別されなければならないことがわかる。こうして、〔神と同様に〕理性の現実性もまたその概念（自己意識、思考の思考（*νόησις νοήσεως*）、フィヒテのA＝A）[11]から区別されなければならない。理性の「うち」には（あるいはもっと適切に言えば、理性の「かたわら」には）非理性的なもの、真理概念では捉えられないものが存在する（なぜなら、真理はつねに「表象と対象の一致」、あるいはもっと前提を含まない言いかたをすれば、分離したものの一致だからである。そのさい、「分離したもの」は、いまや意識や批判の立場からすれば異なるもの――A＝B――でもありうるし、自己意識や弁証法の立場からすれば同じもの――A＝A、――でもありうる）。理性のかたわらにありながら理性の向こう側（論理学的に言えば「彼岸」）にあるこのなにかとは、ある種の統一性である。これは二つのものの統一性ではないし、等式として定式化できるものでもなく、二元性から離れた統一性である。それは二つの等式〔A＝AとA＝B〕の等号だが、その〔二つの等式における〕用法とは違って、同等の記号（Gleich*zeichen*）ではなく、現実的なものとしてである。つまり（「AとBあるいはAとAのあいだになんらかの関係がなりたつとすれば、それは同等の関係である」という）仮言的なものではなく、（「すべての可能的関係に〈先だって〉同等が存在する」という）定言的なものである。現実を見よ（Ecce realitas）。それと同様に、世界との関係であれ自分との関係であれ、すべての関係に先だってなんらかの神が「存在」し、まったく仮言的ではない神のこの存在こそが神の現実性の原点である。そのさい、君は当然シェリング（とハンス〔・エーレンベルク〕）をそのあいだずっと念頭に置いていたにちがいないが、それはシェリングが「暗い根拠」[12]などと呼んだものにほかならない。それは神の一種の内化であって、しかもたんに神の自己外化に先行するだけでなく、神の自己にさえ先行する（私の知るかぎり、ルリアのカバラ[13]がそう教えている。私はかつて君にそれについて話したことがある）。

　したがって私が目指すのは、絶対的なもの――いま神を表示するすべてのなかでももっとも抽象的な表示を意図的に使う――が、二つの相対的なもの、つまり絶対的なものの以前のそれと絶対的なもの以後のそれのあいだにあること〔を示すこと〕である。大地は大きな象の上に乗っていて、その大きな象は大きな亀の上に乗っているというぐあいに無限に続くと、素朴な形而上学は教えていた[14]。大地は大きな蛇の上に乗っていて、その大きな蛇は自分の尾をかんで自分自身を支えていると、ヘーゲルは教えている。ヘーゲルはそれによってたしかに大地と蛇の体系については余すところなく説明しているが、この体系がどうして全体として崩壊しないかを説明していない。この体系は崩壊することも動揺することもない、と私は言いたい。というのも、それには「そこへと」崩壊したり、「そこで」動揺したりできるいかなる余地もないからだ。蛇はそれ自体でおよそ可能なあらゆる空間を占めている。蛇はその上に乗っている大地と同じようにどっしりとしている。

　これにたいしては次のような異論がすぐに思い浮かぶ。「以前」の現実と「以後」の現実を同じ名前で呼ぶことは許されない。たとえば神の現実と神によって創造された現実はまったくの別物である。たしかに、私がいま語ろうとしているものは別物である。しかし、別物であることがそれほど重要であるのは、言語の言い分もやはり正しく、それがひとつでもあることが度外視されるかぎりでしかない。哲学の対象である人間と哲学する人間は〔別物ではあるけれども〕、それでもやはり二人の「人間」である。〔哲学の対象である人間が〕シュロの枝をもっているからといって、それについて思い違いをしてはならない。

ところで私が主張したいのは、絶対的なものとそれ「以前の」相対的なもののあいだで生じるすべてのものが啓示であり、絶対的なものとそれ「以後の」相対的なもののあいだで起こるすべてのものは、自然や世界——あるいは君がそれをどう呼んでもかまわない——であるということだ。むろん、これは最初の大雑把なおおよその定式でしかなく、それ以上であるべきではない。それがそれ以上ではないことは、なんといってもこの二つの関係が、そこにおいて生じたものとは違って、反定立的に対立するものではありえないことからしてもすでにあきらかだ。というのも、絶対的なものが自分以後の相対的なものに「関係」しているのにたいして、それ以前の相対的なものにとって本質的なのは、絶対的なものがそれ自体としてはさしあたり相対的なものにいっさい「関係」せず、この相対的なものはさしあたりいかがわしくあやしげな塵あくただが、それでも自分自身の足で立っているということだからである。この相対的なものは、「=」記号によってはじめて存在を手に入れるようなBではなく、みずからの「=」をすでにみずからのうちにそれ自体でもっており、いかなるAも気にしない。それはB=Bである。

しかし、Aはそれ〔B〕を気にかける。そうでなければ「暗い根拠」は神性をけっして生みだすことはなく、永遠にみずからのうつろなB＝Bにまどろんでいるだろう。しかし神は、B＝Bから、そしてそこからのみ、この真に神的ではない自立的であろうとするB＝Bからのみ、みずからを生みだすことができる。神のたんなる「内なるもの」はまだ不毛である。まず「はじめに」あるのは、自分自身の深みへの神の内化（Verinner*ung*）であり、下降である。哲学をする者は哲学なしには死んだも同然である。しかし、哲学が生きたものになりうるのは、哲学が彼のもとに、哲学から独立した人のもとに降りてきて、彼と同じ立場にまでへりくだり、そのようにして哲学の過程が始まり、そしてその過程が哲学と〈哲学との関係においてのみある人間の実存〉の絶対性の承認で終わるばあいだけである。AはB＝Bに向かって能動的になり、その結果、B＝BはB＝AとしてAへの依存を認めるようになる。

それにもかかわらず、Bには――このBが哲学者であれ、創造であれ――Aのこの能動性のいかなる記憶も残らない。というのも、Bが体系的に消化され取りこまれるのは、この過程がまさに終わるときでしかないからだ。Bが体系のうちにありながらもまだみずから体系の格子棒を揺さぶるようなものであるばあいにのみ、体系以前の生の「記憶」がBに残りうる。しかし、そのようなBは、考えうるすべてのBのなかでもただひとつ、自由な人格性だけである。自由が「現象界の奇跡」であることを正直に認めたことだけでもすでに、カントはあらゆる哲学者のなかでも人格的にもっとも偉大な哲学者である。ほかのすべて哲学者たちは、多かれ少なかれそれを避けて通ろうとする。それを口に出して語ったのはカントだけである。カントだけが、真理と実務的にかかわりながらも、自分が子どもで愚か者であることを忘れなかった。自由はかつて「関係」においては捉えられないもの、それゆえ体系化できないものと認められていた。そうだとすれば、自由を適応とか没入などと安んじて規定できるのは、それが「それ以前には」まったくの自由そのものだったことが「記憶」に残っているばあいだけだろう。カントにおいては自由概念の「想起（ἀνάμνησις）」が生きており、こうした「想起」こそは、われわれが古い論理的世界の港で乗船しながらも、それに乗ってのみ啓示という新世界（nuovo mondo）を発見できるカラベル船[15]である。われわれが思考によってたどりつくのは、「根源」、「神の存在」、（ヘーゲルではなくハンス〔・エーレンベルク〕が言う意味での）「理性の現実」、さらには（たんなる「人間」ではないかぎりでの）「哲学者」でしかなく、しかもこうしたすべては限界概念でしかない。たとえ思考によってであれ、〔限界概念としてではなく〕あらゆる論理を超えたぼんやりした無骨なB＝Bというかたちで発見されるのは人間だけである。思考はほかのB＝B概念に言及しはするが、知っているのはこのB＝Bだけである。したがって、AがB＝Bを「問題にする」（上述を参照）ような論理以前の出来事はこのB＝B概念に即してのみ示され、ここで示されたものとのアナロジーにしたがってはじめて、同じような出来事がほかのB＝Bにも推定されうる。「いまだそこに存在する」まったくの人間そのもの、私が以前にそこから出発したまったくの人間そのものこそが、ほんとうの始まりなのである。

　この人間は〈私〉と言う。人間は、たんにBであるだけでなくB＝Bでもあるかぎりで、そしてそうであるからこそ、〈私〉と言いうるのであり、あらゆるBのなかで人間だけがそう言いうる唯一のものである。たしかにほかのすべてのBについてもアナロジーによって（per analogiam）〈私〉と言いうると主張できるが、あくまでアナロジーによってでしかない。ほかのBは、直接的には〈私〉ではなく、〈彼・彼女・それ〉であり、人間自身も、Bとして理解されるかぎり、たんに〈彼・彼女・それ〉でしかない。あらゆる関係は三人称のあいだでのみなりたつ。体系とは、三人称の形式における世界である。理論的体系だけでなく、人間もまたみずから対象になったり、自身によってあるいは自身からなにかを生みだそうとするやいなや三人称に移行し、（姓名もつ）〈私〉でなくなり、（シュロの枝をもつ）「人間」になってしまう。この三人称の理論的・実践的な体系においては、Bとしての人間にとって神もまた三人称、Aでしかない。人間は神が本質的にA＝Aであるということを限界概念としては知っているにもかかわらず、神は人間との関係（A＝B）においてはAとしかみなされない。このような人間についてスピノザは、神を愛する人は神が自分の愛に応えてくれるように求めてはいけないと書いている[16]——そして、ゲーテもこれに同意している[17]。いったいどうしていけないのだろうか！　彼の胸の清らかなところには、より高尚でより純粋な未知のもの[18]に感謝の念をもって自発的に身をささげようとする努力が波打っている。〔しかし、〕これは三人称の愛である。〈彼〉が〈それ〉に身をささげるのだ。いかなる〈君〉も発せられず、したがって〈私〉など問題にならない。だが、愛を「求める」ことができるのは〈私〉だけである。この三人称の世界では、神はそのうえに〈私〉らしきものがすくなくとも限界概念として映しだされるような唯一の〈それ〉（A＝A）であり、「より高尚な」とか「より純粋な」という奇妙な比較級によって表現されるような〈それ〉である。つまり崇拝されるのは、ある種の反映、ある種の未知のものだけであり、そうした〈それ〉の背後にひそんでいるような〈私〉（A＝Bという普通の等式のAと並存するようなA＝A）だけなのである。ここではすべての愛は献身であり、この献身はあらゆる種類のあらゆる献身がその比喩でしかありえないようなものである。ひとは「彼女」の前にいるときにも、「そのような」至福の高みにあると感じるし、「学問と芸術」を身につけている人は宗教「もまた」もっている。[19] A＝Aがあるからこそ、A＝Bは支配的な世界の公式でありうる。すべてのBはたがいに関係しあい、どこにおいても献身的である。どのBもたがいにAの位置（等号の左辺）を占めることができる。――「彼女」も「芸術と学問」も、人間自身でさえも、等号の左辺を占めうるし、世界のほかの事物にとってAになりうる。すべてのA＝BはA＝Aの庇護のもとで可能になり、正当化される。この永遠に対象的なBが求めることができないのは、ただひとつ、神が愛に応えてくれるということだけである。というのも、そのためにはこのBはみずからを〈私〉にすることができなければならず、みずからをたんにAではなくA＝Aと同一視しなければならないからである。

しかしこれをおこなうのは、即物的〔＝非人称的な〕関係の藪に迷いこんでいない人間、理論的・実践的な体系の外にいる人間、〈私〉としての人間である。こうした人間は、神が愛に応えてくれるように求めてよいし、求めずにはいられない。それどころか彼は、神がなにを置いてもまず自分を愛してくれるように求めずにはいられない。彼の〈私〉は鈍感で沈黙しており、「アダム、お前はどこにいるのか[20]」という神の口から発せられる救済の言葉を待っているからである。その結果、彼の〈私〉は、声に出してみずからに問いかける最初の〈君〉にたいして、声を抑え、おずおずと、恥ずかしげに〈私〉と応答することになる。先の〔三人称の〕関係が全面的に献身する不定の〈彼〉〈彼女〉〈それ〉において展開されたとすれば、この関係は〈私〉と〈君〉とふたたび〈私〉というふうに展開される。つまりこの関係は、啓示する〈私〉と、良心の問いかけあるいは命令としての〈君〉、次にアダムの羞恥の〈私〉とアブラハムの準備万端の〈私〉による応答、そしてふたたびふり返って、後悔する〈私〉と祈りの〈君〉と救済の〈私〉というふうに展開される。ほかのどんなBとも同じではなく（つまりB_1、B_2、B_3などではなく）、ただそれ自体でしかなく、自分自身としか同じではないようなBつまりB＝Bと、A＝Aのあいだには、ただひとつの単線的な結びつきしかなく、いかなる関係の網の目も体系もない。こうした関係の網の目や体系がより現実的で可能的になるのは、あらゆる結節点がBともAともなりうるばあい、いやもっと正確に言えば、あらゆるものが結節点になりうると同時になってはならないばあいである。それは特定の中心をもたない世界である。この世界は右と左、前と後ろの世界ではあるが、そこではすべてがそのつど右にも左にも、前にも後ろにもなりうるし、ほんのしばらく待つだけで未来は過去へと染めなおされてしまう。この世界の高尚な精神は森や藪、茂みや水にいる兄弟たちと知りあいになるように教えるが[21]、しかしまさにその点で、それに直接関連して、完全なものはなにも生じなかったことを人間に痛感させもする。人間が「結びつき」のなかで自分と同等な人として感じるのは、自分が「関係」している兄弟、いたるところにたやすく簡単に見いだせるこうした兄弟ではなく、さしあたり自分だけである。隣人愛という言葉は、そこでは「そうした兄弟たちのもとでは」ほどよく手なずけられた自明事だが、ここではラッパの音[22]になる。というのも、この言葉が語られるのは、その胸の純粋な部分に自発的な献身への努力が波打っているような人間にたいしてではなく、私が〈私であること〉に没頭していて聞く耳をもたない〈私〉、自分自身を愛するということ以外になにも前提できないような〈私〉にたいしてだからである。しかしだからこそ、この言葉が聞こうとしない耳をはじめて開いたあとでは、ひとは隣人のうちにじっさいに自分と等しい者を認め、隣人をたんにB_2、B_3などとして、つまり同じ世界の同居人や、A＝Bという大きな等式の同じ項として認めるだけにとどまらない。ひとはそんなものについては自分が見るものだけしか知らない――そうしたものを〈それ〉、つまり森や林や岩や水のなかにいる兄弟としてしか認識しないのだから。むしろ私は、隣人が〈彼〉でも〈彼女〉でも〈それ〉でもなく、ひとりの〈私〉、私と同じような〈私〉であり、方向も中心もない同じ空間の同居人でもなければ、始まりも終わりもない時間の旅で知りあった人でもなく、私の兄弟であり、私の運命の仲間であることを知っている。私の兄弟も私とまったく同じ「事情にあり」、私と同様に、みずからの前にただひとつの軌道しか見ない。私の兄弟は世界のうちに、つまり森や林や藪や水のうちにではなく、主のうちにいる。あらゆるBは兄弟の交わりを結んでいる。というのも、すべてはたがいに交換可能であり、どのBもほかのBにとってはAになりうるからだ。思考の橋は、なんといってもB＝BからほかのB＝Bへはまだけっして架けられていない。この橋つまり＝記号は、B＝Bそのもののうちに築かれているので、そこから外へ通じてはいない。〈唯一の〉A＝AからB＝Bに言葉が発せられてのみ、B＝Bは自分自身の外に通じることができ、みずからに起こるこの出来事においてのみ、同じことが起こっているほかのB＝Bを、つまり〈君〉であるような隣人を考えることができる。B＝Bは、自分自身の本質や自分の胸の純粋な部分からではなく、みずからに起きた出来事と、聞く耳をもたない自分の心から他者を発見する。

「本質」とは、それにもとづいて対象の世界つまりA＝Bの世界が秩序づけられるような概念であり、すべての個別的なものに「先行する」がゆえにそれを含んでいるような普遍的なものである。ストア派やスピノザ主義者が隣人を「愛する」のは、人間一般つまり「あらゆる」人間が、あるいは世界一般つまりすべての事物がたがいに兄弟の交わりを結んでいることを知っているからにほかならない。本質や普遍的なものから生じるこのような愛とは対照的に、出来事から、したがって存在するもっとも特殊なものから生じる別の愛がある。この特殊なものは、あるものからすぐ近くのものへ、隣人からすぐ近くの隣人へと徐々に進んでいくが、この愛は隣人愛にならずにはもっとも遠い人への愛になることができない。したがって、この世界を秩序づける概念は普遍的なものではない。アルケーでもテロスでもなければ、自然な統一性でも歴史的な統一性でもない。むしろそれは、個別的なもの、出来事であり、世界の始まりや終わりではなく、世界の中心である。世界は、その始まりからしても終わりに向かっても「果てしない」。世界はその始まりからすれば空間的に果てしなく、終わりに向かっては時間的に果てしない。この限りない世界において四つの杭のあいだの限られたわが家と一区画の土地が成立するには、中心にもとづくほかはない。この杭はどこまでも先へ延ばせるからだ。この中心から見てはじめて、始まりと終わりも無限性の限界概念であることをやめて、われわれの世界という所有地の隅柱になる。「始まり」は創造になり、「終わり」は救済になる。

　したがって、啓示こそは中心、確固とした不動の中心でありうる。なぜだろうか。啓示は地点に、固定した、聞く耳をもたない、ずらせない地点にこそ、つまり「とにかく私がそうである」という反抗的な〈私〉にこそ、現われるからである。〔啓示が現われるのは〕私の「自由」〔にたいしてである〕。しかもそれは、哲学者たちが捏造するような私の自由ではない——哲学者たちは、それから恣意という赤い血を流れださせ、その血を「感覚性」や「衝動」や「動機」の器に流しこみ、法への服従という血のない残りかすだけを自由と認めようとする。そうではなく、その自由は完全なる自由、私の完全な、鈍感な、無責任な恣意、「私はとにかくそのようである」という私のまったき状態、それなしには哲学者の自由が生まれつき不具であるような状態である。というのも、これらすべてのすばらしいことを期待されている人間が元気でなければ、理想にたいするどんな服従も、普遍的に妥当する原則のどんな想定も、ヘーゲルのどんな神性も、なんになろう。いやそれどころか、人間がみずからのそうした罪深い自然なありかたにおいて、自分こそが奉仕を要求するこれらすべての理想の主人であることを知り、すべての時点でまずもって道徳の体系のあらゆる命題に決着をつける勇気を見いだすほどに元気でないなら、なんになろう。しかし、彼はそのような力と勇気をどのようにして手に入れるのか。

「理想」や「命法」や「理念」やこれらに類するすべてのもの (et hoc genus omne) は、人間にこう語りかける。「感謝の念をもって」「自発的に」私に身をささげよ！　そうすれば、「君は君がそれであるところのものになり」、みずからの「使命」を果たすだろう。――しかしいずれにせよ、私に身をささげよ！　ということはつまり、人間が自分固有のものを放棄することを前提にしている。それにたいして、啓示はこう言う。私の意志をおこなえ！　私の業をなしとげよ！　そうだとすれば、人間がそれをおこなうには、神固有のもの、つまり神の意志と神の業が人間にゆだねられることが前提となる。世界の立場から見ると、これはなんという逆説だろう！　最高のものがわれわれの献身を要求する代わりに、みずからをわれわれにゆだねる。最高のものがわれわれをみずからの高みへと高める代わりに、われわれのもとに降りてくる。そしてさらに、われわれにわれわれの自己を報酬として与える（「君がそれであるところのものになれ」）代わりに、自己を抜けだして神の近くにあることこそが至福だとしてそれをわれわれに約束する。したがって、神が信頼して身をゆだねる人間、崇高であると同時に謙虚である〈彼〉が降りてくる人間は、みずからのうちに神のための余地をつくることで、みずからが神にゆだねたすべてのものを、自分自身つまり人間さえも、受けとる。世界におけるあらゆる献身は、理念のなかの理念としての神に通じてはいるけれども、神のほうは、いまや啓示においてみずからを人間に送りとどけることで、すべての世俗的な献身を持参金として人間にもってくる。このように、理想にたいする自分自身の献身ができるようになるのは、啓示によってである。理想には多くのものがある。理想はたがいに光をさえぎりあう。A＝Bの世界においてはあらゆる対象が交換可能であるという法則は、理想にもあてはまる。理想の板挟みになっている人間がはっきりと知っているのは、献身すべきだということだけであり、そのうちのどれに献身すべきかは知らない。さまざまな義務の葛藤の悲劇が支配している。〔それにたいして〕神の律法は、特定の人間とこの特定の人間の特定の状況に一義的に向けて発せられる命令である。体系の別の連関にさかのぼって問いあわせたり、それにくら替えしたりするのは不可能である。というのも、ここにはさまざまな路線からなる体系などないからである。あるのは複線になったただひとつの路線だけである。したがって可能なのはせいぜい、ルシファーの反抗かヨナの逃亡[23]ぐらいだろう。たしかに、さまざまな理想からなるひとつの領域はある（それはただ体系化できるだけであり、だから単一性をもちえない）が、神の言葉はただひとつしかない（その言葉がみずからを展開してはじめて多様な領域になる）。したがって、啓示の世界には「葛藤」がない。聖人物語は悲劇が終わるところで――つまり第五幕〔が終わるところ〕で[24]――始まる[25]。

それゆえ、敬虔な人にはいかなる「法」も与えられていない。彼はひとつの「命令」に服しているからである。この命令は全世界とその理想にたいする全権を彼に与える。とはいえむろん、これは命令であるにはちがいない。彼の恣意には沈黙が課せられている。「義務をめぐる巨人の戦い」、「理想と生」の軋轢などここでは原理的に問題にならない。〔理想と生といった〕そのような原理的な違いは、むしろ体系化可能な世界、A＝Bの世界の特徴であって、この世界をヘーゲルとともに一次元的に一連の対立として展開しようと、われわれの今日の努力にしたがって多元的にさまざまな関係において展開しようと同じである。敬虔な人に命じられているのは、なんらかの仕方で普遍的・概念的に理解可能であるそのような闘争ではない。むしろ命令自体が命令として個人と瞬間にまったく拘束されたままなので、世界におけるその遂行もまた、普遍的な対立ではなく、特殊な対立のうちに入りこむ。つまり、けっして義務「一般」が愛「一般」と戦うのではなく、この特定の義務とこの特定の愛がほかのすべての義務や愛をわきへ押しやるのである。啓示はくさびとして世界へ押しいってくる。〈このもの〉が〈このもの〉と戦う。それゆえ、みずからの使命にたいする預言者〔ヨナ〕の抵抗、しだいに立ち現われる〔とうごまの木の〕まぼろしとの彼の戦い[26]は、倫理的な戦いとは取り違えようがない。そこでは、高次のものが低次のものと戦うのではなく、その名を呼ばれたものが、たんに可能なほかのすべてのものと戦う。たしかにこの可能なものには「高次なもの」も属する。〔だが、〕その名を呼ばれたものは比較可能ではなく、高次のものと低次のものの体系には組みいれられない。預言者はその使命のゆえに「理想」からも「生」からも離れて、概念なき世界へ、Ａ＝Ｂが効力を失い、すべてがＢ＝Ｂとして現われるような世界へ赴く。神的な使命に反抗する預言者の「本性」は、良いものに対立するような「本性」ではけっしてなく、彼の人間全体、つまり「良い」ものも「悪い」ものも区別なく混ざりあっているような人間である。それは彼の全体であり、命令する言葉の侵入から身を守ろうとする、体系にたいする彼のひそかな意志である。彼のうちなる「体系」、ひそかな「ゲーテの生」が、みずからの自己保存のために戦うのであり、Ｂ＝ＡがＢ＝Ｂと戦うのである。

いま述べたことは、啓示と世界のあいだにはさまざまな関係があり、しかもその関係はただ思考においてだけではなく――思考のうちにあることはすでに「公式」からあきらかだろう――、現実のうちにもあることを示している。しかも、Ｂ＝ＢのＡ＝Ｂにたいする関係は、攻撃的で変化を目指す関係であり、それにたいして、Ａ＝ＢのＢ＝Ｂにたいする関係は、理論的で懐疑的な（不信心な）関係でしかない。この関係は、Ｂ＝Ｂは「本来的に」Ａ＝Ｂだとたんに解釈しなおしたり説明したりすることで満足してしまう。したがって、Ａ＝Ｂはどんなときにも満足しているが、Ｂ＝Ｂは「終わり」になってはじめて満足できる。終わりになってはじめて「体系」の「単一性」は「万人」の「共同体」にとって代わられ、すべての暴力と秩序（Ａ＝Ｂ）は、自己性と直接性（Ｂ＝Ｂ）にとって代わられる。したがって啓示にとっても、汎神論がそのつどたやすく簡単に感情的に解決してしまう問題、つまり「森と林、岩と水における兄弟たちの」問題が現実的になり、全体性の現実的な実現にどうしても必要なその解決が奇跡によって（per miraculum）約束されるのは、「終わり」においてである。不信仰は、Ｂ＝ＡがＢ＝Ｂの「精神化されたもの」であり「真理」にほかならないという意識をみずからの権利根拠としている。不信仰はB＝Bをみずからの質料（ὕλη）の概念のうちにもっていると思いこんでいるが、これは誤りである。というのも、どんな質料の概念もすでに、概念も単一性もまったく欠いたB＝Bというありかたに比べれば、「精神化されたもの」であり、つまりはすでにA＝Bであるからだ。それでも不信仰はこの誤りを犯してもかまわない。不信仰の言うB＝Aも、じっさいにはなんらかの仕方でB＝Bを「意味している」（シュロの枝をもつ人間は、なんらかの仕方で姓名もつ〈私〉とひとつである）という肝心な点では、正しいからである。〔B＝Bという〕公式における〔Bという〕文字の等しさによってはじめから表現されていたまさしくこの「なんらかの仕方でひとつである」ということこそが、信仰にも山を動かす(27)可能性を、あるいはもっと簡単に言えば、敬虔な人にみずからの信仰を生きる可能性を与える。世界がA＝BでなくA＝Cであれば、そのような可能性は理解できないだろう。敬虔な人と生にはともに同じ血が流れており、世界をそれ固有のカオスに変える（いわば戻す）ことだけが信仰に要求されているからこそ、世界における啓示の働きは可能である。しかし、この働きによってB＝Bが終わりに存在するときに、したがって、すべてのB＝AがB＝Bになってしまうときに、B＝Bはまさに〈すべて〉になってしまうので、みずからのうちに埋もれている未開拓の〈なにか〉であるというもっとも固有な本質を失ってしまう。神に対立するいかなる〈存在〉ももはや存在しない。神は〈一にして全〉である(28)。

　こうして、次のようなイメージがあきらかになる。私は当初さまざまな関係を狂想曲風に並列的に議論し、一方を他方によって説明してきたので、それらの境界を明瞭に確定できなかったが、いまやそれらの関係は秩序づけられている。「いまだそこにいる人間」（「シュロの枝をもつ理想的な人間」

であるにもかかわらず）も、「哲学する人」（「哲学」をするにもかかわらず）も、「根源」（「神の人称性」であるにもかかわらず）も――すべては純粋な事実性[29]という概念にほかならない。それらは比例関係を示す線［／］によって関係として記号化できるだろう。つまり以下のようになる。

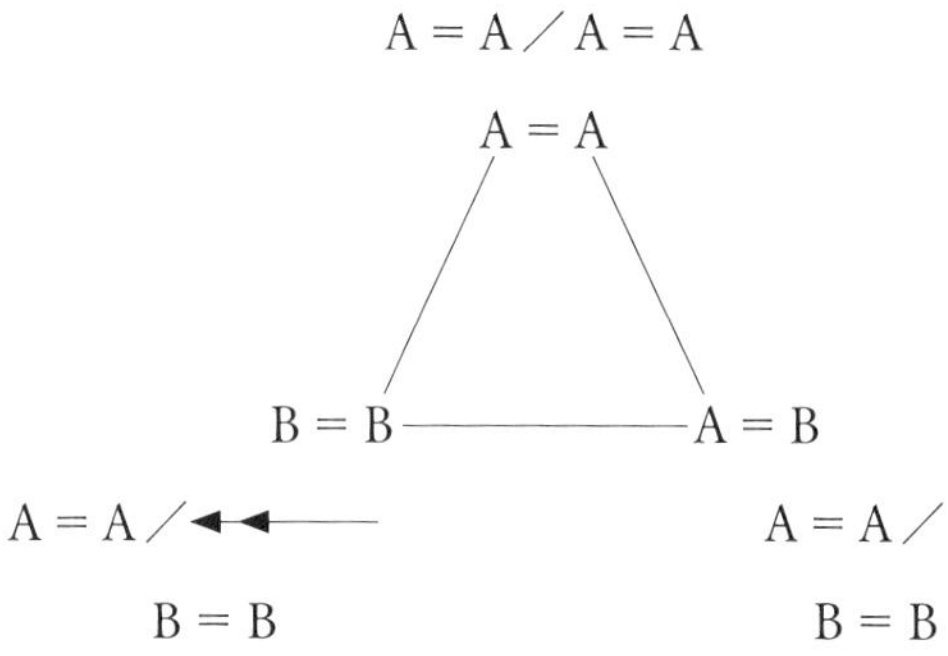

驚いてはいけない！　この対称性は、君が最初に考えるほど大きくはない。私はとりわけ

A＝A／
　B＝B

を、ほんとうは括弧に入れて別々に書くことができただろう。というのも、それは三角形のうちの

　　　A＝A
　／
B＝B

と完全に一致するからである。啓示はそれ自身すでに「純粋な事実性」の関係にほかならない。三角形の右辺ではまったく異なる。それは観念論の運動の成果を示している。〈自我〉＝〈非自我〉を解く鍵としての「フィヒテの」〈自我〉＝〈自我〉も、ヘーゲルの「精神」の概念も、ゲーテの「世界の核心は人間の心のうちにあるのではないか」[30]も、そうした成果である。この認識それ自身もさら

に、ひとつの事実として、ひとつの世界史の地点として理解されなければならなかった。ハンス〔・エーレンベルク〕の「哲学者」の発見がそうであり、私の「一八〇〇年」という概念[31]もそうである。なにしろ、この〔「一八〇〇年」という〕概念も同じように、哲学に対立するような哲学者を中心に置いているからである。ヘーゲルが理論的に、ゲーテが実践的に完成した内在の思想――異教はそれ以外のなんであろうか！――は、いまやそれ自身が事実になり、その結果、啓示によって捉えられるようになった。したがって、この「純粋な事実性」は自体的なものである。それは三角形の辺と一致せず、三角形の哲学的な〔三つの〕角から下に向かっての哲学的な死の跳躍（Salto mortale）である――それは〔文字どおり〕死の跳躍である。というのも、「一八〇〇年」は絶対的な終わり、あるいはむしろ絶対的な始まりを意味しているからだ。ヘーゲルが自分のうちに最後の哲学者を発見したとき、ゲーテは自分のうちに最初のキリスト教徒を発見した。これになにも付けくわえるべきことはない。

三角形の二つの垂線、つまり人間そのものと世界そのもの、あるいは信仰と不信仰、神学と哲学のあいだで――左から右への実践的運動と、右から左への理論的運動のあいだで――なにが起こるかは、すでに述べた。左から右への動きのほうがより強い動きであり、確実に最終的に勝利することは、次の点に反映されている。上述の図においては、左側が事実性をみずからの血としており、どんなときにもこの事実性の力で働くのにたいして、右側では事実性の死の跳躍は補足でしかなく、歴史の過程における一回かぎりの出来事でしかない。

三角形の頂点にある死の跳躍は、最終的には「最後の跳躍」であることがわかる。というのも、比例関係を示す線の上と下に同じものがあり、したがって、ここでは純粋な事実性に動きはなく永遠だからである。神における永遠の出来事は、この図と思考の歴史が同じように示しているように、二つの基盤から、つまり完成された哲学（シェリング）と啓示（神秘主義）の基盤から知ることができる。こうして――私自身もこの思想には驚いており、嫌悪を抱いているのだが――、神学（*Theologie*）と哲学〔愛智〕（*Philosophie*）には、[32] 学問の三角形を締めくくるものとして、神智学（Theosophie）が加わる。

残るのは文献‐学（Philo-logie）つまり沈黙である。しかし、まじめな話、君はそれになにを付けくわえるだろうか。それ〔学問の三角形〕は、私自身の期待以上に完全で豊かになった。しかし、当時のハルツのときとは違って、私はみずからに確信をもっている。君もそうだと思う。なにしろ、それが定式化されたのは君のためなのだから。ローゼンシュトックのために定式化したのなら、まったく別様に書かなければならなかっただろうが、そのときはまだ別様に書くのに十分な距離が取れていなかった。私はそれを君に目を向けながら（*εἰς σε βλέπων*）書いた。それはおそらく君の誕生日に届くだろう。君はなんといっても「一一月の人間」であり、私が思うに、〔一一月〕後半の人間だからね。いずれにせよ、この定式は他人にお見せできるようなものではないので、だれにも見せないでもらいたい。

……

ところで、私はきのうこの卵を産みおとした直後にうれしさのあまりにガチョウみたいにガアガア騒ぎたてたが、きょうはもう一度全体を通読してみた。それを理解するにはかなり善意が必要だ。最初の数頁では専門用語がまだまったく不安定だからだ。いま終わりのほうからふり返っただけでもすでに、もっとましなものにできそうだが、それでは新たに書きなおすことになろうし、なかんずくここで私にそんなことをしろというのは酷すぎる。君はまさにこうした不安定と付きあうように努力してくれなくてはいけない。B＝Bは、ある点から見てはじめて、もっぱら人間だけを意味する。かなり面倒な前進をしているあいだは、それはまだ論理を超えた現実性、つまり人称を超えた神性も意味する。しかし、私が書きながらはじめて気づいたようなことを、君は読んでいるあいだに気づいてくれるにちがいないと思っている。多くの誤りやまだ不明瞭な点はあるが、全体が実り豊かであることをきょうになっても文字どおり確信している。私はきょう早くもふたたびガチョウみたいにガアガア騒ぎはじめている。そんなことはきのうしか許されなかったというのにである。

さらにもう一言。これまで名前を挙げた人びとのほかにもうひとり、影響を受けた人を挙げなければならない。それはクリストフ・シュレンプ（君はいったい彼を知っているだろうか）と、カントとキリストにかんする彼の初期作品――おそらくは処女作――である。彼はこの作品において、自律と他律の対立を律法と命令の対立によって修正している[33]。

私は、神秘主義が現実の神学と現実の哲学のあいだで特殊な地位を占めていることにとても驚いている。おそらくこれは、プロティノスやインドなどがそうしたように、多くの歴史的な困難を無理なく解決する方法なのだろう。これまで私は、シュタイナーの神智学にはほんとうのところまったく興味がもてなかった（そのために、私はマイリンクの二つの小説[34]と、そのすこし前〔に出版された〕『キリスト教世界[35]』のなかで神智学について書かれていたことしか知らなかった）が、いまではひょっとすると興味をもてるかもしれない。だが、いまやほんとうに筆を擱くことにしよう。

君のフランツ

訳註

(1) ダンテの『新生(*La Vita Nuova*)』第二章(平川祐弘訳、河出書房新社、二〇一二年、七頁)。

(2)『小論集』二七八〜九〇頁。現在は全集版第三巻六八七〜九七頁に収録されている。

(3) ローゼンシュトックの書簡には、「啓示は方向づけである」という言葉は見あたらない。しかし、ローゼンツヴァイクが一九一六年一〇月の書簡で、「自然と啓示の関係についてあなたの現在の考えかたを説明してもらいたい」と求めたとき、ローゼンシュトックは一〇月二八日の書簡でこう答えている。「私は「自然と啓示」を「自然な悟性と啓示」というふうにしか理解することができません。……自然な悟性は上と下、左と右を心得ています。……この空間的な四方位におけるみずからの位置を、認識する中心としてではなく、上方から制約されたものとして受けいれようと決意することは、……もはや人間の自然な悟性のなしうることではなく、われわれにたいする、われわれにおける、われわれのための啓示が可能にするような、われわれの内なる能力なのです」。

(4) 古代アテナイの代表的なソフィスト、プロタゴラス(Protagoras B.C. 490–420)の言葉。

(5) ローゼンツヴァイクは「パラリポメンタ(*Paralipomenta*)」(全集版第二巻一二〇頁)でこう述べている。「これによってはじめて、私は啓示の概念を私の原現象(一八〇〇年=啓示のキリスト教化、ゲーテの生活)に結びつけた」。

(6)『創世記』第一八章二七節「アブラハムは答えた。塵あくたにすぎないわたしですが、あえて、わが主に申し上げます」。

(7) 英訳註によれば、ドイツの劇作家グラッベは喜劇『冗談、風刺、皮肉と深い意味(*Scherz, Satire, Ironie und tiefere Bedeutung*)』(一八二七年)の最終章で、みずから登場する。

(8)「個体は言い表わしがたい(individuum est ineffabile)」という古い表現がある。われわれの概念が捉えうるのは普遍的なものだけなので、個体は理解しがたいという意味。

(9)「思考の思考」はアリストテレスの用語。理性(*νοῦς*)は形相を捉える能力だが、みずからは不動でほかのいっさいを動かす究極のもの、つまり神は、みずからの外に形相をもたないので、その理性は自分自身に向けられるほかなく、つまりは「思考の思考」である。ヘーゲルの弁証法の到達点もまた同じであり、『エンチュクロペディ』は「思考の思考」について言及するアリストテレス『形而上学』の言葉（第一二巻第七章1072b 18–30）で締めくくられている。

（10）ゲーテ『ファウスト』第二部「これこそまさに人間のいとなみを映しだす鏡だ。この虹の意味するものを考えれば、よくわかることだ。太陽に映える色とりどりの輝きにこそ、われわれの生がある、と」（山下肇訳、『ゲーテ全集』第三巻、潮出版社、二〇〇三年、四八頁）。

（11）フィヒテにとって、A＝Aは論理学の第一根本命題である「同一律」を表現しており、論理学的にはもっとも確実である。「この命題〔A＝A〕は端的に、……あらゆるそれ以上の根拠なしに確実である」『全知識学の基礎』（隈元忠敬訳、『フィヒテ全集』第四巻、晢書房、一九九七年、九二頁）。

（12）シェリングが『人間的自由の本質』（一八〇九年）で用いた用語。神はみずからの外に出て世界を創造するためには、まずみずからの内に引きこもらなければならない。ちょうど一〇〇メートル走者が勢いよく飛びだすためにはみずからに引きこもらなければならないように。この神の「内なるもの」は世界の「根拠」であるが、世界とは違って神が意識的に生みだしたものではないので、無意識的なものであり、いわば「暗い」。そこで、シェリングはそれを「神の内なる自然」とも呼ぶ。

（13）カバラとはヘブライ語で「伝承」という意味。一二世紀以降のユダヤ神秘主義思想とその秘密の教義の総称。イサク・ベン・サロモ・ルリアはサフェドのカバリストであり、カバラに決定的な新解釈を与え、後世に重要な影響を及ぼした。「神の収縮（ツィムツィム）」という考えかたは、シェリングの「暗い根拠」という概念のヒントになっている。

（14）英訳註によれば、インドのヒンズー教のこの神話的説明を哲学文献にはじめて導入したのはジョン・ロック（John Locke 1632–1704）である。「哀れなインド哲学者がこの実体ということばを考えついたとさえしたら、苦労して大地を支える象や、その象を支える亀を見いだすには及ばなかっただろう」（『人間知性論』第二巻第一三章一九節、大槻春彦訳、岩波文庫、二七頁）。

（15）一五〜一六世紀にポルトガルを中心に使われた軽快な帆船。コロンブスはこの船で新世界を発見した。

(16) スピノザ『エチカ』第五部の定理一九「神を愛する者は、神が自分を愛しかえすように努めることができない」（工藤喜作・斎藤博訳、中公クラシックス、二〇〇七年、四三六頁）。

(17) ゲーテ『詩と真実』「「神を真に愛する者は、神も自分を愛してくれることを望んではならない」というあの驚くべき言葉は、その言葉から生まれる帰結のいっさいとともに、私の思索のすべてを満たした」（河原忠彦・山崎章甫訳、『ゲーテ全集』第一〇巻、二〇〇三年、一七九頁）。

(18) ゲーテ「抒情歌　情熱三部曲　悲歌」「われわれのけがれのない胸の奥には、永劫の名づけられぬものの謎をときつつ、より高く純粋な未知のものへ、感謝して身を捧げたいという思いが波打つ。世に敬虔といわれるものが――彼女の前に立つと、私はこの至福の高みに自分を感じる」（内藤道雄訳、『ゲーテ全集』第一巻、二〇〇三年、三〇三頁）。

(19) ゲーテ『穏和なクセーニエ』第九集「学問と芸術を持っているものは、同時に宗教を持っている。学問と芸術を持たぬものは、宗教を持て！」（高橋健二訳『ゲーテ作品集』第一巻、創元社、一八四頁）。

(20)『創世記』第三章九節「主なる神はアダムを呼ばれた。「どこにいるのか」」。

(21) ゲーテ『ファウスト』第一部「あなたの手で生きとし生けるものの列が次々と私の目の前に導かれ、ものいわぬ繁みや空や水のなかの兄弟たちが私に引きあわされる」（山下肇訳『ゲーテ全集』第三巻、二〇〇三年、九九頁）。

(22)『コリントの信徒への手紙一』第一五章五二節「最後のラッパが鳴るとともに、たちまち、一瞬のうちにです。ラッパが鳴ると、死者は復活して朽ちない者とされ、わたしたちは変えられます」。

(23)「ヨナの逃亡」については、『ヨナ書』第一章を参照。

(24) 古典的な悲劇は第五幕で終わることを通例としていた。

(25)『救済の星』では、古代悲劇の英雄（閉じこもった人間）が聖者（der Heilige）（開示された人間）という形態へと変容するありようが描かれている。『救済の星』第二巻第三章を参照。たとえばこう言われている。「閉じこもった人間が……魂の体験と魂に満ちた行為において完全に開示された人間にまで成熟することによって獲得する形態は、先取りして言えば、聖者という形態である」（三二一頁）。

（26）『ヨナ書』第四章六～八節「主なる神は彼の苦痛を救うため、とうごまの木に命じて芽を出させられた。とうごまの木は伸びてヨナよりも丈が高くなり、頭の上に陰をつくったので、ヨナの不満は消え、とうごまの木を大いに喜んだ。ところが翌日の明け方、神は虫に命じて木に登らせ、とうごまの木を食い荒らさせられたので木は枯れてしまった。日が昇ると、神は今度は焼けつくような東風に吹きつけるよう命じられた。太陽もヨナの頭上に照りつけたので、ヨナはぐったりとなり、死ぬことを願って言った。「生きているよりも、死ぬ方がましです」」。

（27）『コリントの信徒への手紙一』第一三章二節「たとえ、預言する賜物を持ち、あらゆる神秘とあらゆる知識に通じていようとも、たとえ、山をも動かすほどの完全な信仰を持っていようとも、愛がなければ、無に等しい」。

（28）紀元前六世紀のギリシアの哲学者クセノパネス（Xenophanes）は世界を〈一にして全（*ἐν καί πᾶν*）〉だとして、それを神とみなした。これ以後、この用語は汎神論的世界観を表現するようになる。

（29）ローゼンツヴァイクは『救済の星』では神と世界と人間を「事実性（Tatsächlichkeit）」と呼ぶようになる。古代ギリシアはほかの二つを「世界」に、中世は「神」、近代は「人間」に還元したが、これらはたがいにけっして還元できない。「われわれは神と世界と人間を他と並ぶひとつの概念としてではなく、自立的かつ単独に存在するものとして探しもとめようとするのであり、……その絶対的な事実性において求めようとするのである」（『救済の星』三四頁）。

（30）ゲーテの詩「最後の警告」「最後に私はこう言う。自然に核心も外殻もない。まず君自身を検討せよ、君が核心であるか、外殻であるか！」（高橋健二訳『ゲーテ作品集』第一巻、創元社、一三五頁）。

（31）「一八〇〇年」については、訳註（5）を参照。

（32）ギリシア語「フィロソフィア」はもともと、「ソフィア（智恵）」を「フィロ（愛する）」を意味する造語である。

（33）シュレンプの「カントとキリストにかんする彼の初期著作」とは、『キリスト教の世界観とカントの倫理的信仰（*Die christliche Weltanschauung und Kant's sittlicher Glaube*）』（一八九一年）である。ローゼンツヴァイクは「パラリポメンタ（Paralipomenta）」（全集版第三巻一二〇頁）でこの著作について次のように述べている。「シュレンプが『キリスト教の世界観とカントの倫理的信仰』の五〇頁でこう主張しているのは、きわめて正しい。自律的な（autonome）倫理と神が支配する（theonome）倫理の決定的な違いは、倫理学が、前者においては普遍的な法として、後者においては個人的な命令として現われると言うのである」。

（34）グスタフ・マイリンクの「二つの小説」とは、『ゴーレム（*Der Golem*）』（一九一五年）と『緑の顔（*Das Grüne Gesicht*）』（一九一六年）。

（35）『キリスト教世界（*Die christliche Welt*）』は、文化的プロテスタンティズムのもっとも重要な雑誌。おもにドイツの神学者マルティン・ラーデ（Martin Rade 1857–1940）によって一八八七年から一九四一年まで刊行された。

第Ⅱ部　自由ユダヤ学舎と教育について

3 ユダヤ的思考への手引き

自由ユダヤ学舎第二年度第二学期の一九二一年一月九日から三月初めにかけておこなわれた講義の草稿であり、生前は未発表。現在ではコレクション版六一九～六三五頁、全集版第三巻五九七～六一八頁に収録されている。この講義も含めてローゼンツヴァイクが自由ユダヤ学舎でおこなった講義の元原稿は存在せず、二種類のコピーが残されているばかりであり、両者にはかなりの異同がある。コレクション版と全集版はその異なるコピーにもとづいているので、全集版との重要な異同については、本文中で示すか、訳註を付す。

I

「手引き」――私はそれによってまったく新しいことを企てているのを自覚している。ここでいわゆる「ユダヤの思想家」について学べると期待している人は失望するだろう。

ここではわれわれみずからが思考すべきであり、ユダヤ的に思考すべきなのである。

「ユダヤ的」思考などあるだろうか。思考は人間に普遍的なものではないのか。たしかに、そうだとされてきた。しかし、これまでそうだったことがあるだろうか。それなら「哲学」はどうだろう。哲学は人間の問題だったのではないか。人間の問題？　たとえば女の問題？　それともほんとうは男の問題？　ここでほんとうはと言う意味は、ビジネスや政治が男の問題であるのと同じく客観的で真面目な意味で男の問題だということである。けっしてそうではない（「思考の仕事は男たちに語りかけることだった」——たしかにそうだが、「男たち（Männern）」にしか語りかけようとしない人は、罰としてまだ一度も「人間たち（Männern）」に語りかけたことがない人である）。

いいや、哲学は人間に普遍的なものではなかった。人間に普遍的であったし、いまもそうであり、これからもそうであるのは、常識（der gesunde Menschenverstand）[1]である。哲学ははじめから常識を軽蔑してきた。常識はそんなことは気にせず、人生は全体として健康な道を進んできた。しかし、われわれは「思考しているのだ」といばりくさるときはいつでも、あらぬことを口走るようになった。このように人生が思考を頼りにするようになると、人生もただではすまなかった。人生が心のやましさを感じずにすむのは、思考が人生に背を向けていてくれるかぎりのことでしかない。どれほど健康な人間悟性も、ある種の問題にかんしていまだ自動的に武装解除してしまうかぎり、完全に健康ではない。

常識がこのようにみずからを締めだす徴候はなんだろうか。ひとが「本来的（eigentlich）」と言うときはいつもそうである。「本来的」とはいつでもナンセンスだ。しかし、哲学ははじめから「本来的」と言ってきた。本来的にはすべては水である——タレスのこの命題は典型的だ（水だろうと、精神だろうと、意志だろうと、運動だろうと、物質だろうと、観念だろうと、神だろうと同じである）。常識は、けっして「本来的」とは言わない。そんなことは絶対にしない。みなさんが（夕方の桟敷席ではなく、商店で）店主のところに行き、〔その商品は〕「本来的には」〔なにか〕と言おうとしよう——店主はあなたを外に追いだすだろう。みなさんが妻に「本来的には」と言おうとしよう——私はあなたにそんなことをお勧めしたくはない。

　しかし、すべてのものは、真理もまたまったく同様に、「本来的には」というふうに語りかけられてはならない。そんなことをすれば、真理のほうでもみなさんを締めだすだろう。真理は、みなさんが――常識をわきまえて――隣人と語るように、直接的に、具体的に、名前を挙げて語りかけられなければならない。哲学者は、本来的にはすべては地上の物質であるとか、天上の精神であるとか、神であるとか、アプリオリであるなどと言う。しかし、真理があきらかになるのは、「本来的には」をすべて放棄し、〔地上の物質、天上の精神、神、アプリオリといった〕これらすべての可能性をかき集め、そのどれひとつも「本来的」な可能性にしないような素朴な文にたいしてだけである。つまり、はじめに神は天と地を創造した。

　ユダヤ的な思考はあるのか。そうだ、それはある。ではその反対は？　ギリシア的思考、本来的なものについての思考である。ではユダヤ的な思想家は？　彼らのユダヤ的思考は訓練を受けたギリシア的思考と戦った（たいていは不首尾に終わったが）。フィロンやサーディヤからコーヘンにいたるまでそうである。これからの一二時間〔の講義〕では、ユダヤ的思考への勇気を、つまり常識を使用する勇気を奮い起こすように努めたい――すべての「哲学」〔全集版は、ギリシャ哲学〕からのわれわれの抜粋（*Extract*）がそれからの脱出（*Exodus*）になるという危険を冒しても。つまり、われわれの祖先が哲学しなかったかぎり（そのかぎりでのみ）彼らには自明であったことを、そして、哲学さえしなければわれわれにとっても自明であることを、思想的に表現するという勇気を奮い起こしたいのである。

自明になり、それとともに理解できるようになるということが、この常識の哲学の課題でなければならない。その課題とは、平日と休日のあいだのちぎれた糸をふたたび結ぶことであり、思考の平日と全労働日をふたたび思考の安息日の準備にすることであり、したがってまた平日をふたたび広げることである。さらにそれは、現実と理想、強制と自由、そのほかすべてのもののばかげた分離を抜けだすことであり、思考の高慢を謙虚さへ、行為の良心のやましさを良心の満足へ変えることであり、女の感情を男の思考と（哲学者たちの独身生活と）ふたたびひとつにすることであり、総じて生と思考を和解させることである。

したがって、私はみなさんにわかりやすくするように約束しよう。だが、これからとても心地よい時間を体験できるだろうとは期待しないでいただきたい。みなさんはつねに私を理解するだろう。しかし、しばしば、ひょっとしたらつねに、私に腹を立てるだろう。というのも、みなさんはみな哲学者であり、ギリシア化され脱ユダヤ化されているにもかかわらず、私はみずからの生にもとづいて考えるよう教えるので、お気に入りの思想をかならずや破壊せざるをえないからである。そんな思想は破壊してもかまわない。それは生のない、生きられていない思想であり、みなさんはそれを考えるだけで、それを考える以外なにひとつそれに従って生きようとしないからである。みなさんはそれを自分たちの生活のせいにして、「理想」を大いに称賛することに慣れている。〔しかし〕私はそれを理想のせいにする。私はこの一二時間〔の講義〕で、「理想主義者〔＝観念論者〕」という言葉がみなさんの口をついて出るときにはもはや褒め言葉ではなくなり、そもそも軽蔑して肩をすくめながら哀れむように語られるどんな言葉（「残念ながらできません」）も、みなさんにとってもはや疑わしくないものではなくなり、たとえ「どんなに高尚な問題」であれ、身近な言葉だけを、自分たちの口と心において使うような言葉だけを使うようにしたい。

II

私はまったく信じない（Ik jloobe jar nischt）――と靴屋の小僧が言う。私はなにも知らないということを知っている――とソクラテスは言う。今日では靴屋の小僧でもソクラテスでもない多くの人びとが、両方を同時に言う。

とはいえ、彼らはたんにそう言うだけだ。じっさい、なにも信じず、なにも知らない人などいない。それに、なにも信じないなどと吹きこもうとするのはわれわれの愚かさだけであり、なにも知らないなどと吹きこもうとするのはわれわれの学識だけである。われわれは愚か者でも賢者でもありたくはない。われわれがありたいのは、たんにその中間的なタイプにすぎず、われわれは事実そうしたものである。

今日信仰と知識のいずれもが不評を買うようになったのは、いったいどうしたことだろう。

信仰がそうなったのは当然である。信仰は盲目的で、硬直し、狭量で、狂信的だ。人びとはみずからを信じすぎたのだろうか。

いずれにせよ、人びとはみずからを知りすぎたのである。

そこでいまや〔信仰と知識の〕総合を見つけることが重要になった。その総合には次のような限定が付いていた。「私は信仰に居場所を与えるために知識をどけなければならなかった[2]」。

こうして、実験室などの「客観的」な、知りうる、神のいない世界は（そして、信仰をクロークに預けてしまうことは）知識にゆだねられ、知識を超えた行為や「感情」の世界は信仰に取っておかれることになった。

「感情的な事柄」――そうなるとこれもまたひとつの「本来的なもの」になってしまう（本来的にはそうしたすべてはナンセンスだが、感情という私的な事柄は、「あたかも」本来的「であるかのように[3]」あつかわれるべきである）。

もし神が存在しないとしたら……

それならそれでけっこう。そうなら神はけっして存在しない。神が存在するのは、そうでなければ神を発明しなければならないからにすぎない[4]。

しかし、この知識そのものもまたどれほど疑わしくなってしまったことだろう。この知識はまさにみずからの真理を一二種類の「前提」（つまり「因果性」〔などの純粋悟性概念〕と、「空間と時間」〔の直観形式〕）からのみ引きだすような制限された知識でしかない[5]。

そうなると君は感覚に頼らざるをえない――そんなことさえことさらに命じられなければならないとは、なんと嘆かわしいことだろう。

靴屋の小僧とソクラテスのあの二つの疑いを結びつけていたものはいったいなんであったか。コギト、自我である。人間の自我が信じられるのは、それが唯一確実に知られるものであるように思われるからである。したがって、自我において両者はつながっている。

ここに近代精神の中心がある。ここにみなさんに共通のお気に入りの思想がある。


みなさんはみずからに証明されうるものを信じる。

みなさんはみずから参加しようとする。

みなさんはみずから決断しようとする。

みなさんはみずから結婚しようとする。

みなさんは生命を繁殖させるかどうかをみずから決定しようとする。

みなさんは人生に別れを告げなければならないかどうかをみずから決めようとする。

みなさんはなにものにも驚かされたくはない。

みなさんは創造的でありたいのであって、被造物でありたくはない。

みなさんは自由でありたい。

みなさんは――たとえ〔自由ではなく〕拘束されていたとしても――拘束の法則を知っている人でありたい。言いかえれば、たとえ拘束されるにしても、ただひとつの〈それ〉に、ある種の「即(sive)」に、ご丁寧にもハイフンつきの神〔汎神論の言う「神即自然(deus sive natura)」〕にのみ拘束されていたい――この神は〔ユダヤ教のように〕「私は主であり、ほかに神はいない(אני ה׳ ולא אחר)」(6) ような神ではない(つまり、〈自然即神(natura *sive* Deus)〉は〈ほかなる神(אחר)〉である)。

クロノスの義兄弟のなかにプロメテウスがいるが(7)、彼は「〈私〉に似ている」。この孤独な大文字の〈私〉は古代の論理学の相続人である。〔いずれにとっても〕世界の法則をなしているのは思考の法則である。世界は、私が創造する以前には存在しなかった。伝承はみずからを正当化しなければならないが、みなさんはその必要がない。せいぜい自分自身の前で正当化しさえすればよい。自我はわが身ひとつで、原告でもあれば、弁護人でもあれば、裁判官でもある。思考が思考するのは自分自身の正当性である。思考は経験に権利を与えるが、それは思考みずからが与えたものだけである。思考は「よりよいもの」から教訓を得ることはあっても、聞くこと、あらゆる知識、あらゆる前提に先だって単純に聞くこと、聞くことにおいてはじめて自分自身になること——そうしたことは望まない。思考が与えた以外のどんな名前にも価値がない。伝承も経験も名前も「本来的なもの」ではない。本来的なものは〈彼〉であるような〈私〉〔つまり三人称としての自我〕なのである。

〈彼〉であるような〈私〉は世界の主である。
世界は〈私〉の表象である。
神は〈私〉の創造物である。

論理学は、
不信の論理学であり、
誤謬に対抗する論理学であり、

本来的なもののための論理学であり、
言語に対抗する論理学である。

自我が知ろうと欲するということは、自分が知っているということをすでに悟っていたということであり、それをひとから悟らされたくはないということである。「あなたは知るにいたった（אתה הראת לדעת）」(8)。自我は伝承を軽んじ、恩寵を放棄する。たしかにゲーテにおいては（われわれ自身と同じく）、正しいものと誤ったものが混在している。というのも、彼もまたわれわれすべてと同じく、健康でもあれば病んでもいたからである。しかしゲーテは知っていた、私が健康でいられる源泉を……。

III

私はみなさんに「論理学」について十分にお話しなかったのではないか。概念、判断、推理、誤謬推理――私はそれについてなにを知っているだろうか！　きょうはまず概念から始めよう。

概念の歴史（ソクラテス――ソクラテス以前の概念形而上学への回顧――プラトンの「イデア」――カントのカテゴリーと理念――ヘーゲルのカテゴリーとしての理念あるいは「具体的な概念」）。

……

概念はつねに私の概念把握の働きであり、私が概念把握するものである（そして、その歴史の進行ともにますますそうなっていく）。

ところで――みなさんはかつて概念なるものを一度でも見たことがあるか。みなさん自身は概念なのか。みなさんはいつ「概念把握する」のか――それはやはりみなさんが疑惑を抱いている、つまり、〔みなさんが「概念把握する」のは〕ただ「知っている」だけで、まだほんとうには知らないときだけだろう。

みなさんはほんとうに知っているものをどう呼ぶだろうか。「ドイツだ」！　「ユダヤ人だ」！　「エルザだ」！　というぐあいだろう――そのときみなさんは名前を呼んでいる。名前はどんな概念も超えていく。

名前は従来のすべての論理学にとってはその限界とみなされてきた。名前はほんとうは健康な論理学の中心である。というのも、名前こそがみなさんの現実認識の中心であり、現実生活の中心だからである。

名前がみなさんにとって「たんなる名前」にしか見えないのは、まるで認識が概念において生じるかのような論理学的な先入観が骨身に染みついているからにすぎない。それにもかかわらず、すべての認識の始めと終わりにあるのは名前であり、概念はそのあいだにしかない。みなさんがだれかについて知る最初のことは、彼がどう呼ばれるかだ。彼についてさまざまな普遍的なことを経験するのはそのあとである。その普遍的なことはばあいによっては真実かもしれないし、そうではないかもしれない。だが最後には、みなさんはすべてのこうした普遍的なものをふたたび超えて――なにしろそれらは当の人物を汲みつくすことはないのだから――、彼がどう呼ばれるかをふたたび知る。

これはあらゆる認識においても同じである。すべての学問の始まりだけではなく終わりにも記述がある（ヴァイツゼッカーの言うとおり！）。「現象」から遠ざかるのはそのあいだだけであり、しかも、これはかなり過剰に評価されてきた。ゲーテの自然科学は素朴なのではなく、投げなわを打つように認識の目標を〔新たに〕捉えようとする。今日われわれは、つい五〇年前よりも彼の自然科学に親しみを感じるようになっている。

しかし、それはなにか——名前とは？　概念との違いはなにか。私はみずから概念把握するが、私は名前を呼ばれる。私は自分の名前を受けとる。いや、私は自分の名前を受けとってしまっている。私はそれを聞く。

（ユダヤ教の本質などない——そんなものがあるとすれば「概念」だろう。あるのはただ「聞け、イスラエルよ！」だけである。「私はあなたの名前を呼んだ。あなたは私のものである〔בשמך לי אתה קראתיך〕」（『イザヤ書』第四三章一節）。）

概念からは判断へと道が通じている（判断は概念「についての」判断である）。名前からは——言葉へ、つまり聞くことからは語ることへ道が通じている。私が語るのは、語りかけられていると感じるときだけである。語りは無から、暗闇から生じるのではない。語りは、私を見つめるまなざしから、私に語ってほしいという期待から生じる。私はそんなふうに（見つめられているのを感じるからこそ）語るのである。

判断は誤ることがありうる。はじめて真なるものとみなされるのは推論である（推論は判断「から」なる）。概念「について」の判断は概念をみずからの下に放置しておくように、判断「から」なる推論は判断をみずからの外に放置しておく。推論は究極の抽象である）。「事物」→概念→判断→推論。

IV

論理学から応用論理学へ、つまり「方法論」へ〔話題を移そう〕（ひとはこの学問のうちに早くも自然と精神のような対立を探しもとめる）。方法論が今日とりわけ好まれるのは、〔学問を世界認識から〕〔全集版は、学問と世界認識を〕人間の行為に変えられるからである（リッケルト）。〔学問を〕まず第一に（概念や言葉に）希薄化し、第二に（原子や中心に）変性させる。

〔こうした応用論理学ないし方法論はいわば〕メガネの理論である。

それは唯物論にたいする闘争である。

〔この理論によれば〕いかなる現実もなく、あるのはただメガネだけである。

それと比べると「ヘッケル」は正しい。

「文化と文明」。ここには、精神と自然の対立の恥ずべき形態が認められる。

あるいは「内的」文化と「外的」文化！　まるでこれらの文化につながりがないかのようである。調和を義務と感じないような人はだれであれ信用しないようにしよう。

こうしたすべての区別の根本は自然と精神の区別にある（キリスト教で言えば、われわれはすくなくともプロテスタントに比べれば、カトリックに親しみを感じる）。それは二世界説である。

二世界説はなにを教えるのか。

この説は、ひとが自然科学者に信じこませようとするよりもはるかに精神に満ちた自然を不当にあつかうのと同様に、精神的人間に信じさせようとするよりもはるかに自然で、自明で、「日々の糧」であり、素朴な生活必需品である精神を不当にあつかう。

ひとは両者の現実を、つまり天と地のいずれもが創造されたものであることを、ふたたび信じるようにならなければならない。自然と精神という言葉が聖書の言語ではおそらく語れないのはなぜだろうか。聖書がただひとつの創造しか知らないのは「幼稚」だからなのか。

みなさんはいったいなにを知っているのか。みなさんは自然と精神をおたがいを通して手に入れる。おたがいを通して手に入れた両者に熟達して、たがいに理解しあう。人間を結びつけるのは同じ「趣味」である——たとえそれが物理的なものにかんする趣味であれ、心的なものにかんする趣味であれ。唯物論者もいなければ唯心論者もいない。じっさいそんなものはいるべきではない。人間は、交互にどちらかであることによって、結果的に両者であるべきだ。人間のすべての健康な共同生活は、このこと、つまり〔両者の〕こうした硬直的でない相互作用にもとづいている。純粋に唯物論的な共同生活と、純粋に唯心論的な共同生活があるのは、一方では盗賊団の、他方では修道院の病的な共同生活においてだけである（このばあいでさえも限定つきでしかないのだが）。

これもまたみなさんの気に入らないだろう。なにしろ、みなさんは「精神的なもの」のほうが高尚だとことにかく学んできたからだ。

みなさんはだれも、それに従って生きてはいないのに、それを信じている。みなさんは良心のやましさを優しくなだめている。なぜだろう。良心を満足させながらも安心できない（動的である）よりも、良心がやましくても安心できる（静的である）ほうが気楽だからだ。私はみなさんに良心の満足を与えたいが、そのためにはどうしてもその分だけ不安も与えざるをえない。二つのものがうまく折りあわないままに生きるよりも、統一を確信して生きるほうがはるかにむずかしい。あなたの心をつくして（בכל לבבך）〔『申命記』第六章五節〕神を愛することはむずかしい。

語り（言葉）は〔判断などとは違って〕誤ることはないが、不完全である。それにはなにかが欠けている。言葉は、たとえ疑問符なしで現われても、いつでもたんなる疑問文にすぎない。言葉は応答を必要とする。応答においてはじめてその輪は閉じる。たとえそれが正しい言葉であっても、応答こそがはじめて言葉の真理なのである。

この〔語りと応答の〕論理学は無時間的ではない。逆に、現実的な認識の、つまりは時間的な認識の論理学である。

すなわち、

私は名前を呼ばれた。

私は語る。
私は応答を受けとるだろう。

すべての認識はこの三つの時間のあいだで生じる。認識は「知識」だろうか、それとも「信仰」だろうか。いずれにせよ次の一事だけはわかる。ここではいかなる不信も力をもたない。みなさんはここで信頼を糧に生きている。みなさんがこの〔三つの時間の〕連鎖に入っていけるのは、信頼しているときだけである。

その信頼とは、

第一に、みなさんが前に見いだす伝承への信頼であり、

第二に、みなさん自身が語ることを許されていることへの信頼であり、

第三に、――すぐ次の瞬間でありうるような――未来への信頼、みなさんに応答がなされるだろうという信頼である。

しかし、これはまったく日常的な認識以外のなにものでもない。なにしろ、そこでもまたみなさんはいかなるときも現実から遠ざかることはないからである。けっしてなにかを「越えて」いくこともなければ、なにか「から」出てくることもない。最初から最後まで、事物や人のもとにとどまりつづける。みなさんは、店の看板を見て、なにかが欲しくなり、それを買う。あるいは、恋に落ち、結婚を申しこみ、ある女性と結婚する。しかし〔出来事はこのように時間的順序で起こるのに〕、みなさんは大

胆にもまっさかさまに出来事の流れに身を投じる。みずからがかかわる関係や人間の現実を信頼している。大胆にも、自分が自分自身であってよいということに含まれる許可以外のどんな許可も待たずに語る。なにか（そして正しいこと）がすでにそこから生じ、それに続くだろうと信頼している。みなさんは、過去、現在、未来を信頼している。そのおかげでみずからが存在している創造と、それにもとづいてみずからが生きている法と、みずからに向けられている約束を信頼している。以上のことは非神学的だと〔言って〕〔全集版は、理解して〕もらいたい。神学以上に非神学的なものはないのだから。

V

〔この部分には「五時限目は『信仰と知識』（一九二〇年夏にカッセルでおこなわれた講義）の草稿にもとづく」というローゼンツヴァイクの註記がある。本書では別の箇所に訳出した。本書一三三～六一頁を参照。〕

VI

これまでわれわれは、学問的な観念論（論理学の主観主義、学問論の方法論主義）と戦ってきた。

いまから人生観の観念論に向かおう（そのあと最後の二章で世界観の観念論に向かう）。〔なぜ〕人生観〔が問題になるかというと〕——なにしろ、ひとはみずからの利益になる党派に与しようとするだけではないからだ。ひとは「確信をもった者」でありたいし、個人主義者か社会主義者でありたいのである。フィレンツェのシュトレッカー氏によれば、すべては結局「世界観の問題」、より控えめに言えば、人生観の問題である。自己矛盾を抱えた人間なんてまっぴらごめんというわけだ（そうなると、党派が生き残る余地はどこにあろう。ところが、党派はまったく無傷のままであり、それどころかいっそう良好に保たれていくだろう。ただし党派の決まり文句にしたがえば、事態は「ますますゆゆしきもの」になっていくのだが）。

　個人主義者とはなにか。それは「個人主義の歴史」の問題であり、「近代の始まり〔はいつか〕」という問題である——この始まりはますます過去にさかのぼらざるをえない。自然な個性のますます広い領域が「個人主義」と解されてしまうからである。中世の人間はあくまで人間であったが、当然「個人」はそれとは別物である。ブルクハルトはどうしてそんなこと〔自然な個性を個人主義と解すること〕を思いついたのだろう。〔個人〕〔全集版は、ユダヤ教〕が国家と対立していた一九世紀と、〔個人〕〔全集版は、ユダヤ教〕が教会と対立していた一六世紀を同一視してしまったからである。一九世紀の不自然さは、われわれすべてに「〜主義者」になることを強制しようとした。〔だからこそ〕ニーチェのような人物が一九世紀の政治主義と社会主義のどちらにも闘いを挑まざるをえなかったのである。ヘーゲルが一九世紀初頭の悪霊だとすれば、ニーチェはその世紀末の悪霊である。それでは今日はどうか。今日でも多くの人が、古い闘争を戦いぬこうとすれば党派に与するか、「総合」を試みざるをえないと信じている。しかし、二つの〈主義〉を総合しても、またひとつ新しい〈主義〉が生まれるにすぎない。ひとはあらゆる〈主義〉から踏みだし、自分がそれであるものに踏みこむことができなければならない。

というのも、ひとはまずはじめに選んではならないからである。

さまざまな党派の発展の仕方は教訓的である。党派は対立する〈主義〉のあいだを行ったり来たりしているように見える（この一二〇年間のリベラリズムと保守主義のように）。党派はけっしていつも同じではないと、ひとは言うかもしれない。だが、じっさいはいつも同じである。党派はそれぞれ閉鎖的な伝統と党派としての記憶をもっている。それらはまさに現実の存在である――たとえ中途半端な現実でしかないとしても。完全に現実的なものにおいては、それ〔そうした閉鎖的な伝統をもつこと〕がはるかに明瞭になる。たとえば「宗教」においてのように。現実的なものの代弁者たちは個人主義と社会主義のイデオロギーを衣服のように着がえるが、衣服の下の彼ら自身は裸のままである。彼らの人生観こそが彼らの現実の生活である。彼らは現実には――裸の人間としては――どのように生きているのか。みなさんがみずから選び宣誓した綱領に照らしてではなく、いやおうなしに送っている生活に照らして自問するなら、スローガンの余地はどこに残るだろうか。〔そのばあい〕みなさんは個人主義者か、それとも社会主義者か。われわれはその答えを次の時間にたがいに答えあうことにしよう（しかも、ある転換が起こるまでは生の個別化を意味し、それ以後は生の社会化を意味するような年齢についての理論というかたちで答えることにしたい。この転換そのものとはなにか。それは、発展の二つの規則がはじめて可能になるような例外状況である）。

（そのあと、倫理学がその瞬間から現われ、祈りがたんにその瞬間の内容として現われる）。

Ⅶ

「〔お前がこの世に生を授けられた〕その日に……」。[9] ひとは生まれたとき、個性をもっている。この個性は思春期の反抗によって高められる。〔こうした個性は〕秘密〔である〕（最初の「秘密」をもっているのは子どもたちだというのは、どういうことだろう。この秘密が喜ばしい秘密かどうかは両親しだいだ）。この秘密がおおやけになるべき時が来る。しかし、それは人生のもっとも重要な転換である。そのときまでは、秘密はますます秘密になるばかりである（個体は言い表わしがたい（*individuum est ineffabile*））。[10] もっとも個人的な出来事とは、結局のところ結婚である（しかも、それが「理性的な〔つまり打算的な〕」結婚か恋愛結婚かはまったくどうでもよい。恋愛結婚においてもばあいによっては理性がものを言うかもしれないが、まったく私的で個人的な理性でしかない）。

しかし、ここにはすでに転換がある。ここで終わるのが小説のお定まりである。というのも、ここからは作家の口が軽くなるからだ（作家は沈黙を好まない。作家が友人であるばあいには——ゲーテやケストナーのように——秘密をもらす危険人物になる）。ここからは、作家の軽口はつまるところ退屈になる。もっとも個人的なものから、家族とか、家とか、職業とか、男らしさと女らしさといった、もっとも一般的なもの、もっとも社会的なもの、どこでも同じようなものが、生じるからである。

打算的な結婚それ自体は不道徳ではないが、政略結婚（たとえば王家の結婚など）、つまり個人を越える目的のためにおこなわれる結婚（たとえば〔王家が絶えないようにするための〕婿入り）は不道徳である。

ここ〔結婚〕から――遅くとも――人生は「社会的」になり、ますます社会的になる。ひとはますます公的になる。その言葉はますます目に見えるようになる（若者の「個人主義的な」人生評価――若者は、祖国のために（pro patria）に生き、祖国のために死ぬとしても、依然として個人である――と、大人の「社会主義的な」人生評価のあいだに永遠の人生観の対立があるのも、そのためである）。ひとは遅くとも結婚以後は社会的になる。だがじっさいには、それはもっと早くから、職業選択のときから始まる。職業選択と結婚のあいだには、たいてい移行期間がある。この転換は移行期間が短ければ短いほど当人にとって破局的であり、いっそうはっきり感じとれるが、転換が転換であることには変わりがない（こうして、職業が「自由」であればあるほど、転換はそれだけはっきり感じとれる。自由な学者や芸術家がそうであるように）。重要なのは移行だ。「自由」な職業は、なんといっても親方的な技法を身につけてはじめて社会的形式をもつようになる。それ以前は、ひとは学生であり、徒弟ではない。しかし、「破局」によってのみ、この〔結婚と職業選択という〕二つの発展は可能になる。一方〔職業選択〕の発展は〔親方という〕目標を手に入れ、他方〔結婚〕は〔社会生活への〕出発点を手に入れる。人生にはこの転換がなければならない。この転換においては、他人が言うことなど「すべてどうでもよい」ものになり、まさにそれによってはじめて他人にとって目に見えるもの、捉えうるもの、分類できるもの――つまり社会的なもの――になる。二つの正反対の発展がきまって出現するには、こうした例外状況がなければならない。

　誕生と死の対立を考えていただきたい。個別的なものと普遍的なものという二つの対立物の結合それ自体も、この対立物と同じくらい現実的なものだ〔が、誕生と死もまたそうである〕。それどころか、生はこの転換において、この（ダンテ的な）〔誕生と死の〕中間においてもっとも認識可能になるのと同様に、いまや歴史はそうした中間の歴史であるとみなすことができる。四角四面のさまざまな〈主義〉が（それが現実になりたつことが）はじめて実証されるのは、さまざまな例外状況によってである。〔だからこそ〕真の歴史家はあらゆる〔連続的な〕発展思想に反対するのだ。

　個人主義も社会主義も人生観として根本的に誤っているのは、素朴な発展思想が根本的に誤っているからだ。発展思想には二つある。個体性つまり種（*Art*）を説明しようとするダーウィン的なそれと、多様なもの（varium）から出発して類（*Genus*）を説明しようとする反ダーウィン的なそれである。経験だけではどちらとも決めかねる。対立しているのはここでもまた観念的なものにすぎない。現実はどちらも示すが、さらに第三のものも示し、それによってこの二つの〔発展〕傾向ははじめて現実的になる。この第三のものとはつまりこの発展傾向の相互転換であり、どのような規則が妥当し、どのような〈主義〉を崇拝すべきかが当人自身にももはやわからないような瞬間、つまり例外状況である。そのさい、そうした瞬間は生を過去と未来、〜への発展と〜からの発展に分ける。瞬間そのものは「発展の［解読不能］」の外側にいる。

　規則は例外状況によってはじめて可能になる。これを表わすのに奇跡という言葉ほど適切なものはない。奇跡は例外状況であり、規則ゆえの例外状況である。この点で奇跡は崇拝するに値する。われわれの〈主義〉において崇拝されるべきは、それが奇跡に由来する、あるいは奇跡にいたるということだけである。奇跡以前には、世界は奇跡のために創造された[11]と語ることができ、奇跡以後は、それは天にはない[12]と語ることができる。世界、われわれ、われわれの世界、われわれのものである大地――そのすべてはわれわれのものである。大地はわれわれの大地であり、われわれの思想と直観はわれわれの思想と直観である。われわれはまったく自然のもののうちに生きており、なにも偶像視する必要はなく、いかなる神々も必要としない――もっとも、つねにそうした神々をふたたび自分たちのためにつくるという誘惑のうちにあり、子牛の物語[13]は永遠の物語ではあるけれども。しかし、われわれが偶像を必要としないのは、神みずからがわれわれに語りかけるからにすぎないし、われわれが安心して規則を信頼できるのは、すでに例外状況がもたらされているからにすぎないし、みずからに与えられた大地のうえで安心して道を進めるのは、神の天がわれわれの大地の上にあり、神の思考がわれわれの思考の上にあるからにすぎない。

VIII

男と女の視点。だれもが一方の視点、自分の視点しかもてない。これは一般に言えることだ。民族的な制約や時代的な制約などもそうだが、しかしなににもまして倫理的なもの一般がそうである。今日では「エートス」が万物の尺度になっている。すべてがその椅子の前で正当化されるべきである。

エートスそのものはだれの前で正当化されるのか。だれの前でもない。ここにこそ近代倫理学の根本思想がある（カントがそうだが、しかし今日ではまったく通俗化されている）。

今日自明であるのは、

第一に、心情こそが重要であり、

第二に、「報酬」などは「倫理的」行為の価値を貶めるということである。

この自明性にひそんでいるのはなにか。

自律であり、

他律との対立であり、

今日の宗教の臆病さである。

われわれはここで「観念論」の砦に侵入している。観念論者は現実を顧みずに行動しようとする人である。彼は「純粋」だが、しかし、「現実」が不純であるか、すくなくとも純粋と不純を超えていることを前提にしている。われわれこそがはじめて現実を純化しなければならない。

しかし、そんなことができるだろうか。〔これは〕自由意志の問題〔である〕。だが、この全理論はまさにこの問題のために立てられている。自由でありうるのは「純粋な」意志だけであるように思われたからである。意志が自由であることは「宗教」の関心事ではないか。〔リヒャルト・〕コッホの研究グループを思いだそう（神の信仰には責任にたいする信仰が欠かせないと、だれもが口をそろえて言う。だが、奇妙なことに、歴史はじっさいにはそうではない、あるいは完全にはそうではないと言う。「主よ、私の唇を開いてください」〔『詩篇』第五一章一七節〕）。そうだとすれば、「神」しだいである、それにもかかわらず、神はわれわれに報いもすれば、罰しもするとされている〔つまり、神はわれわれの責任能力を前提にしている〕。〔こうして〕すべては動揺してしまう。

ここでは理論的なことはさしあたり置いておこう。われわれはじっさいにはいったいどのように判断するのだろうか。カトリックの看護師はじっさいに倫理的な詮索家の言うことを聞くものだろうか。倫理一点張りの人の意のままになるような人は役にたたないのでは？「純粋」とはつまり、原理一点張りということだ。原理一点張りの人間ほど危険なものがあるだろうか（〔トーマス・〕カーライルの結婚(14)）。だが他方、原理がない人、たとえばゲーテはどうだろう。たしかに、私が倫理的でなくなったら、ただちにもはやどんな権力ももたなくなる。しかし、十分注意しなければならないのはこの権力である（このばあいそれは芝居じみた独裁になる）。たしかに原理一点張りの人が支配することは疑いない。しかし、主人であることは倫理的に望ましいことだろうか。もしかすれば「主人」にとってはそうかもしれない。しかし、ほかの人びとにとっては？「隣人」にとっては？「あなたの隣人を愛せ」とは、「あなたの隣人を支配せよ」ということなのか。

あなたの隣人を愛せ(15)——なんという奇妙な「定言命法」（命令の原理（כלל גדול））だろう。愛〔であるのに〕――それが命令されている。〔愛は〕情動〔であるのに〕――それが命令されている。愛はひとつの情熱である（というのも、自己愛は情熱であり、本能的だからだ）。さらに〔「隣人を愛せ」は〕「隣人を尊敬せよ」ではけっしてない（残念ながらわれわれの祖先はこの主張を弱めてしまったが――すくなくとも自己愛をあえて弱めはしなかった）。そうだとすると、これらの本能（二つの衝動〔隣人愛と自己愛〕）は克服されるべきではないということなのだろうか。だがそうなると、完全な「他律」が生じるだろう。それに、基準や「概念」や「理念」や「遠大な目標」はどこに残るだろうか。それともここでもまた、概念は役にたたず、その代わりに名前が登場するのだろうか。〔ヘルマン・〕コーヘン夫人の物語。

IX

問題は瞬間の解放である。動機と〈なしうること〉は輪をなしている。行為はこの圏域を通りぬけて、瞬間の行為（そして〈ここでの〉行為）になる。そのとき行為は空間と時間から、つまり疎遠な空間と過去の時間から自由になり、つねにここでいま鳴り響いている神の声が介入できるように自由になる。しかし、瞬間は目的空間（組織）と目的時間（理想的な時間）からも自由である。この自由こそが祈りが成立する地点である。

組織の枠内では、「結婚」はひとつの僥倖、希望の光にとどまり――それ以上のものではない。ひとは「共同体」をつくろうとすることはできない。「両手につばをつけて〔なにかを始めようとする〕」ことなどもできない。そもそもなにができるか。この問いによって、われわれは観念論の根本問題にいたる。観念論者はこう答える。「望むことはなんでも——あるいは、なすべきことはなんでも」。意志の自由を信じない人はそれに反対するが、通常は結局「あたかも自由であるかのように」ふるまう。私とマヴリック〔・カーン〕〔の書簡のやりとりを参照〕。[16]

われわれはみずからの自由を、そしてみずからの拘束をどのように発見するかを、まずまったく経験的に自問してみよう。

拘束を発見するのは、周りの世界と過去（つまり環境と動機）に留意するばあいである。しかし、なぜほかでもなくそれらに留意するのか。瞬間はそれらより確かではないのか。われわれ自身はそれらより確かではないのか。

そうだとすれば、拘束と自由があるのだろうか。哲学者たちもじっさいそう語ってきた。じっさい生活、たとえば裁判は、そのように設えられている。

要するに、どのようにか。みなさんは、「ひょっとしたらそうかもしれないが、ひょっとしたらそうでないかもしれない」では、司法事案〔の判決〕に満足できないと感じるだろう。われわれは統一への衝動をもっており、この衝動は一面的な〈主義〉として具体化することもあるが、しかしまた統一的な生として具体化することもある。

それとも、この自由はたとえば、ひとが根拠ではなく目的にしたがって行動するときにはすでに生じているようなものであり、そのときひとは「空間と時間」から自由になっているだろうか。そうではない。そのばあいには環境という強制空間に組織という目的空間がとって代わり、動機という強制的過去に目標という目的未来がとって代わるだけである。

組織的な行為と目的行為について。

瞬間はどちらにしても、忙しさにかまけて追いはらわれ、あれこれ詮索されたあげくに追いはらわれる。善意の専制。目的の専制。カーライル〔がそうである〕。〔しかし〕ゲーテ〔はこう言っている〕。「私が……であることをやめるやいなや」、つまり権力であることをやめるやいなや、愛と瞬間とすぐ次のもの〔が生じる〕。

「ところで、すぐ次のものはどのようにして生じるのか」〔全集版にこの一文はない〕。どのようにして行為はこのように〈ここ〉と〈いま〉に限定されることになるのか——どのようにして〈以前〉と〈以後〉はこのように無力化し、行為はこうした自由にいたるのか（法の今日（היום）[17]を思いだそう！）。

「行為はどこにあるのだろうか。「はじめに」あると同時にけっしてはじめにはない。始まりを思いだしてみれば、われわれは——偶然や摂理やこせこせした動機や習慣によって——規定されているのがわかるが、そんなことは私の知ったことではない（みなさんの知ったことでもない）。瞬間というものは、ひとが自分ひとりだけで選択と面と向かいあうときに、つまり選択しなければならないときにはじめて、しだいに現われる（けっしてつねにとはかぎらないが）。

ここで私が語っているのは日常的なことだろうか。そうではない。選択はまれなことである。ほとんど選択の機会が現われない人生もあるにはある。だが、自由が配慮されるときにはいつでもあきらかに」〔全集版による補足〕そうした選択の瞬間だけが問題になる。日常的なあらゆる決定がこの〔選択という〕概念に含められてしまうのは、あまりに普遍化に熱中するからにすぎない。しかし――いまタバコを吸おうか吸うまいかという――日常的な決定は、――それが自由であろうとなかろうと――どうでもよい！　そんな決定を下すのは簡単だ。重要なのは「創造的」行為だけである。われわれにとって人類の、つまりこの人間株式会社の栄誉は、そうした行為にのみかかっている。

そしていまや奇妙なことに、創造的行為は、その行為者の証言によれば、もっとも無意識的になされる。［〔オリバー・〕クロムウェルの言葉によれば］〔全集版にこの部分はない〕、女が子どもを得るように、男は行為を得る。いったい創造的行為とはなにか。なんといっても、行為者の生きた四肢に行きわたるような行為である。だから、創造的行為は生きた行為である。日常的な行為は、なされてしまったあとでは死んでしまう。われわれはその行為を踏みこえ、それからはずれ、それに背を向ける。〔それにたいして〕われわれはみずからつくりだした創造物に永遠に依存しつづける。それに背を向けることができない。そうなると、まさにその創造物は自由なしにつくられるということになるのではないか。われわれは選択したまさにその選択の瞬間に〔じつは〕選択されていたということになるのだろうか。

ここで「偉人たち」だけが話題にされればよいのなら、私はみなさんにきっとこんなことを語りはしない。しかし問題になっているのは、たしかに日常的ではないがだれの人生にも起こりうることである。なにしろ、偉人の生き生きとした創造的な行為は、子どもを含めたすべての人間の生き生きとした創造的な行為の比喩にすぎないからである。そしてそのときひとは、ささやかな意志とささやかな義務感からこねあげられたすべての出来事ののちに、新しい生そのものがその意志と義務感を超えたところからどのようにして贈りとどけられるかを感じとる。つまり新しい生は、行為の成果のようにではなく（このばあいには行為と成果の関係について議論できるだろうが）、祈りの成就のように贈りとどけられるのである。

ひとはいつでも祈れるわけではない（私が語っているのは自由な祈りである）。（公式化された祈りとなると話はまったく別である。このばあい祈る人は民族であり、私がここで個人について述べることは、民族の人生の歩みにおいて示されなければならないだろう）。ひとはまずささやかな意志と義務感の迷宮を通りぬけなければならない。もはや意志も義務感ももたず、ただ受けとり、願うだけ——つまり、もはや成果ではなく、かろうじて成就を願うだけ——という状況に、突然思いがけず立つまでは。

しかしまた、そうした成就はいつでも起こる。成就しない祈りなどない。というのも、ひとは成就の機が熟しているときにはじめて祈ることができるからである。成就の機が熟しているときとはつまり、ひとが意志と義務感——意志の自由と意志の強制——を通りぬけたときである。そしてこの通過が示されるのは、ひとが自分の重荷を他者——それが願い（Bitte）のばあいのように人間であろうと、祈り（Gebet）のばあいのように神であろうと——にゆだねるような瞬間においてである。なにしろ願いと祈りには程度の違いしかない。願いごとを言い、その成就を確信できる子どもは、なんといってもこの信頼において、行為ではけっして得られない報いと幸せを手に入れている（「われわれが幸せだったのは、かつて……だったときだけだ」）。成功は不成功よりもひとを幸せにするわけではない。それにたいして、〔祈りは〕成就しなくても、成就したときと同じくらいひとを幸せにする。成就しないこともまったく同じように成就である。それもまったく同じように人間を満たす。それにたいして、成功はいつでもある種の失敗である。というのも、それは人間の身に降りかかるだけで、彼自身のものにはならないからである。成功が失敗である例は必要ないだろう。〔祈りが〕成就しないことのうちにも成就が含まれている例としては――子どものいない結婚生活が挙げられよう。もっとも、それは子どもをあきらめていないばあいにかぎるけれども。

X

みなさんは美や芸術をどう思うだろうか。それについてはだれもが一家言を、れっきとしたひとかどの理論をもっている。われわれはみななんらかの詳細な「世界観」をもっている。世界観とは、かつての教義学（あるいはかつての学び）ともっとも容易に比較できるものである。今日では、「より高次なもの」がわれわれの存在に現われる形式は〔宗教ではなく〕芸術である。「より高次なもの」についてのわれわれの理論は「原理的に」〔全集版は、大部分は〕芸術の理論なのである。芸術問題は、かつての人間にとって「神（Gitte）」がそうだったように、今日の人間が根本的かつ詳細に取りくめる唯一の問題である。われわれユダヤ人がもっとも根本的に教義を脱したがゆえにもっとも根本的に美学的になったのも、偶然ではない。しかし、これはなにもわれわれだけではなく、そもそも世界〔全体〕がそうなのである。

というのも、たしかにプラトンやアウグスティヌスもすでにそうだったが、カント以降はじめて美が神的なものの、いや神の代理人となったからだ（プラトンにおいて美は神的なもののおとり鳥であり、さまざまな〈私〉が咲かせる花の、ミツバチの魂を惹きつける蜜であり、アウグスティヌスにおいては「光は神の衣服」、[18]美は神の衣服である）。さらに〔神の代理人は〕美ではなく――もっとも特徴的なことに――芸術である。〔つまり〕芸術、芸術家、天才、創造者としての、超人的な（つまり〔人間を〕超えた）創造者としての人間といった現象である。

次にそこからは、美の自律性とその固有領域（つまり額縁、画廊）が生じ、〈芸術のための芸術（L'art pour l'art）〉[19]が生じる。〔この考えかたによれば、〕自由な芸術家とは注文に頼らない芸術家（たとえばレンブラントやベートーヴェン）である。〔いまでは〕芸術家は興味をそそる対象である。かつて芸術家などはたんなる逸話にすぎなかった（つまり芸術とは「作為的なもの」であり、逸話だというわけだ）が、いまでは小説になる。芸術家こそがもっとも興味深い現象であり、芸術家の道徳こそがより高尚な道徳だというのである（美的観念論）。

ところで、芸術にたいする嫌悪（taedium artis）という正反対の傾向もある。〔それによれば、〕詩人は嘘をつきすぎる。真実は芸術家とは相いれないし、ミケランジェロのように、善なるものは芸術家とは相いれない。しかし、美もまた芸術家とは相いれないのだろうか。そのとおりである。ワーグナーの総合芸術作品は、すでにあった作品にもとづいている。[20]ワーグナーの総合芸術作品は、芸術から脱皮し、みずからの枠から飛びだしたいという芸術そのもののあこがれである。今日では表現主義がそうである。

しかし、現実はそんなに簡単には得られない。ただ叫んだだけではなんの役にもたたない。傾向もまた芸術家の傾向であるかぎり役にたたない。現実のためには二つのものが必要だ――これこそはすべての秘密を解く鍵である（自然にはすでに男と女がいる）。その二つのものとは、〈私〉と〈君〉である。芸術家には鑑賞者が、しかも、芸術家自身と同じくらい現実的で、能動的で、それどころか完全に能動的な鑑賞者が必要だ。それはどんな人だろうか。注文者である。

注文〔を受けるということ〕――それは芸術家がみずから謙虚になるということである。彼は客体にたいする美的な愛によってではなく――そんな愛は簡単だ――、主体にたいする超芸術的な愛によって、隣人を愛さなければならない（そうなると結局は、魂が肉体の注文者だということになる。そして、真の芸術作品もそうしたものにほかならない）。

注文者――彼はなにを望みうるか。彼はなんのために芸術を必要とするのか。

（医者から患者へ、教師から生徒へ〔移るように、芸術家からその注文者へと話題を移そう〕）。

注文にさいしては、芸術家が服しているのと同じ観念論的な誘惑がいまや注文者においてもくり返される。というのも、注文者は嘘をつこうとすることがあるからだ。

（一）彼は嘘をついて嫌疑を逃れようとすることがある（芸術はいわばレテの川[21]であって、この点での芸術的な（musische）芸術作品は音楽である。音楽は一般に麻薬の芸術である。なぜそれがいけないのか。人間を共同体から締めだし、共同体をまじめに受けとらないからだ）。

（二）彼は他人に嘘をついて自分についてなにかをもっともらしく話して聞かせようとすること

がある（芸術は仮装であって、この点での芸術的な芸術は文芸である。文芸は一般に仮装の芸術である。なぜそれがいけないのか。人間を共同体から締めだし、人間をまじめに受けとらせないからだ）。

（三）彼は自分を偽ってなにかと思いこもうとすることがある（芸術は「劇場」である。これは人間も共同体もまじめに受けとらない。芸術は化粧をして舞台を歩きまわるが、化粧は神によってつくられた顔を意味し、舞台は世界を意味するとされる）。

いずれにせよ注文者は嘘をつき、嘘をつく手段を与えるよう芸術家に要求する。

しかし彼は真実を言おうとすることもある。彼はみずからの魂に言語を、みずからの肉体に服を、みずからの欲求に必要なものを、みずからの混乱に形式を、みずからの本質に現実を与えようとすることもある。このことと、このとき生じる芸術については、次回に語ることにしよう。

XI

注文者と〔嘘をつこうとする〕誘惑をふり返ってみよう。

〔注文者は嘘をつくと言ったが〕、しかし真実とは？　真実とはなんであるか。

〔嘘偽りのなさ（Wahrhaftigkeit）とはなにか〕〔全集版にこの一文はない〕。

一、みずからを否定しないこと

二、世界を否定しないこと

三、自分が（それだけで）それではないし、世界が（それだけで）それではないもの——つまり神——を否定しないこと

（というのもあらゆる嘘は、隠蔽（レテの忘我）か、仮装（仮面劇）か、離反（偶像崇拝）のいずれかだからである）。

その反対は、

一、自分の胸中を語ること

二、世界を認めること

三、神を証したてること

この三つのひとつでも望む人は——真実を神秘的な秘密つまり「私事」としてもとうとするのではなく、それを語ろうとするのだから——なんらかの言語が必要である。

一、魂の（真の）言語としての芸術。

その典型（基準）は書簡である。

芸術作品は、良い書簡のように、誠実で嘘偽りのないもの（それでも相対的に長続きするもの）でなければならない。書簡が一九世紀に流行遅れになり、今日ふたたび流行しているのは偶然ではない。

芸術鑑賞者にとっての最大の危険は、注文者の立場がきわめて比喩的な意味でしか可能ではないこと

だ。このばあい当然、注文者自身がみずからの〔注文の〕遂行者でもある。したがって、この領域ではディレッタンティズムが絶対的な権利をもつことになる。だれもがみずからの詩人であり、みずからの音楽家（ハシディズムのメロディ（ניגונים））であるべきだ。だれもが、みずからの胸中に――まだわずかであれ――流れるこの泉を、埋もれるままにしておくべきではない。だれもがすくなくともまったく自由に引用すべきである。彼にとって偉人の言葉は、それを薪としてみずからのかすかな火に投じるのに十分すばらしいものであるべきだ。自分のどれほど拙い言葉も、それが語られるときには、どれほどすばらしくてもたんに読まれるだけのよそよそしい言葉よりも価値あるものになりうる。したがって、ここで偉大な芸術家たちに、彼ら自身が語ったことよりも、それによって彼らがわれわれの舌を滑らかにしてくれたことに感謝しよう。ゲーテやヘルダーリンがいてくれたおかげで、彼らがいなかったときとは違う仕方で、より豊かに、より容易に語れるようになった、ただそれだけの理由で、私は彼らに感謝しなければならない。私にかんするかぎり彼らの全集は、私にたいするその使命を果たしたのちには本棚から静かに消えていってもかまわない（私自身はもっとも影響を受けた人びとについては最小限しか読んでいない。私は言語的にはヘルダーリンを糧にしているが、彼のことはとても不正確にしか知らない）。

二、（忠実な）世界像としての、世界を認識可能にするものとしての芸術。

その典型（基準）は、家事にかかわる芸術つまり工芸である。

この芸術作品は、（住む、食べる、眠る、労働するなどの）生活の現実的な目的に奉仕しなければならない。一九世紀の音楽に陶酔していたカオスのあとで新たな工芸運動が生じたのも、工芸運動が中世をもっとも脱していないイギリスで生まれ、必然的に手工業をもっとも脱していない芸術家にして建築家ゼンパーによってはじめて認知されたのも、偶然ではない。

ここではほんとうの注文がはるかに容易にできるようになるので、ディレッタンティズムの権利ははるかに小さくなる（建築主と建築家の友好関係。「建築主」は、一九世紀でさえもつねに芸術家に尊敬される注文者だった）。（画家と肖像画に描かれる人の必然的な友好関係。レンバッハのばあいにはすくなくとも時代精神との友好関係があった。それゆえレンバッハの肖像画は、〔だれを描いたかではなく〕その作品においてのみ正当に評価されなければならない。[22] じっさい低俗なのは、彼が描いた女性たちの肖像画だけである）。ミケランジェロ以降同じような問題があったが、この問題は〔芸術家だけでなく〕注文者にもかかわりがあり、注文者もまたその点ではみずからのけちくさい虚栄心を捨てて成長しなければならない。

それでも、ディレッタントのある種の権利はここにも残っている。わが家のまったくプライベートな領域では、どんな親しい芸術家も無力をさらけ出してしまう。たとえばテーブルクロスだ。芸術家にできるのはせいぜい、それを祝宴の食卓に掛けることぐらいでしかない。親密な夕飯を配膳できるのは、主婦その人だけである。

イェンツェンの家庭建築やシュルツェ＝ナウムブルクの邸宅[23]〔も家庭的な親密さをつくりだそうとはしているが〕、家は日の光のもとにある。

三、神のための（正しい）証としての芸術。

その典型（基準）は礼拝である。

ここではこの典型がすべての可能性を含めてしぼんでしまい、残るのはただひとつの可能性、典型そのものだけである。

ここにはもはやそもそもどんなディレッタンティズムもない。私的な礼拝をおこないうるのは、（まだ個人でしかない）子どもだけである。『詩と真実』における若きゲーテがそうであるように、私も〔幼少の頃は〕象〔の人形〕たちでそうした私的な礼拝をおこなった。黒人は呪物でおこなう。この点では、大人は自分だけの礼拝をする可能性を失う。大人は万人の共同体のうちにのみ存在するか、まったく存在しないかのどちらかでしかありえない。それによってのみ、彼は恣意的なことや「芝居じみたこと」を免れる。彼は次のような形式の領域に、つまり、彼と世界にかかわりなく現われるが、彼と世界のために、彼と世界のかたわらに現われたような形式の領域にしか入りこむことができない。ここでは伝統だけが真実なのである。そうでなければ、彼は自分の胸中を語るだけか、世界の一部をもう一度つくるだけか、芝居を演じるだけという危険に陥る。

伝統へ向かうしかない。ここで芸術家と注文者には伝統という共通の注文者がいる。伝統は、それ自体がすでに芸術家でもあって、芸術家の仕事の大部分を引きうける（荘厳ミサの効果の大部分でさえもすでに、ミサの文言しだいである）。

したがって、注文者と芸術家の違いはもはやここにはない。だれもが自分のやってもらいたいことをみずからやってのける。芸術家も注文者も姿を消してしまうような芸術作品が生まれる。というのも、彼らはたがいなしにはありえないからである。まさにだからこそ〔こうした芸術作品である礼拝は〕神の現実性のひとつの証になる。一度でも贖罪の日（יום כפור）を祝った人は、そこにあるのがたんなる個人の高揚ではなく（むろんそれもまたあるかもしれないが）、神の現実性の証であり、その嘘が罰せられないような証であることを知る。魂の言語も世界の現実の造形も、この証にはただ奉仕するという仕方でしか適用されない（こうした意味では、この証は礼拝（Gottes*dienst*〔神への奉仕〕）と呼ばれてよいかもしれない）。しかし、〔礼拝の〕会衆は〔証（Zeugnis）ではなく〕証人（Zeugenschaft, עדה）と呼ばれる。

われわれの祖父たちが美しい生活を失い、美が孤島になり、孤立した現象（芸術のための芸術）になり、偶像になるような生に拉しさられたとき、われわれがなにを失ったかがいまやわかるだろう。それでは、われわれはなにを取りもどさなければならず、なにを取りもどすことになるのだろうか。まるごと芸術作品であるような生活であり、まるごと生活になり、まるごとわれわれの生活になるがゆえに、まるごと美しい生活である。

XII

全体を締めくくるにあたって、もう一度始まりを思いだそう。〔私は初めにこう言った。〕「つねに理解するだろうが、しかしまた、つねに腹立たしくもなるだろう」〔本書八八頁〕。みなさんはなにがいったい腹立たしいのだろう。彼岸が此岸と並列され、私が神についても世界や人間と同様に自明のように語るからである。

自明とみなされるのは人間だけである。世界もすでに（哲学者には）自明ではない。神は「形而上学的」でさえある。哲学者は「内在」と「超越」、ドイツ語で言えば「此岸」と「彼岸」という言いかたをする。この用語法もかなり哲学に蝕まれている。ユダヤの註釈者たち（מפרשים）の用語法は、できるだけつねに同じ事物のうちに「この」世界と「あの」世界の並存を見ようとするので、哲学に蝕まれていないし、その生活もまたそうである。われわれはそこではなにを此岸とみなすのか。〔ゲーテは〕「私が馬十頭分〔「馬六頭分」の誤り〕の代金が払えるなら……」[24]〔と言っている〕。つまり、此岸とは私の手の届く範囲にあるものだ。認識することも、行為することも、享受することも、つねに世界を〈私〉にし、世界に魂の刻印を押す。そして、認識されることも、こうむることも、享受されることも、つねに〈私〉を世界にする。したがって、境界は流動的だが、それでも存在する。境界はけっして否定されてはならない。流動的な境界といえどもやはり境界なのである！

それとも、やはり確かな境界もあるのだろうか。それは人間と自然、生きているものと死んでいるもの〔の境界〕だろうか。そのばあい、橋渡しをするのはなにか。

生きているとはどういう意味だろうか……（それには自然科学的な回答などがある）。〔生きているものとは〕私が親近感を抱きうるすべてのものである。

したがって、私の愛が死んだものを蘇生させる。これが恣意的ではないしるしとして、親近性の痕跡である親類が私を取りまく世界に散りばめられている。人間と飼い犬、人間と日用品もまたそうである。贈りものをすることや、教育すること（は生の伝達であり）、文化の伝承（は教育の伝達である）。愛はどこに境界をもつのか。それを知ろうとしてはいけない。私は彼岸をみずから定めようとしてはいけない。それはそこにある。しかし、それがどこにいつあるかは私の問題ではない。境界はある。しかし、私はそれを引いてはいけない。私の生は私の意のままにはならない。〔たしかに〕どんなことにたいしても私は自由である。ひとがだれかに思いとどまるよう助言できるものはなにもない（殺人でさえもかならずしもそうではない。私はひとつの事例を思いうかべることができる——なんといっても戦争がそのような事例である。殺人者や戦争を始める人は、やがてなされる境界設定を免れず、みずからの運命を免れない）。われわれはどんなことがあろうと、あることだけはさせないようにすることが許されている。それは自殺である……（ユダヤ的思考からすれば自殺者はひとりとしていなかった！）。

人間と世界のあいだはそうなっている。生きているものと死んでいるもののあいだの境界が両者を分けている。しかし、この区分は流動的である。此岸を彼岸から分ける区分とはいったいどのようなものか。

XIII

「そうはいっても、神は目に見えない」——「そうはいっても、われわれと世界は目に見えるではないか！」。神はかつては目に見えていた、異教においては。そして神は目に見えている、今日の異教である汎神論においては。

しかし、信仰もまたこう言う。「神はかつて目に見えなかったが、耳には聞こえた——つまり啓示だった」。しかし、神はもはやそうではない。それどころか、神が以前まだもっていた可視性、つまり顔と顔を合わせること（פנים אל פנים）は、[25] まさに啓示においてはなくなる。〔神の〕どんな像もなくなる。聞きとれるという性格もまたなくなる。つまり、ひとは天の声を気にかけない（אין משגיחין בבת קול）。[26] 境界が引かれる。こちらに神、そちらにわれわれ、こちらに創造者、そちらに被造物。

しかし他方、神は異教においてほんとうに目に見えたのだろうか。そうではない。その神は神話の隠れた神である。

それでは、汎神論において神はほんとうに目に見えるのだろうか。いやそうではない。その神は神秘主義の秘密の神である。

異教徒に身を向けているのは、〔神の〕一面であり、ほとんど偶然的な一面にすぎない。

しかし、われわれにたいして神はまるごと身を向ける。神はわれわれのために顔を輝かせる。境界が引かれるまさに瞬間に、同盟が結ばれ、境界が——置かれるのではなく——突破される。

聖書や真理が「神が創造した」で始めるように、私も神から始めてよいかもしれない。しかし、ここで私は——教育学的配慮のもとに——この一連の講義の最後にもう一度みなさんのもとで始めよう。

みなさんの生において彼岸はどこで始まるだろう。彼岸がどこかにあるとすれば、それが捉えられ、感じとれるのは死においてである（死神様（Signori la morte）！・）。

これが坊主の真理だからと言って、まだ真理でないことにはならないだろう。

それでは、死は彼岸なのだろうか。だが、さしあたり死は確実に此岸に属し、生を完成して全体的なものにする（『創世記』第一章三一節の）「きわめて[27]」は死である（הנה טוב מאד）。[28]〔死は〕平和であり、「全体性」である。コーヘンの書物の終わりには、世界は永遠になるとある[29]。しかし、死は生のあらゆる瞬間にすでに手を伸ばしている。愛と死。呼吸のうちにも二つの恩寵が含まれている。遠いものが近くなる。

したがって、ここでは彼岸は此岸のただなかにある。それでも、彼岸は彼岸のまま、死は日常的であるにもかかわらず謎のままだ。われわれにとって生はただ隠れている（heimlich）だけである（われわれにとって〈漠然とした果てしのないもの〉に溶けてなくなりはしない）にもかかわらず、死が不気味（unheimlich）でありつづけるのは、それが生のなかにあるからだ。われわれは死を告発することをやめない。しかし、死なしには生きられない。死をけっして克服することはないが、そのつど闘争においてそれにうち勝つ。

私たちの内にある力、死を乗りこえ「死のように強い[30]」力とは愛である。これもまたたんなる坊主臭い決まり文句ではない。あの魂の献身（מסירות נפש）（ラビ・アキバの「あなたは愛しなさい」（ואהבת）[31]）を考えてもらいたい。想起の力を考えてもらいたい。死の世界のうちで生き生きと愛する愛の力を考えてもらいたい。つまり、この力こそが此岸の境界を予測がつかないほど遠い彼岸にまでずらすのだ。人間はけっして神にはならない。人間はつねに人間のままだ。しかし、人間は人間のままであっても、神を愛することはできる。われわれの祖先は、来たるべき世界（עולם הבא）の人間の状況を、神の認識と神の愛としてのみ記述しようとしたのであって、それ以外のやりかたで、たとえば偶像化として記述しようとしたのではない。「わたしは、神の近くにあることを幸いとする」〔『詩篇』第七三篇二八節〕。この近さが近いものになりうるのは、それが遠いものだからにほかならない。それゆえ、人間と神のあいだの境界はずらされるが、それでもやはり突破される。「神は私たちを名誉を保ちながら逃亡させる」(32)という落下は、イカロスの落下ではない。この道は、あなたは愛しなさい（אהבת）から名前の聖別（קדוש ה）へと通じている。(33)

近くて遠いだって!!

［しかし、神と世界の境界もまたそうである。世界の生も変化する。世界はけっしてただあるのではなく、生きている。世界は創造されたが、救済される。われわれは世界をけっして完成したとみなさない。戦争は存在しているが、平和は生成する。私は前回の授業では、人間が世界を生き生きと愛することで、みずからの境界を世界のほうにどのようにずらすかしか語らなかった。しかし、世界は死んだ状態で創造され、死に向けて創造されたが、だからこそ愛によって生に変わる。世界は体験され（er-leben〔生を与えられ〕）、救済され（er-lösen〔解き放され〕）る。だから、われわれ自身が「創造者の仲間」なのである。創造者は生長の法則を世界に置き、世界をわれわれにゆだね、われわれに愛の二重の命令（これはひとつでしかない）を与えた。」〔全集版による補足〕

なぜみなさんは世界の死が信じられないのだろうか（異教徒なら、自分の死後なにが起ころうと知ったことではない（après nous le déluge）と言うかもしれないが、われわれはそうはいかない）。これはとても注目すべきことだ。〔みなさんが世界の死を信じられないのは、〕そうなればすべてが近くなってしまうからである。この両極性〔此岸と彼岸〕こそがわれわれを生に繫ぎとめている。自分自身の未来を信じることは、自己中心的だとして不信感を抱かれかねない。しかし、われわれは世界の未来にどんな関心をもっているだろうか。みなさんは死が威力をもつことは否定しないが、もっと強力な、どんな審判よりも強力なひとつの更新を期待している。そこでも自分たちが世界と親交を結ぶだろうと感じている。

――みなさんが〔世界と親交を結ぶことなく〕自分たちだけなら、おそらく無神論者であるだろう（観念論）。つまり、遠さを否定するだろう。

――みなさんが自分だけなら、みなさんは無神論者であり、汎神論が正しいことになる、つまり、近さなんてないことになるだろう。

しかし、みなさんと世界とのこうした結びつき、〔世界を〕真剣に受けとり、〔世界に〕真剣に受けとられるというこうした関係に加えて、ひとりの人物が必要である。みなさんは死の現実を否定することなく、生の境界をその人に向かって拡張できる。みなさんは此岸のために、此岸が「無限」つまり無にならないために（無限の生を考えてもらいたい――なんとぞっとすることだろう！）、みなさんと世界に認められる死の掟を新しい生の秩序に変えてくれるような人を必要としている。人間のはかなさと世界のはかなさというこの二つのはかなさが存在するのは、神が存在しない、つまり、近さがそれ以前に遠さという宿営地をもたないばあいだけである。

神は、世界を創造し、世界のうちに人間を創造した方であり

人間にみずからを啓示し、人間を通じて世界にみずからを啓示する方であり

みずからの世界を人間の行為によって救済し、みずからの人間を世界の生成によって救済する方である。

近さと遠さとはつまり、彼岸は彼岸ではなく、ただ遠いだけだということである。初回の授業の結びの言葉〔身近な言葉だけを使うようにしたい〕〔本書八八～九頁〕で締めくくることにしよう。

『エレミア書』第三一章〔三節〕〔コレクション版は第二節だが、全集版が正しい。「遠くから、主はわたしに現れた。わたしは、とこしえの愛をもってあなたを愛し変わることはなく慈しみを注ぐ」〕。『エレミア書』第二三章二三節〔「わたしはただ近くにいる神なのか、と主は言われる。わたしは遠くからの神ではないのか」〕。

訳註

（1）der gesunde Menschenverstand というドイツ語は、「常識」という意味だが、文字どおりに訳せば「健康的な人間悟性」となる。そこでローゼンツヴァイクは言葉遊びにもとづいて、常識は健康的だが、西洋哲学の伝統的思考は「病的な人間悟性」であると主張する。彼の著書『健康な悟性と病的な悟性』を参照。

（2）カント『純粋理性批判』第二版序文、三〇頁。

（3）ローゼンツヴァイクはこれ以下の議論では、ハンス・ファイヒンガー（Hans Vaihinger 1852–1933）の『〈あたかも～ように〉の哲学（*Die Philosophie des Als-Ob*）』（一九一一年）を念頭に置いている。『健康な悟性と病的な悟性』では彼の哲学をきびしく批判している。第二章および編者による註（一二九～三一頁）を参照。

（4）ヴォルテール（Voltaire 1694–1778）「三人の詐欺師の本の著者への書簡（*Épître à l'Auteur du Livre des Trois Imposteurs*）」（一七七〇年一一月一〇日）。

（5）カントにおいては、すべての経験は一二種類の純粋悟性概念（カテゴリー）と空間・時間という直観形式にもとづいてのみ可能になる。

（6）『申命記』第四章三五節「主こそ神であり、ほかに神はいない」。

（7）いずれもギリシア神話の神。クロノスはウラノスと妻ガイアの子であり、一説によればプロメテウスもウラノスの子とされる。

（8）『申命記』第四章三五節「あなたは主こそ神であり、ほかに神はいないということを示され、知るに至った」。

（9）ゲーテ「『始原の言葉・オルペウスの教え』注解」、「お前がこの世に生を授けられたその日に、太陽が遊星たちの挨拶を受けて立つと、お前はすぐさま不断の成長を遂げた。出産時の法則に従って」（小岸昭訳、『ゲーテ全集』第一三巻、潮出版社、二〇〇三年、六七頁）。

（10）「『救済の星』の「原細胞」」の訳註（8）を参照。

（11）『創世記ラッバ』第一章一節。

（12）『申命記』第三〇章一一～二節「わたしが今日あなたに命じるこの戒めは難しすぎるものではなく、遠く及ばぬものでもない。それは天にあるものではないから……」。

（13）『出エジプト記』第三二章「金の子牛」を参照。

（14）カーライルの妻ジェーンは、自身も才能ある詩人だったにもかかわらず、知性と才能しかないカーライルと結婚し、より多くの時間を夫に尽くすために詩作を止め、夫の生来の特性を変えることなく彼の才能を伸ばしたと言われている。

（15）『レビ記』第一九章一八節「自分自身を愛するように隣人を愛しなさい」。

（16）マヴリック・カーンは、戦時中ライプニッツの野戦病院で知りあって以来の、ローゼンツヴァイクの知人であり、一九一八年八月から一九二四年一一月まで書簡のやりとりがおこなわれている。

(17)『出エジプト記』第三四章一一節「わたしが、今日命じることを守りなさい」。『申命記』第六章六節「今日わたしが命じるこれらの言葉を心に留め……」。

(18)『詩篇』第一〇四章一～二節「あなたは大いなる方。栄と輝きをまとい、光を衣として身を被っておられる」。

(19)芸術は自律的な存在であり、ほかのいかなる目的にも奉仕しないという「芸術至上主義」の主張。言葉の初出はバンジャマン・コンスタンの日記（一八〇四年二月一一日）とされ、テオフィール・ゴーチエが「芸術のための芸術」をみずからの立場として宣言した。この主張は、ボードレール、フロベール、マラルメなどに受け継がれる。

(20)たとえば、『タンホイザー』（一八四五年）、『ローエングリン』（一八五〇年）、『ニーベルングの指輪』（一八七六年）などは中世ドイツの叙事詩や伝説をもとにしている。

(21)レテとは「忘却」を意味し、ギリシア神話では冥界にある川である。死者の魂はレテの水を飲むと、生前のことを忘れると信じられていた。

(22)レンバッハはミュンヘン、ウィーン、ベルリンに仕事場をかまえ、ヴィルヘルム一世、ビスマルク、ワーグナー、モルトケなど名士の肖像画を描いた。

(23)一九〇一年に芸術家・建築家学校を開設。その邸宅は住居兼作業場として建てられた。

(24)ゲーテ『ファウスト』第一部、「私が馬六頭分の代金を払えるなら、つまりそれだけの馬力が私のものということでしょう」（山下肇訳、『ゲーテ全集』第三巻、潮出版社、二〇〇三年、一一二頁）。

(25)『出エジプト記』第三三章一一節「主は人がその友と語るように、顔と顔を合わせてモーセに語られた」。

(26)ミシュナ、ネズィキーンの巻第二篇『バヴァ・メツィア』五九b。

(27)「神はお造りになったすべてのものを御覧になった。見よ、それは極めて良かった」。

(28)『創世記ラッバ』第一章三一節。

(29)『ユダヤ教の源泉からの理性の宗教』は次のような言葉で終わっている。「この歴史的永遠性において、メシアニズム的な人類の平和の使命はなしとげられる」。

(30)『雅歌』第八章六節「愛は死のように強く、熱情は陰府のように酷い」。

(31) ミシュナ、ゼライームの巻第一篇『ベラホート』六一b「あなたの力のすべてで、つまり殉教の死によって神はある」。

(32) ローゼンツヴァイク自身がドイツ語訳したユダヤの「食後の祈り（der Tischdank）」にこの一節がある。Hans-Christoph Askani, *Das Problem der Übersetzung dergestellt an Franz Rosenzweig*, J.C.B. Mohr（Paul Siebeck), Tübigen, 1997 S. 343を参照。

(33)「あなたは（殉教によって）（神の）名前を聖別するために愛しなさい」（全集版の訳註）。

4　信仰と知識

カッセルで一九二〇年五月から七月にかけておこなわれた講義の草稿。生前は未発表であり、コレクション版四二四～四一頁、全集版第三巻五八一～九五頁に収録されている。ローゼンツヴァイクはこの講義を「ユダヤ的思考への手引き」の第五章にあてるように指示している。

I

〔本講義のテーマは〕宗教哲学ではなく、信仰と知識である（「宗教」も「哲学」も、だれにもかかわりのある信仰と知識から「私事」や「専門分野」をでっちあげるので、不快きわまるものだ）。なぜ信仰と知識かと言えば、人間はだれもがこの両者を糧に生きているからである。だれもが「神に従う人は信仰によって生きる（צדיק באמונה）」[1]ことを知っており、フィヒテは知識と良心（「ひとがどのような人間であるか」[2]）を知っている。生は覚醒と睡眠というこの両半分からなっている。どちらも度が過ぎることはありうる。もっとも、眠りつづけて死にいたるよりも、目覚めつづけて死にいたることのほうが起こりやすいが。

こうした発言は〔信仰と知識という〕両者の関係についてのなじみのイメージとは相いれない。ツンツとコーヘン[3]。この関係こそがまさに二〇世紀（Novecento）の中心であった。私はこの関係の向きを変えたいのだろうか。私はそんなことを望んでいるのでもない。じっさいコーヘンは神学者であることをけっしてやめなかった。ツンツのように知識によって信仰にふたをするのは誤りであった。二つの生きた対立〔信仰と知識〕のこの一方〔信仰〕をユダヤ教に認めないのは、ユダヤ教にたいするひどい仕打ちだ。だからといって、その逆はますます誤りであろう。両者の共存――それこそが解決策である。

しかし、はじめから解決策をみなさんに与えておこう。まず最初に、知ることと信仰することはほんとうに別のことかどうかを話題にしなければならない。信仰という言葉をなんといっても神学に差し押さえられた状態から救いださなければならない。

あるひとについて知る（その詳細〔を知る〕）。

あるひとを信じる（その名前〔を信じる〕）。

知識は能動的であり、「研究したり」「獲得されたり」する。ひとは知ろうと望むことができる。

信仰は「贈りとどけ」られる。信仰しようと「望む」ことはできない。

ツンツとコーヘン。

こうした主張は、われわれにはこの対立が存在しないという主張とは正反対である（一九世紀がユダヤ的なものに不安を覚えるのは、それが「あまりにもキリスト教的」だからであろう）。

信仰とはなにか。あるひとを信じる（それは、彼の手のうちをのぞくことではない）。こうした信仰（ひとは彼の思想ではなく、彼自身を、彼の名前を信じる）は、知識を熱狂させるほどに強い。神を「認識すること」は神を愛することであって、神を「知る」ことではない。

「君がそれをそんなふうに聞き知っているのであれば、それはそうかもしれない」という議論〔を考えてみよう〕。だが、「ある特定の事柄」を信じるというのはどうだろう。それはいかがわしい。こうした信仰は、みずからを知識の主人ではなく下女にしようとし、知識の下働きを務められると思いこんでいたが、思考の二千年の歴史がこの信仰からわれわれを解放してくれた。

知識から信仰がではなく、信仰から知識が理解できる。たとえば、自然法則は創造の奇跡から、発展は啓示から、行為の自由は祈りから、理想は神の国から理解できる。

信仰は見ることに先だつ。ひとは「見なければならない」、「それ以外にはなしえない」というのは、そう思わされているにすぎない。

知識は動揺する（アンチノミー、トル氏[4]）。

信仰はおのずと頭をもたげる（ひとを他人のもとに送りだす）。

知識は疑う。

信仰は絶望できるだけである。

知識はすべてのものを疑う。〈我思う、ゆえに、我あり（Cogito ergo sum）〉ではまだとうてい十分ではない。知識が疑う必要がないものを得るには、信仰が知識になにかを与えなければならない。

そのなにかとは伝承であり、恩寵である！

しかし、信仰は次のようなやりかたでみずからを実証する。つまり、信仰は知識を現実化する。

そうではない、信仰は知識をはじめて可能にする。知識はそうでなくても可能だが、知識を現実的なものにするのは信仰である。

子どもらしい無垢な信仰は、無垢な信仰にとどまるかぎり、みずからを実証しない。それは「頭のうえの時計」のようなものだ〔自分では見ることができない〕！　信仰はみずからを実証しなければならない。したがって、無垢な信仰であることをやめる。こうして、偉大な知者が生まれる。信仰がキリスト教的であろうと、ユダヤ教的であろうと、ほかのものであろうとどうでもよい。神はどのような律法にも縛りつけられてはいない。

今週の中間休止：トーラー朗読は民衆からおこなわれるのであって、民衆に向けておこなわれるのではない。そうだとすれば、民衆はそのうえなにを言うことがあるだろうか。

カントは言う。私は……の余地を得るために、知識を放棄しなければならなかった。[5]

そうではない。

しかし、その逆でもない。

むしろ（簡単に要約すれば）、自然は――たんに外にあるのではない。みなさんは自然をみずからのうちにもっており、その法則の総体はもっとも分かちがたいもの、つまり死である。

四肢のうちにある自然法則とは死である。

四肢のうちにある創造の奇跡とは誕生である（誕生がなければ、死はすべてがみずからの法則に服していることを示す機会をもたないだろう。創造なき自然法則はいかなる内容ももたず、数学でしかないだろう）。

「私は……を得るために……を放棄しなければならなかった」というカントの（当然の報いとしてすべての坊主たちに利用されることになった）命題には反対である。だからといって、その逆が正しいわけでもない。むしろ、天の下ではなにも新しいことは起こらない。(6) 天の下ではそうかもしれないが、天の上ではそうではない。なにが起こるのか？　世界の更新（חדוש העולם）である。だが、人間はその分け前にあずかるに値するとみなされている。行為によってか？　「待つこと」によってか？　いや、生まれることによってすでにそうなのだ。

この見解の実り豊かさは（すべての見解のそれと同じく）、実行する（Durchführung）、つまり（さまざまな概念を）通りぬける（Durch-führung）ことによってのみ証明されうる。そのさいわれわれにまず対立するのは、「自然」（ゲーテ(7)によれば、自然はつねに神のものである）であり、自然法則（永遠の冷徹な……にしたがって完成する）である。

世界の公式にいたるまでの研究の過程は、途方もない抽象である。それにもかかわらず、それがわれわれにとって信頼に値するのはなにによってだろうか。技術によってである。したがって、世界の公式は現実的であり、当然それにはなんらかの公式の世界が対応している。宇宙物理学がそうである。そこにはいかなる逃げ道もない（「冷徹な法則」）。

「われわれはみな……完成しなければならない」。
われわれはみな……円環を完成しなければならない。
われわれは……完成しなければならない。

人間はみな死ななければならない。

死はわれわれすべてがおのれ自身のうちで経験する自然法則である。死は法則に付きものである三つの部分をもっている。全体性（死は偉大な平等主義者である。死による恐怖支配）と、必然（*das Muß*）と、内容的な完成（公式化可能性）である。

生物学的な生命の「法則」を死んだものにおいてしか、たとえば肉体の構造をその代謝産物においてしか研究できないのは、たんなる偶然ではない。「馬はそれが可能になったので死んだのだ」という有名なジョークがある。[8]——実験は、生命がどのような境界内にあるときまだ可能であるかを、つねに確定する。「もし……ならば、なにが起こるか」というすべての問い——法則を目指すすべての自然科学はそんなふうに問う——にたいする究極の答えは、いつでも「それは死んだ」である。いうまでもなく死は、最終的な死は、限界事例にすぎない。しかし、どの個別的な出来事も、法則が要求するような仕方で、つまり「そのばあいにはこれこれのことが起きる」という仕方で保持されるなら、ひとつの硬直化であり、ひとつの極致（Non plus ultra）である。こうした意味では、自然はそのつど「永遠な存在」に（「存在は永遠である」というふうに）硬直化する、あるいは自然は死に満ちている（エントロピーの法則！）と言うことができる。

しかし、われわれはそのばあい、命題の後半部分、つまり「もしAならばB」のうちのBの部分しか理解しておらず、Aの部分は理解していないことに気づくのではないか。〈もしAならば〉についてはどうだろうか。

われわれの生がひとつの硬直化にすぎないというのは、いったいほんとうだろうか。そうではない、じっさいには硬直化の瞬間は新たな生成〔の瞬間〕でもある。「最終的な」死に抗して、「始原的な誕生」が生じる。法則の「もしAならば」もまたひとつの事実である。みなさん全員がよくご存知のように、生の始まりにはひとつの事実がある。それは、死と同じように現実的だが、死（その全体性と必然と完成）とは対照的に、特殊であり、根絶しがたい。その事実とは始原である。

どんな誕生にも奇跡的な点があって、それはいかなる前史においても世界からはもたらされえなかったまったく新しいものである。なぜなら、それは世界のなかへ、各人の世界のなかへもたらされたからである。

死がわれわれを恐怖（*Grauen*）で満たすように、誕生はわれわれを驚嘆（*staunen*）させる。死がわれわれの生における法則であるように、誕生はわれわれの生における「奇跡」である。

そこでいまや、生のどの瞬間にも奇跡と法則がからみあっている。ほんとうの自然科学であれば、この両者を取りこもうとするだろう。ゲーテはニュートンに反対してそれをおこなった。今日ではいたるところで、法則と記述の綜合と、記述の優位を支持するような感受性が求められている。物理学者たち、今日のニュートンたちは失脚し、彼らみずからが世界の（物理学的には無限だが）有限性を教え、それと知らずに、ゲーテを勝利へと導いている。デュ・ボア＝レイモンの世界公式は、たんに不可能だけではなく、もはや理想像でさえない。「定数」が予想外の関心を引いており、極大値と極小値が、説明しがたいが経済学的には受けいれられるべき根源的なものになっている。ひとはなにごとも情熱に左右されることなく「受けいれる」べきだというだけではない。ひとは恐れおののき、驚嘆する——死の法則に恐れおののき、生の奇跡に驚嘆する——権利をもっている。子供からコウノトリの「おとぎ話」を取りあげるのは不当である。それは真理を語っており、ここにはなにか驚嘆すべきものがあると語っているからである。驚嘆すべきものとは、奇跡的なものであり、創造の奇跡である。

こうして（〔そのおとぎ話とは〕違った仕方ではないが、きわめて現実的に）、聖書の『創世記』はすべての「自然的な」「説明」に対抗して正当性を保持している。ここでは真理を説明しようとすれば、あいまいになるだけである。ここにはなにか説明できないものがあるということこそが、その真理だからだ。その説明できないものとは、認識できないものではなく、それ以上さかのぼれないものであり、つまりは始まりである。始まりはどこにあるかという問いは、それどころか始まりはいつかという問いさえ、二義的な問いでしかない。時間は十分にあったし、数もまた十分にあったからである。

死の法則は否定しがたい。それは存在しつづける。しかし、その法則が登場するためには（そして、それがたんなる数学的公式[原註1]にとどまらないためには）、誕生の奇跡が、つまり〔死の〕永遠の偉大な法則にしたがって……完成するという奇跡が、必要である。しかし、終わりの真理、説明可能な真理は、始まりの真理、説明不可能な真理を前提し、知識の完成は信仰のあの「はじめに」[(9)]を前提する。終わりが説明可能なのは、始まりが説明不可能だからにすぎない。そして逆に、「きわめてとは死である（מאד זה מות）」[(10)]。二つのメガネがあるのではなく、あるのはただひとつの生である。

一般的な意識において、創造に対立するのは自然法則ではなく、むしろ発展の思想、つまり自然の創造史である。それに含まれるセンセーショナルなものとはなにか。自然の創造史もまた始まりを「説明」しないが、（どんな始まりもない〔自然法則の〕〔コレクション版は、自然史の〕考察方法とは対照的に）始まりの問題を提起する。〔ただし〕それは始まりの問題を「世界の唯一の謎」として解決しないままにしておく。この創造史は、はじめに存在した創造者（かつて「外から突き動かされたような」神）のための余地を残そうと思えば残せる（ありがたいことに、そんなことはしていない）が、そうなるのは、それがもはや純粋に自然科学的な考察方法ではないからである。

自然の創造史のセンセーショナルな点は、始まりではなく中間に、つまり生命の、とりわけ人間の発生にある。この創造史はここではみずからが調停しがたい対立のうちにあると感じている（ヴァッサーマンなどを参照）。

このことから、この創造史の本質が移行の漸次性と不可侵性にあるのがわかる。これらの〔発展〕段階に介入することは許されない。二つの時点がどれほど異なっているように見えても、そのあいだで漸次的な移行がなければならない。ここでは、漸次的であることが「自然的」であることだ。存在するものは「歴史的に発展」してきた。そのための時間は十分にあったし、数も十分にあった。

これにたいする批判も真剣になされてきた。自然科学においては、さまざまな変化を選択するさいの評価の不適切さが話題にされたが、それだけではない。みなさんにはるかになじみ深いのは、政治的ペシミストやそのほかのペシミストが発展思想にたいしておこなう批判である。

それは歴史的な発展思想にたいする批判である――『コヘレトの言葉』「一代過ぎればまた一代が起こる」〔第一章四節〕。

目的へのひたむきな努力が否定される。発展思想はこの努力に歴史的な由来をもつことをはっきり示しているからである。

目的へのひたむきな努力とはつまり、始まりに由来するということだ（目的を頭に思い描くのがまず最初である）。

とはいえ今日では、これらの〔発展〕思想なしにはどんな歴史もイメージできない。スピノザ、デカルト、ブルーノ、ベーコンが法則思想を考えぬいたのちに、自然科学が大いなる飛躍を遂げたのとまったく同じように、この〔発展〕思想が（ヴィーコ、ヘルダー、ヘーゲルによって）形成されるやいなや、歴史学――芸術史、文学史、宗教史など――が大いなる飛躍を遂げたのも、やはり偶然ではない。

だが、こうした「外的な」成功よりもわれわれに強い影響をおよぼしたのは、たとえ発展思想が細かな点ではどれほど大きな難点を抱えていたにせよ、この思想にたいする内的な確信である。つまり、われわれは自分自身の発展を信じているのだ。

自伝。循環（〔フリードリヒ・〕シュレーゲルのゲーテ[11]、若きニーチェ）。われわれはみずからの生のうちに始まりと終わりの連関があると主張するのに慣れている。

しかし、生にはすきまがないわけではない。そして、われわれはここでもまたみずからに眼を向ければ、問題に「かんして」たんに「抽象的に」、あるいはたんに「客観的に」熟考するだけなら容易に迷いこんでしまう一面性を克服できる（一時限目の一般的問題や、二時限目の自然の問題とまったく同じように、いまや歴史の問題でもそうである）。われわれの発展には飛躍がないわけではない。歴史は飛躍する（Historia *facit* saltus）。循環は瞬間（*Augenblick*）、ハプニング（Er-äugniss）からなっている。「ひとつの発展」を遂げてきたような人びとの生こそは、たんなる発展ではない。

私がここで語っているのは、みなさん全員が知っているわけではないことであり、みなさん全員が一様によく知っているわけではないことである。

なによりもまず私がここで語っているのは、（たとえば先日触れた誕生のように）生のどの瞬間にも効力を発揮するようなものではない。むしろ、それは（一）時が熟し、時が満ちたときにはじめて現われ、（二）数えることができ、いずれの人生にもおそらく一度だけしか登場せず、（三）さしあたりはつねに人間の一部しか捉えないような偉大な瞬間である。たしかにひとは全身全霊を震撼させられたと言うが、それはつねに誇張である。みずからのうちで「死と復活」を経験した人も、依然として生きつづけ、飲み食いし、オフィスや講義などに通いつづける。

とはいえたしかに、ハプニングはしだいに人間の全身全霊に影響を及ぼし、それどころか（ダンテやゲーテのように！）彼を通じてしだいにすべての人に、さらにはいかなる発展もしなかった人びとにさえ影響を及ぼす。そして、先ほどは満たされた時という言葉においてそうだったように、みなさんはここでもまた発展の概念と漸次性の概念を手にすることになる。

突然のもの（飛躍とすきま）、空間的、時間的に制約されたものが、（瞬間から瞬間に向けての）発展をはじめて可能にする条件になる。孤立した発展思想は、たとえひとが変化〈一般〉は認めても、なぜ始まりが終わりの始まりであり、終わりが始まりの終わりであるかを説明しない（漸次的な移行はいいとしても、そもそもどうして発展が可能なのかを説明しない――ゼノンのアポリアによれば、飛ぶ矢は各瞬間にひとつの場所にしかないので静止している）。[12] 発展思想のこうしたさまざまな難点は、始まりと終わりのあいだの発展の真の意味として中間が現われ、漸次性のすきまにハプニングの突然性が現われれば、おのずから解消される。

こうして、ハプニングこそが、さまざまな出来事のカオス以上のもの、つまり連関と発展であろうとするすべての歴史の条件になる。ハプニングはひとつの「瞬間」との連関を壊すように見えるが、じっさいにはそれをはじめてつくりあげ結びつける。ハプニングによって世界史とその発展ははじめて可能になる。自然的な発展概念は、「生命と人間の魂の自然的な発生」を――むろん証明なしに――主張するときには、ハプニングに矛先を向けるが、その自然的な発展過程をそもそもはじめて可能にするのはハプニングである――というのも、漸次的な発展（内的な成熟と外的な成長）は、始まりと終わりから見られるときにはひとつの必然性となるのではなく、むしろ中間から見たときにのみ啓示になるからだ（みなさんの耳をふさいでいてもらいたい！）。発展思想は誕生と死の必然的な連関を探しもとめても見いださず、この連関の謎を解いてくれるハプニングは生と死のあいだにある。ハプニングは〔誕生と死の〕両極のあいだに張りわたされた日々の水平運動に、天からの稲妻のように落ちかかるのだから。そうしたハプニングとは愛にほかならない。

IV

前置き：この授業もふたたび以前の二つの授業の道を進む。「まずは多くの力強いもの（πολλὰ τὰ δεινά）について」〔全集版による補足。さらに「多くの力強いもの（が生きているが、人間ほど力強いものはない）」という註が付いている〕。

すべての文化事業と文化機関の欠陥とはいったいなにか。あまりにも長い視野で作業し、なんといっても達成した成果を踏みこえてしまうことである。このことからすれば、文化の懐疑家である永遠のルソー（彼は二〇年前のトルストイであり、今日のボルシェヴィズムである）にも一見、それらに反対する権利がある。文字どおり「人間は人間にとって狼である（homo homini lupus）」[13]〔という状況〕は原始時代とまったく同様にいまも存在しており、そこでこそ進歩は存続するということに、彼は注意を喚起できる。なにしろ、すべては「外的な進歩」でしかないのだから。すべての文化（Kultur）はたんに「文明（Zivilisation）」にすぎない。そして、政治家は、「たんなる多数派の社会民主党員」は、自分がとても卑小で醜いと感じている。

たしかにそうだ。それにもかかわらず彼もわれわれ全員も文化的強制と組織力を信じているのはなぜか。それらはみずからのするべきことをしておらず、破壊すべきではないことを破壊しているというのに。

結婚生活！　だれもが自分自身のこととして知っているが、ここでこそ人間は人間にとって狼だった（粗暴な言動と色っぽい言動、戯曲『ドン・ジュアン』と『カルメン』[14]。この両者はだれのうちにも潜んでいるし、それにまた潜んでいなければならないし、潜んでいるべきである。現実の男と女はだれであれそうあるべきだ）。

ここ〔結婚生活〕では、人間は人間にとって（homo homini）、男は女にとって、女は男にとって、たとえばひとりの神になったのだろうか。いやそうではなく、ひとりの人間になったのである。この奇跡、性別の呪いからのこの解放と救済はどのようにして人間に生じえたのだろうか。みなさんはだれもがこの謎を解く言葉、愛を知っている。この愛は前の授業のように「ハプニング」としての愛ではなく、持続する、それでいてつねに若々しい力（ハプニングではなく、愛の仕事）である。愛はなにをするのか。愛になにができるのか。

愛にはなにができないだろうか！　愛がなにかをなしうるのは、強制やたんなる組織が無力をさらけだすところにおいてである。愛は、自然の諸力を維持し育みながら、性格の独自性とその自由を尊重しつつ制御するという奇跡を――したがって、自然に矛盾しない文化と、自由に矛盾しない形式（つまり組織）を――実現する。〔矛盾しないどころか〕むしろ逆に、愛はこの両者を回復し、保証する！　というのも、結婚生活においては愛が「仕事をしている」からこそ、達成されたものの愚かな過大評価と、「長期的視野で」生きることの怠惰という、すべてのたんなる組織のあの二つの非現実性のどちらもここでは可能ではないからだ。

すべてのたんなる組織は、まるで各瞬間が未来の瞬間への確かな橋であるかのように生きており、各瞬間を（その確実性のゆえに）過大評価すると同時に、（たんなる橋でしかないとして）過小評価する。

すべてのたんなる組織は、まるでわれわれが各瞬間に死ぬことがありえないかのように生きている。

愛はこのこと（おそらくこのことだけ――死と愛のあいだの「と」だけ）を知っている。そして、それこそがすべての組織に比べて結婚生活のまさっている点である。したがって、愛はすべての組織に完全なものを提供し、その理想像となる。愛は死が生のただなかにある（media in vita）[15]ことを認める。だからこそ愛は死を克服する。ソフォクレスの合唱歌の最後の部分は愛によって中断される。ここで人間はみずからの作品と行為を死の威力から引き離すことに成功している。というのも、人間の作品はそのつど完結しており、死への機が熟しているからである。なんといっても結婚生活は、ほかのすべての組織的関係とは対照的に、パートナーがいなくなっても壊れない。なぜなら結婚生活は、それが良好であるときには毎日屋根の下に庇護してくれるが、はじめから死を覚悟して毎日を生きていたからである――それこそが、昔のユダヤにおいては妻からの結婚の贈り物だった。

それでは、病んだ文化の治療薬はどこにあるのだろうか。否定的なユートピアのうちにはない（それ自身が病的な状態の兆候にすぎない。ルソー、トルストイ、ボルシェヴィズムは、病床に呼びよせられた、たとえ藪医者ではないとしても医者にすぎず、治療過程そのものではない）。

むしろその治療薬は、現実化する、みずからを現実化するユートピアのうちにある。

これは、みずからの〈どこにもない〉[16]が〈どこか〉にではなく、ここにこそあることを知っているようなユートピアである。

ルソーがみずからの子どもたちを捨て子養育所に連れていき、トルストイが……をしたことによって、狭い範囲内で現実生活を送っているどんなに小さな子どもたちも彼らより偉くなる。ユダヤ人の「メシアニズム」がひとつの〈主義〉以上のもの、つまりひとつの信仰、ひとつの生活になるのは、ユダヤ人がメシアを希望しているからではなく、メシアを待望している（つまり、希望の生活を送っている）からである。

死の意識を生のうちに受けいれ、死の意識を生の限界としてではなく、「生のただなかで」抱いているような人だけが現実に生きており、彼の生だけが永遠である――そうした人だけが死の威力から救済される。

たんなる組織者にとっての進歩とは、過去から現在へ通じているような未来ではなく、現在から仮説的で非現実的な未来へ通じているような過去でしかない。もっとも未来的な瞬間（終わり）はしだいにではなく突然に（死によって）すぐ次の瞬間になりうるという未来の本質を、彼らは否定する。彼らがそうするかぎり、文化の懐疑家は彼らに反対する権利をもっている。未来を生のただなかにある現実としてもつ人だけが、あらゆる瞬間に（死者の休暇中に）努力できる人だけが、はじめて生きており、懐疑家たちの懐疑にほとんど欺かれずにすむ。だが、それを学ぶのは至難の業であり、多くの努力と苦痛を要する。それはだれにもただでは得られない。われわれはみな、この苦痛に耐えるだけの力が贈られており、それが尽きていないことを祈るばかりである。アーメン。

V

前置き：私はこれまで、シオニズムこそが今日すぐ次に迫っているものではないかということを問題にしてきた。そうだ、シオニズムこそはそうである。ときおり良心のやましさを感じたにもかかわらず、私がシオニストにならなかったのは（そして、ここからなんらかの仕方で行為へ、そしてお手上げの状態へ、祈りへといたらなかったのは）どうしてだろうか。たしかに私は、希望の生活を送るべきだと言った。だがみなさんは、処方箋などどれほど役にたたないかに気づいているのではないか。希望の生活はひとつの生活だが、私の生活である。私は以前にシオニズムに客観的に反対してこう言った。シオニズムは目標をあまりに自分に近づけすぎる。それはいまだ悪しき観念論だったと。私はこれを撤回したい。こうした批判が正当なのはシオニズム内部からの批判としてだけであって、外部からの批判としてではないだろう。私はこの新しいパンフレットでは違った言いかたをしたい。つまり、シオニズムは万人の処方箋たろうとするが、しょせん処方箋にすぎない[17]。人間であるための処方箋がありえないのと同様に、ユダヤ人であるための処方箋もありえない。私はシオニズムを、ユダヤ的な生のうちに、ユダヤ的な生そのものとしてのみ認める。いやそうではない。トイブラー博士がエルサレム大学の教授になれば、私がここでそうである以上にユダヤ人になるとは思えない。むしろ逆である。私は、エルサレムではここ以上にユダヤ人になるということを、私個人としても力強く否認しなければならない。なぜなら、三三歳の私はもはやそこに根を下ろせないだろうからだ。みなさんはこの処方箋が無力であることを知っている。無力でないものとはなんだろうか。われわれはいったいどうすべきか。どのように行為すべきか。行為、しかもわれわれの行為とはなにか。きょう話題にしたいのは、なんといってもそれである。

はじめに行為があった。はじめに？ ほんとうに？ みなさんはたしかに〔行為が〕「始まり」であることを要求する。しかし、この要求は否定される。行為は「決定されて」おり、したがって「始まり」ではない。この批判は否定しがたい。どれほど偉大な思想家もこれに反論することをあきらめた。彼らは、この論拠にたいしてはなにも言えず、せいぜいできるのはなにかをすることだけだと教えた。だが、このような回答、このような二重帳簿では、われわれは心から安心できない。ひとつの〈あれか・これか〉、決定論者かそれとも非決定論者か〔の二者択一〕の前に置かれるからである。こんなことを問うからと言って、異端者呼ばわりされるいわれはない。

それでもどうだろう。自由はそれでも「救われうる」だろうか。自由を「はじめに」存在させようとすることをあきらめさえすればよいのだろうか。行為は、けっしてはじめには自由ではないだけで、それでも終わりには自由なのだろうか。

われわれが問題にしている自由とはいったいなにか。けっして日常的な自由ではないのはたしかである。朝起きて、仕事にとりかかり、テーブルにつき、夜眠ることが「自由」になされようと、決定されていようと、われわれにはきわめてどうでもよい。しかし、職業選択、配偶者の選択、ライフワークといった人生の重大で決定的な行為が、われわれの選択、われわれの仕事、われわれの行為であるかどうかには、いわゆる人間としての尊厳がかかっているように思われる。ここで依存的に行為するならば、われわれは落下する石や、流れる波や、車輪が巻きあげるほこりと、いったいどこが違うだろうか。

それでは、どのような行為が問題なのか。重大な行為が問題だと、私は言った。だが、それではなにも言ったことにはならない。ひとは多くの「重大な」行為を喜んで放棄するのに、同情やそれに類するささやかな行為を放棄したがらない。問題なのは「重大な」行為ではなく、われわれが自分を超えて行為しているという感情をもてるような行為である。食べる、飲む、眠るといったことならためらうことなく事柄の文脈にゆだねてしまうのは、その行為によっていわば自分のなかに入りこむにすぎず、それがじっさいに「われわれの」行為であり、たんに「われわれの」行為でしかないし、そうしたものにとどまるという感情を抱くからにほかならない（奇妙なことだが、ここでは行為がわれわれに、われわれにのみ属するからこそ、それがわれわれに、われわれのみに由来するということは、われわれにとってすこしも重要ではない）。われわれの行為にはとどまらないような別の行為、われわれの行為を超えて成長するような行為、われわれに向けて行為するような行為——われわれが行為したいのはそうした行為にほかならない。こうした行為のもとでわれわれの「自由」を救いだしたいのである。

それはどのような行為だろうか。生き生きとした行為である。問題なのは創造的な行為であり、生き生きとしているがゆえに生を生みだすような行為である。そして、生はたんにわれわれの外ではなく、まさにわれわれのうちにある。〔したがって問題なのは〕われわれからわれわれとは異なるものをつくりだすような行為である。しかし、そのような行為はどのようになされるのだろうか。

それはその行為を意図するときだというのは、あきらかに違う。その行為を「意図する」からだというのでもない。ひとはみずからが意図することを予見し、見通している。だが、生き生きとした行為は予見できない。そうした行為はわれわれとわれわれの予見を超えて成長し、それを超えて生きつづけるからだ。そうした行為は「意図する」ことができず、せいぜい「願う」ことができるだけである。すべての偉人たち（ゲーテ、クロムウェル）が証人である。だが、偉人はわれわれになにを語ることができるだろうか。われわれは「偉人」ではない（偉人たちでさえときおりそうである）。だが、みずからを超えて成長し、みずからを超えて生きつづける生き生きしたものを、つまり、たんなる行為以上のものであることに意味があるような「行為」を生みだし、行為者そのものをつくり変え、人間から「こうした行為の行為者」を、つまり、たんなる男から父親を、そしてなによりもたんなる女から母親を生みだすことは、ある時点でだれもが経験する。それはなんらかのかたちで、だれにでも与えられ課せられているのだから。

子ども――それこそは生き生きとした行為のこうした典型である。偉人は、女が子どもにいたりつくように、みずからの行為にいたりついたと、例外なく告白する。女はどのようにして子どもにいたりつくのだろうか。

女は子どもを意図することができない。子どもは意図したおかげではない。ここでは、意図すること、計算すること、予見することに、絶対的な境界が課せられている。願うことができるだけである。ハレルと呼ばれる、神を賛美する六つの詩篇の最初のもの[18]が、子どものいない女の、子どもを贈られた喜びで終わるのも、けっして偶然ではない。

したがってここでは、意志に課されている境界は生き生きとした行為のすぐ前を通っている。意志はある時点まで自由にふるまっている――われわれはまさにこの時点までは、ここで意志にゆだねられている自由をまじめに受けとってはおらず、それを安っぽいものとみなしている――存在するのが自由であろうと強制的な連鎖であろうと、われわれにはかなりどうでもよい。あるとき、ささやかな意志（主義や好みなど）と大いなる強制（環境や経済状況など）のこうしたカオスがとだえて、願うことと希望すること、請うことと我慢することしか人間に残らなくなる時がやってくる。

　そして、この状況が達成されたとき、「偉大な」創造的な行為の時が、新しい生き生きしたものの成立の時が、来ているのである。

　これは比喩ではないのか。比喩以上のものである。行為がわれわれにはじめて贈られるのは、われわれが意志と強制（意志することとの願望と、しなければならないことの強制）の、計算することと配慮することとの混乱から浮かびあがり、静かに泰然として準備ができている状態に入りこんだときである。この時点にたどりつくのは、たしかに（出産以外のすべてにおいて）われわれのどうこうできることではない。われわれはばあいによってはつねに計算と配慮のうちにとどまっている。そんなときには、行為にも始まりにもけっしていたりつかない。始まりはけっして始まりにあるのではなく、終わりに、配慮と強制、懐疑と熟慮の終わりにこそある。だが、われわれはすべての行為のなかの行為である、生き生きしたものの産出と出産において次のことを学ぶべきである。つまり、われわれに許されるのは、すべての行為、すべての真なる行為をひねりだしたり考えだしたりすることではなく、それを願うことだけであり、われわれにできるのは、その行為を探しもとめたり案出することではなく、それを見いだすことだけなのである。

行為は「自由」の産物、つまり、倫理性やそれに類する、新異教主義[19]の神話が生みだしたご自慢の想像上の動物――いまだかってだれも見たことがない動物――ではない。むしろ行為は祈りの成就である。この祈りとは、両親が〔子どもがさずかるようにという〕自分たちの願いがかなえられるのを待ち望むときの純粋な希望と辛抱強さを通じて、みなさん全員が知っているか、知るようになるものである。これ以上に完全な祈りはないし、だれにもなじみがなくはないこの沈黙の希望以上に、的確な言葉を語ることはできない。ばあいによっては「行為」がはじめにあるかもしれない。だがそんなものは、必然と区別がつかず、自由なものとして懐疑を逃れえないようなけちくさい空騒ぎにすぎない――そんなものならはじめにあるかもしれない。中間には願いの辛抱強さがある。だが、最後には〔願いの〕成就がある。

ほんとうにそうか。成就とはそうしたものか。いつでもそうか。

そうである、いつでもそうである。かなわない祈りはない。そして、われわれの比喩の完全な正しさがいまやはじめてあきらかになる。子どもは結婚生活の成就である。しかし、子どもがいないことも、それが謙虚に希望を捨てることなく受けいれられるかぎり、それを希望することが（つまり、静まることのない祈りというかたちで！　希望することが）できるし、そのばあいには子供のいないことそれ自体が（したがって、いわば祈りが成就しないことが）成就になるということは、みなさんのだれもが知っているし、多くの人がみずから経験していることでもある。これは秘密であって、めったに口に出されないし、いちいち口に出すべきでもない。それが口にされてよいのはせいぜい墓前においてぐらいである（というのも、それ以前に口に出すことはすでにして、ほとんど祈るのをやめることを意味するからだ）。だが、ここではそれをまったく一般的に口に出すことが許される。正常な結婚生活において子どもがないがゆえに二人の人生に贈られるものは、子どもがあるばあいの成就にけっして劣るものではない。不幸も幸福に劣らない成就なのである。

逆に、なされ実行された行為においては、成功は不成功以上のものをけっして与えない。成功はその行為者を、不成功のときそうだったのと同じように落ち着かず、癒されず、満たされないままにする。成功は行為者になんらの助けにもならず、なにも与えず、彼はそれにどんな喜びも感じない。それに、彼の「行為」もまた彼にどんな喜びも感じない。彼の行為は死んだ行為にとどまり、彼を超えて生きつづけることがないからだ。そこに死んだものがあろうとなかろうと、結局は同じである。

われわれはわれわれの比喩から、すべての完全な行為は〔祈りの〕成就であり「終わりにある」というその強制的ではない本質を学ぶ。われわれが比喩（Gleichnis）として（つまり、すべての同様のもの（*Gleiche*）にあてはまり、だからこそわれわれの役にたつ比喩として）新しい生命の出産を選ばざるをえなかったのも偶然ではない。というのも、出産は、終わりの始まりだからである。動物の世界では、それは文字どおり終わりである。出産は高齢になればなるほど、終わりの始まりにすぎなくなる（すべての文化は老人がいることにもとづいている）。そしてそれによってのみ、出産は自由である。すべての行為は成就であると同様に自由である。どんな行為も、自分が新米であり、不自然なものであり、当初の意図からずれたものだというカインのしるしを額にきざんでいることがありうるし、どんな行為の頭上にも、成就と終わりと成熟が輝くこともありうる。どんな行為も終わりの始まりでありうる。どんな行為においても、意図と強制のごちゃまぜ状態から抜けだしたと証明できるような状況が人間に贈られることがありうる。そのばあいでもなお、行為は始まりであろうとする。ひとは、生において生から自由であることをすでに学んでいようと、どんな行為においてもそれを実証することができる——生が彼にすでに死ぬことを教えていたとしても。

VI

前置き：祈り——とはいえ、形式化された祈りについてはどうだろうか。そもそも形式についてはどうだろうか。

みなさんはこうした問いを、しばしば毎回授業ごとに提出してもよかっただろう。というのも、毎回授業ごとに、客観的な知識の概念には信仰の概念が、体験という直接的な経験の概念が対立し、この信仰の概念が不安定で疑わしい知識の概念をそのたくましい肩に背負っていたからである。われわれがおこなったのは、ひたすら知識の救出であり、自然法則と発展思想と組織への期待と行為の救出だった。

いまや前回の授業で問題をいくらか深く理解したので、いわばふたたび最初の授業の一般性に立ちもどってもよいだろう。

われわれはみずからの経験や信仰の宝庫からの補助金によって知識を懐疑から守ろうとしたが、知識自身もまた、理想への逃亡によってその懐疑から身を守る。たしかに「生」はあらゆる嵐に身をまかせてしまっており、救いようがないが、純粋な諸形式が宿る今日の晴れわたる領域においては、悲惨（苦悩）の暗い嵐は吹き荒れることがない。しかし、さまざまな制限は感覚から逃げだし、思想の自由へ逃げこみ、（罪という！）恐怖の現象は（支配力を！）逃れる。それでも、（……）は穏やかであり、生の流れは……をぬって流れる。

「〈あたかも〜であるかのよう〉である!!」（〈あたかも〉君は私の友人〈であるかのよう〉である！）[20]。

懐疑はそのかたわらを笑いながら通り過ぎていくだろう。理想の国はじっさいには「影の国」でしかないだろう――もしも芸術がなければ。「けれども、おんみらが美の国に入りいくならば」。「美の静かなる「影像（かげ）の国」〔全集版による補足〕を過ぎゆけば」。「神々しくも、神々に立ちまじるすがたと変わる」[21]。

したがって、知識そのものがみずからにとって本来疑わしい信仰の部分、つまり形式を引きあいに出すのは、まさにここにおいてである。

ところで、こうした心情にとって美は、たとえば理想と生のあいだに橋をかけるものだろうか。けっしてそうではない。美は歌においてのみ花咲く。美は一貫して「影の領域」に属しており、ただほかの影と違うのは、目に見えることだけである。もし影以上のものであれば、ここでみずからが証明すべきことをけっして証明しないだろう。そうなれば、芸術と生活、芸術と自然のあいだの裂け目はさらに深まらざるをえない。

過去の芸術は死んではいない。死んでいるのは過去の生活である。それにたいして、生活の形式は生き生きとした形式でなければならない――そうでなければ存在しない（aut non sunt）（芸術は生活に身近であるかもしれないし、縁遠いかもしれないが、美しくなければならない）。生活のふるまいは、〔芸術よりも〕いくらか美しいか美しくないかもしれないが、生き生きした（「真実の」）ものでなければならない。

芸術そのもののうちには、生活にとっての芸術のこうした縁遠さ（これはむろん「自然主義」の問題とはなんの関係もない）を感知できるようになる段階がある。芸術の退屈さ（taedium artis）がそれである。そのばあいには、芸術はかろうじて芸術からの離反を示すにすぎない（プロスペローが〔魔法の〕杖を放棄するように[22]）。芸術は生活にあこがれるようになる。生活は芸術がもたないものを、つまり真実のふるまいをもっているからである。

芸術は、みずからがこの果実の、生活というこのもっとも熟した果実のおぼろげな映像でしかないと感じるようになる。

芸術が（ほかの理想に比べて）より大きな可視性をもてるのは、それがけっして理想ではなく、生活のひとつの代用品（あるいはせいぜいその補助手段）であるという状況のおかげにすぎない。

芸術は生活のどこに根ざしているのか。私はすでに、生活のふるまいに根ざしていると言った。ふるまいとはなにか。表現としての生活、表現された（ausgedrückt）生活、かたちを外へと押しだすような（aus-drückliches）生活にほかならない。

われわれはこれまですべての授業で生活について語ってきた。だが、生活全体についてはまだ一度も語ってこなかった。なにしろ、全体は果実でしかありえないからである。生活の担い手（カテゴリー）については語ったが、その結果として得られる抽出物、土壌の栄養素、バラ油のしずくについては語らなかった。

人間はなんのために生きるのか。ただひとつのふるまいのためである。世界もまたそうである。人間においては、このふるまいは個人的なものなので、それについてけっして語れない（隣人の死はたいていそのふるまいを惹き起こす）。人類は個々の構成員のもとで、さまざまな形式を自分のために「つくりあげて」きた。語りうるのはせいぜいこうした形式についてだけである。人類はそのために芸術を使用してきたし、つねにそれを必要としている。芸術は助手である。芸術は伝承する（同様に、その個別性にもかかわらず、ここで個人が表現を見いだす手助けをするのは教育である。むろん教育はもっとも広い意味では、先生が生徒におこなう以上に、友人が友人に、男が女に、女が男におこなうものである）。

芸術がなしうることは、教育もまたなしうることにほかならない。つまり、それはこのふるまいの余地をつくりだすこと（このふるまいの準備をすること）、あるいはこのふるまいを受けいれること（それを保存すること）であり、どちらにせよそれを伝承することである！

そのいずれもきわめて危険である。前者はばあいによってはふるまいへの道を閉ざし、後者はばあいによってふるまいを通俗化する。

しかし、ふるまいはこの二つの危険にくり返しうち勝つ。このふるまいは汲めども尽きない生活から糧を得ているからだ。

芸術が硬直化せざるをえないのは（そして、たんなる〈芸術のための芸術（l'art pour l'art）〉[23]にならざるをえないのは)、生き生きとしたふるまいのこうした支配を逃れ、それどころかそれを支配しようとするときだけである(「内容を変えるのはただ形式だけである」。いやそうではない。内容に生命を吹きこむのはただ形式だけである!」)。(教師さえも生徒を支配しようとすることがあり、手を引くべき時を知らない)。

すべての芸術がすばらしいのは、それが役にたち、「応用が利く」ばあいである。だがそれは、芸術が人間の支配者ではなく所有物であるばあいであり、幽霊(「理想」)を具体化することを断念し、生活の衣装であることに甘んじるばあいである。

というのも、われわれは「狭くて息苦しい生活からぬけだして、かの理想の国へと遁れる[24]」べきではないからだ。われわれはそもそも逃亡するべきではない。生きるべきである。しかし、われわれの生活は「広々として自由」であるのが理想だが、現実には「狭くて息苦しい」。理想と生活は二者択一だと言われる。しかし、理想への逃亡は禁じられている。そうなると、残るのは生活だけということになる。

われわれは断固たる態度で(ausdrücklich〔=表現という仕方で〕)生きるべきである。みずからの生活を「世界」への表現(Aus-druck〔=世界へとかたちを押しだすこと〕)へともたらさなければならない。われわれの信仰がわれわれの意識のすみずみにまで魂を吹きこむべきである。われわれの意識がわれわれの信仰の表現になるべきだ。そのためには、どんな手段も役だたないことはない。既成の概念、既成の共同体、既成の表現様式でさえそうだ――ただし、こうした既成のものはすべて、準備(教育と自己教育)や〔保存用の〕缶詰でしかない。われわれはなんといっても生活を免れない。たしかに、われわれは天国を既存の概念や制度などのうちに認識することができる（そして天国と「理想」の違いは、天国が生活のむこう側にではなくこちら側にあることだ。生活とけっして接触しないがゆえにつねに汚れない理想よりも、生活のほうがはるかに汚れを洗い落とされていないように見えるのも、そのためにすぎない）。われわれが天国を生活のうちにどれほど認識できるにせよ、依然としてわれわれの課題は、天国をくり返し生き生きしたものにすることだ。どのようにして？　生きることによってである。そして、天国をこちらにもたらすことがつねに神の課題でありつづける（どのようにして？　神がわれわれに生を贈ることによってである）。この神は――私は最初の授業の終わりにみなさんにすでに述べたが、最後の授業の終わりにくり返しておきたい――みずからをいかなる形式にも縛りつけず、自分自身の形式にさえ縛りつけることがない。

原　註

（原註1）定数のない法則は子どもだましであり、自然法則ではないだろう。

訳　註

（1）『ハバクク書』第二章四節。ルター訳では、「義しい人（der Grechte）はみずからの信仰によって生きるだろう」、ブーバー、ローゼンツヴァイク訳では、「義しい人（der Bewährte）はみずからの信頼によって生きるであろう」となっている（全集版の註）。

(2)「ひとがどのような哲学を選ぶかは、どのような人間であるかによる」（フィヒテ『知識学への第一序論』（一七九七年））、鈴木琢真訳、『フィヒテ全集』第七巻、晢書房、三七八頁。

(3) レオポルト・ツンツは「ユダヤ学（Wissenschaft des Judentums）」を創始し、ユダヤ教を合理的・学問的に解明しようとした。それにたいして、カント派（マールブルク学派）の指導者であったヘルマン・コーヘンは、晩年に『ユダヤ教の源泉にもとづく理性の宗教』（一九一九年）によって、カントに代表される「理性の宗教」をユダヤ的信仰の立場から再検討した。

(4) 英訳註によれば、ヨハンネス・ミヒャエル・トル（Johannes Michael Toll 1878–?）。

(5)『純粋理性批判』第二版序文、三〇頁、「私は信仰に余地を与えるために、知識を放棄しなければならなかった」。

(6)『コヘレトの言葉』第一章九節「太陽の下、新しいものは何ひとつない」。

(7) 全集版ではゲーテの前に、クルト・レーベンバウム（Kurt Löwenbaum）の名前が挙げられている。レオ・レーベンバウムの息子で、ローゼンツヴァイクの母の一番下の弟。

(8) ローゼンツヴァイクはこのジョークを一九一八年一一月一二日と一三日のマルグリット・ローゼンシュトック＝ヒュシィ宛書簡でももちだしている（Franz Rosenzweig: *Die „Gritli"-Briefe*, hg. Inken Rühle, Reinhold Mayer, Bilam 2002, S. 186）。

(9)『創世記』第一章第一節「初めに、神は天地を創造された」。

(10)「きわめてとは死である」（きわめてとはつまり『創世記』のあの「きわめてよかった」である（全集版の註））。『創世記』第一章三一節「神はお造りになったすべてのものを御覧になった。見よ、それは極めて良かった」。「ユダヤ的思考への手引き」訳註（27）と（28）を参照。

(11) フリードリヒ・シュレーゲルは生涯、ゲーテにたいする関心をもちつづけた。彼の雑誌『アテネウム』に発表された『ゲーテのマイスターについて』（一七九八年）のほかにも、『ギリシア文学研究』（一七九七年）、『古代・近代文学史』（一八一五年）でもゲーテを論じている。

(12) ゼノンの師パルメニデスは「あるものだけがあり、ないものはない」と主張したために、運動や変化は存在しないことになる。運動や変化は「ある」から「ない」への、「ない」から「ある」への移行だからだ。ゼノンはこれを証明するためにいわゆる「ゼノンのパラドクス」を考えだした。そのひとつが「飛ぶ矢のパラドクス」である。つまりこうである。矢が的まで飛んでいくのは、その半分の空間を通過しなければならない。だがそのためにはさらにその半分の空間を通過しなければならない。この論理をどこまでも続けていけば、矢は無限の地点を通過することになる。しかし、無限の地点を通過することは不可能である。したがって、「矢は各瞬間にひとつの場所にとどまっている」。

（13）イギリスの哲学者ホッブズ（Thomas Hobbes 1588–1679）が『リヴァイアサン（*Leviathan*）』（一六五一年）で、古代ローマの喜劇作家プラウトゥス（Plautus B.C. 254頃–184頃）の『ロバ物語（*Asinaria*）』から引用したことによって有名になった言葉。

（14）『ドン・ジュアン』（一六六五年）は一七世紀フランスの劇作家モリエール（Molière 1622–73）、『カルメン』（一八四五年）はフランスの作家メリメ（Prosper Mérimée 1803–70）の作。

（15）あるグレゴリオ聖歌の冒頭部分「われわれは生のただなかにいるときに死のうちにいる（media in vita in morte sumus）」からの引用。

（16）ギリシア語の「ユートピア」はou + toposからなっており、もともとは「どこにもない」という意味である。

（17）原文は、Und Rezept kannだが、このままでは読めないので、全集版にしたがい、Nur Rezept. Man kannと読む。

（18）六つの詩篇とは、『詩篇』第一一三章から一一八章。その最初の章（第一一三章）の九節にはこうある。「子のない女を家に返し、子を持つ母の喜びを与えてくださる。ハレルヤ」。

（19）復興異教主義とも言う。二〇世紀転換期に現われた多様な宗教運動の総称であり、多神教、汎神論、アニミズムなど広範囲の運動を含む。

（20）ファイヒンガーの「〈あたかも～であるかのように〉の哲学」が念頭に置かれている。これについては、「ユダヤ的思考への手引き」訳註（3）参照。

（21）この三つの引用はいずれも、シラー「理想と人生」からの引用。『シルレル詩全集』大野敏英・石中象治訳、白水社、一二九頁、一二八頁、一二六頁を参照。

(22) シェイクスピア『テンペスト』「だが、この荒々しい魔術はこの場で捨てる。このうえは天に音楽を奏でさせ――いまそれを行うつもりだが――楽の音の妙なる力で、私のもくろみどおりみなを正気に戻したあかつきには、魔法の杖を折り、地の底深く埋め、測量の錘も届かぬ深みに私の書物も沈めてしまおう」(松岡和子訳『シェイクスピア全集』第八巻、ちくま文庫、二〇〇〇年、一四一～一四二頁)。

(23) 「ユダヤ的思考への手引き」訳註(19)参照。

(24) シラー「理想と人生」、『シルレル詩全集』一二六頁。

5　神についての学

「人間についての学」、「世界についての学」と続く連続講義の最初の講義の草稿。自由ユダヤ学舎で第三年度一学期の一九二一年一〇月二五日から一二月二二日にかけておこなわれた。生前未発表。コレクション版七三八～七四九頁、全集版第三巻六一九～三三頁に収録されている。各章の見出しはローゼンツヴァイク自身の講義要項（全集版第一巻第二部七二七頁収録）による。

I　問い――神の存在

聴講者への注意。後続の二つの学期の予告。

アテ〔人間の道徳的判断を狂わせるギリシア神話の女神〕は「それでもやはり神はいる」と言った。母親ならなんと言うだろうか。彼女は眼に見えるものしか信じない。〔だから「そんなものはいない」と言うだろう〕。

子どもはなんと言うだろうか。「でもやっぱり神様はいらっしゃる」。

われわれはなんと言うだろうか。子どもと母親のどちらの言い分も認める。

母親の言い分も認める？　母親の口を借りて語りだされているのは、今日のユダヤ人が、ユダヤ的だとみなさんが思っているようなこの〔神という〕核心的概念を前にしたときの社会的不安にすぎないのではないか。むしろそれはまた無神論の正当な権利でもある。〔なにしろ〕敬虔な人でさえも「どうか天を裂いて降ってください[1]」と祈る〔からだ〕。

子どもの信仰はたしかに正しいが、母親の不信仰もまた正しい。われわれは母親に神を見せてやることはできないが、子どもの「でもやっぱり」に同意するわけにもいかない。もっとも、われわれが見つけだす神の可視性のすべては、ひょっとすれば子どもの「でもやっぱり」だけかもしれない! そうであれば、正しい返答をしたのは子どものほうだということになる。しかし、これについていまはこれ以上触れない。それはおそらく最後の言葉でしかない。

最初の言葉は、不信仰の言葉つまり問いである。しかし、ここで疑いの問いが向けられるのは〔神の〕存在にほかならない。問いは人間においては自由へ、世界においては現実へ、神においては存在へ向けられる。この問いそのものは、そうしようと思えば世界と人間においてもまったく同様に存在に向けることができる(これについてさらに詳しく説明すること……)。

われわれが神について知っていることは幻想かもしれないが、世界について知っていることだって印象でしかなく、人間について知っていることも体験でしかないかもしれない。したがって、このような観念論的な問題提起の前では、世界と人間は神よりもましな待遇を受けているわけではない。それなのに、われわれの疑問が神のばあいだけ存在そのものに向けられるのはどうしたわけだろうか。それが実り豊かな疑問であり、十分精力的に問いさえすれば答えを力ずくで得られるような問いだからだ(世界や人間のばあいには、存在の問いは不毛な問いであり、こじつけ的でひっかきまわすような問いであり、焦眉の問いでもさし迫った問いでもない)。無神論などけっしてまじめには受けとれない。〔そうかといって〕自然や精神を神格化したりすれば邪道に迷いこむだけである。神は自分以外のなにものでもなく、なにかほかのものを意味するものでもない。神は神であるか、そうでなければなにものでもない。われわれはただ無神論の奈落の淵においてこそ飛ぶことを学ばなければならない。

しかし、なぜ神の存在はそれほど疑わしいものでなければならないのか。それがほかのあらゆる存在の起源でなければならないからである。いずれにせよ神の存在はわれわれや世界の存在とは別次元にあるにちがいないと、われわれは感じている。無神論者はより低い次元に、われわれはより高い次元にあると考えるが、いずれにせよ別次元にあると考えられている。だからこそ、神の存在はそんなふうに問題をはらんでいる、つまりドイツ語で言えば、疑わしい（fragwürdig〔＝問うに値する〕）。われわれは眼に見えるものしか信じようとしない。しかし、外に向けられた眼で世界を見て、内に向けられた眼で人間を見るが、そのどちらも遠い神までは届かない。どのような眼で神を見たらよいのだろうか。

やはり外に向けられた目によってだと、汎神論者は答える。

やはり内に向けられた目によってだと、唯心論者は答える。[2]

内に向けられた眼も外に向けられた眼も閉じることによってだけだと、神秘主義者は考える。

しかし、汎神論者はだれを見るのか。いつでもやはりふたたび自然でしかない。

唯心論者はだれを見るのか。いつでもやはりふたたび精神でしかない。

神秘主義者はなにを見るのか。いつでもやはりふたたび――無でしかない。

それでは〔神のためには〕どんな器官が残るだろうか。われわれがほんとうに感覚と精神だけからなっているなら、どんな器官も残らないだろう。しかし——感覚と精神を統一するのは魂である。この統一された人間全体の器官はあるのか。それはある。生である（目は見、精神は認識し、魂は生きる）。

誤解してはいけない！「神の体験」とはいっても、ここで問題となっているのは、特殊で高尚で高貴な種類の体験ではなく、まったく素朴な体験、体験そのものである。しかし、ひとは自然を見ることなしに見ることができないし、精神を認識することなしに認識することができないように、神を体験することなしに生きることができない。

この講義で教授したいのはそのことであって、体験そのものではない。私はそれを前提しなければならない——「人間についての講義」ではみなさんが認識するということを、そして「世界についての講義」ではみなさんが見るということを前提としなければならないように。眼の見えない人にとって世界の色は真っ暗である。愚かな人にとって精神の輝きはくすんでいる。死者にとっては——「神を賛美するのは死者ではない[3]」。したがって、みなさんが生きていることを私は前提しなければならないし、前提している。しかし、みなさんが見ることのうちで世界を、認識することのうちで精神を見えるようにすることができるのと同じように、みなさんが体験することのうちで神を見えるようにすることが、私があくまで冷静沈着にみずからに（そしてみなさんに）課す課題である。この課題を解決することはほんとうにむずかしいが、世界を印象において、人間を認識において見えるようにするという残りの二つの課題ほどむずかしくない。

II　神の唯一性

復習。〔目と精神と魂という〕三つの器官〔について語った〕。神的な事柄についての学はいまだ中世の自然学や最近までの精神諸科学のように、つまりプレパレートやスライドなしにあつかわれている。われわれはスライドを壁に映そう。その屈折光学はみなさん自身である。

神の唯一性は、今日とくに人気がある。それは愛すべき神の表看板の最たるものとみなされている。神の唯一性――「一神教」――は、ユダヤ教における［もっとも哲学的なもの（φιλοσοφώτατον）］〔全集版による補足〕であるように思われる。現実に存在するのは神であって、さまざまな偶像ではないとされる。そのさい、聖書が偶像を現実のものとみなしていることは無視されがちである。そうなるのは、〈唯一者（אחד）〉を古代哲学の〈一（Ἕν）〉と混同するからだ。この〈一〉は自然や精神についての究極の認識である（もっとも、かなり問題をはらんだ認識なのだが）。唯一者はまったくの別物である。〈一〉が口に出されても、まだだれも死んだためしがない。〈一〉が発見されても、世界と生活にたいした変化はなかった。唯一者は世界を変え、いまも変えつづけている。

〈一〉には〈多〉が、［〈同（Ταὐτόν）〉には〈他（Θάτερον）〉が］〔全集版による補足〕対立している。どちらも同等な権利をもっている。万物はひとつであると同様に多様でもある。精神もまたそうだ（精神は〔対立するものに〕橋を架ける者であると同時に、〔対立するものの〕発見者でもある）。それでは、魂は？――体験する魂は？　魂もまた「広大な土地」である。しかし、魂のこの多様な分節は、それがひとつであることと等価なものとしてあるのではなく、神の唯一性には偶像の多様性が対立している。

ここでは唯一性と多様性のあいだに闘争がある。〔それにたいして、〕唯一性の哲学は、そんなことについてなにも知らない。そこでは、唯一性が戦わずして勝利をおさめる。神秘主義のように。

偶像の多様性のほうはどうだろうか。偶像とはだれなのか。「市場のイドラや劇場のイドラ（idola fori, idoka thetri）」[4] などの偶像であり、〔ローマ神話の女神〕ダイアナやヴィーナスである。だれの胸のうちにもすくなくとも「二つの魂」が住んでいる。そもそも〈一なる〉人間などいるだろうか。

しかし、〈一なる〉人間はいるはずではないか。そうだ。だれもがそれを認めている。ある日だれの人生のうえにも唯一性の法則がふりかかる。子どもの頃はまだそうではない。そのときにもおそらくすでにそうではあるのだが、当人自身はまだ知らない。しかし、もの心がつくようになれば、子どもは「そのときから二という数[5]」を嘆くだろう。ものを知るということは、自分自身の唯一性を知ることである。自分自身の唯一性を知ることはまさに、自分自身の死を意志することである。というのも、死がはじめて生を唯一性にするからだ。人間が生きているかぎり、イドラの多様性もまたそのうちにとどまりつづける。〔それどころか、これらのイドラが力を失えば、人間は生きていけないだろう。彼は死に急ぐだろう〕〔全集版による補足〕。そして生のテンポは、その生が崇拝しなければならないイドラの数によって決まる。老人たちはシンプルになる。彼らには死の影がさしこんでいる。

したがって、自由に浮遊しながら証明するような思考にとってもっともお気に入りのこの〔神の唯一性という〕概念からしてすでに、提示し見ようとするわれわれの意志にとってはとりわけやっかいな概念である。この概念はまったく目に見えず、根本的に生そのものにおいてはけっして提示できない概念にほかならない（それは、われわれの方法にとってもっともやっかいな概念であり、次に続く概念のどれよりもやっかいである）。この概念は、個人の生活においても世界史においても支配的であることを証明できない。

世界史においてもそうだろうか。そうである、そこでも証明できない。文化それ自体は多神教的である。したがって、ユダヤ教がどのようなかたちで文化的な力にならざるをえなかったかと言えば、神を脱現実化するか、神を人間化するかでしかなかった。前者はイスラム教、後者はキリスト教において起こった。

（詳しく言えば……イスラム教においては、神はいかなる民族も選ば［なかった］(6)。

……

……キリスト教においては、神は分裂してしまった）。

ユダヤ人は、そのいわゆる唯一者（אחד）によって生きた世界史から排除され、世界の終わりに置かれている。〈聞け、イスラエルよ（שמע ישראל）〉はつねに臨終の叫びなのだ。唯一者とはすべての世界にとっての他者である（それが唯一者であるのは、こうしたまったくの他者だからにすぎない）。ユダヤの宗教哲学者たちも唯一者をそのように理解してきた。一九世紀の教養あるユダヤ教の「一神教」にたいする熱狂に比べれば、ラガルドのほうが正しかったのである。

しかし、唯一者は唯一性への真なる生成、つまり統一の働き（יחוד）、あの日に（ביום ההוא）〔なりゆくこと〕としてつねに理解されてきた。『ゼファニヤ書』のあの箇所(7)が、ラシやすべての人によって「聞け」（שמע）の説明として使われる(8)。神は唯一者になるだろう。神の唯一性は、人間のそれと同じような唯一性であって、いつでもそこにあり、早くから意識されているが、終わりになってはじめて実現される。しかし、預言者はその唯一性が実現されているしるしとして名前の唯一性を挙げる。これはどういうことだろうか。そうなるとまさに〔ほかの〕すべての名前は消滅するとでもいうのだろうか。それに、名前はその名前が呼ばれる以上のことだろうか。他方また、名前が呼ばれることは、存在が解消されてしまうことではないか。われわれはこの〔二時限目の〕授業のなかで、この存在が一見証明可能（*beweisbaren*）だがじっさいにはまったく証明可能（*erweisbaren*）ではない側面をもつことを理解したのだから、この存在は、われわれがそれをすくなくとも未来において証明可能だと主張するやいなや、ふたたび唯一の名前というたんなる存在に解消されてしまうのではないか?!

III　神の名前

名前こそが「唯一のもの」になる。しかし、名前は「呼ばれる」だけである。名前は「はかないもの」[9]ではないのか。神の名前を話題にするとき、このうえなく主観的でこのうえなく偶然的なものを話題にしているのではないか。あたかも神が名前にもとづいているかのように。

ユダヤ教がじつに真剣に、魔術にいたるほど真剣に、まさに名前を問題にしているのは注目すべきである。

いったい名前がなんだというのか。名前の倫理学ならまだしも理解できる……（固有名）。名前の論理学もそうである……（事物の名前）。しかし、名前の神学はどうだろうか。たとえほかの二つのばあいに名前ははかないものではないとしても、神においてはたしかにそうではないか。〔だが〕まさしく神においてこそ名前はむなしいものではないことがわかるだろう。前回の授業ではもっとも確実に見えた唯一性が消えうせてしまったのだが、今回の授業ではもっとも不確実に見えるものがもっとも身近なものになるだろう。それがつまり〔神の〕名前である。

いまや事物の名前も固有名も――事物の名前は翻訳可能性によって、固有名は希望的性格によって――神の名をいただいている（theophor）ことを示そう（『健康な悟性と病的な悟性』を参照せよ[10]）。名〔ファーストネーム〕、つまり〔名前の〕種差（differentiae specificae）が[11]「神の名をいただいて」いないなら、名は人類をばらばらにするだろうし、そうなれば、姓〔ファミリーネーム〕つまり〔名前の〕類（genus）が示すアダム主義的な、あるいは形而上学的なつながりだけが残るか（トルストイにおける平和主義や〔……解読不能の単語あり……〕天国のように）、そのつながりさえも（まさに文化によって）くり返し破壊されるかのどちらかだろう。

しかし、名が神の名前をいただくものでありうるのは、神の名前がかつて呼ばれたことがあるばあいだけである。〔偶像[12]〕の名をいただいた名前のうちには、神の名をいただいた名前もまた含まれうるのでなければならない。そのばあいにのみ真剣さはある。名前は告白になりうるのでなければならない。告白は歴史的な啓示を前提する。

ところで〔神の〕名前の歴史は、その名前が呼ばれることによって始まり、口に出されなかったり代用されることによって継続する。われわれは名前を口に出さないことによってみずからを終末に置くし、代用について言えば（キリスト教においては意図的な別の名前によってその名前そのものを追放しさえする）。そしてその歴史は、名前を余計なものにすることによって終わる。名前が余計なものになるのは、唯一者（אחד）がもはやどんな〈主義〉にもならず、真にひとつの名前のようになるばあいだけである。しかし、われわれはまず唯一者に名前もまた与えるのではないか。そんなことは擬人観ではないか。

「人間には名前が与えられている。名前はただちに人間とつなぎあわされる。どんな人生の出来事も名前になにごとかをつけ加える（あだ名〔がそうだ〕）（名前は繊細なものである）。ひとはだんだん話しかけられうるようになる。人間の名前はけっして「はかないもの」にはならない。死においてさえもそうはならない。そのときにこそそうはならない。神の名前も、結局は「はかないもの」ではなく、〈唯一のもの〉でしかない。だが、どんな名前の運命も〈それがかつて一度だけ与えられたこと〉を前提にしている。

名は今日でも神の名前をいただいていることが示されうる。事物の名前が神の名をいただいていることは、引用によって示すことができる（引用は、唯一の神やもろもろの偶像のもとに世界をひとつにする）。

ユダヤの神の名前は語ることができない名前になる。それによって、神の名前はすべての語りうる名前を凌駕する。[13]」

IV　神の本質

死者は高慢に見えるか。むしろ逆ではないのか。つまり高慢な人こそが死ぬ（子どもは苦しいから泣き叫ぶのか。むしろ苦しむ者が無力な子どもになって泣き叫ぶのではないか）。

われわれはここで比喩的に語っている。比喩から客観的な現実に立ちもどるときにはじめて真理を得る。

死者の「高慢さ」がここでただちに比喩だとあきらかになるのはどうしてか。死者は「じっさいには死んで」おり、じっさいに高慢であるのはわれわれだけだということをわれわれが知っているからだ。魂は〈私〉であり、死者は〈それ〉である。それゆえ、この二つの属性が［それぞれ］なにに属するかはあきらかである。

われわれが世界にたいしてすべては比喩でしかないなどと思いつくのは、哲学的なつまり技巧的な懐疑によってでしかないし、同胞にたいしてそんなことを思いつくのは、絶望によってでしかない（金の皿にのった銀のりんご）[14]。われわれはみずからの〈私〉から本気で〈それ〉も〈君〉も導きだすことはできない。というのも、〈それ〉においても〈君〉においてもその存在を本気で疑いはしないからである。

それにたいして、われわれは神にたいしてはその存在を疑う。それどころか、神をわれわれの〈それ〉（＝［哲学的］[15]理論）やわれわれの〈君〉（＝体験）に、あるいはもっとも繊細なかたちではわれわれの〈私〉（＝神秘主義）にしたくてしかたがない。しかし、神は〈私〉だとはいっても、われわれを〈君〉にするような〈私〉、われわれ自身をたんなる〈私自身〉から〈君〉につくりかえるような〈私〉である。

もし「神がそのような〈私〉」〔全集版による補足〕であるなら、われわれの〈私〉の属性は神の産物である。なぜなら、それらの属性は、われわれが〈神にたいして存在していること〉によって、つまりわれわれが〔神によって〕呼びかけられ、目覚めさせられ、更新されることによって、はじめて生じるからである。われわれは、なにかをする気にさせた人がわれわれのうちに呼びさました力をみずからはもたないとは考えないように、「目をつくった人が目が見えないなど……」[16]とも考えない（たとえその人がその力をいつもはもっていないとしても、われわれを目覚めさせた人であるかぎり、すくなくとも一度はそれをもっていたにちがいない）。

神がわれわれの鏡像にすぎないなら、神の属性は「人間をかたどったもの」でしかない。しかし神がわれわれと同じように現実のものなら、それにかかわるわれわれの属性のほうが、神をかたどったものであり、神人融合にもとづくものである。

したがって、われわれはここで――この講義の中間地点で（ただし、次の時限の授業もさらにこの中間地点なのだが）――存在問題の〈あれかこれか〉の前にまったく容赦なく立たされるが、この二者択一はまったく優劣をつけがたい。もし神が存在するなら、われわれは神をかたどったものである――（われわれは神の像にしたがって創造された）[17]。もし神が存在しないなら、神の像は人間をかたどったものである（われわれは自分たちのために〔神の〕いかなる像もつくってはならない）[18]。

ここでは聖書そのものが、「神の像にしたがって」と「いかなる像も」というこの二つの言葉の矛盾にわれわれを陥れるように思われる。

それとも〔そうではないのか〕?? われわれは自分たちのために神の像をつくってはならないが、その像において創造されている。もし自分たちのために神の像をつくるなら、その像は神を人間にしてしまうだろう。神がわれわれのうちに運びいれた像は、われわれを神にではなく人間にする。ここに問題がある！

しかし、そこにある違いとはなんだろうか。神の像は神を人間化する、つまり神に人間的な形態を与える。〔それにたいして〕われわれの内なる神の像は、（われわれがもっているような）人間的な形態ではなく、われわれの人間性の神的な諸特徴を与える。形態とはつねに個々の特徴を結びつけてひとつの全体をつくりあげるものだ。まさしくそうした形態は、神においては禁じられ、人間においては不要である。われわれのうちなる神の像は、純然たる個々の特徴、純然たるはかないものにすぎない。聖書が語る人間をかたどったものとはそのようなものである。神は鼻と眼と耳をもち、そのほかなんでももっている〔そして、神は泣いたり、祈ったり、悔んだり、お望みのどんなことでもする〕〔全集版による補足〕が、それはつねに状況しだいであり、つねに人間によって神の像のうちになにかがもちこまれなければならないばあいだけである。神はけっして同時に二つの属性をもたない——というのも、もしそうであればそれはすでに形態だということになるからだ。〔神の属性は〕いつでもただ継起するものであり、いつでもただ「行為の属性」にすぎない（属性は同時的であり、行為は継起的である）。

もし神の属性が鏡像なら、（すでにそう主張されてきたように）人間を自然やほかの人間のうちに映しだすものであろうし、属性の完全な鏡像であろう。しかしじっさいには、それは連関と生起にすぎない（じっさいそれは、人間と世界、人間と人間のあいだの連関や生起とまったく同じである。一方が他方でもあることはけっしてない）。

マイモニデスにおける属性の問題[19]。

そして最後に、［椅子の］〔全集版による補足〕四つ足がわれわれの鏡像ではないことをわれわれに確信させるものとはいったいなにか。それは次のこと、つまり、われわれが二本足だということだ。それと同じように、われわれはいったい「憐れみ深く、恵みに富んで[20]」いるだろうか。われわれはそう望むだろうか。それどころか、われわれはいったいなぜそう「望む」のか。しかし、それはわれわれが〈私自身である〉からではない。われわれが〈君へと目覚めさせられている〉からにすぎない。善意の経験がはじめてわれわれを善くする。

しかしそれにもかかわらず――さまざまな属性はたしかにたがいにひとつになりはしないが、神の永遠性といったいどのようにひとつになるのか（言いかえれば、啓示者は永遠なる神とどのようにひとつになるのか）。瞬間的な神しか経験しないなら、神が永遠なる者だとどうして信じられよう（そのつど経験されるものがそのつど固有の神であるということにならないのはどうしてか）。瞬間は永遠と、行為は存在と、意志は知識と矛盾するのではないか。神の意志はたしかに瞬間的なものでなければならない。したがって問題は、神はなぜ望むことができるのか、なぜ望まなければならないのかである。なにしろ、神はみずからが望みうることを永遠の昔から知っているのだから。こうしてこれ以後、この授業から次の授業へ橋渡しするのは、けっしてもはや懐疑ではなく、それを逃れる方策であり、つまりは、もはや余韻を引くような問いではなく、予兆を示すような解答であるだろう。

V　神の意志

あらゆる懐疑は最後には神の意志についての問いに帰着する。これまでは存在そのものが疑わしかった。しかし前回の授業で、この懐疑の〔神は存在するかしないかという〕選択肢はまったく優劣のつけがたいものになってしまった。いまでは、神が存在することも可能である（し、存在しないこともまったく同じように可能である）。だがいまや懐疑はこの可能性に、つまりこの可能性がどのようなものかに向けられる。というのも、すでに見たように、もし神が存在するなら、神は「生身で」、生きた神としてしか存在できず、抽象的な神としては存在できないからである。われわれが存在という一方の可能性を得ることができたのは、生きた神にかんしてだけであった。しかし、生きた神には、永遠ではないという異議が申したてられる。

どうして神は愛したり、憎んだり、悔やんだり、想起したりなどできるのだろうか……神は永遠の昔からすべてを知り、すべてを意志しているというのに。

あらゆる懐疑はこの点を集中攻撃する。神はみずからの行為によって自分自身の永遠性に矛盾するのではないか。

神は自分自身の永遠性によって時間性に矛盾するのではないか。神はみずからの世界によって自分自身に矛盾するのではないか（〔ドストエフスキー〕『カラマーゾフ〔の兄弟〕』）。

われわれはいまや問いをこのように大胆に問うたので、この問いがすでにそれ自身の答えになっているほどである。じっさい、そうである。〔たしかに〕神はみずからの世界によって自分自身に、時間によってみずからの永遠性に矛盾している。〔しかし〕神のこのような自己矛盾が創造にほかならない。神の意志にたいするすべての懐疑が正しいのは、神が世界を創造しなかったならばの話である。もしそうであれば、神はただ自分自身とだけ、みずからの永遠性とだけ、みずからの〈いたるところ〉とだけ、あるいは別様に表現すれば（一見逆のように思えるかもしれないが）、みずからの〈いつでもない〉と〈どこでもない〉とだけ存在するだろう。〔というのも、永遠性は〈いつでもない〉であり、〈いたるところ〉は〈どこでもない〉のだから〕〔全集版による補足〕。

それにもとづいて、いまやわれわれはあの有名な懐疑を問いただしたい。一方の人は言う。〔「どうして神は、みずからがあらかじめすでに知らなかったようなことをおこなえるのか」。（しかしこれにたいしては、神は〔じっさいに〕悔やんだり、想起したり、聞いたりした〔と反論される〕）。他方の人は言う」〔全集版による補足〕。「神は、神がみずから意欲したにちがいないことを知らないなどということがどうしてありうるだろうか」（〔しかし〕神が〔ひとに〕報いたり〔ひとを〕罰したりするときにはそうではない〔と反論される〕）。というのも、神が報いたり罰したりするときには、「公正な」親のようにではなく、「気性の激しい」親のように、怒りと喜びによってそれをおこなうからである。

この二つのうちの最初の懐疑では、神の時間的な行為にたいして、神の永遠の知識が（特殊な行為にたいして「全」知が）もちだされる。

二つ目の懐疑では、神の制限され時間に拘束された意識にたいして、神の永遠の力（「全」能）がもちだされる。

昔の人たちは、全能と全知を同一視したために、〔そうした懐疑を〕免れている。〔そうした同一視は〕きわめて正しい。ただし、神が永遠でしかないとすればの話である。しかし、神は永遠以上のものである（し、それゆえ〈無〉以上のものである）。神は人間と世界の神、時間性の神になろうと決意した（人間や世界や時間ではなく、人間の神、世界の神、時間の神になろうと決意したのだ）。したがって、神の制限された意志と制限された知識は、神の全知と全能と同じように現実的であり、「私が呼ぶ日に私のグラスを満たす（מנת כוסי ביום אקרא）」[21] 神は、神の永遠の「知識と命令（ידיעה וצווה）」[22]、神の知識と意志の永遠の統一と同じように現実的である（真理のもう半分は、ランバム[23]〔マイモニデス〕は気づいていなかったが、〔彼の十三原理のうちに〕挿入された「神の名前は祝福されるべきである（ברוך שמו）」[24] に潜んでいる）。

時間性という一面を永遠性という一面に対置するだけではいけない。そうなれば当然、不合理が生じる。というのも、あたかも時間的な〈すべてを知ること〉が時間的な〈なにかを意志すること〉に、あるいは、時間的な〈すべてを意志すること〉が時間的な〈なにかを「知ること」[25]〉に対峙しているかのような見かけが呼びさまされるからである。〔だが〕じっさいには、完全に時間的なものだけが完全に永遠なるものに対峙し、われわれの神だけが永遠なる神に対峙する。そして、神の永遠性のうちにのみありうるような知識と意志は、時間性においては両方とも時間的で制限されたものである。神は創造したことによって、創造と引きかえに両方とも断念し、両者を時間に拘束されたものにした。

それゆえ、これまでのすべての問いの答えはじっさいには次のようになる。神は聖書全体を通して、後悔し、愛し、怒り、喜び、嘲弄し、笑い、意志し、欲し、聞き、見、調べ、試みる。

これらすべての神の行為と熱情における神的なものとはただ次のことにすぎない。つまり、われわれの行為と熱情がわれわれ自身やその同類に向けられているのとは違って、神のそれは神やその同類ではなく、ひたすらわれわれだけに向けられている。

神は創造したことによって、みずからの永遠性と厳格さ、あるいは（お望みなら）全体性を断念し、それとともにみずからの知識と意志の統一も断念した。神はじっさいのところ、私がおこなうだろうことや起こるだろうことをあらかじめ知らない。そして神はじっさいのところ、みずからがあらかじめ知らなかったことをおこなう。

しかし、それはほんとうにたんに断念でしかないのか。神の創造が意味しているのは、神がみずからの永遠性を放棄したということでしかないのか。しかし、いまや神は（創造によって）人間と世界の神になったとわれわれが言うとき、そこにはすでに神は永遠性をこのように断念したと同時に、あるものをつまり時間性を得たということも含まれている。神とその創造のあいだにあるのは断念[(ἐποχή)]〔全集版による補足〕ではなく、世界統治である。ここではじめて言葉が響きはじめる。神は世界を完全に自由にはしない。〔たしかに〕創造の瞬間は同時に、神がそもそも世界に与えるもっとも大きな自由の瞬間でもあった。ところが、神は世界をふたたび取りもどす。しかも強制することなく。しかし、神の制約された意志にも（われわれの意志と同様に！）その実現を助けるものの一部が含まれている。すべての意志は、結果のなにがしかをあらかじめ知っている。つまり、意志みずからが〔実現を〕助けることができるという程度のことは知っている。神の意志のうちにもある種の助けるものが隠れている。神はみずから自分の意志に形式を与え、その形式において、神は意志でありながらその実現の保証をすでにみずからのうちに含むものとなる。この形式とはつまり法という形式である。法は、創造において〔神の〕外に投げだされた世界がみずからに立ちもどる道を見いだすような道であり、〔それによって〕神がふたたび統一されるような道である。

VI　神の法

神の意志のこうした時間化で話がすむのであれば、神は創造とともに退位したことだろう（現にポーザ侯爵[26]の理神論がそう望んでいるように）。そのばあいには、神は永遠なる者ではなく［故人］〔全集版による補足〕であり、永遠にきのうの神であり、死んだ神だろう。神はみずから永遠であろうとすれば、いまや自身の永遠性との矛盾――創造が、つまりわれわれと世界の存在が〔そもそも〕そうした矛盾なのだが――を解消しなければならない［神はみずから永遠であろうとすれば、時間を解消しなければならない］〔全集版による補足〕。しかし、神は時間を時間的にしか解消できない。したがってみずからの意志そのものによってしか解消できない。

いったい意志はどのようにして、どの程度まで時間を解消するのか。時間の威力は、不意打ち的であるところにある。しかしこの威力は、未来のことつまり意志の結果があらかじめ知られていれば、解消されるのではないか。どんな意志も、この先取りの力をもっている（われわれの意志もまたそうである）。では、それはいつか。意志がみずからの結果に拘束されるときである。どのようにして拘束されるのか。

（一）意志（この軍事司令部）が結果を暗示的に強要することによって。

（二）意志が結果を模倣的に惹き起こすことによって。

自分自身の実現を助けるような意志、つまり、おのれ自身の作用そのもののうちにすでに実現の諸条件をそなえているような意志は、暗示と模倣というこの二つの要素からなっている。

ところで、これをおこなうのが神の法である（形式的にはどんな法もそうだが、ほかのすべての法は、個別的であるか、抽象的に普遍的かのいずれかである。個別的であると同時に普遍的なのは、神の法だけだ。これが神の印であり、トーラーと教会という神の派生物の印である）。

神の法は個別的であり、したがって排他的である――あらゆる命令と同じように排他的であり、あらゆる像と同じように排他的（「不寛容」）である。神の法がたんなる命令とは異なるのは、像（形態）を与えるからだ。それがたんなる像と異なるのは、命じるからだ。

そして、神の法は普遍的であり、「永遠と」みなされるよう要求するすべてと同様に普遍的である。つまり、神の法は（「状況」の問題があらゆる方向から取りまいているにもかかわらず）特定の状況のもとで有効なのではなく、絶対的にきょう、ということはつまり永遠に、有効なのである。国法が有効なのは、その国が存在するかぎりでしかない。ユダヤの法は、ユダヤ教が存在するかぎりにおいて有効なのではなく、ユダヤ教が存在することを要求し、それを実現する。結局のところユダヤの法は、自分自身の状況をつくりだし、とどのつまりは、全世界をみずからの環境につくり変える。それによって、いまやこの世の永遠性という感情が生まれる。〔ユダヤの〕法は、その法を守っていないときも、そうした感情をわれわれに吹きこむ（永遠なる服、永遠なる書物、永遠なるリズムなどがその証拠である）。

こうして、神の法は世界と人間の法のもとに降りてくる。神の法は、自然の法とも倫理の法とも似たものになるので、この両者と混同され、ときには前者の側面にしたがって、ときには後者の側面にしたがって解釈される（シオニズムとリベラリズム！）。どちらの側面に従うにせよ、時間の克服という点は似ている。自然の法は世界の時間を解消する（が、人間はその分ますます強く時間化される）。倫理の法は私の時間を解消し、私を自分の性格に引きもどすが、世界はこのストア的な形象が前面に押しだされることによって、その分ますます現象的なものに変わる。前者においては回転する車輪のイメージが、後者においては荒れ狂う波にも不動である岩のイメージが生まれる。しかし、永遠性のイメージは生まれない。というのも、永遠性には時間と同じ血が流れているからだ。時間とはじっさい変化した永遠にすぎない。たしかに法は、あの車輪や岩のイメージをいくらかもっている。しかし、法はそれ以上に、両者のどちらでもないもの、生である。要するに、法は「きょう」という瞬間を窒息させることがない。過去と未来はじっさいに排除されている。しかし瞬間、つまりもっとも時間的なものは、法においてはまだ生きており、法においてこそ生きており、なによりもまず法において生きている。

だが、これは神にとって、神自身にとってどういう意味があるのか。神は、みずからの時間的な意志がいまや時間的なかたちで永遠化されるなら、みずからも拘束されるのではないか。神の意志がいつでも降りてくることができただけなら（あるいは、キリスト教徒がそう信じているように、神は一度だけ降りてきてそのあと二度と降りてこないなら）、神はまだみずからの自由を保持している。しかし、――〔『カラマーゾフの兄弟』の〕大審問官が言うように――いまや法がこの世で絶対化されるなら「それ〔法〕が天にあるものではない（לא בשמים הוא）なら」〔『申命記』第三〇章一二節、全集版による補足〕、神は隠退させられてしまう。そのばあい、神は徹底的に〔法に〕手を貸すので、なすべきことがなにも残らなくなる。そこに預言者たちがやってきて、法という不動性を約束によって打ち破る。約束は、人間の法や人間の規則になるという運命から法を救いだす。未来は〔われわれを〕現在の力から解放するためにこそある。約束はわれわれを「助ける」のではなく、ふたたび「助けようのないもの」にする。神はもはや、その支配下ではだれもがなすべきことを知っているような立憲君主ではなく、みずからの軍隊の先頭に立ち、みずから前方へ馬を駆るのであり、われわれは彼に前代未聞のことを期待する。「それゆえわれわれは待ち望んでいる(27)」。だれを？　われわれを？〔そうだ。われわれであって〕「ユダヤ人だけ」ではない。

VII　神の約束

永遠性とは、さまざまな可能性が自然において激しく交代しながら、その交代が永遠にくり返されることではなくて、現実性の穏やかなリズム（たとえば年など）であり、あらゆる可能性にたいする倫理的なゆるぎなさではなく、現実性の動きの激しいリズムであった。だが、いずれにせよ〔永遠性とは〕リズムであった。約束はこのリズムを打ち破る。約束は目標を立て、希望を抱かせ、方向性を与える。

　どこへ向かう方向性であり、なにへの希望なのか。

さしあたり答えはとても簡単だ。未来への方向性であり、未来への希望である。

未来は時間にとってどのような意味をもつのか。硬直化と過去化からの離脱である。法は時間の破片をたがいに紡ぎあわせていた。約束はその破片のかすがいを外すが、そのすべてをひとつのピンに集める。時間をはじめて完全に克服し、それによって永遠性を回復するのは終わりである。それゆえ、終わりは時間性にひとつの終わりを定めて、時間性につきまとう〈なぜという問い〉を解決する。

　芸術家がみずからの作品を完成させると——それ以前にではなく——、その「作品」[28]は永遠性の判断に服する。伝記作家は、その作品をふたたび時間に、未完成な状態に移しいれる。

世界のある形態は、たとえばギリシア人のように、死んだ時に永遠化された。歴史家は、この永遠性をふたたび解消し、ギリシア人を「かつてあったがままに」、つまり、彼らが完成以前にあったがままに、われわれに示す。

　終わりの約束、完成の思想は、あらゆるものを支配している。人間と世界——それらはどちらも自分固有の、自分だけに固有の約束をもっている。

世界法則の永遠の循環は、平安の幸福（ニルヴァーナ、死）の約束によって破られる。

道徳律の永遠のゆるぎなさは、完全な善の約束によって「和げられる」[29]。そこでは、努力はひとつの終わりをもっている（美しい魂）[30]。

どちらのばあいも約束は、法が個々の瞬間をたがいに結びつけていたかすがいを打ち破るが、時間をけっしてばらばらのままにしておかず、鎖が解かれた諸項を「最終的に〔＝終わりにふさわしく（*end*-güldig）〕」集める。

世界の憧憬は幸福と呼ばれ、人間の憧憬は完全性と呼ばれる。しかし、神はなにを約束するのか。神はふたたび両者を約束すると同時に、そのどちらも約束しない（平和（שלום）は両者を意味しているが！　しかしそれ以上のことを意味してもいる！）。〔神が約束するものは〕たとえば「感覚的な幸福と魂の平和のあいだ[31]」にある。〔神の〕世界についての約束と人間についての約束は、たがいに矛盾する。

善は幸福ではないし、幸福は善ではない。

神の約束は両者〔幸福と善〕のあいだの平和を、和議を約束する。それはつねに二つのもの、遠さと近さ、われわれとイスラエル全体、狼と子羊、乳飲み子と毒蛇の平和である。

法が世界と人間の区別などを保持したのは、瞬間を永遠から救わなければならなかったからである。しかし、約束は「いかなる区別（Havdoloh）ももはやなし」ようとしない。幸福と愛のそれぞれが自分だけですでにすべてであろうとするのにたいして、平和は両者のあいだの平和をつくりあげる。平和はもはやいかなる区別でもない。

メシア主義的な約束とは、より詳しく言えば、世界と人間のさまざまな分離を連結することである。生におけるそれに対応する体験とは、幸福を求めることと神のみわざを求めることのあいだの和解を求めることである。この和解は「神によって」なされなければならない。生は人間を自分自身と分裂させず（そうであれば、人間は自分自身と和解できるはずであろう）、世界と分裂させるからである。

しかし、それはたんに約束の未来的な側面にすぎない。〔そこでは〕神は過去でしかないものから未来でしかないものになるだろう。さらに、神は法においてはあまりにも現在的でしかなかった（「〔神は〕天にいるのではない」）。

ところで、こうした和解は個人の生においては死においてしか訪れないし、全体においては終わりにおいてしか訪れない。こうした終わりにおいては、神はひとりになり、神の名前はひとつになり、神の本質は神的となり、神の意志は現実となり、神の法は余計になり、神の約束はかなえられる。そうだとすれば、神がこんなふうに未来の神になるのは、神がわれわれにとってまずは過去の神であることをやめ、そして――法においては――たんなる現在の神であることをやめたのちのことではないだろうか。〔こうして〕今日では「生成する」神がひどく好まれる。ポーザ侯爵の時代には過去の神が好まれていたように。これが今日の理神論である。それゆえ今日では、神の時間性から神の永遠性を救おうとすれば、神の現在的支配について語る必要がある。

VIII　答え――神の支配

われわれは「神の存在」という問題では心安まることがなかった。われわれは、「〔でも〕やっぱり〔神様はいらっしゃる〕」という子どもの確信と同様に、〔「神様はいない」という〕母親の疑いも真剣に取りあげた。「そもそも〔神は〕存在するのか」という非常に深刻な疑いをまず取りあげた。というのも、唯一性も名前も本質も、いずれにせよまだ神そのものではないからだ。そこで、われわれは転換点に突きあたり、「もし神が存在するとすれば……」という選択肢に突きあたった。そして、この〈もし……ならば〉という範囲内にとどまり、〔もし神が存在するならばという〕その肯定的な半分にとどまって、神の行為（「もし神が存在するなら神はなにをするか」）と、神の意志と、神の法と、神の約束を見てきた。そうすると、目に見えて心安らかになりはしたが、その心安らかさは危険であった。われわれは「聖書の論理」を示すことで満足してしまった（その論理は、多くの人にとって目新しくはあったが、問題はけっしてそんなことではなかった）。最後に、〔神の〕イメージはたしかにかなり身近なものになりはした。みなさんは、神がほんのつかのま感じとられるものではなく、みなさんが知っているなんらかの世界と同じように豊かで多様なひとつの「世界」であることを学んだが、神はそのさい結局われわれの手から滑り落ちて未来になってしまった。〈もし……ならば〉という、この講義〔「神についての学」〕（と次の二つの講義〔「人間についての学」と「世界についての学」〕）のこの必然的な通過点によって、報いを受けることになった。われわれの答えは条件付きの答えにしかならなかったのである。神はもし存在するならば時間的にならなければならず、現実性を最終的に、終わりにふさわしく（end-lich）、未来において完全に解消することを約束するがゆえにみずからの永遠性をみずからの時間性と和解させるということを、われわれは学んだが、しかし、神が時間的であることと、永遠なる者である神が時間的であることを、仮説として基礎に置いたにすぎなかった。もしわれわれが、いわば手のひらを返すように、子どもが「でもやっぱり神様はいらっしゃる」と（あとから）言ったようにあっさりと、仮説をテーゼに変え、条件を根拠に変えることに成功しなければ、みずから受けいれた仮説のせいで失敗するだろう。

　これまで時間の解消について詳細に論じてきたが、そのすべてをもってしても、時間そのものの逆説が解決されたと思いこむわけにはいかない。神の支配（創造的意志によってであれ、法の遵守によってであれ、約束の完遂によってであれ）は、それが支配であり、現在であるかぎり、神の存在と解消しがたく矛盾する。素朴だがきわめて根拠のある疑いのすべては、ブドウの房のようにこの支柱に支えられている。ただし、神がそんなことを許すとすればの話である。ドイツ的に言うと、どうして神の支配は、それでもやはり神は神であるというようなたぐいのものになってしまうのだろうか。これらの非難の逆説をよく考えてもらいたい。そうした非難を神以外のほかのだれにするだろうか。ほかのだれにでもない。なぜだれかを見捨てたのかと非難したり問うたりすることを思いつくのは、神にたいしてでしかない。ひとがその支配からその本質へ推論するのではなく、支配から本質に呼びかけ、その時間性からその永遠性に、世界からその存在に呼びかけるのは、神のばあいだけである。われわれは、この〔神の〕支配をどう呼ぼうとも、それに気づいている。あとからそれを否定しようとも、そのたびにふたたび出くわすだろう。生には、なにかデモーニッシュなものが、つまり生そのものからは説明されないが生のまさにもっとも生らしいものがひそんでいる。大きな苦しみと大きな喜び、大きな悪と大きな善、最低の醜さと最高の美しさなどは、そうしたものである。これら生の最高点と最低点のすべては、生そのものからは説明できないし、生のほうもまた、過渡的なもの、相対的なもの、中間項しか知らない。決断とは生の絶対的なピリオドであって、われわれに生そのものを超えたものを指し示す。それにもかかわらず、これが、つまりこのデモーニッシュなものが、その起源を神にもつことを理解するほどむずかしいことはない。われわれがその支配に気づくのは、みずから生きることによってである。われわれはひとつの統一的な生を生きており、そしてこの生を、みずからに与えられた名前の担い手として、目覚めたものとして、意志に従う者として、法に組みいれられたものとして、約束によって燃えたたされたものとして生きる。こうして、われわれはみずからの生のひとこまごとにそれを感じとる。うめくことも歓喜することもあるが、いずれにせよそれを感じとる。しかし、この感じとりうる支配が神の支配であるはずだということを、われわれは信じることしかできない。ほんとうだろうか。それはただ信じることしかできないのだろうか。あるいは、ここには〈できる〉以上のことが、つまり〈なければならない〉ということがあるのではないか。私はかつてみなさんのなかのひとりの女性に、「神が世界を創造したということは、われわれには超えられない究極の矛盾だ」と答えたことがある。いまや私はそれをもっと広く、もっと確信をもって受けいれることができる。神の支配の経験は、神の存在という思想にたいするありうる究極の矛盾であり、子どもの「やっぱり」、この「でもやっぱり」こそがその矛盾を表わしている。しかし、こうした究極の矛盾とはどのようなことか。経験が思想に矛盾しながらも、両者が解消しがたく必然的に連関していることではないか。これこそが現実であり、これだけが現実である。思想だけでは誤ることがありうる。事実だけでも錯覚であることがありうる。だが、思想と事実はひとつにならないにもかかわらず必然的にくり返し出会うときにはいずれも現実的であり、まさしくそれでこそ事実と思想である。あなたが結婚するとしよう。婚約は思想であり、結婚生活は事実である。結婚はいつ現実になるのか?! ……婚約はなにによって実証され、「真実」になるのか! 結婚生活によってである。〔婚約と結婚の〕矛盾と区別が尋常ではないことはだれもが知っているが、まさにこの区別こそが結婚生活には欠かせない。すべての現実が現実として実証されるのは、それが二度目になされることによってである。二度目は一度目の更新である。しかし、この更新こそがはじめて確証となる。更新されえないものは死んでいる。神はただ存在するだけなら死んでいる。しかし、神はその支配においてみずからを更新する。神の支配がたんに神の存在と同じものでしかなければ、それは神にとって自己更新ではないだろう。子どもの「でもやっぱり」が存在と支配をはじめて結びつける。いまや神の支配こそが神の存在の唯一正当な確証である。神の〔存在〕証明などはない。しかし、それは神が神だからではなく、証明がたんに証明でしかないからだ。証明は、ひとがすでにあらかじめ知っていることしか証明しない。料理もそうである。良い食材を使えば、おいしい料理ができる。創造的なのは証明ではなく確証だけである。確証は確証「にすぎない」にもかかわらず、確証されるべきものになにかを、つまり自分自身を、確証を付けくわえる。みなさんは、生起するということと、生起するがままにまかせるということと、生起させるということを、受動と能動を、けっして排除できない。神のばあいもそうである（証明は、そんなことならいますぐにでもできるし、時間を要しないと思いこんでいる）。

神もまたみずからを確証しなければならない。神の存在もまた神の支配においてはじめて確証される。神の二番目のもの〔神の支配〕が一番目のもの〔神の存在〕を確証する。神はきょう存在しなければ、永遠に存在することもないだろう。神が「でもやっぱり」——でもとはつまりくり返しということであり、やっぱりとはつまりそれにもかかわらずということである——存在しないなら、神は存在しないだろう。でもやっぱり神様はいらっしゃる！

訳註

（1）『イザヤ書』第六三章一九節「あなたの統治を受けられなくなってから、あなたの御名で呼ばれない者となってから、わたしたちは久しい時を過ごしています。どうか、天を裂いて降ってきてください。御前に山々が揺れ動くように」。

（2）コレクション版では「外」と「内」の関係が逆になっているが、文意から全集版に従う。

（3）『詩篇』第一一五篇一七節「主を賛美するのは死者ではない」。

（4）イギリスの哲学者フランシス・ベーコンは、『新オルガノン（*Novum Organum*）』（一六二〇年）において、正しい知識の獲得を妨げる四種類の先入見を挙げた。言語の混乱に起因する「市場のイドラ」、哲学の伝統的な独断から生まれる「劇場のイドラ」のほかに、人間の本性にもとづく「種族のイドラ」、個人特有の誤謬である「洞窟のイドラ」がある。

（5）フランツ・ヴェルフェル（Franz Werfel 1890–1945）の詩「純潔への祈り」に次の一節がある。「見よ、もの心がついたあなたの子どもたちはみなそのときから二という数を嘆く」。

（6）全集版にしたがってseinをkeinに変更して訳す。

（7）『ゼファニヤ書』第一章一四節「聞け、主の日にあがる声を」。

（8）『申命記』第六章四節についてのラシの註釈。

（9）ゲーテ『ファウスト』第一部「マルテの庭」三四五七行、ファウストのせりふ「名前は　天上の焔を霧のように包む　うつろな響きか消えやすい煙にすぎない」。『救済の星』（二八六頁）に引用されている。

（10）事物の名前については『健康な悟性と病的な悟性』「第六章　治療——第一週」、固有名については「第七章　治療——第二週」を参照。

（11）コレクション版はchffer. spez.となっているが、chをdに変えて読む。

（12）コレクション版はalolophorenだが、全集版のidolophorenに従う。

（13）この部分は、コレクション版では「たんなる〈私自身〉から〈君〉につくりかえるような〈私〉である」という文章（本書一七六頁）のあとに続く部分だが、このほうが文意が通りやすいので、全集版に従う。

（14）ローゼンツヴァイクは、『箴言』二五章一一節の「時宜にかなって語られる言葉は　銀細工に付けられた金のりんご」の「銀」と「金」を入れ替えている。それによって彼は、そんなことを思いつくのは「金細工に付けた銀のりんごのようだ」と皮肉を言っているようである。

（15）コレクション版はPhilosophenだが、全集版にしたがってnをmに変えて訳す。

（16）『詩篇』第九三篇九節「耳を植えた方に聞こえないとでもいうのか。目をつくった方に見えないとでもいうのか」。

（17）『創世記』第一章二七節「神はご自分にかたどって人を創造された。神にかたどって創造された」。

（18）『出エジプト記』第二〇章四節「あなたはいかなる像も造ってはならない」。

（19）英訳は『迷える者への手引き』を参照するように求めている。

（20）『詩篇』第一〇三篇八節「主は憐れみ深く、恵みに富み　忍耐強く、慈しみは大きい」。

（21）『詩篇』第一六章五節にもとづく朝の祈りにおけるアドン・オラム（「世界の主」）という賛美歌の一部。

（22）『創世記ラッバ』第一章三一節。

（23）マイモニデスのこと。ラビ・モーシェ・ベン＝マイモンの頭文字をとったヘブライ語的な略称。

（24）朝の祈りの「私は信じる（アニ・マーミン）」の部分。

(25) 全集版に従い、Etwasmüssen を Etwaswissen と読む。

(26) シラー『ドン・カルロス』の登場人物。主人公ドン・カルロスの友人。

(27)「シェマア」と並ぶシナゴーグの重要な典礼祈禱文「アレイヌー」の一節。アレイヌーは「賛美するのはわれわれの義務です」の短縮形。

(28) 全集版にしたがい、Er（芸術家）を Es（作品）と読む。

(29) コレクション版では erreicht になっているが、全集版にしたがって erweicht と解する。全集版の編者註には、「r と w の文字が重ねて書かれているために、確実には決定しがたく、「達成される（erreicht）」とも読める」とある。

(30) シラーによれば、「美しい魂とは、もっとも困難な義務や英雄的な犠牲がまるで本能そのものの自発的な結果であるような魂である」（『優美と尊厳について』一七九三年）。シラーは「美しい魂」によって、カントの道徳主義が引きさいた人間の「感覚的幸福と魂の平和」をふたたび統一しようとする。それにたいして、ヘーゲルにとって「美しい魂」は、純粋な内面性のうちに一点の曇りもない良心と普遍性を確保しようとする。こうした魂は、みずからが汚れることを恐れるあまり、どのような具体的行為もできなくなると、ヘーゲルは批判する（『精神現象学』「C　自己を確信する精神」「c　良心――美しい魂、悪、悪のゆるし」）。

(31) シラー「理想と人生（*Das Ideal und das Leben*）」「官能の喜びと魂の安らぎのあいだに」（一七九五年）（『シルレル詩全集』（下）野下巌・大野敏英訳、白水社、一九四八年、一二四頁）。

6 人間についての学

自由ユダヤ学舎第三年度第二学期の一九二二年一月一〇日から三月一一日にかけておこなわれた講義の草稿。生前未発表であり、コレクション版七九一〜七九八頁、全集版第三巻六四三〜五三頁に収録されている。講義要項については、全集版第一巻第二部七四三頁を参照。

I 問い——私の自由

人間についての学——私はこの講義で始めることもできたが、ほかの人びとにとっては始まりであっても、すくなくとも「神についての学」を聴講した人にはその続編として提供しよう。ユダヤ人にとって〔人間についての〕問いは、社会学的にはそうではないが、精神史的には複雑にからみ合っている。いずれにせよ、その問いは適切ではない。というのも、こうした問いを立ててみても、厳密にはどんな答えもなく、すくなくとも問いが予想させるような答えはないからだ。答えは問いから飛びだし、問いを越えてゆかずにいない。

しかし、問いはなにか任意の問いではなくて、問いそのものでなければならない。人間において問いそのものとはどのようなものだろうか。

ふたたび、子ども向けの話がそれを教えてくれるだろう。「なんてお利口さんなの」——「私もいつだってそんなふうに生きてきたのよ」。

この話はとても深いのだが、みなさんはいまはまだそれにまったく気づかないだろう。

たしかに、人間のばあい〔神とは違って〕、その存在が問われることはない。その存在は、（人間の現実性と同じように）（ソフィスト以外には）確かである。人間は存在し、人間の本質はわれわれにとって、すくなくともわれわれ自身のうちでは理解できる。しかし、われわれのこの自己が自由であるか、拘束されているかは問題になる。みなさんにはこの問いをきわめて深いところで理解してもらいたい。この問いは——この〔深い〕領域では——懐疑的な問いであり、絶望的な問いにもなる。私のこのもっとも深い本質は自由であるか、それとも拘束されているのか。私に選択の余地はあるのか。私はみずからの行為に責任を負っているのか。しかし、私の行為は、それがほんとうに私の行為であるなら、私の存在に由来する。そうすると、私は私の存在に責任を負っているのではないか⁇　だが他方、私を拘束し、私にあれこれの行為を強制するような存在や性格などもありうるのではないか。〔だがまた〕私の行為は、私の性格の嘘をいつでも暴露できるのでもなければならないのではないか。しかしそのばあい、私の行為は私の存在とも私の性格とも私の本質とももはやなんのかかわりもなくなるが、それでもなお私の行為は私の行為だろうか。要するに、行為が私の行為なら自由ではなく、行為が自由なら私の行為ではない。それにもかかわらず、「私の自由」はあるのだろうか！　こうして、いまやこのように始まった懐疑は、「より深いところにまで」手を伸ばし、（神の存在にたいする懐疑が、「より深いところにまで」手を伸ばして「神とはなんであるか」と問うたように）人間とはなんであるかと問う。この懐疑は人間の存在を問うことによって、人間は自由か拘束されているかという問いに答えられると信じている。これには二つの答えがある。しかし、いずれの答えもこの深い懐疑には太刀打ちできず、それをかわしてしまう。

自由は、むろん「私の」自由ではなく、私のうちで働く「神の」自由である。観念論と神秘主義はそう答える（これは、どうして突然だれもがみずからの偶像をもち、自分自身よりも偶像を信じたがるかを教えている）。あるいは、〈私のもの〉は、むろん「自由」ではなく、世界の法にたいする私の分け前である。自然主義や、ふたたび神秘主義の一種はそう答える（これは、環境や遺伝がもちだされ、どうして突然世界が「現実的なもの」とみなされるかを教えている）。いずれの答えも、「いかなる自由もない」ばあいにさし迫る絶望をむろんかわしはする。だがそのかわり、人間の存在と現実性を否定してしまう。私の自由の問いにたいして、私のなかの神的なものが自由だとか、私のなかの世界的なものが拘束されていると保証されても、それがなんの役にたつのか。

あるいはまったくそうではなく――これはとりわけ賢明な（chochme〔イディッシュ語に由来するドイツ語〕）ことだが――人間は両者〔神的なものと同時に世界的なもの〕ではないか。〔そうすると〕神と世界のあいだのどこに私が存在する余地が残るというのか。私は分割されてはならない。私は私である。私とはなにか。

私を星にまで高めようと約束する人は、私をちりのなかに投げこむ人と同じくらい私にはいかがわしい。私はちりと星のあいだに生きているのだから、「かたや」ちりのうちに、「かたや」星のうちに生きているのではなく、現実には分割不可能なものとしてそのあいだに生きているのである。

この分割不可能性、この「個性（In-divid-ualität）」[1]こそが、われわれが完全に把握し（begreifen）、それへと手を伸ばし（be-greifen）、現実だとみなさなければならない最初のものである。われわれは、われわれの意識をときにはかきたて、ときには押しつぶす妖怪めいたものによって、そうした分割不可能性を魔法で取りのぞいてはならない。われわれがだれであり、だれでないかを告げてくれる自分自身の意識を信用しなければならない。それでは、われわれの意識はわれわれになにを語るのか。われわれはだれか。〈私〉はだれなのか。

II 意識

復習。〈私のもの〉は存在であり、したがって自由ではない。

自由は存在ではなく、したがって私のものではない。

そしてわれわれは最後に「私はだれか」という問いに迷いこんでしまった。

要するに、いったい〈私のもの〉は存在（Sein）なのか。そもそもそれは三人称として存在する（ist）のか。〈私〉は三人称として存在するのか。私が三人称として存在するだって?? いやそうではなく、私は一人称として存在する（Ich bin）。

したがって、ここにあるのは、「存在する」のでもなければ、「存在しない」のでさえなく、存在と非存在の彼岸にあるようなものである。そんなふうにあるのは、「三人称としての」〈私〉ではなく、一人称としての私である。

それでは、私には対立がないのか。〔対立がなければ〕「私は～ではない」とは言えない。私は「唯一者」であり、私以外には私の所有物しか存在しないのだろうか。これは（シュティルナーだけでなく、「観念論」によっても）かなりまことしやかに主張されてきた。存在するのは、精神と、精神に「内在」し、精神「にとって」あるものだけである。存在するのは「三人称としての〈私〉」と〈それ（Es）〉だけである。

所有物とはなにか。

唯一者とはだれか。

「唯一者」はたしかに「三人称として存在する（ist）」が、〈私〉はそうではない。〈私〉は一人称として存在する（Ich bin）。この〈私はある（Ich bin）〉には正当な対立項、つまりそれに向けて「君」と語りかけられるような相手が存在する。「私」にあてはまるすべては「君」にもあてはまるが、それには「二人称として存在する（bist）」という逆向きの記号が付いている。

〈私が一人称としてあること（Ich bin）〉と〈君が二人称としてあること（Du bist）〉のあいだには、なにかが生起する。「それ」が三人称としてある（"Es" *ist*）という事実は、この生起の背景に退いている。〔たしかに〕私もまたこの背景になりうるし、君もまたそうである。しかしそうなると、われわれは（存在しなくなるわけではないが）〈私〉や〈君〉と言ったり聞いたりできなくなる。私の〈私〉はわれわれをこの背景に投げこむ人にはなれないし、私は彼が私に〈君〉と語りかけることを耳にすることもない。

したがって、観念論の「唯一者」、つまり「三人称として存在するような私」（この言いかたは内容的に突拍子もないし、言語的な響きとしてもありえない）にとっては、フィヒテが『自然法の基礎』(2)ではじめて答え、ほかの問いがそれに由来するような、もっとも難解な理論的問いであるものも、一人称として存在する私にとっては、私が一人称として存在するということの事実と同じように自明である。私はだれか。私は〈私〉だろうか。いやちがう。私はフランツ・ローゼンツヴァイクであり、「君のフランツ・ローゼンツヴァイク」、ペッセレ（Pessele）であり(3)、「そうだよ！　決まってるじゃないか」ペッセレであり、君のペッセレである。私は君の〈君〉であり、君が〈君〉と語りかける人である。

われわれは、出発点である〈私のもの〉についての問いからかなり遠く離れてしまった。〈私のもの〉は、たしかに自由ではありえず、三人称としての存在（ein Sein）である。しかし、私はけっして三人称としての存在ではない。私は「私のもの」ではない。他方で、私は一人称としてある（Ich bin）。それでは私とはいったいなにか。たとえば「私の」私なのだろうか。つまり、私は私なのだろうか。たしかにそうだが、しかしたとえそうだとしても！　私とはなにか（מה אני）。「私は私である」はいかなる言表でもない。〈私はある〉に直接ひそんでいるもっとも身近な言表は、私は君が〈君〉と呼ぶ人だということである。私は「君の〈君〉」である。私は――君のものである。つまり、私は私のものではなく、君のものなのである。

したがって、〈私のもの〉は、たしかにたんに三人称としての存在にすぎないが、私は〈私のもの〉ではない。

そして、私はたしかに〈私のもの〉ではないし、そもそも私の私ではないが、私はこれこれの人であり、そうであるかぎり――〈君のもの〉である。

　いまやそれによって、「私の自由」についての問い全体がすでにずらされている。というのも、行為が由来するとされていた（しかし行為が「自由」なら、由来することなどありえなかった）あの「もっとも深い本質」も、あの性格も、いまや消えてしまったからだ。それらは名状しがたいものに、かろうじて言い表わせるものに、つまりは名前になってしまった。〈私〉はどんな深みにおいても三人称として存在するのではなく、私はつねにただ一人称としてのみある。さらに、自由が自由であるなら〈私のもの〉ではありえないということは、たしかに証明済みだが、同時に次のような主張に狭められてもいる。つまり、たしかに〈三人称としての私〉も自由も君のものではないが、〈私〉は君のもの（つまり私の私ではなく君の私）であり、したがって、〈私〉は語りかけられうるときにのみある。

　こうして、（「私の自由」のうちには〈それ〉と〈私〉が潜んでいたが、「それ」は自由ではありえず、「三人称としての私」は私のものではありえないという）この二重の命題を完全に承認することによって、〈それ〉と〈私〉に〈私〉と〈君〉の対立がとって代わった。君のものであるかぎりでのみ私があるなら、どうして私の行為が私のものでありうるだろうか。私の独自性はどこに残るのだろうか。［そして私の行為は、私が私のものでないかぎりでのみ私のものであるなら、どうして自由でありうるのか。私の独自性はどこに残るのか」［全集版による補足］。

　いまや、私の独自性こそが問題である。問題はもはや人間の「個性［＝分割不可能性］」（"die Individualität)」でも、私がそれで「ある」ような〈私のもの〉でもなく、私の独自性、私がもっている〈私のもの〉である。私は独自のものをもっているだろうか。君は独自のものをもっているだろうか。したがって問題は、私が「なに」であるかではなく（この問いはやはり誤りだ）、私はなにをもっているかである。

私がほんとうにもっているのは、私の名前である。私は私の〈名前〉である。しかし、私はたしかになにかをもってもいる。なにをもっているのか。

III　独自性

独自性――とは、私がもっているものである（それは「私がなにか」の答えにもなるが、「私がだれか」の答えにはならない）。〔私がだれかが問題になるのは、ひとを〕紹介〔したり〕、興信所〔でひとを探してもらうときだ〕。その人はほんとうにその人自身でもあるだろうか。（つまり、私はひとりのときに「私はだれか」と自分に向かってはけっして言わない。それにたいして、「私はなにか」の答えになるのは、私ひとりにとってだけであり、せいぜい〔私と君のあとの〕三番目にようやく他者にとってもそうなる）。私の独自性はじっさいに私のものである。私の精神や私の身体がそうであるように。ひとはだれかを紹介されたあとでは、「彼がなんであるか」を当人に聞くのではなく、第三者に聞く！ひとは本来自分の名前を自慢したりはしない（「有名人」というあやまった人物像がはじめて〔そうした思いこみを生みだす〕）。それがどれほどあやまっているかは、「有名な」女のことを考えてみればわかる。有名な男は有名であるにもかかわらず、いぜんとしてひとりの人間でありうるが、有名な女は、たとえどんなふうに立ちふるまおうと見放されている）[4]。ひとは自分の名前は自慢しないが、自分の独自性であれば自慢する。それはそれでかまわない。みずからの所有物を喜んでよいし、喜ぶべきである。それどころかそれによって、ひとは他者もまたみずからの所有物を、みずからの独自性をもっていることを喜んでただちに認める。私の独自性は、ほかのすべての独自性に息をつく余地を与える。ただしそれは、私の独自性が私だけのものでありつづけ、それだけは私から奪われないかぎりでしかなく、ひたすら私が私でありつづけるばあいのみである。

私が私でありつづける。これこそは、前回は無意味に思われたあの〈私は私である〉のほんとうの意味である。それが意味しているのは、私の独自性が私の独自性でありつづけるということだ。私は、私がだれかの答えであるものでありつづけるのではなく（これは自明である）、私がなにかの答えであるようなものでありつづけるのである。

そんなことを言うのは、だれだろうか。

善人だけでなく悪人だってそんなことを言いうる。〔シェイクスピアの〕『ジョン王〔の生と死〕』や『リチャード三世〔の悲劇〕』に登場する私生児のように。どんな時代も、どんな世界も、そんなふうに生きてきた。ギリシア悲劇の英雄も。……

しかし、彼らはそれを口に出さなかった。それが口に出されたのはルネサンスである。それは口に出されるときにはじめて、神を忘れた時代の象徴になる。なぜなら、ひとはそれを「私は私である」というかたちで口に出すことではじめて（はじめてそうしたのはシェイクスピアだ）、所有物にたいする素朴な喜びと、所有したものにたいする素朴な保証に、〈私は私自身の運命であり私自身の神である〉という呪われた意識的な響きが与えられるからだ（古代悲劇の英雄は、神々と運命を信じていた。リチャード三世が信じるのは自分だけである。「彼の魂」は彼の魂であって、いかなる神も称えない）。（聖書が「私の魂」と語るのは、〔神をたたえるという〕そうした仕方でのみであり、「他のもの」への移行においてのみである）。

しかし、〔私が私でありつづけるという〕〈私〉のこの恒常性は、人間が意志するという事実によって否定される。なにしろ、人間はたんに留まろうと意志するだけではないからだ。彼は時間にみずからの存在と所有物を支配する力を与える。彼は意志する。したがって、彼はもつのではないし、ましてや「存在する（ist）」のでもない。

IV　意志

時間は私に通行税を要求する。なぜなら――私は意志するのだから。「私は私である」――それはけっこうだが、私が意志することは、私の永続的な永遠性に矛盾する。「私のもの」は自由ではなく、自由なものは「私のもの」ではないということが、「私の自由」の問題であった。その後あきらかになったのは、たしかに〈私のもの〉が自由でありえなかったのは私が自由ではないからだが、他方で、〈私〉はただ〈君〉にとってのみあるという理由でもまた「自由」ではなく、さらに、〈私のもの〉は私の所有物、私の独自性でしかないということである。私の独自性は、たしかに恒常的であろうと意志するが、この意志によってすでにみずからの恒常性を否定している。

われわれは、このように「私のもの」から〈私〉にいたり、そしてふたたび〈私のもの〉に帰るというふうに——くり返し自由によって駆りたてられて——ぐるりと一周りしてきたあとで、いまや意志に腰を据えよう。まずさしあたりそれが「私の」意志かどうかは問わないことにしよう。とにかく意志そのものを想定しよう。

三つの時間がある。過去はさまざまな条件（時間）と状況（空間）からなり、未来は目的（時間）と結果（空間）からなる。その中間に、純粋に現在的＝現前的なかたちで、したがって時間と空間の点的なものとして（つまり時間も空間も欠いたかたちで）現在が存在する。意志は純粋な現在である。

この思想によって素朴な決定論を片づけること。いかなる現在もいかなる現前も存在しないとはけっして主張しようとするのでなければ（そんな主張をすれば「私は存在しない」ことになり、ありえない命題が生じるだから）、すでに意志を「承認」せざるをえない。意志とはまさに、二つの非現在的な時間とこの二つの時間に割りあてられた空間（満たされた過去の空間と空虚な未来の空間）という事実に関係づけられた「私はある」にほかならない。しかし、皮相で屁理屈をこねる世界決定論をこのように排除しても、別の依存関係は排除されていない。それは、〈私〉自身のうちにひそんでいる依存関係であり、〈君〉への依存関係である。〈君〉は「状況」でも「条件」でもない。しかし、〈君〉はある。私はただ君のためのみに、君にたいしてのみある。私は君のゆえにのみ意志する。

具体的な依存関係はほとんどいつも副次的なものにしかならない。境遇——ひとはなぜ境遇を頼りにするのか。人間たちのゆえである。

唯一現実的であるこうした人間間の依存関係を記述すること。それは意識の依存関係であり、責任と罪の依存関係である。ここでは、人間はけっしてひとりではない。だからこそ、まさにここでこそ人間にとってみずからの自由がきわめて問題的なものとなる。私はここではそんなふうに〔自由であるとは〕規定されえないのである。私の意志は私に属しているかもしれない。〔だが〕私の選択もそうだろうか。ああ、私の選択はそうではなかったのだ。

かつてはそうだったのか。意志はかつて選択だったし、〔いまも〕選択だろうか。ここに本講義全体の決定的な点があるのはあきらかだ。私はそのつど私が意志するものを選択するのか。私は意志する。たしかにそうだ！　だが、この意志は選択なのか。

V　選択

もう一度、たんなる現在的な意志に戻ろう。意志のうちには、つねになんらかの〈私が意志する〉がひそんでいる。いかなる「それ」もこの〈私〉を最終的に規定することはできない。というのも、いかなる〈それ〉も、現在という針の先から過去のものか未来のものに滑り落ちてしまうからである。しかし、〈私〉と関連するすべてのもの、つまりどこまでも〈君〉であるものは、この〔現在という〕針の先においてこそ所を得る。ばあいによっては全人類もそこに所を得ることがある。なぜなら、私にとって全人類が現在的であることがありうるからだ（もっとも、いつでもそうだというわけではけっしてないが）。私は意志するときに語る。それはつねに他者に向けられる。[5] 私は君の前で申し開きをする。しかし、君だって私の前で申し開きをするだろう。〔そうだとすれば〕君は〔一方的に〕私を煩わせるどんな権利をもっているのか?! 私をひとりにしておいてくれ！

しかしそうなると、こんなあまりにも点のような空間は私には窮屈になる。私はひとりでいたいと思う。しかし、そう思うのは、〈三人称の私〉である。一人称の私ではない。一人称としての〈私〉は〈君〉なしにはない。そうはいっても、君は私を悩ます。私は一度君から解放されたい。私が〈私〉であるのはそのひとのおかげなのに、私の平穏を妨げない人なんてどこにいるだろうか。私がそのかたわらで、ひとりでいられるような〈君〉などどこにいるのか。

「もし神が存在しないなら、それを発明する必要がある（Si Dieu n’existait pas, il faudrait l’inventer）」。[6] ここで問題なのは〔人間とは〕別物ではない。つまりここで問題なのは神ではなく、「宗教」なのである。この〔宗教という〕言葉は人間だけに属し、神には属さない。私が次におこなうことをみなさんのすべてが理解することはもはやないだろう（しかし、いつかはすべての人が、したがってみなさんも、それを理解するだろう）。

なにがおこなわれるのか。

選択の瞬間にいたる過程を記述すること。ブーバーが試みているあの離脱を思いだしてみよう。しかし、まずなによりもみなさん自身がそれぞれ思いだされなければならない。まったくひとりぼっちであった瞬間を、だれもが経験したことがあるはずだ。そして、この「ひとりぼっちであること」が問いや悲痛な叫びや歓声となって現われたとき、まさにそのときにこそ、自分がひとりではなかったことに気づいたはずだ。そのあと、ひとはみずからが選択したという確信をもつようになる（おそらくだれもが人生の選択を思いだすにちがいない）。

しかし、この選択はまさにひとつの〈必然（Müssen）〉、神のもとでの〈必然〉ではないのか。次の授業では、解放された人間のこの〈必然〉について論じよう。

VI　必然

われわれは目的に達している。というのも、いまや人間が「自由」であることを一度は見てとったからだ。人間は完全にひとり立ちしており、じっさいに「私」と言う能力をもっており、そのさい、性格や本質といったすでにかつて存在したものにはけっして依存していない――むしろ逆に、存在するのはただひとつの瞬間、きわめてまれできわめて貴重な瞬間だけであり、この〈私〉がまったく自由で、まったく瞬間的に人間の口から語られうるためには、そうでなければならなかった。しかし、ほかでもないこの瞬間が人間に与えられえたのは、人間がひとりでいることが神と二人だけでいることであるばあいだけだった。――そうだとすれば、自由そのものが新たな〈必然〉になり、ますますもって〈必然〉になってしまったのではないか。こうして、これからわれわれの問いは新しい次元に「進むことになる。そしてそれとともに、この問いをさらに問うべきかいなかの選択肢の前に立たされる。」[7] われわれの問いはもはや「人間」という孤立させられた（作為的に孤立させられた）次元においてではなく、つねにすべてがともに居あわせている現実において問われる。「神についての学」においても、五時間目からは、もはや神ではなく、たしかに神から見られたかぎりでのことにすぎないにせよ、人間と世界が問題であったように、今回もまた、人間そのものではなく、人間から見られた神（と世界）が問題なのである。

　われわれが語ったような開かれた道を行くことは、いまや〈必然〉になってしまったのだろうか。これまでのようなことを経験した人はみな、この問いを肯定する。……それにもかかわらず、この〈必然〉は以前の〈必然〉とは別物だと、だれもが言うだろう。この「別物」の本質はどこにあるのか。

　たいていの〈必然〉は他者による〈必然〉である。〔たしかに〕私にとっても、強制するものが前提となる。つまり、私は君にとってのみある。祈りそのものの瞬間には、神についてもまたまったく同じことが言える。しかし、そのあとにはなにか違ったものが残る。そのあとには、神は強制するものでありつづけるのではなく、同盟者となる（人間のあいだにも似たようなことが起こるなら、それはすでに神との同盟の結果である（結婚の始まりはつねに「異教的」だが、異教的な結婚は異教的なままである））。そのあと〔祈りのあと〕には、「私と神」（神とともにある人間）という言いかたがされるようになる。ここに現われる「と（und）」という言葉は新しい言葉だ。これまですべての軌道は依然として私から始まっていた。祈りにおいてもなお、神は私にとって「私の神」として現われた。しかし、いまや神は私「とともに」ある。ひとは神とともに歩んでいく（その神は君の神だが、それでもひとはそうした神とともに歩んでいく）。この「と」において、神は〈彼〉になる。この「ともに」、この「と」は、いまや私を私の中心から追いだしながらも自由のままにしておく力をもっている。私はだれでもよい任意のひとにはけっしてならない。しかし、私はもはや私の中心でもない。私は自分の場所をもっている。私はいまようやく私についてなにか語ることができる。私は、たとえ神の同盟者としてでしかないにせよ、いまや三人称へと踏みこむが、それにもかかわらず物になるのではない。これは文法的にはどういうことか。私の〈私〉は〈われわれ〉になる。私は〈われわれ〉において外からと同時に内から自分を見る。それはまだたんなる最初の〈われわれ〉、公然と口に出すことのできない〈われわれ〉であり、まさにたんなる神と私にすぎない。ひとはそれについて〈われわれ〉とは語らない――この〈われわれ〉こそが私の〈必然〉の秘密であるにもかかわらず（私はこれ以外にどうしようもありません。神よ、私をお救いください）。外から規定されているということが私の〈必然〉である。しかし、それは私の〈必然〉であるがゆえに、「私において[8]」〈私〉になりうる。もっとも強い意味では、力に、私の力になりうる（この力はふたたび〈すべて〉であろうとするのではなく、まったく特定な力であろうとするが、私がたんにもつのではなく、私がそれであるような力であろうとする）。

Ⅶ　力

〈必然〉はわれわれにとってひそかに力となった。いったいなにによって？「神の手に導かれながら」、神の「前」で、神「とともに」歩んできた人間が、いまやついに力の固有の中心として、力の根源として理解できるようになったからである。われわれは現実的な孤独という隘路（同様に神においては「一神教」）を一度通りぬけたからこそ、はじめてみずからを再発見できた（われわれがまだわれわれの——あるいは「三人称の」——観念的な〈私〉の信仰によってみずからを欺いているかぎり、その隘路にけっして入りこめない。だからこそ、われわれはあらかじめそうした信仰を根こそぎにしなければならなかった）。つまり、それ〔再発見された〈私〉〕はもはや一般的なかたちで哲学の対象になりうるような「私」ではなく、まったく特定の名前をもった人間であり、まさに「三人称としての私」がそうであるべきではなかったものにほかならない。それでは、それはどのようにあるべきか。他者のかたわらに、さしあたり神のかたわらにいる者としてあるべきだ。というのも、孤独であったときには、（私が正気であれば）語りかけうる他者はだれもいなかったのだから。そして、さしあたりそのあとも他者はだれもいない。したがって、私がそのとき私について知る最初のことは次のこと、つまり、私がしなければならないということである。しかしそのあとは？　あきらかに私はこのように生まれ変わったあとでは（サウルのように[9]、そして一般に、名誉（כבוד）を手に入れたり、病気から回復したり、結婚したりする人はだれでもそうであるように、別の人間（איש אחר）になり、罪を許され、過去のことをもはや思いださせる必要がない人になったあとでは）、自分の口座を新たに開くことができる。こうして、私はいまでは身元が保証されているので、他者にたいする私の関係はさしあたりどこまでも貸方の関係である。借方の側にいるのはただひとりの債権者、つまり神だけであり、ほかの債権者はみな貸方の側にいる。

いまやまずもって存在しているのは他者である。しかしそれでは済まない。私は取引関係を結ぶたびにふたたび新たなクレジットを設定するように強いられる。しかし私が前払いのための資本をもたなければ話は始まらず、その資本によって私はまさに始まる。神にたいする私の〈必然〔＝義務〕(Müssen)〉（債務）は、人間にたいする〈可能（Können)〉に、つまり力（債権）に変わる。いまや生は神＋私＋他者（世界）のように見える。

〔つまり生は〕現実的な共存関係〔のように見える〕。〔したがって〕神が存在しないなら、私は空の金庫をかかえたフランス女のような詐欺師になるだろう。そんなふうでもしばらくは商売ができるが、ある日ばれてしまう。真の〈必然〉があるところにしか真の力はない。みずからの経験を、あるいは世界史を思いだしてもらいたい。しかし、逆も言える。真の〈必然〉があるところには、真の力もまた生まれる。「よき慣例的行事」がおこなわれないところでは、真の奇跡も起こらなかった。決定的な世界否定はつねに、先行する孤独が神と二人だけの孤独ではなく、なんらかの狂気の悪魔とともにある孤独だった証拠である。

したがって、いまや世界はふたたび存在する。このふたたびがとてつもなく重要だ。つまり、いまや存在するのは「それ」の世界ではなく、〈あなたたち〉の世界なのである。〈私〉と〈あなたたち〉。この「と」の背後には人間と神のもうひとつの「と」がある。〈それ〉は「私」をいまにも飲み尽くしそう（あるいは「私」によって飲み尽くされそう）とした。「あなたたち」は「私」に対峙し、私を依存的にする。〈私〉と〈あなたたち〉はたがいに手をたずさえる関係か、こぶしで殴りあう関係かであり、どちらもありうる。しかし、いずれにせよ私の自由は保証されており、他者と世界の存在もまたそうである。というのも、私の自由はもはや私のうちではなく、私の外で保証されているからである。そもそも私の自由は、もはや存在する自由（「私の」自由）でも、所有される自由（独自性）でもなく、保証された自由だからである。選択したのは私だとひとは言う。これは、私は自由だと言うよりも確実である。殉教の時でもなおそう〔選択したのは私だと〕言うことができる。そうなると残る問題は、自由は過去のものでしかなく、現在も未来もないのではないかということだけであろう。〔もしそうなら〕自由については事後的に（ex post）しか知りえないだろう。〔したがって、〕そこではあらゆる〈必然〉は消えさり、そもそも〈必然〉と力の対立が消えるような現在がなければならない。〈必然〉は神と〈私〉〔の関係〕を意味し、力は〈私〉と〈あなたたち〉〔の関係〕を意味した。〔それでは〕自由はなにを語るのか。自由はなんといってもまさに現在において語らなければならないらしい。

VIII 答え——われわれは選ばれている

あの子ども向けの話〔に戻ろう〕。「私もいつだってそんなふうに生きてきた」。いったいどんなふうに？　褒められた私の行為〔お利口だという行為〕は、けっして私の行為ではなかったというのだろうか。それはなぜだろうか。
選択したのは私だ。私が選択したあとでは、かつてすでに幻想的であったすべてがふたたび生じるが、いまでは逆向きの符号が付いていて、それによって現実が頭で考えられたものとつねに区別される（現実においては、すべてはいつでも「頭で考えられている」のとは異なる仕方で起こるものだ）。〈私〉――それは以前には「私の」「自由」を表わす言葉であるかに見えた。いまやそれは〈必然〉を表わす言葉である。〈あなたたち〉――それはかつて拘束を表わす言葉であるように見えた。いまやそれは〈可能〉つまり力を表わす言葉である。「選択したのは私だ」こそは前者の〈必然〉から後者の〈力〉への転換点だったのだ。（〈必然〉という）過去と（〈可能〉という）未来のあいだにあるのは、すでに過ぎさった転換点なのだろうか。そうはいかない。いまやどんな現在のものも、絶対的に今日的なものも、両手でつかまなければ、われわれに成功の見込みはまったくない。われわれは存在しなければならない。

一時限目の授業であつかった「存在する（sein）」という言葉の危険性を思いだそう！　自由は「存在」するものであってはならなかった。そうでなければ、自由は硬直化して〈存在（Sein）〉になってしまう。自由は瞬間でなければならなかった。そして、われわれはこの瞬間を発見したが、過去の瞬間としてでしかなかった。瞬間はそれが発見されたときにはつねに、すでに過去になっている。それでもなお残るのは自由の果実であって、もはや自由そのものではない。選択の果実――ここに立ちどまろう！

たしかに、自由の果実はもはや自由ではない。しかし、われわれが〈自由という状態（Frei-*Heit*）〉

のかわりに選択を置いたのは、理由のないことではない。選択はどんな〈状態（Heit）〉でもない。選択はひとつの出来事である。選択はこの八時限目の授業でわれわれに生じた最初の出来事だ。選択には（あらゆる出来事と同様に）一定の時間が必要である。選択は実を結びうる。どんな出来事もなんらかの実を結びうる——つまり、その実とはほかの出来事である。したがって、どんな出来事もある持続的な性格、ある「つねに（Immer）」をもちうるが、それは「本質」でも「本来的」でもなく、現在的である（「本質」や「本来的」もまた、つねにあとになってはじめて見いだされるにすぎない）。したがって、どんな出来事も運命をもっている。選択は運命として、なされた選択の運命として現在的になる。〔選択という〕もっとも能動的なものは、受動的なものとして——つまり「〔神に〕選ばれていること（Erwählung）」[10]として現在的になる。人間は選択するさいにひとりではないという秘密が、ここであらわになる。人間の選択は人生の書物に書きとめられる。そうだとすれば、私は選ばれているのだろうか。私の「選択したのは私だ」はなんらかの「私は選ばれている」のうちに流れこむはめになるのではないか。〔それなのに〕「選択したのは私だ」と言いさえすればよいのはなぜかを、ここでみなさんは理解するにちがいない。なぜそう言いさえすればよいかと言えば、〔選択したのは私だという〕この孤独はつねに私の背後になければならないからである。私は選ばれている——ということは〔私が〕永久に孤独だということだ。そのように語る人は、人間の共同体から身をもぎ離す。彼はこの罪のために死なねばならない。彼が肉体的にであれ精神的にであれ生きつづけるなら、愚か者や偶像として生きることになる……。

　われわれが口に出して語り、そしてそれを生きる〈私はある〉は、〈君はある〉を含んでいなければならない。現実の〈私〉を与えるのは、およそありうるすべての〈君〉である。現実の〈私〉は、神が後ろだてになってくれていることを知らなければならないし、他者たちを直視しなければならない。それゆえ、現実の〈私〉は〈われわれ〉と言うのである。

「われわれは選ばれている」と言うことができる。そう言うことをやめる必要はない。それによってひとはそれぞれの孤独の外へ連れだされる。しかし、この「われわれは選ばれている」は、「選ばれている」という点ではまだ、選びかつ選ばれている人のあらゆる孤独をかかえている。ただし、その孤独はつねに万人に通じる〈われわれ〉によって解毒されている。われわれは、すべての人間、言語を語る人、民族のなかから、すべての人間、言語を語る人、民族に向けて選ばれている。この〈われわれ〉においては、〈必然〉の狭さも〈可能〉の広さも消えさる。というのも、私はわれわれすべてがそれであるところのものにほかならないからだ。いまから振りかえれば、私の自由は時間からの自由ではなく、むしろまったく時間的である。私は自由を、その瞬間と時期（*Stunde*）を、運命つまり〈われわれ〉が選ばれているという運命から読みとることができる。瞬間は私に属してはいなかったが、われわれには確実に属している。それにもかかわらず、時間性は〈われわれ〉の勝ちほこる永遠性のなかに（永遠性から永遠性へ）飲みこまれる。

いまやみずからの生を見わたして、〈よくありたい〉という短い瞬間と〈よくありうる〉という数少ない偉大な瞬間が、選択という泉から流れでて、選ばれているという川床を流れていく人生のただ一筋の流れのなかにどのように埋めこまれているかを見てとった人は、これらのなんらかの個々の瞬間を思いだし、みずからの闘いと他人の評価のすべてを思いだして、どのように語るのだろうか。そのとき彼にとって、みずからの自由にたいするみずからの問いと他人の問いのすべては、みずからをもともに捉える〈選ばれていること〉についてのあの知識に流れこむのではないか。あらゆる瞬間に、子どもがピンクと白のどちらかを選んだときに、大人は子どもがささいなものと偉大なもののどちらかを選んでいると思いこむようなあのかつての瞬間においても、〈選ばれていること〉はすでに人間を捉えていた。つまり、「私もいつだってそんなふうに生きてきた」のである。行為の個別性も、瞬間の孤独も、あらゆる瞬間の偉大な共同性に、つまり〈いつだって〉に高められるのではないか。そして、個々の人間の個別性は万人の共同体に高められるのではないか。そのとき共同体は（いつか）こう語るだろう（そして、今日すでにこう語っている!!）。つまり共同体は「私もほんとうのところいつだってそんなふうに生きてきた」と語り、あの老女がみずからの長い人生をふりかえって[11]言うように〈いつだって〉と語るだろう！

訳註

（1）Individualität とはもともとは「分割不可能」という意味。

（2）『知識学の原理にもとづく自然法の基礎』（一七九六年）。フィヒテ知識学の第一根本命題は、「私はある」あるいは「私は私である」である。

（3）ローゼンツヴァイクのあだ名？　ローゼンツヴァイクのローゼンシュトック夫人との往復書簡（Franz Rosenzweig, *Die "Gritli" Briefe*, Bilam Verlag 2002）にも、この単語が三回出てくるが、いずれも疑問符（[?]）が付されている。

（4）「有名な女」とは「浮名を流す女」とか「尻軽女」という意味になる。そんな女が自分の名前を自慢するはずがない。

(5) このあとにTell ..... (空白) ..... und des "Kaisers" Versteinerung! (Robinsons Schreck) という文章があるが、判読不能である。空白部分に「判読不能」という書きこみがある。

(6) ヴォルテール『三人の詐欺師の本の著者への書簡 (*Épître à l'Auteur du Livre des Trois Imposteurs*)』(一七七〇年一一月一〇日の書簡)。

(7) コレクション版は、"Mensch", sondern in der Wirklichkeit, wo stets alles beieinander fragen oder nicht, となっているが、全集版にしたがって訳す。

(8) 全集版にしたがい、in einer を in mir と読む。

(9) サウルは『サムエル記上』に登場するイスラエル最初の王。神のお告げによって民の指導者になったサウルはアンモン人との戦いに勝利して、イスラエル王国を樹立し、その王となる。彼は王になると、周りの敵たちと戦い、それにことごとく勝利したが、「アマレクを討ち、アマレクに属するもの一切、滅ぼしつくせ」という神の命令に反して、アマレクの王アガグを生け捕りにし、その羊や牛の最上のものを惜しんで滅ぼしつくさなかったために、王の位を奪われることになる(第九～一五章)。

(10) Erwählung には、「選択」という意味と同時に、「神による人間の運命の予定」とか「神の選び」という意味がある。

(11) 全集版にしたがい、vorblickend を rückblickend と読む。

7　世界についての学

自由ユダヤ学舎第三年度第三学期の一九二二年四月二四日から六月一五日にかけておこなわれた講義の草稿。生前未発表。コレクション版六九七～七〇三頁、全集版第三巻六五五～六六四頁に収録されている。講義要項については、全集版第一巻第二部七七一頁を参照。

I　問い——表象としての世界

「まったくなにもなかったとしたらどうだろう。まさかそんなことが？」。

この子ども向けの物語のうちには問いと同時に、まだ理解できない仕方で答えも含まれている（つまりその答えとはこうだ。そうなれば「私」もまた存在しないだろうが、被造物は、あるがままの状態では「私」とともにあり、そして世界とともにある）。精神の秘密は、それが創造された精神だということである。だれもがただちにもっともだと思えるような問いは次のような問い、つまり、世界は「表象」とは別のものなのかという問いである。われわれが世界についてだけこの問いを思いつくのはどうしたわけだろう。

人間にたいしても、神にたいしてもこんな問いを思いつきはしない。

世界について疑われるのは、自由（自己立法）でもなければ、存在でもなく、「客観性」である。

世界はじっさいにわれわれに現象するがままのものかどうか。どのようにしてこんな問いを思いつくのだろうか。なぜそのような問いを思いつくのか。友情などのばあい、それを「知覚」するのは私にすぎないのだから、それは主観的でしかないなどと言うのは、頭でっかちの迷信家だけだろう。それにたいして、白ネズミは世界に適応している［ので、そんな問いを思いつきはしない］。

矛盾する事態が存在するときはいつでも、正しいのはその一方だけでしかありえない（もっとも、その存在する事態の一方が無条件に正しいというわけではないが）。世界にかんしてはさまざまな世界観（Weltanschauung*en*）がある。つまり（客観的に言えば）さまざまな世界がある。これらの世界は、たがいに押しのけあい、それぞれ固有の法則をもち、それぞれの課題を課す。芸術、法、労働、信仰、自然、精神などの世界がある。そのどれかひとつが真の世界であるかどうかを問うことにそもそも意味があるだろうか。それとも、そのすべてが一緒になって真なるものなのだろうか。しかし、それらは矛盾しあっている。

あるいは、矛盾そのものが真理なのだろうか。そうなると、どの世界観も世界観そのものではないことになるのではないか。

これらは哲学的な問いである。しかし、世界にかんしてはとても自然な問いでもある。なにしろ、われわれは世界について語るとき、まさにさまざまな見方に左右されないものを、それらの「根底にある」ものを考えているからだ。われわれの見方そのものがどれほど事物の表面を色づけしようとも、「事物の根底」はじっさいに存在しなければならないし、じっさいにあるがままのものでなければならないだろう。

しかし、〔事物の根底は〕もしかすると認識できないかもしれない。そうだとしても、この認識不可能性そのものがすでにひとつの認識ではないか。そしてこの認識不可能性は、事物の根底についてのほかのどんな認識よりも確実ではないだろうか?!

しかし、ともかくここ〔世界〕では認識の問いは許されている。自由にかんするそうした問いはこっけいだろう。問題は、自由が認識可能かどうかではなく、私が自由であるかどうかだ。神にかんするそうした問いは的はずれだろう。われわれを悩ましている問いは、神が認識できるかどうかではなく、神が存在するかどうかだ。神が存在しても、神自身は認識不可能かもしれない。神が存在しても、それ〔神が認識可能かどうか〕は神の御心しだいである。それにたいして、なにも世界の自由にはならない。世界が存在するなら、認識可能でもなければならない。世界は受動的だからだ。世界は認識するようにみずからをわれわれに差しだす。それなのに、世界がなんであるかを言うことは不可能だというのだろうか?! そうであれば、われわれが〈認識しようとすること〉、〈認識することが許されていること〉、〈認識しなければならないこと〉だけが、われわれが世界について知っているおよそ唯一確かなことなのだろうか。子どもの言い分は正しいのか。私が目を閉じれば「なにもない」のか?? さまざまな世界はたんに表象された世界にすぎず、世界は「たんなる」表象にすぎないのだろうか?

しかしこれは同時に、われわれ表象する者が、つまり人類が、巨人にまで成長することを意味するのではないか。世界は私が創造するより前には存在しなかったのだろうか。しかしそのばあい、だれが「創造者」で、どのような世界の「創造者」なのか。各人が各人自身の世界の創造者なのか。芸術家が芸術の世界の、政治家が権力の世界の創造者であるように。これらの世界創造者のうちのだれかひとりが現実に世界を創造し、現実の世界を創造しなければならないというわけではないのではないか。そして、もしかすれば現実的でないかもしれないこの世界は、人類の創造的な行為において現実的にならねばならないのではないか。世界がまだ現実的ではないからこそ、まさに人類の創造的行為の余地が残されている。というのも、私が「表象する」ものが私の表象行為によって現実的な表象になるというすくなくともこのこと、この現実性、この創造された現実性は、疑いようがないだろうからである。

それゆえ、世界の現実を疑うことは、まったくおのずから精神の創造力を信じることに通じる。〔世界はたんなる表象だという〕あの「たんなる」は、「それどころか」へ、「たしかにほんとうに」へ変わる。さまざまな世界の行方不明になっていた統一性は、さまざまな世界観（Welt*anschauungen*）、つまりさまざまな世界の現実化同士の闘争において、もしかすれば回復されるかもしれない。なにしろ、それぞれの世界観はみずからの世界を現実化しようとするからである。そのうちのどの世界が現実的になるのか。どの世界が最終的にたんなる見方のうちにとどまるのではなくなるのか。言いかえれば、文化のどの部分が見せかけ以上のものになるのか。

世界についての学がいまやまったくおのずから文化哲学になるのは、われわれが〔この議論を〕論理的に始めたからだということは、みなさんにもご理解いただけるだろう。「さまざまな世界」のそれぞれは次の問いに服しなければならないだろう。自分はすでに現実的であるのか。そうでないなら、現実的になるのか。現実になるような世界が見いだされれば、ほかならぬその世界こそが「真の」世界になり、たとえわれわれが子どものように目を閉じても、そこにありつづけるだろう。なぜなら、子どもの目そのものもその世界の一部にほかならないのだから。

　文化の権利要求とはどのようなものだろうか。それは自然にたいする権利をもっていたり、勝ちとったりするだろうか。あるいは、われわれはまず一度、自然自体がすでにひとつの文化の産物であり、人間が世界を徹底的に考えぬき精神化した所産ではないかと問うべきだろうか。

II　変化としての世界——自然

もしも世界が現実化できるなら、その世界は現象にすぎないのではないかという嫌疑から守られているはずだ。しかし、私がこの現象性を「認識論的」ではなく、「現象学的」に（つまり「さまざまな世界観」として）説明したように、理想性（Idealität）もまた、一般に道徳学的ではなく、同じように現象学的に説明されなければならない。つまり、さまざまな世界が次つぎに思い浮かべられ、その現実化の可能性が吟味されなければならない。それぞれの世界に向けられる問いはこうである。君のなかで現実化されるべき現実性は現実的か。言いかえれば、そのような現実化で生じるのはどのような種類の現実か。それは「たんなる」現象性の嫌疑から守られている現実なのか。それは「たしかにほんとうに」であるような現実なのだろうか。

　自然つまり「自然的なもの」はいたるところで、現実的という要求を掲げる。自然的なものは、芸術において、法において（自然法として）、国家において（「自然な」国境、「国籍」主義、「自然に与えられた」区別＝「神の御心にかなった従属関係」として）、精神において（「自然のように創造する」天才の自然力として）、自然力と自然環境の搾取者たろうとしかしない技術において、そうした要求を掲げる。たしかに、〈他なるものとしての自然〉はそうである。しかし、〈自然そのもの〉は違う。自然そのものにおける現実的なものとはなにか。

それは法則だろうか。しかし、法則はわれわれのなかにある（「われわれの数学」）。（数学的化することは、そのつど自然のもっとも現実的なものとみなされている）。

それは進化だろうか。しかし、進化はわれわれに向かう（進化はわれわれの自尊心を傷つけようとしたが、われわれは〔ヴィルヘルム・〕ベルシェのもとでは、バチルス菌が見る子どもっぽい夢の実現したものになる）。

そうでなければ、さまざまな事実が組みいれられるなんらかの自然体系だろうか。しかしこの体系はわれわれのためにあるにすぎない。

それでは、すべてはわれわれの立場に関連づけられてのみ有効だという意味での相対性だろうか。みなさんは今日そう言われているのを知っている。「哲学者」がこれにどう答えるかもひょっとすればご存知かもしれない。哲学者たちはこう答えるだろう。それこそが、この現実性こそが、認識にとってまさに自然の真の現実性そのものである。われわれの認識の法則と事物の法則のあいだにはある種の神秘的な調和がある（われわれは原因を問い、自然は答えを与えてくれ、その答えはわれわれの原因問題の図式にしたがって容易に解明される）。したがって、われわれの認識は自然の現実性を（懐疑論者が考えるように）疑わしいものにするのではなく、まさに現実的にするというわけだ。

しかしたとえそれを認めたとしても、そのようにして現実化された現実性はまさに認識の現実性であろう。たとえ認識がその対象である自然のために唯一適切な種類の現実性をつくりだし、カオスを秩序づけてコスモスにするとしても、それによってはまだこの世界観を（その対象にかんしてはそれ自体において完全に自己充足しているにしても）ほかのさまざまな世界観にたいして保証することには少しもならない。われわれの外に通じており、われわれの立場の外に世界秩序を創造する世界観、相対的ではない世界観のどれも上述の世界観に比べれば優位にあるが、それでもやはり、自然は完全に認識された自然であり、法則や経験からなる体系である以上は、たんにひとつの相対的な世界観にとどまるだろう。

それではどのばあいにも自然に欠けているのはなにか。唯一存在する非相対的なものとは、秩序と必然性である。法則、体系、進化——これらすべては、（観察者の移ろいうる立場の外にある）方向づけがなければ相対的であり、別様にもなりうるという意味で偶然的である。ここに欠けているものをもっともてっとりばやく提供してくれるのは、進化の思想であり、つまりは生の概念だろうが、この概念はまさにわれわれを目指してのみ秩序づけるにすぎず、その概念が前提する必然性の尺度は有機的な生であり、ということはしかし、われわれがもつ形態である。

したがって、ここでは二つの問いが生じる。しっかりと方向づけられた秩序はどこで現実化され、変更不可能で必然的な形態はどこで現実化されるのか。こうして、この現実化が企てられる二つの世界がわれわれの前に現われる。〔ひとつは〕芸術の世界、必然的な形態、「形式」であり、〔もうひとつは〕正義の世界、われわれを超えて妥当するような秩序である。

III　形式の世界——芸術

蓼食う虫も好きずき（De gustibus non est disputandum）。
芸術作品は主観的であって、芸術家しだいであり、
鑑賞者しだいである。

［それでもやはり］[1]、客観的なものが現実化される。それは形式だろうか。〔それなら〕映画や写真はどうだろう。いやそうではなく、作品そのものである。

作品は世界になるのだろうか。これはシラーの「芸術家たち」の一節[2]である。

しかし、そうしたすべては、なぜ真なるものではないのだろう。なぜ「美」はただ理想にとどまり、いかなる生にもならないのだろう。個々の作品（「偉大な芸術家たちがつくったもの」）は現実になるにもかかわらず。

美の世界など存在せず、存在するはずもないからだ。その理由は、世界が外延的、芸術作品がつねに内包的にすぎないということにある（美の世界にたいするワーグナーの試みは徒労に終わる。美の世界は祝祭劇にとどまり、ついにはどうしようもなく秘教化され俗物化される）。

芸術はこのように内包的だと非難されるが、しかし知識もまたそうである。そうだとすると、なぜ知識は「力」にならないのだろうか。研究と教え、創造と享受（そして第三に、法の意志と働き）は、つねに個々のばあいにしか現実化されえない。世界は外延的には知りえないし享受できない。地霊と

同様に（そして——ピレモンとバウキスの死とともに[3]——自由な土地の自由な民族と同様に）ファウストも、ヘレナの影響から脱する[4]！

自然はたんに認識の世界にすぎない。

芸術はたんに作品（個々の作品）の世界にすぎない。

正義はたんに要求の世界にすぎない。

なぜ知識は知識でしかなく、「力」にならないのか。それは個人しだいだからだ。

なぜ正義は「正義」でしかないのか。右と同じ理由である。

われわれは次のことを学んだ。

世界になるために自然に欠けているのは、認識の外にある（客観的である）ことである。

芸術に欠けているのは、〈ここ〉と〈そこ〉の外にある（いたるところにある）ことである。

正義に欠けているのは、現実化されていないことである。

IV　秩序としての世界——法

正義が「主観的」であるのは自明の理である。だれもが正義を「もっている」か、もちたがる。だれもがそれを「探しもとめ」ずにはいられない。だれもが「自分の」医者や「自分の」銀行員のところへ行くように、「自分の」弁護士のところへ行く。

しかし、ひとは「自分の」正義を探しもとめておきながら、それでも正義は正義でなければならないと考えている。この変わることのない正義とはなにか。

要求するということにほかならない。正義が実現されているということは、正義が〔それを〕要求するということだ。正義が現実的であるのは、法が良いものであるときだ。正義が維持されもするということは、もはや正義の問題ではなく、アサシン派の諸氏（messieurs les assassins）[5]の問題であり、国家の問題でもある。正義は正義を要求しさえすればよい。

それでは、世界になるために正義の世界にはなにが欠けているのか。現実性である。正義はただ要求するだけなのだから。

それでは世界になるために芸術の世界に欠けるものがあるのはどうしてか。芸術は孤立しており、「ところどころ」にしかなく、どこにでもあるわけではないからだ。それでは自然の世界は？　自然はたんに認識のうちにしかない（事物は数学のレッテルを首にかけているわけではない）からだ。（もはやだれも星の散りばめられた天空[6]などには関心がない）。

しかし、こうした現実化されたもののすべてには、われわれが世界に求めるものが欠けている（それらは現実以下のものにとどまっている）。欠けているものとは、実在性と全体性と絶対性であり、しかも、現実化されたもののすべてにこれらすべてが欠けている。というのも、芸術もまた（享受の対象であるので！）たんに主観的でしかなく、（芸術家にとっては！）たんに要請的でしかないからである。さらに、自然もまた（認識の所産でしかなく！　それぞれの立場に相対的であるので！）たんに内包的でしかなく、（研究者にとっては！）たんに要請的でしかない。正義は、（公正に評価されねばならないのだから！）たんに主観的でしかなく、（最高の正義は最高の不正なのだから（qua summa jus summa injuria）！）[7] たんに内包的でしかない。このばあい、なんといっても正義には次のような悲劇が生じる。（ピレモンとバウキスのように）正義を探す機会に恵まれない人は滅び、（ファウストのように！）まさにある場所で正義を実現させようとする人は、別の場所では（ピレモンとバウキスのように）それを滅ぼすのである。[8]

V　闘争としての世界――力

復習。複数の世界を「集めて」も、いかなる世界もつくれない。「それらはたがいに補いあう」ことがない。というのも、それぞれの世界はみずからの主要な欠点に加えて、ほかの世界のすべての欠点もあわせもっているからだ。

それぞれの世界にとりわけ欠けていたのはいったいなにか。一時限目の授業を聞いてすでに知っているように、現実性である。したがって、いまや観念的にしか現実的でないもの〔つまり正義〕においては、どのようにしてそれが現実になるかがさらに問われなければならない。それは検事によって、[9] つまりは、法の現実性への必然的な適用（適応！）によってである。ビスマルクはかつて不当な仕打ちに遭ったとき、新しい法をつくった。彼はそんなことをあえてやってのけることができたのである。

政治家の心理学について言えば、政治家にとっては、正義でさえ手段でしかなく、観念的なものが実在的なものになる。つまり、すべてが権力闘争になる。それ自体ではけっして必要ではない経済的なものも、精神的なものも、そうである！

ここでは、現実性が達成されないというどんな恐れもない。それどころか、ここではすべてが現実的になるので、もはやそれにあらためて気づくことさえないほどである。いったいだれがいまなおビスマルクのうちにゲーテを見てとったりするだろうか。たしかにそうである！　正義を保持し、現実性を得るのは勝者だけである。それでは敗者は？　ここに大きな問題がひそんでいる！

敗者が勝者に法を与えた（Victi victoribus leges dederunt）。[10] ここに、権力者の限界が生じる。彼はあまりに多くのものを達成するからこそ、かえって世界を破壊してしまう。彼にとってはすべての計りえないものが重さになる。しかし、世界は計りえないものと計りうるもの、つまり天と地から構成されている――これこそ〔世界の〕新たな特徴である！　政治家もひょっとすればこれを大いに喜んで容認するかもしれないが、けっして天が地を創造したわけではない。そうなのである。天が〔地の〕背後にあって前景全体を悪魔の手にゆだねるのではなく、天と地はどちらも創造されたものであり、「前景」をなしている。権力はすべてを勝ちとろうとする。しかし、勝ちとれないものがある。まさにこれ――鳩の足でやってくる思想[11]こそが世界を支配する。敗者の勝利、敗者の「好機」〔こそが世界を支配するのである〕。七日目の安息は、安息であるにもかかわらずそれ自体がひとつの仕事であり、それ自体が創造をはじめて完成する。権力は六日間の世界しか知らない。権力は安息日を否定したがる。しかし、安息日は世界――創造された世界――の一部である。その重さが計られない日、計りえないものの日、積極的な安息の日――それ自体も創造の一部である。闘争と同様、「それにふさわしい」平和もまた、創造の一部なのである。

VI　作品としての世界――精神

「精神」という言葉についての導入。話題にしたいのは、聖職者や教会にかかわること（*Geistlichen*）ではない。〔それらは現実的なものだが〕精神的なもの（*Das Geistige*）は非現実的である。〔私が話題にしたいのは〕さまざまな精神的なものであり、精神の普遍性である。精神的なものの本質はなにか。創造である。

精神は作品を創造する。精神は〔同じく作品をつくりだす〕芸術といかなる点で区別されるのだろうか。精神は芸術作品そのものもまた創造するが、それを精神的な作品として創造する。精神的な作品としての芸術作品はいかなる点で、まさしく芸術作品としての芸術作品とは区別されるのだろうか。精神的な作品としての芸術作品は拡張的であり、美的な効果には拘束されない。精神はすべてを精神化する（芸術は自分自身しか美化しない）。精神に完全に貫かれた世界があるなら「美しい」だろう。しかし奇妙なことに、すばらしい日々が続くことほど耐えがたいものはない！　ゲーテの顔が美しいのは、精神に貫かれていないからである。

ある種の分離を含んでいるような「精神的なもの[12]」の概念にたいして、その概念は分離をけっして望んではならないとされる。それにもかかわらず精神はそれなしで済ますことができない。精神は非精神的なものを必要とするが、それにもかかわらずそれを非精神的なままにしておいてはならない。結局のところすべては精神的でなければならないわけである（精神はみずからの聴衆を生みだす[13]）。

精神がすべてを精神にするということこそが、精神の悪徳である。精神的な世界においては、すべてが昼間のように明るく、眼が冴えわたり、夜もなければ、眠りもない[14]。芸術は［くぼみ］〔全集版による補足〕を残してきた。精神はいまだ一度もくぼみを残したことがない。そこでは世界は窒息してしまう。

精神は分離（הבדלה）[15]を知らないが、分離は創造の仕事に欠かせない。精神は、みずからを現実化するが、そのさい世界を破壊する。精神は、「魂」や「私」や愛のように世界を克服したり更新したりはしない。むしろ精神はつねに客観的でつねに現世的なままであり、したがってそれが権利をもつのは、世界の法則、つまり『創世記』第一章に記されているような構成を認めるばあいだけである。そうだとすれば、〔世界のさまざまな〕法則を認めるそのような精神は、むろんもはや絶対的な精神ではない。啓示は創造を克服しなければならないが、精神はそうではない。

精神はけっして人間的ではない。精神にとって世界は、人間のためにあるのではなく、逆に人間が［世界］[16]のためにある。魂は創造を超えていくことができるが、精神はそうではない。精神は創造に属している。

〔世界を〕克服するのはおそらく人間だけだろう。しかし、世界が人間によって克服され支配されることを象徴としてもつような世界観があるのではないか。技術がそうである。

VII　家としての世界――技術

技術――それは自然の征服である（技術の時代。これらすべての「世界」の時代のうち、なぜ今日がとりわけ「技術の時代」と言われるのだろうか。自然科学の時代がそれに先行していたからである）。

しかし、それ――人間による自然の征服――は、どういうことだろうか。自然は「自然」としてはすでに「征服」されている、つまり相対化されているのではないか。いやそうではない。まさに相対性は技術によって自然から追いだされるべきである。というのも、ここでは観察者の立場が、つまりほかでもなく地球（Erde）が、理想的な仕方で完全に固定されているからだ。技術は絶対的に地球を中心とみなし、世界を住処にする。

しかし、技術はそれにかまけて住民のことを、まさに人間の特殊性を忘れてしまう。つまり、人間は（「私」として）どこにいてもわが家にいるようにくつろぐことができる。人間は、みずからの移住の自由や自由な魂を手放さない。たとえどんなに美しい住まいのためでも。

人間は、「地を従わせ」[17]ようとするし、そうすべきである。しかし、技術はたしかにその手助けをすることを人間に約束するし、じっさい手助けをするにもかかわらず、それは人間が居心地よくじっとしているという条件、人間が「きわめてみごとに空間内にとどまる」という条件のもとでのみそうする（一般に芸術作品は、婢〔技術〕が〔人間の〕主人になるみごとな例である）。監禁とひきかえの快適さ。

つまり、人間がみずからを自由にするような支配力を行使できるのは、すべてをはじめからつくる必要がなく、世界がすでにつくられていることを認めるばあいだけである。人間のもっとも偉大な活動である技術的活動こそは、世界が目の前にあるということに拘束されざるをえない。したがって、観念論の矛盾が論証されるのはまさしくここにおいてである。それが技術の限界である。この限界内でのみ技術は健全でいられる。たとえば、保存食品は北極旅行においてのみ許される。

そしてこれこそがいまや一般に、われわれが答えにたどりつく決定的な最後の思想である。

VIII　答え——創造としての世界

世界はすでにつくられている。これは、われわれが「つくる」ことの高みにいることを知りえたまさにそのときに、最後に出会った途方もない事実である。われわれが問題にしたすべての問いをいまこの事実に照らして見てみよう。

われわれは「現実の世界」という概念をあきらかにもっており、この概念によってすべての表象された世界を計ることができたし、この概念が達成され越えられていることを見いだした。〔現実の世界という〕この世界観は〔ほかの〕さまざまな世界観すべての尺度なので、それ自体はいかなる世界観でもない。それは一貫してそれ以上のものであろうとする。それはわれわれの見方に左右されることなく、真理であろうとする。この真理はどのようなものであり、なんに由来するのだろうか。

現実の世界は、自然科学の自然のように観察者に依存しているのではなく、人間の日々の仕事がたがいに連関していても、個々の仕事はそれぞれ特殊であるように、むしろそれなりの秩序をそなえている。観察者はそれに最後に加わるにすぎない。

しかしまた、それは技術の世界が最終的にそうならざるをえなかったように、人間にとって絶対的な強制力を行使するのでもなく、むしろ人間がくり返し世界の主人でありつづける。

現実の世界は、芸術の世界のように断片的に完全なのではなく、むしろいたるところで、あらゆる細部にいたるまで「よく」、「とてもよい」[18]。

しかしまた、それは精神の世界のように、すみずみまでつくりこまれているために息がつまりそうで、区別もなければ息つくひまもないようなものでもなく、むしろ別々のものを分け隔てる区分に満ちている。

現実の世界は、正義の世界のように（各人に各人相応のものを(suum cuique)）[19]という要求にすぎないのではなく、むしろ〔その要求が〕達成されたものに、つまりそれぞれがそれぞれの仕方であり、ありつづけているようなものに満ちている。各人に各人相応のものをというのは、〔無機的〕自然以外においては実現されえない。私はたしかに生き物からそれがもつものを奪うことはできるが、それがもっていないものを与えることはできない[20]。

しかしまた、現実の世界は現実化すること、達成すること、行為だけからなっているのではなく、完成したあとの休息によって中断されている。現実の世界はくり返しそうした休息へと流れこんでいく[21]。

したがって、われわれは、世界についてのみずからの表象の現実性、みずからの世界観の現実性を計れるような、あるいはどんなばあいにも計っているようなひとつの尺度をもっている。さまざまな世界観はたがいに否定しあうのではなく、最後まで観察してみれば、どれもすでにそれ自身において否定されている。したがって、この尺度はあきらかに表象されたものではない。しかし、なんらかの「内的論理」でもない。それどころか、どんな世界観も論理的にはまったく十分に考えだし、とことん考えぬくことができる。人間は世界観に「迷いこむ」ことがありうる。しかし、世界があるせいで、「外から」なにかが世界観の邪魔をする。

ところで、いまやこの尺度は最後の授業の実践ですでにあきらかになっている。どんな表象も表象する人を前提する。〔しかし〕尺度は、それを前提しない！ 言いかえれば、すべての現実はそれを実現する人のうちにある。ここに、ここにのみ、神の存在証明のようなものがある。たしかに、それによって証明されるのは神ではなく、みなさんお気に入りの「本質」であり、「絶対者」である。したがって、たとえばそれはまたスピノザの神であり、永遠なる「自然」である。しかし、スピノザの神は、むろん哲学者たちが理解できるよりはるかに厳密に超自然的〔＝形而上学的（*metaphysisch*）〕である。彼らは結局のところスピノザの神を世界のなかか、われわれのうちに探しもとめざるをえない。それにたいして、スピノザの神はいずれにせよ超自然的〔形而上学的〕なものである。というのも、世界は自分自身の尺度にはなりえないだろうからだ。もしなりうるなら、この尺度そのものがすぐさまふたたび表象の犠牲になってしまうだろう。そうではなく、世界が尺度、あるいは尺度のようなものをもつのは、世界が（表象の理論そのものにおいては表象する人自身は表象されないように）世界の表象そのものにおいてはともに表象されることのないある種の場所を糧にしているばあいである。

したがって、世界はみずからの外に（そうかといって、われわれのうちにでもなく）根拠をもっている。世界が根拠をもっているかぎり、われわれは世界を表象するときには、みずからを表象するとき以上に、世界について知っている。というのも、われわれは世界とともにその根拠をも表象することはけっしてないからだ（現実的なものは生きて働いているものであると、つねにひとは言う。そうではなく、現実的なものはすでに実現されたものである。生きて働いているものは副次的な現実であるか、現実以下のものである）。〔われわれが世界の根拠を表象するどころか〕反対に、世界の根拠のほうがわれわれを表象する！　われわれ自身はみずからの世界の表象を含めて、ともに世界に属している。われわれは、世界をみずからの表象に依存させなければならないと考えてきた。いまや、世界はわれわれの表象の外にあるなにかに依存するようになるし、われわれ自身もまたそうである。「まったくなにもなかったとしたらどうだろう」。そうなればわれわれもまた存在しないだろう。この子どもの問いを問うことがきわめて深遠な意味をもつのは、（ばかものや最初のわれわれのように）目を閉じて、そのあとで答えたとしたらどうなるかなどとは問わないからである。もしそう問うたとしたら、なにもないと答えることになるだろう。しかし逆である。なにもないなら、われわれもまた目を閉じて存在しなくなる以外になにもすることはないだろう。しかし、世界は存在するし、それゆえ、われわれもまた存在する。「まつげ〔のとらえるものを金色溢れるこの世〕を飲めよ！[22]」。

訳註

（1）全集版は、Dochではなく Dortとなっている。

（2）シラーの「芸術家たち」の一節（一一六節）。「かくして今や自然が飛び去ろうとした刹那におんみらは、あたりにある諸形象を捉えたやさしい感覚と、物静かな手つきとをもって」（大野敏英ほか訳『シルレル詩全集』（下）白水社、一九四八年、八九頁）。

（3）ピレモンとバウキスはギリシア神話に登場する老夫婦。旅人に身をやつしたゼウスとヘルメスを親切にもてなしたために、洪水を免れ、その死とともに一対の大木に姿を変える。

（4）『ファウスト』第二部第三幕でファウストはヘレナに忠誠を誓い、二人のあいだには息子オイフォリオンが生まれるが、彼の死とともにヘレナもこの世に別れを告げる。ファウストはヘレナを抱きかかえるが、とたんにその肉体は消え、衣服とヴェールだけが彼の腕に残る。

（5）フランスの評論家アルフォンス・カー（Alphonse Karr 1808–90）が一八八五年に出版した著作の表題。

（6）カント『実践理性批判』第三四章。「私の上なる星のちりばめられた天空と、私の内なる道徳法則」。

（7）キケロ『義務について（De Officiis）』第一章一〇節を参照。コレクション版ではsumme injurieとなっているが、summa injuriaが正しい。

（8）この箇所は、『ファウスト』第二部第五幕を参照。

（9）ここで段落が変わっているが、文脈から判断して文章をつないでいる。

（10）コレクション版ではdederuntではなくledereとなっているが、アウグスティヌスが『神の国』でセネカの「迷信について」から引用した言葉を念頭においていると思われるため、全集版にしたがって訳す。

（11）ニーチェ『ツァラトゥストラはこう語った』（一八八五年）の「ハトの足でやってくる思想は世界を導く」を示唆している。

(12) コレクション版ではder "Geistigen" だが、全集版にしたがってdes "Geistigen" に修正する。
(13) この反論は、ヘーゲルの精神を念頭におき、それを批判していると考えられる。
(14) 『健全な悟性と病的な悟性』一一六～一一七頁参照。
(15) הבדלות は、הבדלה の複数形。「分離」「区別」の意味。安息日や祭日の終了時、聖から俗への移行を画するためにシナゴーグや家庭で捧げられる祝禱や儀式。
(16) 原文では精神（Geist）だが、文脈を考慮して世界と読みかえる。
(17) 『創世記』第一章二八節。「神は彼らを祝福して言われた。「産めよ、増えよ、地に満ちて地を従わせよ。海の魚、空の鳥、地の上を這う生き物をすべて支配せよ」」。
(18) 『創世記』第一章で、神はその日の創造が終わるたびに、「それを見て、良しとされた」。そして六日目にはこうある。「見よ、それはきわめて良かった」。
(19) ローマ法における正義の理念を表わす慣用句。
(20) ここでいう自然とは、無機的な自然つまり物の世界のことであり、たとえば相手が私から品物を奪ったばあい、その品物は各人のものなのだからという理由で私に返すように要求できる。しかし、生き物のばあいは、その命を奪ったら、それを返すことはできない。
(21) 『健康な悟性と病的な悟性』においては、人間の覚醒と睡眠のリズムを例にあげている。
(22) ゴットフリート・ケラーの詩『夕べの歌（*Abendlied*）』（一八七九年一月）。「ひとみよ、まつげのとらえるものを金色溢れるこの世を、飲めよ！」（原田裕司訳、『ケラー作品集』第五巻、松籟社、一九八九年、一四一頁）。

8　自由ユダヤ学舎――『学報』のための序文

『自由ユダヤ学舎学報』の巻頭論文として一九二五年初頭に執筆されたが、『学報』の刊行は実現しなかった。『小論文集』一〇〇〜二頁に収録された。全集版第三巻五一五〜七頁。

自由ユダヤ学舎はその本質からしてこの都市〔フランクフルト・アム・マイン〕に結びついており、この〔自由〕都市を範としてそう呼ばれている。学舎がその影響力をフランクフルトを越えて直接及ぼすことができたのはほんのときたま、外国人が学舎の学生としてフランクフルトを訪れたときだけである。間接的に影響を及ぼすという模範的な影響の可能性となると事情が異なる。というのも、学舎の特殊性は多かれ少なかれどこでも可能なこと、つまり、特定の場所に慣れ親しんだ力に由来することにこそあるからだ。この力がラビや宗教の教師のことだとしか理解されないなら、学舎などというものはむろんどこでも可能というわけにはいかないし、ばあいによってはフランクフルトそのものにおいてさえ可能でないかもしれない。むしろ〔学舎の〕課題は、自分を生徒としか思っていないような人びとのうちに教師を生みだすことである。質問できるほど十分に聡明な商人や医者や弁護士ならどこにでもいる。ただし彼らは、たとえば医者であれば、ユダヤ人の医者について語ることに固執してはならない。そんなことをしても得られるのは、文献から拾い集められた「絢爛たる」フリーメーソンの講演ぐらいがせいぜいで、生き生きとした問いの応酬は得られないだろう。だが、われわれの新旧いずれの「学び」も、そうした応酬によってこそ、講演から、さらには大学の良質のゼミナールからさえも区別される。こうした共同の学びは、真の重大な問題や偉大な古典文献に取りくむことからのみ、しかも、どんな取りくみにも共通した礼儀作法の掟を尊重するときにのみ育まれる。その掟とは、他者が語るべきことを、このばあいには問題や書物が語るべきことを傾聴することであって、すべてをあらかじめ知っていることではない。だが、それは専門家ではない人にしかできない。専門家にそれができるのはせいぜい、専門家でない人と協力し彼に従うか、自身の利口な回答よりも他人の無知な質問を真面目に受けとれるまれな才能をもつばあいだけである。したがって、〔学舎では〕たがいに集まって、なにを信じ、どのように生きるかを問いかけあってもらいたい。翻訳を使うことさえはばかることなく、すくなくとも「すべてか、さもなければ無」という尊大な態度のために無を選ぶような安易なしりごみなどせずに、聖書やタルムードを読んでもらいたい。さらに、自分がおこなうことを、慎ましさと大胆さがないまぜになった態度でおこなってほしい。そうした態度はきわめて危険だが、それでもぜひとも必要な行為である。というのも、教師のいないこうした学びはたしかに危険だが、古い教師や専門家がもはや指導者としては認められず、新しい教師も専門家もまだいないような過渡期においてはぜひとも必要だからである。

　このようにしていくつかの研究チームが生まれたとしても、問題全体が具体的なかたちを取るようになるにはもうひとつ、講師チームが必要である。こんなことを言うのはある種の大言壮語であり、大言壮語がすべてそうであるように、実現となると簡単につまずいてしまう。ここで実現ということで考えられているのはじつに簡単なこと、つまり、講師たちがたがいに耳を傾けあうことである。同僚の勉強机に赴くなどということは、たしかに専門家にはできない相談だろうが、このような生徒じみた教師たちにはそれほどむずかしくないだろう。しかし、じっさいにそれがうまくいくかどうかは、そのときしだいである。そこで、人間相互の関係がうまくいかないところではどこでもそれを補うものとして登場しなければならないものがここでも必要になる。それは役職にある人、つまり問題に親身になって取りくむ人である。というのも、問題はいつでも「人間同士のあいだにあるもの」だからだ。フランクフルトの学舎では、学舎そのもの「である」ような四人の人物があいついで役職に就いた。私自身、ルドルフ・ハロ、ルドルフ・シュタール、マルティン・ゴルドナーである。われわれはある面ではみずから教師だったが、本質的なのはそのことではなく、そのさいつねに聞き手であり、質問者たちからなる合唱団の指揮者だったことである。したがって、学舎を創設しようとするときにはたいてい、質問の先導者というこの役職がもうけられなければならない。この役職が必要不可欠なのは学舎のもっとも親密な行事においてだけであって、どちらかと言えば民衆大学や総合大学の行事においてではないのはもちろんだ――たしかに、後者の行事のいくつかは学舎のプログラムに採用されてもさしさわりがないどころか有益であり、つまり宣伝効果はあるのだが。この役職を引きうけてくれる人が地域そのものにいる、あるいは当然これが最良だが、学舎創設に集まった人びとのなかにいるか、それとも、まず外から連れてこなければならないかは、あらかじめ言えない。たしかにこの役職全体は、講師が講師になるのと同じように個人にかかわることである。だが、学舎という組織は、学舎そのもの「である」ような人と、学舎ではじめてみずからの教師としての能力を発見する教師たちという、別々にはけっして図式化できないまさにそうした二つの点から構成されている。

ところで、はじめこそ大胆であってもやることは同じというのがお定まりだが、そもそもこの組織はそれ以外のやりかたでなにかを外へ発信できるだろうか。なにしろ、たとえば印刷された講義では学舎独自のものはけっして再現できないからである。じっさい、たとえば『ユダヤ人』[1]に印刷されている〔エードゥアルト・〕シュトラウスの三つのキリスト教講義[2]からはたしかにシュトラウスのイメージを得られるが、そこから学舎のイメージが得られるのはせいぜい、なんといってもこの講義の完全に非護教論的な精神が今日までそのどこにも見いだされないかぎりでしかない。しかし、シュトラウスが提供する真に学舎らしいもの、つまりすでに六年間も続いており、第二巻の終わりまで達しているトーラーのドイツ語講読は、せいぜい速記文字原稿によってなら伝えられうるだろうが、速記文字原稿というものはこれまた印刷には耐えられない。そんなことをすれば、原稿はすぐさま生きた言葉だったものとは似ても似つかないものになってしまう。したがって、この雑誌〔『年報』〕が提供しようとするものは、じっさいにただこの雑誌の形式、つまり限られた範囲の人びとに報告するという形式でしか提供できない。こうした人びとは、計り知れない大勢の読者からはじめて選びだされる必要がなく、すでに〔この雑誌に〕興味をもっており、ドイツ的に言えばその当事者である。ひとは友人に彼が経験したことを語ってもらったり、速記文字原稿を見せてもらったりするが、それでもやはりおそらくは自分だけの仲のよい第三者にもそれを伝えるだろう。それと同じように、この雑誌もまた手から手へと渡される贈り物のように受けとられることを願っている。この雑誌はおそらくそのようにしてのみ、つまり口頭の個人的な報告の補足としてのみ効果を発揮するだろう。

訳註

（1）『ユダヤ人（*der Jude*）』は世界シオニスト会議の機関紙としてマルティン・ブーバーとザルマン・ショッケンによって一九一六年に創刊された月刊雑誌。一九二八年まで刊行された。

（2）シュトラウスが『ユダヤ人』に発表したキリスト教にかんする講義は四つである。「キリスト教の起源について（*Vom Ursprung des Christentums*）」（一九二二年第九号、五七三～六頁）、「ナザレのイエス（*Jesus von Nazareth*）」（一九二二年第一一号、六八六～九一頁）、「改宗を説く人パウロ（*Paulus, der Bekehrer*）」（一九二三年第一号、三二～四四頁）、「改宗を説かれた人アウグスティヌス（*Augustinus, Der Bekehrte*）」（一九二三年第六号、三五五～七六頁）。

9　教育ときりのなさ（『コヘレトの言葉』第一二章一二節[1]）
――現在のユダヤ人教育問題、とくに民衆大学問題についての願い

一九二〇年初頭、自由ユダヤ学舎を準備するための綱領的な論文としてカッセルで書かれ、フランクフルトのカウフマン社から刊行された。『小論文集』七九～九三頁に収録。全集版第三巻四九一～五〇三頁。

エードゥアルト・シュトラウスへ

「願いは信頼の使者である」。

私はいまから三年前に、われわれの偉大な師であった故ヘルマン・コーヘンに向けてドイツの地でユダヤ人の教育制度のために抜本的なことをいまこそおこなうべき「とき」だと訴え、その訴えを次のような言葉で結んだ。「あらゆる段階とあらゆる形式におけるユダヤ人教育の問題こそは、現在のユダヤ人の死活問題である」[2]。そのときは過ぎさってしまったが、問題は残されたままである。この窮境は行為を求めており、かつてと同じく一刻の猶予も許されない。種を蒔いておけばもしかすれば遠い未来にようやく発芽し、実をつけるかもしれないが、それだけでは十分ではない。窮境はいまに迫っており、治療薬はきょう見いだされなければならない。わざと回り道をするような治療法は適切

ではない。なんとかしたいと思う人は急がなければならない。そうでなければ、もはや患者は助からない。

伝道者〔コヘレト〕は、「書物はいくら記してもきりがない[3]」と言う。私が当時ヘルマン・コーヘンに語り、コーヘンが最後の日々の情熱のありったけをこめて生命を吹きこんでくれた思想、つまりユダヤ学アカデミー（Akademie für Wissenschaft des Judentums）内にドイツのユダヤ人教師陣のためのセンターを設けて彼らを社会的にも精神的にも更新するという思想は、そうこうするうちにヘルマン・コーヘンの意図から遠くかけ離れてしまった[4]。将来のアカデミーの出発点としてベルリンに設立された研究施設は、直接的にはさしあたり別の目的を追求している。こうした目的の正当性にはまったく納得できても、だからといって今日の状況下でそれらに緊急性が認められるわけではない。たしかに今日の世界の様相からすれば、それ自体で望ましい多くのことを——もっとましな日までではなく——もっとましな世紀までがまんするようおそらく決心せざるをえないかに思えてしまう。だが、ユダヤ学を組織することが、したがってユダヤ人、非ユダヤ人を問わず人びとにユダヤ的な主題についてきりもなく書物を記せと促すことが、差し迫った——正しく理解すれば、目下の差し迫った——課題だとは、おそらくだれも主張しないだろう。われわれは今日かつてほど書物を必要としていない。だが、われわれは今日かつて以上に、いやかつてと同じように人間を、まずは決まり文句を語るならユダヤ的人間を、必要としている。たいせつなのは、この決まり文句を今日それにまといついている党派臭から洗い清めることである。というのも、この言葉は、一見広そうでじつはあまりにも狭すぎる意味で、つまり少数派としてのユダヤ人という意味で——と私は言いたい——理解されてはならないからである。たしかに、政治的でしかないようなシオニズムなら、それどころか文化ナショナリズムにほかならないシオニズムでさえ、この言葉をそのような意味で理解しそうである。[5]ここではむしろそれは、たしかにそうしたシオニズム的な意味をともに含んではいるが、それ以外のものをはるかに多く含むような意味において考えられている。ユダヤ的人間――ここではそれはほかの人間性にたいするいかなる境界も意味しない。ここにいかなる隔壁も立てられてはならない。個人のうちでさえ、いくつかの領域がたがいに接したり区切られたりすることがありうる。それどころか、現実が示す様相もそれと異なるものではない。そうした現実を否定できるのは、かたくなな我意だけである。たしかに、こうした我意とそれと対をなす〔現実の〕臆病な否定というこの両者は、ユダヤ人の現在の顔を示しているように見える。さらに、今日シオニストと同化主義者という両陣営の極端な党派が立てるようなやりかたで、つまりユダヤとドイツというやりかたで問題が立てられるなら、その答えが我意か否定かの〈二者択一〉でしかありえないのもたしかである。しかし、ユダヤ的人間のユダヤ性がそのドイツ性と同列に置かれるなら、不当にあつかわれたことになろう。ドイツ性は必然的にほかの民族性と一線を画する。ユダヤ的人間のドイツ性は、彼が同時にフランス性やイギリス性をもつことを排除する。ドイツ人はまさにドイツ人でしかなく、同時にフランス人でもあったりイギリス人でもあったりすることがない。特徴的なことに、言語そのものがドイツ的人間という言いかたをすることに抵抗する。ドイツ人はドイツ人であって、「ドイツ的人間」ではない。たしかに、ドイツ人のドイツ性と人間性のあいだにはさまざまな関連があり、歴史哲学者たちはこの関連に頭を悩ますかもしれないし、この関連を実現することが生き生きと前進する歴史そのものの仕事かもしれない。しかし、ユダヤ人のユダヤ性と人間性のあいだには、あらためて発見され、頭を悩まし、体験され、つくりあげられなければならないようないかなる「関連」もない。ここでは事情が異なる。ユダヤ人は、ユダヤ人として人間であり、人間としてユダヤ人なのである。ひとは呼吸するたびに「ユダヤの子」である。そこには、われわれの生の血管を脈打ちながら流れていくものがある。その流れに強弱の違いはあっても、それはいずれにせよ血管を隅々まで流れていく。この流れがとても弱いことはありうる。しかし、ユダヤ人がその流れのなかの限定された一部分、ほかの限定されたものにたいしてみずからを限定するような一部分ではなく、その力に大小の違いはあれ、〔その流れの〕全存在を担い、それを貫流している力であることには、だれもが気づいている。

　しかし、この力は個々のユダヤ人の内で限定されていないのと同様に、「外」に向かってもユダヤ人自身を限定してはいない。それどころか、この力こそがまさにユダヤ人を人間にする。ユダヤ人であることは、〔ほかの〕自己限定しているものからユダヤ人を分け隔てる柵ではないということは、ナショナリズムに凝り固まった頭の持ち主には奇妙でしかたがないだろう。限定されたものにみずからの境界を見いだしうるのは限定されたものだけである。無限定なものは、無限定なものによってしか限定されない。ユダヤ的人間はみずからの境界をドイツ人やフランス人によってではなく、彼自身と同じように無限定であり、同じように人間的であるような人間、つまりキリスト教的人間や異教的人間によってのみ見いだす。ユダヤ的人間が同列に置かれてよいのは彼らだけである。ユダヤ的人間は彼らのもとではじめて、自分と同じように包括的であることを要求するような人間、民族や国家や才能や性格のすべての区別さえ超えて包括的であるような人間（というのも、たとえ人間であっても限定されていれば、たがいに限定しあうことになるからだ）に出会う。ユダヤ的人間にとって彼のユダヤ性は、人間的なキリスト教徒のキリスト教性、人間的な異教徒の異教性に劣らず、包括的で、すべてに浸透し、すべてに結びつくのでなければならない。

それではどのようにして？　しかしそうはいってもそれは、「宗教」としての、それどころか「信仰告白」としてのユダヤ教といういまやたっぷり一世紀ものあいだ奏でられて磨りへった古めかしいメロディーを、つまりは、ユダヤ的人間の統一性を、数百人のラビにとっては「宗教」に、恵まれた境遇にある数万人の国民にとっては「信仰告白」にきちんと分けようとした世紀のあの古い逃げ道を、ふたたびもちだすことではないのか！　もはや清らかな音を奏でない――かつて奏でたことがあっただろうか――このレコードをふたたびかけようとすることなどあってはならない。それどころか、われわれにとってユダヤ性が意味すること、つまりユダヤ的人間がユダヤ人であるということは、なんらかの「宗教的な文献」において、さらには「宗教的な生」においてさえ理解できるものではないし、戸籍役場の職員の前で「信仰告白」として「告白」できるものでもない。なにしろ、それはそもそもなんらかの物でもなければ、諸分野のうちの一分野でも、諸生活圏のうちの一生活圏でもないからだ――たしかに文化に酔いしれる解放の世紀は、ユダヤ性を万人にとってそうしたものに引きさげようとしたのだが。むしろユダヤ性は、それによってユダヤ的人間になるような人間においては、計り知れないほど小さなものでありながら途方もなく大きなものであり、もっとも近寄りがたい秘密でありながらあらゆる身ぶりと言葉から、たいていはもっとも注目されない言葉から、突然現われでるものである。私の考えるユダヤ的なものとは、どんな「文献」でもない。それは〈書物を記すこと〉においては捉えられない。〈書物を読むこと〉においても捉えられない。すべての近代的な精神には申しわけないが、それはいまだかつて一度も「体験された（erlebt）」ことがない。それはせいぜい生きられる（ge-lebt）だけである。いや、もしかすればそうですらない。ひとはユダヤ的なのである。

ひとはユダヤ的である。しかしむろん、ユダヤ的なものもまた存在する。そして、ユダヤ的なものが存在し、すでに存在しており、私が存在する以前にすでに存在していたがゆえに、たとえ私がもはや存在しなくても存在するだろうがゆえに――しかしまた、そうであるがゆえにのみ――、それは文献でもある。そうであるがゆえにのみ、ユダヤ的教育の問題がもちあがる。あらゆる文献は、生成しつつあるもののためにのみ、だれのうちにもあいかわらずとどまりつづけているような生成しつつあるもののためにのみ、書かれているからだ。「読むこと」がそのまま「学ぶこと」を意味するユダヤの言語は、あらゆる文献のこの秘密をあかしている。というのも、書物は生成したものを生成しつつあるものに仲介するためだけにあり、現下の日々や、きょうや、現在といった、生成したものと生成しつつあるもののあいだにあるもの、つまり生が、書物を必要としないことは、教育に取りつかれ教育に窒息した現在にとって――まったく公然たるものだとはいえ――ひとつの秘密だからである。私は、存在しているのに、みずからを「教育・形成（bilden）」しうるものについてなにを問うというのだろうか。たしかに、私は存在している。しかし、子どもたちがやってきて問いかける。そうすると、私自身のうちにも、まだ「存在」していないし、まだ「生きて」いない子どもが目覚めて、それが問いかけ、教育されることを望み、生成することを望む。いったいなにに向かって？　生きているものに向かって、存在するものに向かってである。そして、そのとき書物を記すことは終わりを迎える。

というのも、生は二つの時間のあいだにあり、過去と未来のあいだの瞬間だからである。生き生きとした瞬間そのものは書物を記すことの終わりである。しかし、書物を記すことの二つの領域、教育の二つの領域は、この瞬間に激しく対立する。この領域においては、書物を記すことにきりがない。過去の探求は終わりを知らない。〔現在の〕瞬間もまた、過去の探求がそれを過去という捕虫かごで捕えないかぎりなんの価値もないし、過去の探求が未来について知りうるのは、過去の比喩で塗りあげることができるものだけである。さらに、未来のものの教示も終わりを知らない。それが〔現在の〕瞬間を必要とするのは、生成しつつあるもののまだ目覚めていない魂をその灼熱によってこじ開けるためでしかなく、この教示が過去から取りだすのは、教示可能なもの、つまり新世代のこじ開けられた魂が容れうる余地のあるものだけである。したがって、学問は終わりを知らず、教えも終わりを知らない。しかし、この両者のあいだに、日々の炎が燃えており、この炎は、〔現在の〕瞬間の限られた燃料からのみエネルギーを得ているのだが、その灼熱がなければ未来は未開拓なままであり、そのあかりがなければ過去は見えないままである。文字から解放された瞬間の精神からのみ、この瞬間に隣接する世界、つまり研究と教えの世界に、学問と教育に、力と生が与えられる。

　研究と教え、学問と教育、そんなものはわれわれのもとでは死にたえている。こんな言い種は多くの人にとって耳が痛いかもしれないが、私はこう語るとき、若者たちのなかの最良の人びとと意見が一致していることを知っており――これはありがたい！　そうでなければ私は自分に自信がもてないだろう――、さらには老人のなかの最良の人びともそうであることを知っている。われわれの学問は、〔モーゼス・〕メンデルスゾーンと〔レオポルト・〕ツンツ以来もはや自分自身に自信がもてず、「ほかの人びと」の学問を敬して遠ざけながらもその尻にくっついて回っている。敬して遠ざけながらもである。メンデルスゾーンとツンツにおいてすでに時代遅れだったものが、われわれのもとでは――とりわけこの影絵のダンスを眺めている人びとの、当然ながらかなり限られた集団のもとでは――いまでも最新流行のものとして驚嘆の目で見られ、歓迎されている。精神的なドイツではすでにだれでも知っていることが、われわれのもとではいまでも前代未聞の異端とみなされている。われわれは、古いゲットーから出てきたのに、みずからをただちに新たなゲットーに閉じこめてしまっている。ただし、今回それをみずから知ろうとせず、ほんのわずかな例外を別にすれば――たとえば、われわれの曾祖父が解放当初に有頂天になって付けた「ドイツ人らしい」姓のように(6)――ドイツ的でもなければユダヤ的でもないような学問を営んでいる。

教えについても事態はそれよりましではない。私は三年前に詳しく述べたこと(7)をくり返そうとは思わない。私の当時のカリキュラムはさしあたり達成可能なことを意識的に飛び越えるようなユートピア的なものだったので、それを盾に取れば現在の教育運営にたいする〔私の〕批判もかわせるとしばしばみなされてしまう。しかし、その批判は依然として有効である。たとえ私の改革提案がすべてたわごとだったとしても――たわごとではないのだが――、批判は依然として有効でありつづけるだろう。ところで、私の批判が主張していたのは、洗礼運動(8)は毎年われわれのもとから最悪の人びとを引っさらっていく――これはつねに嘘である――のではなく、最良の人びとを引っさらっていくのだから、われわれの宗教教育の重荷になっているということだった。マックス・ブロートの偉大な詩「洗礼を受けたユダヤ人に向けて」にあるこの主題についての詩節は、まるで散文であるかのように真実である。とはいえむろん、ほとんどのばあい個人に罪はない。このような事柄においてはすべてがからみあっている。われわれがいかなる教師ももたないのは、いかなる教職という身分ももたないからであり、いかなる教職の身分ももたないのは、いかなる学者の身分ももたないからであり、いかなる学者の身分ももたないのは、いかなる学問ももたないからである。教育と研究はどちらも萎縮してしまっている。そうなってしまうのは、知識と教えをはじめて生き生きとさせるものが、つまり生が、われわれに欠けているからだ。

〔われわれに欠けているものとは〕生〔である〕。教育とそれを果てしなく書物に記すことという二つの領域のあいだには、ぽっかりと隙間が開いていて、百年以上前から埋められていない。解放されたドイツ・ユダヤ人に欠けているのは、現在は書物を必要としないことが正当とされるようなユダヤ的生の基盤である。この基盤は〔ユダヤ人〕解放までは、古いユダヤ法にもとづく法廷と、ユダヤ人の家と、シナゴーグの礼拝のうちにあった。解放がこの基盤をこわしてしまった。たしかに、この三つの部分はすべていまなお存在してはいるが、かろうじて部分でしかないので、もはやたがいにからみあっていたときのように存在してはいない。つまり、かつてそれらは現実にいま生きられているただひとつの生のただひとつの基盤であり、学問と教育もひたすらその生だけに奉仕しなければならず、学問と教育のほうもその生から最良の力を引きだしていたのである。

西洋ユダヤ人のあいだで今日なお法が保たれているところでも、その法は「ユダヤ人らしい」生をいわば条項にしただけであって、そうでなくてもその生は自明なものにすぎない、というのではもはやなくなり、ひとつの切っ先をもつにいたっている。しかもこの切っ先は——法の真の意味にまったく反して――主として外部ではなく、ユダヤ人内部のもはや法を尊重しない大多数の人びとに向けられている。今日われわれにおいて法は、ユダヤ人を非ユダヤ人から区別する以上に、ユダヤ人同士を区別するものになっている。

家や礼拝との一体性からもぎ離されてしまったために、法がもはやかつての法ではなくなっているように、ほかの二つの部分もまたそうである。今日ではユダヤ人の家もまた、たとえまだ保たれてはいても、あらゆるユダヤ的生の血流がそこから流れでてふたたびそこへと戻っていく心臓ではもはやない。家族は、ゆっくりとではあるが確実に、ユダヤ人の生活における実権を失っている。生は外からやってきて、それ固有の要求を突きつける。ユダヤ人の家は外界にたいして自分の意志を押し通そうと試みることができるし、おそらく試みるだろうが、いまなおそれがなしとげている最高のことは、自分の地位を維持することぐらいである。家庭生活と職業生活の一体性は、絶望的に乱されている。どれほど厳格な正統派も弟子たちを二つの教養世界へ導きいれざるをえなかったし、昔のユダヤ教にはあまり意味のなかった「トーラー（Tauroh）」と「地の道（Derech erez）」[9]の対立をまったく新しい肯定的で重要な事態として誇張しなければならなかったが、それと同様に、家もまたせいぜい生活の「一方」でしかなく、みずからと並んで――みずからの外に――「他方」をもっている。そして、職業や公的活動といったこの他方は、もはや家が外界に向けて自然に放射するものではなく、固有の要求と法に服している。家はもはやユダヤ的生を統一しないのである。

最後にシナゴーグ――たとえあわれなほど細々とした流れであっても、今日のユダヤ人のまわりを流れているとは言わないまでも、それでもユダヤ人のうちをもっともスムーズに流れているユダヤ的生の流れがあるとすれば、シナゴーグからの流れであるように思われる。というのも、どれほど同化している同化主義者でさえ、いまだたいていのばあい、たとえ「魂の祝祭」のときだけであってもシナゴーグの生活にかかわるのがつねであり、すくなくとも結婚のときとか、葬式のときにはそうだからである。今日多くの人が祖先伝来の宝のなかで唯一混じりもののない金貨として手ばなさないでいるのは、たんにヨム・キプル[10]のときにしかかかわりがないような――と私は言いたい――ユダヤ教だとしても、そんなユダヤ教にさえどんな力が眠っているかわからないことを知っている人や、身に沁みて経験した人は、シナゴーグについて軽蔑的に語らないように心がけるだろう。しかし、シナゴーグがわれわれ全員にとってかつてそうであったようなものになりうるということは、かつてそれが〔ユダヤ人の〕家や法にとっても不可能だったのと同じ理由で不可能である。たとえそのこと自体は可能だとしても――私は可能だと思うが！――〔われわれ全員ではなく〕そのわずかな生き残りにもとづいてでしかなく、彼らはこの点で多くの人にとって、断片を次々につなぎ合わせて全体との結びつきを取りもどそうとする唯一の人びとにとどまっている。こうした全体そのものはもはや全体ではない。というのも、それはもはや生きた生という身体を補完する四肢としての地位を占めてはいないからだ。ゲマインデ（Gemeinde）[11]の世話役は、もはや「シナゴーグ（Schul）」の扉をたたかない。ドイツ諸都市のシナゴーグのなかで、今日でもまだ礼拝堂のすぐ隣に重い大型本の律法書〔タルムード〕とその註解書をそなえた学習部屋をもつものがいったいどれほどあるだろうか。むしろシナゴーグは、文化に酔いしれ、すべてを〔文化の〕引きだしにしまいこむ一九世紀がまさに解するような意味において、「宗教的な」「教化」の「場所」になってしまっている（あるいは、そうなってしまっていると主張されている)。そんな「宗教」にたいして、生は「場所」を与えることを拒む——それは当然である！　なぜなら、生はそのような死んだ部分的要求には当然ながら逆らうものだからだ！　そこで「宗教」は、安全でじゃまされない片隅を探す。じっさいそれは片隅にすぎない。生はそんなものは気にもとめずに、そのかたわらを流れすぎていく。かつて法や家がなしえなかったこと、つまり、ドイツ・ユダヤ人にユダヤ的生の基盤を与えるということは、今日のシナゴーグもまたなしえない。

それでは、解放の始まり以降ドイツ・ユダヤ人たちをまとめている、あるいはまとめていたのは、いったいなんだろうか。現在の生活の共同性だけが受け継がれてきた過去を、生成しつつあるものの未来へと受け渡すことができるのだが、そうした共同性はどこに現われているだろうか。その答えは驚くべきものだ。今日のドイツ・ユダヤ人の生を解放のはじめからいわば「ユダヤ的生」へとまとめているものはただひとつしかない。それは解放そのものであり、権利を求めるユダヤ人の闘争である。この闘争だけがすべてのドイツ・ユダヤ人を包みこみ、ユダヤ人だけを包みこんでいる。したがって、研究者から注がれる視線に過去を開示し、人間の指導的な意志に未来を開示しうる現在の力があるとすれば、それはこの闘争に由来しているにちがいない。それがじっさいどういう状態にあるかは、だれもが知っている。事実ここにこそ、われわれの学問やわれわれの教えがどうしてひどい状態にあらざるをえないかの究極の理由がある。というのも、国民の権利であれ社会的な権利であれ権利を求めるこの闘争こそがじっさいのところ、実生活から学問と教育に流れこむ唯一の「賦活する」力だったからである。そのために、学問も教育も弁明という目隠し革からみずからをけっして解き放せなかった。学問と教育のどちらも、自分自身のものにたいする喜びを感じたり教えたりするかわりに、自分自身のものをつねにただ弁護しようとするだけだった。こうして、われわれは今日の状態にいたりついてしまったわけである。

シオニズムは、診断者としては天才的だが、治療者としてかなり凡庸なので、病気を見ぬきはしたが、誤った治療法をほどこしてしまった。シオニズムが見ぬいたのは、自分には現在のユダヤ的生が欠けているということだ。つまり、この生は〔完全であろうとすれば〕ひとつの、おまけにまだだれも関知しない死んだ机上の学問、いわゆる「ユダヤ学」を共有し、「反ユダヤ主義に」共同して「抵抗する」ことだけでなく、ほかの共通点も示さなければならないだろう。さらにシオニズムが見ぬき、そのさいもはや診断者としてだけではなく、まさしく病理学者としての真価を早くも発揮したのは、ユダヤ的人間における唯一健全なものであり、いまだ唯一全体的なものとは――ユダヤ的人間そのものだということである。シオニズムははっきりとであれ無意識にであれ、ほんとうのところ昔からわれわれを結びつけているものがなんであり、ユダヤ的生のそのときどきの歴史的な担い手――かつては土地、国家、権利、のちには法、礼拝、家――が根づくことのできた唯一確かな土壌がなんであるかを、つまりユダヤ的人間の一体性こそがそれであることを、くり返し語っている。しかし、次のような大問題が語られるやいなや、シオニズムはたちまち無力をさらけだしてしまう。その大問題とは、いったいいまなにがなされるべきか、ユダヤ人の共同生活の干からびた幹ではなく新たな幹を、どうすれば荒廃してはいても荒廃しつくすことのないこの土壌に根づかせ、その新しい幹を接ぎ木することによって、永久に枯れることなく流れる古い樹液が血管をふたたび循環しはじめるのを個々人が感じとるようになるか、ということである。ユダヤ人の現在のヨーロッパにおける窮状は、パレスチナの未来への出口を開けば取りのぞけると、シオニズムは信じている。しかし、シオニズムは魔法にかけられたかのようにヨーロッパからのこの出口に固執しているので、「あいだの時間」――現在はつねに「あいだの時間」である――を生きるユダヤ的人間にたいして、彼をつねに可能なかぎり孤立させようとする誘惑にくり返し陥ってしまう。孤立した国家の建設にこそ救いのすべてがあるとみなされるので、さしあたりまずユダヤ人を孤立させるべきだ――というふうにシオニズムは考えてしまう。シオニズムによれば、ヨーロッパにおいては、さまざまな内的・外的なかたちでの治外法権が作為的にユダヤ人に与えられるべきであり、たとえドイツで生活していても、ユダヤ的に歩きまわったり、ユダヤ的に体操したり、ユダヤ的に語ったり、ユダヤ的に読んだりする機会が与えられるべきだという。法と家と礼拝からなるかつての全体がきわめて適切にそう呼ばれたような「もち運びのできる祖国」ではなく、もち運びのできる祖国喪失がユダヤ人に与えられるべきだというのである。というのも、じっさいにこうしたすべて、「……にもかかわらず・……に抗して・ユダヤ的に・生き・よう」というこうしたまったく新しいユダヤ的なありかたは、ヨーロッパにおいてはいずれにせよわが家にいるようにはくつろげないという感覚を抱かせるぐらいしかできないからだ。シオニストのもくろみからしても、けっしてそれ以上にいたるべきではない。そんなことをして、たとえばユダヤ人が住居する辺境の田園都市やフランケン地方の農業の開拓集落において、突然ユダヤ人にもはやもち運びできない真の故郷感情が芽生えたりしたら、シオニズムのこうした「ディアスポラ政策」の意向に大いに反することになろう。

　こうして、シオニズムのディアスポラ政策はユダヤ的人間を自分たちが知りたい仕方でしか知ろうとしないので、それにどんな細かな点まで彫琢をほどこそうと、そのユダヤ的人間は結局のところまったく否定的なものであり、ほかとは一線を画するものであり、したがってそれ自体たんに限定されたものでしかない。たしかに、シオニズムにしてもそのもっとも成熟した思想家たちは普遍性や全体性がユダヤ的人間に本質的で固有なものと認めはするが、普遍性や全体性がふたたび取りもどされるのは別の時代の別の場所においてでしかないとされる。シオニズムは、そのディアスポラ政策から暫定措置というこうした性格が奪われるなら、自分で自分を否定することになるだろう。したがって、労働の主たる重荷を不確かな〈あす〉に押しつけたりせずに、そのときどきの瞬間のために、〈きょう〉のために働こうとする人は、シオニストの軌道を進めない。そういう人は、ユダヤ的人間を、その全体性における全体的人間を、ここできょう実現しなければならない。しかし、どのようにしてか？

　ひとが出発点としてよいのは、すべての完全に偉大なものだけであり、包括的にしか存在できず、そうでなければそもそも存在できないとひとが確信しているようなものだけである。ということは、まったく控えめに始めることしか許されない。限られた範囲内にしかねらいを定めていないものなら、限られた明確に仕上げられた企画にしたがって築きあげることができるし、「組織化する」ことができる。無限定なものはそうした組織化ができない。もっとも遠いものは、もっとも近いもの、そのときどきの瞬間のそのつどもっとも近いものにおいてしか捉えられない。ここではどんな「企画」もそれが企画だという理由ですでにはじめから間違っている。最高のものは企画化されえないからだ。じっさいにはすべてが最高のものにたいする準備状態である。われわれがみずからの考えるわれわれの内なるユダヤ的人間のために提供できるのは、ほかでもなくこの準備状態、つまり意志のまったくかすかな動きだけである――「意志」という言葉だけでもすでに多すぎると言ってよいほどのものを含意している。そしてわれわれがこうしたまったくかすかな動きをじっさいにみずからに与えるのは、混乱した世界において一度静かにみずからの前で「われわれユダヤ人」と言い、それによってはじめて、ユダヤ人一人ひとりをそれぞれ保証人とみなす昔の格言が考えているような無限の保証を引きうけるときだけである。前提となるのは、「私にとってどんなユダヤ的なものも無縁ではない」と一度言おうというこの単純な決断にほかならない――これはこれでまた決断というほどのものではなく、ほとんど「小さな動き」、つまり自分のまわりを見まわし、みずからを見ることでしかない。個々人がなにを見ることになるかを、いったいだれが彼に予言しようとするだろうか！

　私が個々人にあえて予言するとすれば、彼は全体を見てとるだろうということぐらいでしかない。というのも、謙虚に隣人のもとで始める以外に全体を調達することは不可能だが、逆にまた、そうした素朴でもっとも謙虚な出発をするだけの力をじっさいに見つけさえすれば、全体に、その人にとっては確かな全体に、到達しないことはありえないというのも正しいからだ。ユダヤ「性」(Juden-“tum”)を、――通俗的な正統派のように――はっきりとした、明確に定めうる「ユダヤ的な義務」の基準として、あるいは――通俗的なシオニズムのように――「ユダヤ的な課題」の基準として、あるいは(とんでもないことだが！)――通俗的なリベラリズムのように――「ユダヤ的な理念」の基準として押しつけようとするあらゆるくだらない要求からひとたび自由になった人、外からも内からもみずからにふりかかるすべてのことを、つまり仕事とかドイツ性とか結婚を、私にかんして言えば

——そもそもそんなものがなければならないとすればだが——みずからのユダヤ「性」さえも、みずからにユダヤ的なかたちでふりかからせる準備をいとも簡単にやってのけている人は、これらの際限のない「保証」を簡単に引きうけることで、じっさいにもまた「完全なユダヤ人」になるだろうという確信をもってもよい。それどころか、完全にそうなる道はほかにない。ユダヤ的人間が生まれる道はほかにない。正統派やシオニズムやリベラリズムのどんな処方箋も、それに従えば従うほど、人間のますますこっけいなカリカチュアを生みだしてしまう。人間のカリカチュアは、ユダヤ的人間のカリカチュアでもある。ひとはユダヤ人であるかぎり、この両者をたがいに切り離すことができない。人間をユダヤ的人間にする処方箋、そして、彼がユダヤ人であり、したがってユダヤ的な生を定められているがゆえに真の人間にするような処方箋は、ただひとつしかない。処方箋がないという処方箋であり、それこそまさに私が——私はそう感じる！　という——弱々しい言葉でつかえながら語ろうとしていたことである。われわれの祖先は、すべてがひそんでいるこの場所を表わす美しい言葉をもっていた。信頼こそがその言葉である。

　信頼とは、準備ができていることを表わす言葉であり、準備ができているので処方箋を気にかけることもなければ、「私はそうなったらいったいどうすべきか」とか「私はいったいそれをどうすればいいのか」とぶつぶつつぶやくこともないということを表わす言葉である。信頼は、明後日のことに怯えたりはしない。信頼はきょうを生きており、のんきな足どりできょうからあすへと通じる敷居を踏みこえる。信頼はもっとも近くのものしか知らない。そうだからこそ、信頼には全体が属する。信頼はまっすぐにしか進まない。そうであるのに信頼にとっては、臆病者には果てしなく続いて見えなくなっていた道が気づかぬうちに丸くなり、完全に踏破可能だが果てしない円になる。

したがって、ユダヤ的人間になるには、その準備ができていること以外のなにも必要ではない。ユダヤ的人間の手助けをしようとする人が彼に提供できるのも、準備ができていることの空虚な形式でしかなく、この空虚な形式はそれ自身によって、ただそれ自身によってしか満たされない。ユダヤ的人間により多くを与えようとする人は、よりわずかなものしか与えられない。準備ができるのは、なにかが起こりうるような空虚な形式、つまり「空間と時間」だけであり、じっさいには、語りの空間と語りの時間にほかならない。これが、あらかじめ「組織化」されうる唯一のものである。したがって、それはきわめてわずかである。まったくないとさえ言えるほどである。近年ますます談話室のような性格を帯びてきたわれわれの新しいユダヤ人向けの雑誌は、この必要性を鋭く感じとっている。したがって、われわれの雑誌は、とくに最良の雑誌であるブーバーの『ユダヤ人』[12]は、じっさいわれわれの生活において力になっており、もしかすればもっとも生き生きとした力一般にさえなっているかもしれない。ユダヤの「民衆大学運動」――この言葉を聞くと、ドイツの民衆大学運動と比較したくなるが、ドイツ人のそれはまったく別種の目的を追求しなければならないので[13]、その比較は的を射たものではなく、したがってこの言葉は適切ではないのだが――、今日のドイツ・ユダヤ人の最新の、おそらくもっとも重要なこの運動は、みずからが望むものがなにかをはっきり自覚しなければならない。この運動は、ベルリンでの創設時[14]に対外的な成功とともに歩んだ道を行くこともできる。大都市の聴衆が講演に限りなく飢えていることを利用して、ユダヤ人教育制度のとてつもない隙間を、つまり「宗教」教育がなおざりにし総合大学が提供しないものを、補い埋めあわせようと試みることもできる。そのばあい、この運動は完全に体系化された講座と、できるかぎり百科事典的な性格をもつカリキュラムを、要するに教養を、可能なかぎり提供しなければならない。だがそうなると、この運動は、――退屈な授業とは逆に――たしかにその気になってはいるものの、いくらその気になっても結局は、普通であれば別の場所で与えられるべきだが、そこでは与えられえないものの代わりにしかならないだろうし、今日じっさいそうなっている。なぜそこでは与えられないかと言えば、教育のきりのない書物の世界がみずからの終わりを経験せざるをえないような、したがってこの世界がそこからのみ書物を必要としない生き生きした始まりを受けとりうるような生き生きとした力、つまりユダヤ的人間のユダヤ的生にとっての核心と出発点がそこには欠けているからである。

あるいは、この〔ユダヤ民衆大学〕運動は、この〔核心にして出発〕点になろうとする。この運動はそのような〔ユダヤ的〕生のための形式、たしかに空虚な最初のものではあるがもっとも身近な形式であろうとする。この運動は始まりであろうとする。ちょうど総合大学では、全体において完成しており、細部において生成途上のひとつの学問の建造物が学生に――学生自身のものとしてではなく、学生がそれに通暁したいと思い、通暁すべきものとして――対峙するように、この運動は、内容にかんしても考えぬかれたうえで展開されるような全体を据えておいて、知識欲旺盛な人たちがそれに近づこうとして一歩一歩踏破していくようにするのではない。この運動はそうした全体を据えるのではなく、むしろ謙虚にも、みずからをたんなる始まりに、始めることのたんなる機会にする。この運動は、自分自身のたんなる始まりを、つまり、語りの空間と語りの時間を始めるのである。

いったいどのようにして？　それ以上なにも必要ないのだろうか。そうである、それ以外なにも必要ない。まず「信頼」しよう。まずはあらゆる計画を放棄しよう。まずは待とう。そうすれば、ユダヤ民衆大学の面会室（Sprechzimmer〔語りの部屋〕）――これ以上適切な言葉があるだろうか！――に現われただけですでに、みずからのうちにユダヤ的人間が生きていることを証言してくれるような人間たちが現われるだろう。そのような人間はそれ以外の仕方では現われないのだから。さしあたりまずなにも差しだす必要がない。まず聴こう。聴くことから言葉が生い育ってくるだろう。その言葉はひとつになり、願いになるだろう。願いは信頼の使者である。願いがたがいに集まることは、人間がたがいに集まることであり、それがユダヤ的人間ということである。ユダヤ的人間に彼らが求めるものをもたらすように試みよう。しかもこれまたまったく謙虚に。なぜなら、そのような願い――自然発生的で、切実であって、教育のなんらかの図式に照らして作為的に培養されたのではないような願い――がかなえられうるかどうかは、だれにもわからないからだ。しかし、こうした切実な願いの声を聴くことを心得ている人は、おそらくユダヤ的人間が求めている道を示すことも心得ている。これこそもっともむずかしいことであろう。そのような自然発生的な願いに歩み寄れる教師は、けっしてなんらかの図式にしたがった教師であってはならないからだ。彼は、はるかにそれ以上であると同時にそれ以下のもの、つまり、先生であると同時に生徒でなければならない。彼は、「知っている」とか「教えることができる」ということだけにけっして満足してはいけない。彼はまったく別のことが「できる」――つまり、みずから願うことが「できる」――のでなければならない。ここ〔ユダヤ民衆大学〕においては、教師は「願うことができる」人でなければならない。生徒がいる同じ語りの部屋の同じ語りの時間に、教師も見いだされるだろう。ばあいによっては、同じ語りの時間に、同一人物が先生とも生徒ともみなされるだろう。なんといってもそうなってはじめて、彼が教師に適任であることが申し分なく確実になる。

そのさい前提となるのは、語りの空間が待合室のないただひとつの空間だということである。語りの時間は「公開されて」いなければならない。そこへやってくる人は、語りの空間そのもののうちで待つことになる。彼はみずから話に加わるときが来るまで待つ。語りの時間は対話になる。その場にいて、他者との対話を続けようとする人だけが、たがいに申し合わせをすることができる。語りの時間は各人を各人に引きあわせる。というのも、語りの時間は各人が共有しているものにおいて、各人をひとつにまとめるからである。その共有しているものとは、まだどれほど萌芽的で隠れた意識であろうと、ユダヤ的人間という意識である。この意識にもとづいて、だれもが他人とともに集まることができ、ともに願うことができることを、だれもが体験するだろう。もっとも、その願いがかなえられないままということも起こりうる。それは予想されうることだからだ。〔われわれのものとは〕まったく逆の「ベルリンの」〔教育〕システムにおいては、参加者の不足で講義がなりたたないことがありうるのとまったく同様に、ここでは、教師不足のために願いがかなわないことが起こりうるにちがいない。それはどうということはない。というのも、シラバスに講義要項として記されただけの講義は——個人の意図にとどまっているので——死んだ状態にあるが、実現されないままの共通の願いは、多くの人を結びつけるがゆえに、生きているからだ。重要なのは、本来それだけが重要なのは、生きているということである。

これをわれわれに保証するのは、語りの時間の「公開性」にほかならない。なにしろ、この公開性こそは、われわれドイツ・ユダヤ人と――正直に言えば――とりわけシオニストではないドイツ・ユダヤ人との背後に迫っている死の力、つまりボス支配にとっては、命取りになるような環境だからだ。ボスになった人もボスになりたい人も、若い老人も老いた老人も、彼らはみな安易に〔公開性のもとに〕赴こうとはしないだろう。ここではだれにでも問いが向けられるからだ。そこで、彼らは政治集会を開こうとする。ここではだれにでも懐疑が向けられる。そこで、彼らは綱領を練ろうとする。ここではだれにでも願いが向けられる。そこで、彼らはさまざまな要求をしようとする。講演のスターがまかりまちがっても教師の一員にはならないように、ボスが――「改心」し、高級官吏の服を脱ぎ捨てないかぎり――まかりまちがっても生徒の一員になることはない。このことは声を大にして十分語られてきた。講壇はわれわれのもとではできの悪い説教壇へと十分に歪められている――これは、数に物を言わせて説教壇からせいぜいひどい講壇しかつくれなかったラビ身分にとっては当然の報いである。願いを抱く学生たちが当然ここで教師になってほしいと願うような人は、〔学生よりも〕九倍も賢いという深い確信に満ちた思いこみを捨てなければならない。この思いこみにあきあきしうんざりしない人は、われわれへの道を見いだすことがむずかしいからだ。

　しかし、そうでなければいったいだれがわれわれへの道を見いだすのだろうか。私にはすでに、「なんとあいまいで、不確かで、漠然としていることか」と語る声が聞こえる。そう語る人には、居ごこちが良いと感じている確固たるものや確実なものや日常の明るい光のもとでおとなしくしていてもらいたい。なぜなら、その人がすでに身を置いている気の抜けた状態に加えて、同じように気の抜けた日常的な「ユダヤ性」をしょいこんでみても、なんの役にもたたないからだ。彼にそのように問いかけても、彼に生じてくるのはそうしたユダヤ性でしかないだろう。

私にはまたすでに「なんとわずかだろうか！」と語る人びとの声も聞こえてくる。そう語る人には、自分が所有する「多くのもの」のもとでおとなしくしていてもらいたい。というのも、その人の多種多様な珍品収集にありとあらゆる取るに足りないものを付けくわえ、それに「私のユダヤ性」という小さなレッテルを貼っても、なんの役にもたたないからだ。彼にそのように問いかけても、彼が見いだすのはそうしたユダヤ性でしかないだろう。

しかし、そんな彼らでもひょっとすればどちらも、「なんと美しいことだろうか」と〔語りつつ〕願い、疑いながらでしかないにせよ、「それが存在してくれさえすれば」と〔語りつつ〕問うかもしれない。彼らの疑いはもっともである。彼らは疑うべきである。しかし、彼らはやってくるべきである。彼らは「それが存在する」かどうかを試してみるべきである。それが存在するかどうかは彼らしだいであり、ひとえに彼らだけに、つまり、彼らの願う力と、問おうとする衝動と、疑う勇気にかかっているのだから。彼らのもとにこそ、生徒もいれば先生もいる。彼らはやってくるべきである。彼らがやってこないのなら、むろん昔の伝道者が語ったことはわれわれの世代にとってもまたしても正しいことになる――書物はいくら記してもきりがない。

訳註

（1）『コヘレトの言葉』第一二章一二節「それらよりもなお、わが子よ、心せよ。書物はいくら記してもきりがない。学びすぎれば体が疲れる」。

（2）「時は今（Zeit ists...）」（全集版第三巻四六一～八一頁）参照。これはローゼンツヴァイクの一九一七年のコーヘン宛書簡であり、その内容は副題にもあるとおり、「現在のユダヤ人教育問題についての考察」であった。

（3）訳註（1）を参照。

（4）第一次世界大戦直後、ローゼンツヴァイクはユダヤ人をみずからの文化に立ちもどらせる教育計画を提言した。ヘルマン・コーヘンはこれを熱狂的に支持し、一九一九年に「ユダヤ学アカデミー」が生まれた。しかし、実現したアカデミーの目標はローゼンツヴァイクが考えていたものとは違っていた。ユダヤ人の学術振興、若手研究者の育成とその研究論文の出版がアカデミーの主な事業内容だったのである。そのため、ローゼンツヴァイクはみずから学園をつくろうと決意し、「自由ユダヤ学舎」を設立することになる。

（5）政治的シオニズムと文化的シオニズムについては、「新ヘブライ語？」訳註（15）を参照。

（6）一七九二年のフランスに続いて、ドイツのプロイセンでも一八一二年に「ユダヤ人解放令」が発布され、これによってユダヤ人は長年のゲットーから解放され、ドイツ市民権を得ることができた。ただしその条件は、ドイツ語を語り、「ドイツ人らしい姓」をもつことであった。プロイセンのユダヤ人解放令の第二項にはこうある。「ユダヤ人は明確に定まったファミリーネームをもち、……ドイツ語かほかの生きた言語を使い、みずからの名前を署名するさいには、ドイツ文字かラテン文字だけを使わなければならない」。そこで、ユダヤ人たちは自分たちのユダヤ人らしい姓を放棄しはじめた。そのベストテンは、一、レヴィ（Levi）、レヴィン（Levin）、二、ヒルシュ（Hirsch）、三、モーゼス（Moses）、四、マルクス（Makus）、五、ナータン（Nathan）、六、ザロモン（Salomon）、七、リープマン（Liepmann）、八、ベンディクス（Benndix）、九、イーザク（Isaak）、一〇、ザムエル（Samuel）である。詳しくは、ディーツ・ベーリング（Dietz Bering）『スティグマとしての名前（*Der Name als stigma*）』（Klett-Cotta, 1996）一三三頁を参照。

（7）「時は今」のこと。訳註（2）参照。

（8）ドイツのユダヤ人はプロイセンの「ユダヤ人解放令」（一八一二年）によって市民権を得たが、ドイツでまっとうな職を得るには、ユダヤ教を捨ててキリスト教に改宗することが暗黙の前提になっていた。解放後第一世代のユダヤ人にとって、この決断は苦渋に満ちたものだった。ハインリヒ・ハイネは若いころ洗礼を受けるが、それによってキリスト教社会に受けいれられたわけではなく、ユダヤ人社会からも非難された。「私はいまやキリスト教徒からもユダヤ教徒からも憎まれている」と、彼は書簡に書いている。しかし、ユダヤ人の同化が進むとともにユダヤ教の意義は薄れ、洗礼を受けることにも抵抗がなくなる。それどころか、死んだ宗教であるユダヤ教から、いまも生きているキリスト教へ積極的に改宗しようとする運動がユダヤ人青年のあいだに広がっていく。ルドルフ・エーレンベルク、ハンス・エーレンベルク、オイゲン・ローゼンシュトックなど、ローゼンツヴァイクの友人たちはすべて洗礼を受けていた。ローゼンツヴァイクもこれに従おうとしたが、ユダヤ教がいまも生きた宗教であることに気づき、この宗教に踏みとどまり、『救済の星』（一九二一年）を書くことになる。

(9) デレフ・エレツは、賞賛に値し、価値ある人生のありかたを意味する語。転じて、生業、教養、礼儀、行儀など、広汎な内容を含意する用語。

(10)「贖罪の日」とも呼ばれ、『レビ記』第一六章にもとづくユダヤ教のもっとも重要な祭日のひとつ。ローゼンツヴァイクは一九一三年に、この祭礼に参加したことにより、キリスト教への改宗をやめ、ユダヤ教にとどまることを決意した。

(11) ユダヤ人を各地域ごとにまとめていた半自治組織。強制加入の原則と税徴収の権利をもち、学校、病院、図書館、老人ホームといった非宗教的施設を経営し、新聞・雑誌を発行した。その中心はシナゴーグであり、ユダヤ人のユダヤ人としてのアイデンティティを保持するのに貢献した。詳しくは、M・ブレンナー『ワイマール時代のユダヤ文化ルネサンス』上田和夫訳、教文館、二〇一四年、七一～二頁を参照。

(12)「自由ユダヤ学舎」の訳註（1）を参照。

(13) 第一次大戦後、ワイマール憲法は第一四八条で成人教育を帝国の目的と宣言し、ドイツ諸州とプロイセンの文化部に成人教育のための独立した課が設置されると、一九一九年だけで一三五の民衆大学が設置され、一九二〇年代終わりまでに二一五に達した。「ユダヤ民衆大学」運動もこの動きに対応するものである。しかし、ドイツ民衆大学の主な対象が労働者階級の子どもたちであったのにたいして、ユダヤ民衆大学のそれはドイツで成功した両親をもつ教養程度の高い若者たちであった。詳しくはブレンナー『ワイマール時代のユダヤ文化ルネサンス』一〇一～三頁を参照。

(14) 訳註（4）を参照。

10　新しい学び

一九二〇年一〇月に書かれた自由ユダヤ学舎開校演説の草稿。ショッケン出版社の『年鑑』（一九三四～三五年）に発表され、現在の表題を付して『小論文集』九四～九頁に再録された。全集版第三巻五〇五～一〇頁。

ご来席のみなさま

自由ユダヤ学舎は、前年の〔カッセルでの〕冬学期と夏学期のユダヤ人向けの市民講義を引き継ぐものとして本日開校を迎えたわけですが、前年の冬、われわれの式典で最初に祝辞を述べていただいた敬愛する人と張りあって、ユダヤ学の広範なテーマのひとつを論じるのは、私にふさわしいことではありません。みなさんも、私のような無名の若輩にそんなことは期待なさらないでしょう。そこでここでは、私たちがみずからに課している課題と、念頭に置いている目標についてだけまったく単純素朴な言葉で若干釈明させていただきたいと思います。

〔いまではすでに〕ユダヤ協会（*Jüdische Vereine*）がフランクフルトを十分すぎるほど一人占めにしています。ユダヤ人の成人教育のためのこの団体が数を増やそうとしかしないなら、水をマイン川まで運ぶような無駄をしていることになるでしょう。私たちは、この点でユダヤ協会とどんなかたちであれ張りあうつもりは毛頭あるはずはありませんし、あってはなりません。ユダヤ協会に花咲いている生は、……に応じて多彩です。私たちは、この場所からはこの生をひたすら畏敬と希望を込めて、つまり、すでに生成したものへの畏敬と、生成しつつあるもの、いまだ……への希望を込めてのみ眺めることができますし、また眺めるべきです。それではなにがわれわれの課題になりうるのでしょうか。それは……でしょうが、それにもかかわらず、納得のゆく課題でなければなりません。そうでなければ、みなさんはここに同席しておられないはずです。ユダヤ人の過去をいちど振りかえれば、現在を理解できるようになるでしょう……。

　学び——この言葉が今日のユダヤ人のもとでもっている独特の響きを聞きわけられない人はみなさんのなかにはもはやほとんどいないでしょう。一冊の書物、私たちがそれなりの理由から外見上も数千年のあいだ変わらないかたちで使いつづけている書物（いまなお巻物として生きて使用されている唯一の古代の書物）、この一冊の書物〔トーラー〕が私たちを生かしつづけています。この書物を学ぶことが、〔ユダヤ〕民族の問題となります。それを学ぶことは、貴族化すると同時に民主化する働きをします（その異論の余地のない起源（Jichus）[1]は、トーラーの知識によって壊されてしまいました）。それを学ぶことは、ユダヤ人の生の及ぶかぎりの範囲を満たし、それを完全に満たしています。じっさいそこにこそすべてがあります。「異郷の書物」もあるにはありますが、それを学ぶことはすでに離反の始まりとみなされます。そのような異郷のものに市民権を与えることに何度か成功したこともありました——アリストテレスがそうです——が、過去数百年のあいだにその力は尽きてしまったようです。そこに解放が割りこんできたのです。

解放は、視野を一挙に途方もないほど広げ、すぐに、きわめてすぐに、生活領域をも広げます。しかし、学びはこの途方もなく速い拡張に同じ速さでついていけません。〔ユダヤ人を制限していた〕さまざまな外的障壁の崩壊などは、それほど目新しいことではありません。たしかに、以前にもすでにユダヤ人の生活はゲットーによって居住地域を制限されていましたが、それでもその生活は完全に隔離されていたわけではけっしてありません。ユダヤ人は障壁の外だって動きまわっていたのですが、障壁の内側にしかみずからの安らぎと故郷を、精神的なものの故郷を見いださなかっただけなのです。したがって、いま始まった新たな事態は、ユダヤ人がみずからの足でこれまでより遠くまで行けるようになったことではありません――なにしろ、ユダヤ人は中世においては、中世社会のとりわけ拘束された成員ではなく、（あくまで比較の話ですが）とりわけ可動的な成員であり、ゲットーは中世においては（近代の最初の数世紀も社会史的にはまだ中世に属しています）けっしてユダヤ人だけの例外的な現象ではなく、東洋では今日なお見られる一般的な現象だからです。新たな事態とは次のこと、つまり、外を歩きまわっていた人が夕方になって帰らなくても、もはやゲットーの障壁の外に締めだされず、夜に学びのときを過ごす――比喩的表現をまじえずに言えば、精神的な安住の地をユダヤ的な世界の外に見いだす――ということです。

……古いスタイルの学びは、精神のこの移住には役だちません。正統派とリベラリズムがこの拡張された領土を埋めようと試みましたが、それは徒労です――統計学の立場からして今日では徒労だと言ってよいでしょう。〔正統派のように〕法がどれほど吹聴されても、それにできるのはせいぜい内面生活を規制し制御するぐらいであり、精神生活にたいしては同化するどんな力ももちませんでした。それでもなおメスーサ[2]が部屋の扉のところにいて、入ってくる人たちに挨拶することはありえても、ユダヤ的なものはいまだ本箱のせいぜい片隅を占めるにすぎません。リベラリズムは、法を武器とする接近戦をしかけて生を攻略するかわりに、むしろ理念という身軽な飛行隊によってそれを試みますが、リベラリズムにとっても事態がましなわけではありません。というのも、そうなるとおそらく次のようなことにしかならないからです。つまり、精神生活の全空間を埋めるとはとても言えないがほぼその境界を画定するためだけでも、ユダヤ教の精神あるいはそうみなされているものがぎりぎりまで薄められなければならなかったのです。〔いまでは〕どんな偉大な言葉もいとも簡単に口に出されてしまいます。昔のユダヤ教はたしかにそうした言葉をすべてもちあわせていましたが、賢明にも控えめにしか語りませんでした。これらの言葉は、あまり頻繁に使いすぎるとすり減ってしまうからです。どんな偉大な言葉もいとも簡単に口に出されてしまうのは、——人類、観念論といった——そうした言葉によって世界の全領域を捉えられると信じこまれているからです。しかし、世界はそのようなぞんざいなあつかいに逆らいます。世界はケースによって異なる手続きを必要とします。精神生活のなんらかの領域となんらかのユダヤ的な概念との類縁性を決まり文句のように特徴づけてみても、まだとうていその領域をユダヤ教に同化したことにはなりません。たとえば、「同様の法があなたたちにも適用される[3]」というトーラーの文〔を参照するよう求められた〕〔全集版による補足〕からといって、民主主義の諸問題がユダヤ化されたわけではないし、昔のイスラエルのなんらかの社会的な制度や要求が指摘されたからといって、社会主義の諸問題がユダヤ化されるわけでもありません。そう信じこもうとすれば、事態は悪くなるばかりです。なぜなら、私たちの核心に由来する偉大で創造的な精神は、そんなことではけっして拘束されないからです。これは残念なことでしょうか。いや喜ばしいことです。そうした精神は私たちを見放してしまいました。それは四方八方へ去ってしまいました。それはみずからの精神的な故郷を見いだし、ほかの精神のための精神的な安住の地をつくりだしました。むろんそれは一冊の書物にすぎません。かつてわれわれはこの書物のまわりに集まったものですが、この書物は〔いまでは〕この世界のまん中にひとりぽつんと存在しています。この書物に定期的に立ちもどることをいまだ愛すべき義務としている人びとにとってさえ、この帰還はまさしく引きかえすことであり、生に背を向けることであり、後ろを振りかえることでしかありません。そんな人びとの世界は、たとえ彼らがまだなんらかのユダヤ的世界をもってはいても、非ユダヤ的なままです。生活を書物と関連づけておくような古いやりかた、つまり学びは、もはや機能を発揮していないのです。

　ほんとうにそうでしょうか。いいえ、古いやりかただけがそうであるにすぎません。もし治療法がつねに病気そのものから生まれないとしたら、私たちはすべていかがわしく見すぼらしいので、あらゆる民族の象徴にして奇跡、つまり永遠の民族ではありえないでしょう。いまでもそうです。かつて学んでいた者が聖書外典（Sfarim chizonim）[4]というなじみのない学問の広野へ出ていったり、かつての学者たち（Talmide chachamin）[5]が現代のヨーロッパの大学の私講師や教授に変身したりすることは、学びに致命傷を与えるかに見えましたが、まさにそれこそは私たちに新しい力と新しい要求権を与えるものにほかなりません。ある新しい学びが生じる、いや、すでに生じているのです。

　それは逆方向の学びです。それはもはやトーラーから生に向かうのではなく、反対に生から、律法についてなにも知らないか、なにも知ろうとしない世界から、トーラーに立ちもどるような学びです。それは時代の特徴です。

　それが時代の特徴であるのは、この時代の人間の特徴だからです。今日では、疎外されていない人、すくなくともある程度の疎外感を抱いていない人はだれもいません――「ゲーテ」でさえ例外ではありません。ユダヤ教とユダヤ人であることが私たちにとってふたたびその生の中心的な事実になったかぎりでは――私は自分がここで自分自身のためだけに語っているのではないことを承知しています――、私たちのだれもがたしかにみずからのユダヤ的存在のためにすべてを犠牲にしなければならないが、なにも犠牲にする必要がないことを知っています。なにも放棄せず、なにも否定せずに、それでいてすべてをユダヤ的なものに、周辺から中心へ、外から内へ連れもどさなければなりません。

　これが新しい学びです。この学びの才能にもっとも恵まれているのは、今日ではたいていなじみのないものをもち合わせている人です。したがって、それはユダヤの専門家ではけっしてありません。いずれにせよユダヤの専門家がそうした才能に恵まれているとしても専門家としてではなく、彼にしてもまた疎外された者であり、故郷を探しもとめる者であり、帰郷する者であるかぎりでのことにすぎません。

　たいせつなのは、ユダヤ的なものとユダヤ的でないものの「関係」を示すことではありません――そんなことは長いあいだいやというほどなされてきました。たいせつなのは、護教論[6]を展開することではなく、私たちの生の心臓部に立ち帰る道を見いだし、この心臓部がユダヤの心臓部であると信頼することです。なぜなら、私たちはユダヤ人なのですから。

これはとても簡単に聞こえます。じっさいまたそうです。文字どおり、さまざまな出身の人びとを教師や生徒として集めてくるだけで十分なのです。私たちの講座表を見ていただきたい！　みなさんは、そこにとりわけ化学者や医者や歴史家や芸術家や政治家を見つけるでしょう[7]。つまり、教師の三分の二は、二、三〇年前なら「ユダヤ学舎で教える」〔全集版による補足〕権利を認められなかったような人たちです——私たちの世紀はユダヤ的な学びが専門家の仕事になった唯一の世紀なのです。彼らはここにユダヤ人として集まりました。彼らは「学ぶ」ために集まっています。というのも、この〔「学ぶ」という〕言葉には、教えることがともに含まれているからです。ここで教える人は、ここで教えるからといって、自身がそれであるものをなにひとつ放棄すべきではないことを知っています——私はここで教えるすべての人びとの名においてそう言えると信じています。集める人は——私たちはみな集める人ですが——集められるべき人びとを見つけたその場所でつかまえなければなりませんし、さらに自分自身さえも、自分を見つけたその場所でそうしなければなりません。別のやりかたをしようとすれば、ある世紀の過ちを引き継ぎ、この世紀の失敗を永遠のものにしてしまうでしょう。生をせいぜいのところ、タルムードやほかのどこかから発するいくつかの「光線」で照らしだし、ほかの点では旧態依然の非ユダヤ的なままにしておくでしょう。しかし、そうではありません。私たちは生を、私たち自身の生と聴講者の生を、見いだしたがままに受けいれます。私たちは生を、それを見いだした周辺から徐々に（あるいは即座に！）中心へと運んでいきます。この中心がユダヤ的な中心でしかありえないというたしかに証明不可能な信頼によってつねに支えられながら運んでいきます。

こうした信頼は証明不可能なままです。この信頼は、私たちを私たちの言葉より先まで、私たちがさしあたりなさねばならないことを越えた向こうまで運びます。なにしろ、私たちは周辺からやってくるのですから。ただひとつの中心は、明晰判明に言い表わしうるかたちで手にしているものではありません。父祖はそれでよかったのですが、今日の私たちはそうはいきません。私たちはそのただひとつのものを探しもとめ、それを見いだしうることを信頼しなければなりません。周辺からみれば、中心はただひとつのものとは見えず、円のそれぞれの点にたいして中心は別の側面を見せるものです。外から内へは多くの道が通じています。しかしだからこそ、内なるものはひとつの単一なものでありつづけます。この点では、根本的にはだれもが同じのものについて語らざるをえないでしょう。したがって、正しく語る人は結局のところ事実また、ほかのだれもが語るのと同じことについて語っていることになります。各人にとってそれぞれ異なるのは、始まりと終わりだけでしょう。みなさんは私たちの講座表が示す区分や対立も、このようにして、このようにしてのみ、正しく理解できるでしょう。その対立が講座表に示されているのは、統一されるためにすぎません。今日のユダヤ教においては、もしかすれば古典的なものと歴史的なものと現代的なものが並存しているかもしれませんが、そんな並存はあるべきではなく、もはやなくなるでしょう。そのために私たちは、古典的なもののなかに歴史的なものの根を、現代的なもののなかに歴史的なものの豊かさを発見しなければなりません。すべての真にユダヤ的なものは、同時にこの三つすべてでなければなりません。ユダヤの実り豊かな時代にはつねにそうでした。トーラーと預言者たち、ハラハー[8]とアッガダー[9]、世界と人間のような対立を現実の対立とみなすことは、外部にいる人びとの好きにまかせます。私たち自身はと言えば、彼以前と彼以後のすべての預言者たちの父であるモーセのうちに預言的な力がなければどんなトーラーも存在せず、他方で、彼らの預言が尺度と規則を受けとる律法と秩序の根拠がなければどんな預言者も存在しないということを、私たちのうちのだれが知らないでしょうか！　ハラハーとアッガダーの対立――つまりタルムードの一頁一頁――は学ぶ者にたいして、分かちがたく織りこまれた二つのものを教え、ユダヤ史の一頁一頁は、探求することと熟考すること、決断することと解釈することという二つ方向を向いた同じひとつの頭脳と心にその二つのものを教えます。そして最後にユダヤ的世界。ユダヤ的世界が人間なしに、ユダヤ的人間なしに拡充されうるなどとだれが考えようとするでしょうか！　なんらかのユダヤ的環境、ユダヤ的世界がどこにいようと取りまいているのでなければ、結局のところユダヤ的人間からなにが生じるというのでしょうか（というのも、土地でさえも、その境界標柱が青と白で塗られているからといって、それだけですでにユダヤ人の土地というわけではないからです）。

　したがって、これらすべてはそれ自体で関連しています。それればかりか、これらすべてはそれ自体でひとつであり、ここではひとつのものとしてみなさんにささげられるべきです。だからといって、みなさんに十分得るところがあるのは、私たちが提供するものすべてをみなさんが「一緒におこなう」ばあいだけだというのではありません。そうではありませんが、みなさんは、みなさんが参加する（teilnehmen）個々それぞれのもの、個々それぞれの講義や研究チームを、じっさいに一部として、全体の一部として受けとる（einen Teil nehmen）べきです。この一部は全体のためにのみ部分であることが許され、全体のためにのみみなさんに与えられうるのですから。

　こうした意味で、ここで私は新たな見習い期間が始まるこの瞬間にこの場所で、みなさんに歓迎の意を表します。みなさんがここで過ごす時間が思い出の時間になることを願っています。思い出の時間とはいっても、死んだ敬虔さといった陳腐な意味ではありません。つまり、ユダヤ的な事柄に取りくむさいに〔敬虔さという〕この美しいドイツ語がこれまで幾度もスローガンとして君臨してきたような意味ではありません。そうではなく、それは別の想起（Erinnerung）、つまり内化（Er-innerung）の時間、外部から内部への帰還の時間、みなさんにとって帰郷になるであろうし、ならなければならないような帰還の時間です。私を信じていただきたい。みなさんがみずからのもっとも固有な存在と生へと帰還し、帰郷されますように！

訳註

（1）Jichusは、イディッシュ語である。

（2）ヘブライ語で「戸口の側柱」を意味し、そこに掲げられた小箱を言う。それにはトーラーのいくつかの節から引いた文字が書かれている。

（3）『レビ記』第二四章二二節「あなたたちに対する刑罰は寄留する者にも土地に生まれた者にも同様に適用される。わたしはあなたたちの神、主である」。

（4）「聖書外典」（セファルーム・ヒッツォニーム）は「聖書正典」にたいする名称。『旧約聖書』三九巻、『新約聖書』二七巻以外の聖書関係の文書を広く「外典」と言う。旧約聖書を正典と外典を最初に厳密に区別したのはヒエロニムスであり、旧約聖書を区別したのはアタナシウスである。「旧約外典」には『第一、第二アカベア書』、『第一エズラ書』、『集会書』、『ベン・シラの知恵』、『ソロモンの知恵』などがあり、「新約外典」には、多数の福音書、使徒行伝、書簡、黙示録、詩歌がある。

(5) タルミーディ・ハハミンは、「賢者の弟子たち」という意味のミシュナの用語。彼らはハラハーの問題に即答できる学者でありながら、敬虔で謙遜し、他の模範になりうるような宗教的真理の体現者でもある。王や無知な大祭司にもまさるとされる。

(6) 護教論については、「護教論的な思考」四四五〜六二を参照。

(7) 自由ユダヤ学舎を支えた講師たちには、ラビやユダヤ教の専門家はほとんどいなかった。エードゥアルト・シュトラウスは生化学者、ルドルフ・シュタールは弁護士、ルドルフ・ハロは考古学者にして古典文献学者、リヒャルト・コッホは医者である。

(8) ハラハーとは、広義には、文学的、教訓的な機能を帯びたアッガダーとは対照的に、ユダヤ的生の全領域と細目を聖俗の別なく規定する規範、規則、掟、禁令などの法的伝統の総称である（長窪専三『古典ユダヤ教事典』教文館、二〇〇八年、三八七頁参照）。

(9) アッガダーとは、非ハラハー的なラビ文学の総称であり、民話、寓話、説話、伝説、民間哲学、倫理的教訓、聖書の講解、伝記等を含む。ラビ・ユダヤ教の霊的、宗教的世界観を知るための重要資料だが、アッガダーがハラハーの例証に用いられていたり、またアッガダーのペリコペー〔引用章句〕からハラハーが導出されたりしているため、厳格な区分は不可能である（長窪専三『古典ユダヤ教事典』、四五頁参照）。

11 国家におけるユダヤ人

一九二〇年一二月にカッセルの青年団に向けておこなわれた講演の草稿。生前未発表。コレクション版四八八〜九〇頁、全集版第三巻五五三〜五頁に収録されている。

〔このテーマについて〕きわどい発言を期待されては困るが、だからといって党の綱領じみたものを期待されても困る。われわれが望むのは、「議論なしに」理解しあうことであり、議論を超えたものについて理解しあうことである。

国家におけるユダヤ人――国家（Staat）という言葉はヘブライ語には翻訳できない。מדינה は裁判の管轄区のことであり、ממלכה は外国の支配のことである。「国家」は新しい言葉なのだ。中世は国家を知らない。ルネサンスには個人的な国家が生まれ、そこからバロックの身分制国家（État）が生まれた（Étatと呼ばれるような意味での国家は今日でもなお存在している）。最後に、一九世紀の国民国家（Nationalstaat）。これからのちに存在するのは、この国家だろう。

中世のユダヤ人は、事実的には諸民族のなかの一民族であり、法的には、国家の担い手である国王の住まい（「官房」）に個人的に依存する（つまりある種の顧客になる）ことによって、具体的なものになる。顧客関係は、共同体がまだその構成員の普遍的共同体（Allgemeinschaft）になっていないところではどこでも必要不可欠であり、そこでこそ可能になる。私が「ある家庭に出入りすること」と、たんに息子の友だちとして、あるいは音楽を演奏する者として、つまりなんらかの特典を求めて、まずは食客になることとは、別のことである。後者が中世におけるユダヤ人の状況である。彼が国家に属したいと望むのは、なんらかの特典、たとえばみずからの現世的な利益のためにすぎない。そして、彼の望むとおりになった。

一四九四年から一七八九年にかけて[1]このタイプの国家にしだいに大きな変化が起こったが、ユダヤ人のかたわらを素通りしてまったくなんの痕跡も残さなかった。三〇〇年の準備期間ののちに新しい国家である共同体国家（Gemeinschaftsstaat）がついに成熟したときにはじめて、ユダヤ人にとって——そしていまや国家にとって、いやそれどころかまずは国家にとってこそ——事態がふたたび現実的になる。

それというのも、新しい国家は、だれかが外部にとどまることにもはや我慢がならないからだ。この国家は国民国家（Nationalstaat）になろうとする（それ以前は、国家（Staat）にとって国民（Nation）とはいったいなんだったというのだろうか）。国民＝国家国民＋文化国民。人間の見本として解放されたユダヤ人は、いまや新しい国民概念の決定実験（Experimentum crucis）、具体例による検証になる。ユダヤ人がドイツ国民になることが許されるためには、みずからは国民でなくなるべきである。そしてまたもやユダヤ人は、国家のこの意志を自分のほうから迎えいれる。こうして、ユダヤ人は国民思想の最良の促進者になる。〔ガブリエル・〕リーサーのように。

この国家が崩壊するまではそうであった。〔第一次〕世界大戦はなんといっても大帝国内の少数民族のための戦いだった——それまでは小帝国内の大民族〔の戦い〕というのがお決まりだったというのに。したがって、世界大戦は少数民族の超政治的な国民的文化意識を強めることになった。少数民族はそうすることが許されたし、国家は超国民的になり、少数民族を統括するようになった。〔カール・〕レンナーのように。そしてまたもやユダヤ人のある運動がこの新しい国家概念を迎えいれた。国民の自治権〔こそがその新しい概念であり〕、じっさいパレスチナもイギリス帝国内のそうしたものにほかならない。

この予定調和は偶然だろうか。それとも、われわれは世界の鼓動を聞きとっているのだろうか。ユダヤ人が国家に適応したのか。それとも、国家のほうがユダヤ人に適応したのか。国家が世界史の担い手だと考える人にとっては、この問いはばかげた問いだが、ユダヤ人こそが世界史の担い手だと考える人にとっては、きわめて考慮に値する問いである。

そこでわれわれは、現在を話題にする前に、もう一段深いところに踏みこんでみよう。

ユダヤ人は、「古典的」時代に自分の土地に住んでいるときにも、つまり最初の破滅以前にも、かつての〔ほかの〕古代人とは違って、政治的人間でも国家の奴隷でもなかった。ユダヤ人の国家はあらゆる国家のなかで唯一、反政治的な祭司層（国家から自由な「教会」）と、超政治的な預言者層（国家から自由な精神）をもっている。したがって、ユダヤ人の国家はなにもやりとげることができなかった。国家はユダヤ人のもとではひどい状態に甘んじていた。こうした状況は外国の支配のもとではじめて我慢できるものになった。ユダヤ人において（ほかのすべての民族と違って）国家が生きたものにならなかったのは、彼らのうちにはもっと別の、より高次のものが生きていたからである。こうして、ほかの民族にとっては「人間における国家」を基礎としているような状況が、「国家における人間」というより単純な問いに集約されることになる。国家におけるユダヤ人とは、じっさいに問いであると同時にすでに解答でもある。ユダヤ人が国家のうちに存在しなければならないのは、国家がユダヤ人のうちには存在できないからだ。要するに、これが政治的シオニズムが不可能であることのもっとも深い理由である。したがって、パレスチナからはなにも生まれないか、ヘルツルが考えていたのとはまったく異なるものが生まれるかのどちらかである。したがってまた他方で、ドイツなどの国家にたいするわれわれの関係もつねに問題をはらんだものにとどまらざるをえない。われわれはほかのだれよりもはるかに強く、義務と成果に頼らざるをえない。われわれは——これはまったく正しいことだが——ほんのわずかな権利に値するためだけでも、より多くのことをなしとげなければならない。だが他方、他人がわれわれを「異物」とみなすのをどうすることもできない。〔これには〕主人と客人の比喩〔が使われる〕。反ユダヤ主義の卑劣な行為は、それを理解しているからといってそれだけ卑劣でなくなるわけではない。しかし、「卑劣であることを超えて……」。

いや、ぐちをこぼさないようにしよう。ましてや、あらゆる機会にわれわれの好意を言いふらし、自分を弁護する下品な態度に陥らないようにしよう。言い訳するのはやましい証拠である（Qui s’excuse, s’accuse）。「つむじ風、かわいた糞[2]」。

われわれに有効なのは、みずからがユダヤ人であることを自覚して、ゲーテが攻撃者たちに向けたこの心情を信頼して登場することだけである。われわれにとって最良の防御となるのは、肉体ではなく、厚い皮膚である。そして、この厚い皮膚の下にはユダヤ人のがんじょうな心臓がある。

訳註

（1）一四九四年はユダヤ人がスペインから追放された年であり、一七八九年はフランス革命が勃発した年である。この革命の人権思想によってユダヤ人ははじめてヨーロッパに解放された。

（2）ゲーテ「西東詩集　不機嫌の書」生野幸吉訳『ゲーテ全集』第二巻、潮出版社、二〇〇三年、一二六頁。

第Ⅲ部　翻訳について

12　新ヘブライ語？[1]――スピノザ『エチカ』の翻訳にさいして

一九二五年春にフランクフルトで執筆。『モルゲン』誌の一九二六年第二巻第一号に発表され、『小論文集』二二〇～八頁に再録された。全集版第三巻七二三～九頁。

有名なシオニストにしてヘルマン・コーヘンの弟子ヤーコプ・クラツキンは、スピノザにかんするヘブライ語の著書と同時に『エチカ』のヘブライ語訳を出版した[2]。豪華に印刷・装丁された巻を前にすれば、さまざまなことを考えるきっかけになる。

『エチカ』がヘブライ語に翻訳されたのはこれがはじめてではない。すでに半世紀以上も前に、東欧ユダヤ人の啓蒙運動である「ハスカラー[3]」の信奉者がこの重大な課題を手がけた。というのも、この啓蒙運動は、西欧の文化ナショナリズムの運動とは違って、ヘブライ主義的な傾向をもっていたからである。しかし、〔『エチカ』のヘブライ語訳という〕この試みに必要な学問的、精神的、言語的な装備をそなえていたのは、クラツキンがはじめてである。したがって彼が、『エチカ』の意義についての将来のいかなる研究も、たとえば模範とされる〔オットー・〕ベンシュのドイツ語訳[4]と同様に、みずからの翻訳とその内在的な註釈――彼の翻訳はあらゆる翻訳と同様に内在的な註釈である――を無視してはならないという誇らしい意識をもつのも、もっともなことである。

さらに翻訳が註釈になるとはいっても、クラツキン訳では通常の域を越えている。若きスピノザが一方で中世のユダヤ哲学から、他方でカバラから受けとり、『エチカ』において効果を発揮することになったさまざまな影響力については、一七世紀末にすでに研究され、つい最近では〔スピノザの〕伝記作家でイエズス会士であるデュニン＝ボルコヴィスキーが研究している。ナショナリストであるクラツキンは、〔ユダヤ教を〕飛びだしたこの偉大なユダヤ人〔スピノザ〕にそのようなユダヤ的な影響は見られないと、学者としての禁欲的な厳格さをもって否定する。しかし、彼は精神的な影響ではないが、厳密に示すことのできるいくつかの言語的な影響は認めている。この影響のひとつはまったく中心的な箇所つまり「イデア」の概念にまでも流れこんでおり、スピノザ的な意味でのこの概念は、「イデア化されたもの」や「イデア化された諸事物」にも、「〔イデア化する〕知性の働き」にも関係しているので、ヨーロッパ哲学の言語に十分に翻訳することができない。しかしクラツキンは原作のラテン語にかんしても、一方で言語的に無謀な新造語をこの思想家に無理やり押しつけ、他方で言わんとすることの言語的に完璧な表現を放棄するよう強要する。そうなると逆説的な現象が生まれる。というのも、上述の概念群〔「イデア化されたもの」や「イデア化された諸事物」と「知性の働き」〕は、スピノザ自身があきらかに引きあいに出しているユダヤ的スコラ哲学の用語で自然に表現されもすれば、明晰な言語的な文脈において表現されもするからである。その結果、翻訳のほうが原作よりも原作らしいものになりかねない。

　私が懸念を抱くのはこの点にほかならない。クラツキンはシオニズムの理論においては、彼みずから言うところの「形式的ナショナリズム」の指導的な代弁者である。この「形式的ナショナリズム」は、ユダヤの遺産がそれを相続しようとする現在の世代にたいして権利を主張して、彼らの未来を拘束し義務づけさえすることをすべて意識的に否定し、民族の再生をひたすら未来に、つまり人種と土地とりわけ言語の奇跡的な力だけに期待する。[5] そのさい、この〔人種・土地・言語の〕三つの要素は、言うまでもなく厳密にはどんな内容的な充実ももたず、文字どおり「純粋に形式的に」理解される。ちなみにその結果、この近代合理主義者の奇跡信仰は、根拠を欠いてもいれば、そうした支えを必要ともしないという意味では、伝統が昔のユダヤ人に要求したような奇跡信仰をはるか後方に置きざりにしたままである。

この極端な理論がヨーロッパのナショナリズムの実験室に由来することは明白であり、この理論の代弁者たちもそれにはまったく反論していない。じっさいこの実験室においてここ数十年のあいだに（かつてヘルマン・コーヘンがおそらく上機嫌で皮肉まじりに名づけたように）われわれ「無害な小商業の民」だけでなく、たいていのほかの国の民も、いっそう陶冶されることになった。しかし重要なのは、理論の見えすいたうわべではなく、その理論がみずからのイメージにしたがって現実をつくりあげる力をもっているか、あるいは逆に、この理論や理論家にはその権利の性質が理解できなくても、あの〔ユダヤの遺産の〕否定された権利の主張のうちには、この理論の矛盾を論証するだけではなく、理論家にも彼自身の理論が可能にする以上に利口になるよう強制するだけの力が内在するかということである。

スピノザの翻訳者クラツキンにここで生じているのはそうした力であるように思われる。そもそもその力こそが、この〔翻訳という〕専門分野さえも越えて、この精神的な人物の特徴であり、シオニズム青年団の無批判な模倣者たちから彼を有利に区別するものでもある。翻訳の例に戻れば、たしかにクラツキン自身は中世ユダヤの用語を選択したことの価値を過小評価している。なんといってもそれだけがあの〔スピノザ翻訳という〕果実を成熟させたものなのに、スピノザ自身の用語がまだスコラ哲学なものであったという理由で、そうした選択も考えうる可能性のひとつにすぎないとしているからである。たとえそうだとしても、言語史的にも哲学史的にも興味深い二つ目の付論において彼自身がみずからの言葉の選択の一つひとつを正当化するやりかたを見れば、ここでもまた彼の〔ひとつの可能性にすぎないという〕この冷ややかな前提が嘘であることがわかる。

　赤裸々な真実に生存能力はないが、赤裸々な虚偽もまたそうである。両者ともみずからを温めるには服が必要である。しかし、服を着ると、もはやそれほど違うようには見えなくなる。ジュネーヴでは黒人と白人の全権使節がそうであるように、両者は背後からではほとんど見分けがつかない。ヘブライ語は聖なる民族の聖なる言語だという真実と、あらゆる民族〔が自分の話し言葉をもつの〕と同様にヘブライ語は一民族の話し言葉だという虚偽は、和解できそうにない。しかし、ユダヤ人の現実のためには、前者の真実と後者の虚偽のどちらもたがいを必要とする。前者の真実は、真実の行為であれ虚偽の行為であれあらゆる行為から逃れるためだけにそれを語るような人の口から語られてはならない。そして後者の虚偽は、それをじっさいにおこなう人の口から発せられると、いつのまにか前者の真実になることがありうる。「あなたたちの意志に反してでも私はあなたたちの神である」というミドラシュ[6]のとんでもない認識は、あらゆるユダヤ的なものの上に書きしるされており——今日でもいまだそうである。ここでは、あらゆる世俗的なものに背を向けようとするような聖なるものは世俗化され、最初の日の世俗性は七日目へと急ぎ、そこで聖化されるだろう。

ヘブライ語の神聖さは、もっとも厳密な、とはいえユダヤ人のもとで克服されてしまった、あの完結性という意味での神聖さをけっして意味してはいなかった。ヘブライ語の神聖さには、つまり神聖な言語である神の言語には、話し言葉から、人間が話す言語から、モーセやイザヤの時代だけではなくつねに更新の力が流れこんでいた。言いかえれば、ヘブライ語はその神聖さにもかかわらず、けっして肖像のように硬直したものではなく、つねに生き生きとしたものでありつづけた。トーラーと『エステル記』のヘブライ語、主要な基本的祈りの壮大さとミシュナ[7]の明確な構成、カーリールのバロック様式や偉大なスペイン人〔イェフダ・ハレヴィ〕の擬古典主義、ランバム[8]の敬虔な冷静さとラシの冷静にして熱い教え、ティボン一族[9]の言語のためらいのなさ、『シュルハン・アルーフ』[10]の未熟さ、歴史に関心を寄せる一九世紀のハスカラーの歴史主義――これらすべてがヘブライ語的である。話された古代ヘブライ語、ペルシア時代〔ペルシア帝国〕の公用語であったアラム語、次にディアドコイ〔アレクサンドロス大王の後継者たち〕の王国におけるギリシア語、それから、あらゆるものより強く後世まで残ったものとしては、パレスチナとバビロニアの学舎で使用されたアラム語、それと同時代のものとして、ローマの軍隊と裁判所の言語と、新ペルシア帝国の統治者と臣民の言語、それからイスラムの医者や哲学者のアラビア語、世界教会〔カトリック〕のラテン語という樹木が投げかける影のもとで独自の形態を取るにいたったヨーロッパの諸言語、こうした言語はすべて、単語と文の織物からなる言語のカーテンに影響を与え、このカーテンによって神聖な民族の聖域が世界の諸民族のまなざしに示されると同時に隠されることにもなった。こうした〔ヘブライ語の〕生命力と世俗に生きる言語の生命力との違いは、前者ではかつて受けいれられたものがなにも失われることがありえないということだけである。つまり、諸民族の言語が絶えまない自己浄化の法則と、ときおり起こる破滅的な自己浄化の運命に服しているのにたいして、この言語〔ヘブライ語〕はつねに豊かになるばかりである。この言語は、諸民族の言語が文字化され、その結果ある日ある特定の歴史的な言語状況が古典になるということが起こっても（つまり、古典的なものはいわば言語の世俗的な神聖さなのだが）、それでも話されつづけるという可能性をそれらの言語に保証してやる。しかし、永遠の言語の生は、その民族の生とまったく同様に、死と復活のそうした連続によって営まれるのではない。この世に生きるすべてのものにできるのは、その生をそうした連続によって自然の寿命の割りあてられた期間を超えて引きのばすことぐらいがせいぜいである。だが、永遠の言語の生は、〈死ぬことができない〉、〈死ぬことを望まない〉、〈死ぬことが許されない〉ということだ。永遠の言語は、ひとたび真にわがものにしたものを二度と捨てさることがない。それは有機体のようにではなく、財宝のように成長し、生きては死んでいく諸民族の人間たちは、この財宝〔の成長〕を頼りに〔神の〕国の接近を察知できる。トーマス・マンの小説を読んだからといって、原作の『ジンプリチウス・ジンプリチシムス[11]〔阿呆物語〕』や『ニーベルンゲンの歌[12]』や『ヘーリアント[13]』や『ゴート語聖書[14]』のなにか特有の言いまわしをよりよく理解できるようになるわけではない。それにたいして、クラッツキンのスピノザを読めば――いや、私はけっしてそう言いたくはない――、むしろヘブライ語の新聞を一紙面だけでも読みさえすれば、イブン・エズラの註釈やタルムードの議論や聖書本来の内容を理解する手がかりのなにがしかが得られる。ヘブライ語で読めるということは、この言語の全遺産を相続する準備ができているということである。ドイツ語や英語やラテン語が読めても、収穫できるのはその世代の言語の耕地が一年間にもたらす果実だけでしかない。

このように、〔ユダヤ〕民族の神の言語には、聖なる言語の本質的な特徴、つまりそれを話す人間の言語から隔絶しているという特徴が欠けているが、だからといって、教会ラテン語やコーランのアラビア語の魔術的な神聖さに退化することもけっしてない。しかも、平信徒がこだわるのは精神と信仰だけなのだから、彼にしてみれば教会ラテン語やコーランのアラビア語を理解しないままでも一向にかまわないし、それどころかほとんどそれを望みさえする。それにたいして、神の言語はつねに言葉どおりに理解されるという要求にこだわる。さらに、それを話す〔人間の〕言語にも、現在の瞬間への完全な没入という、世俗的な生命力のもっとも本質的な特徴が欠けている。その言語は引用に満ちていて、引用符がこの言語のもっとも頻繁に用いられる句読法になるほどであり、どんなユダヤ人らしくないユダヤ人のドイツ語においてもいまだにそうである。パレスチナで語られている新ヘブライ語がユダヤ人の運命であるこの法則から逃れようとするなら、それは理論的にはむろん可能かもしれないが、その結果に責任を負わなければならないだろう。その結果は、新ヘブライ語がもはや昔のユダヤ民族の言語ではないというわれわれ急進派の多くの若者や老人にとってまさに望ましいことばかりではない。むしろ、「生えぬきの」、「真にナショナルな」新しい文化への希望が実現される時間的余裕がおそらくなくなるだろう——こうした希望こそがこれまでわれわれの歴史においてつねに未解決のままであった、標準的であることと個性的であることの調和という問題（なぜ問題かと言えば、われわれは標準的であるときにはほかの民族と瓜ふたつになり、みずからの独自性によって諸民族の「格言やざれ歌」になるからだ）を自動的に解決してくれるはずなのだが。とはいえ、奇跡を信じるこのナショナリズム自身も、時間を、「いくつかの世代」を育成する。このナショナリズムは、新たな客が群れをなして馳せ参じるようにするには、古い帳簿を燃やすことを奇跡出現の条件として要求しさえすれば十分だと思いこんでいる。たとえば、ユダヤなまりのドイツ語〔イディッシュ語〕が東欧ではなく、ドイツでさえ一〇〇年以上にわたって維持されてきたという驚くべき現象をまず一度よく考えてもらいたい。イディッシュ語が東欧のほかの言語圏で維持されたことも結局のところ、それが同じ言語〔ドイツ語〕圏でもその特殊性を保ちつづけたことほどには注目に値しない。これは〔ゲットーへの〕隔離だけでは説明がつかない。この隔離はかなり不完全でしかなかったのだから。方言の差異化にそうした基盤を与えたのは、じつのところ言語とは疎遠な諸要素であり、ヘブライ語、しかも豊かな関係を含む古いヘブライ語にかかわる内容にほかならなかった。たしかにそれと並んでさらに、そうした言語の差異化は言語が異なる地域に移動した兄弟たちのイディッシュ語にも助けられた。そのような歴史的な硬化や地理的な緊張状態がなければ、方言の差異化はかならずや細分化というすべての方言の運命に陥ったにちがいない。そして、パレスチナ入植者のヘブライ語はこうした状況に陥るだろう。彼らのヘブライ語は、自然言語が正常に滞りなく発展するためにそうしなければならないように、歴史的なしがらみやパレスチナを越えた義務を意識的に放棄するだろう。そうなると、〔ヘブライ語が周囲の言語に〕吸収されてしまうリスクはそれだけ大きくなる。というのも、アラビア語、すくなくとも今日のアラビア語は、単語や文形式のつくりかたがヘブライ語にとても近いからだ――もっとも語彙の点では語源に一貫した関連があるにもかかわらず、ヘブライ語とはかなりかけ離れているのだが。それゆえ、ヘブライ語が他言語のようにそれが語られることだけをあてにしようとすれば、アラビア語という「外国語の占める割合の過度の増大」にほとんどなすところなくさらされてしまうだろう。

とはいえ、すでに述べたように、こうしたすべては理論的に考えられうることにすぎない。たしかに、それは当事者自身の理論にもとづいてはいるが、ただ理論にもとづいているだけで、理論とは必然的に正反対の方向を向いている彼らの実践にもとづいてはいない。ひとはヘブライ語を思いどおりに話せなくても、まずは現状のままとにかく話さざるをえない。ヘブライ語は過去に縛られ、世界に義務を負っており、もっとも新しく拓かれた入植地のもっとも若い入植者の赤ん坊によって話されるときでさえそうである。なぜなら、新しいパレスチナは、せいぜいメシアニズム以前の時代であれば中心になりえたかもしれないが、この時代においてはアハド・ハアムが言う意味での中心[15]にはならないだろうからである。彼は性急なメシアニズムを押しとどめようとしたが、のちに文化的至福感に浸りこんで、まさにそうしたメシアニズムに陥ってしまった。新しいパレスチナが中心地になりうるとすれば、むしろ数学的な意味においてでしかない。たしかに円がその中心を取り囲んでいるのを眼で見ることはできるが、たとえ中心が与えられても、円が占める平面〔がどれくらいの広さになるのか〕は作図しようにもまだなにも決まらないのにたいして、円周がほんのわずかでも与えられれば中心の場所ははっきり決まるからである。それと同様に、パレスチナに期待できるような精神的な中心も、たしかに遠くから目に見え、したがって全ユダヤ人を代表するものになりうるだろうが、それがいずれにせよ中心から外れた任意の地点ではなく、中心であろうとすれば、円周とその存在法則に依存しなければならない――まさに円周が存在するかぎりは、つまりメシアニズム以前の時代にはいつでもそうであったように。それゆえ、不敬を覚悟で率直に言えば、この精神的な中心の精神は、たとえどれほどそう望んでも、思いのままに発展しようとする純粋なナショナリズムという意味ではけっして発展できない。この精神は、中心という特徴をもとうとすれば、つねに周辺に気を配らなければならないが、周辺の生存法則は純粋なナショナリズムではけっしてありえず、少数民族の社会学が挙げる単純な理由からしても、周辺のナショナルな要素を宗教的な要素の一機能としてあつかわざるをえないだろう。もっとも、そうした社会学的な理由も、それが究明されれば、ただちにふたたび冒瀆的ではなくなり、形而上学的なものに変わる。というのも、われわれがつねに少数民族でありつづけたのはなんのためだろうか。われわれが少数民族であることをやめられないのはなんのためだろうか。

ここで一般的に言われていることは、すべての民族的な存在の核心である言語にも完全にあてはまる。言語はなりたいものになることはできず、そうならなければならないものになるだろう。こうした強制が働くのは、すべての自然な国民的言語のばあいのように言語そのもののせいではなく、〔ヘブライ語のばあいには〕それが話されるということのほかに、それが過去の遺産であり、ユダヤ教を必然的・本質的に相続財産としている人びとのつながりを保っているせいでもある。しかし、〔ヘブライ語という〕言語の異常さに含まれるこうした二重の拘束は同時にまた、その異常さが感知できるようになればなるほど、正常さという足かせからの解放ともなる。スピノザ翻訳の課題は、この偉大な誘惑者の深遠な思想の見せかけから真の思想をつくりだすことではない。スピノザ翻訳は、たとえヘブライ語が「自然即神（natura sive Deus）」のような概念の重荷のもとでうめき苦しもうとも、翻訳にとどまらなければならない——たしかにラテン語はまったく平気でこの重荷を背負ってはいるが、ここではその重荷は、創造の嵐と雷雨のごとき根源語とのちの哲学用語を〈あるいは〉というわぐすりで結合し、言語精神のためにその一覧表をつくらなければならないといったようなものではない。翻訳にとどまれば、永遠なる言語の独自性は、付随的にすぎないにせよ保持されうる。たとえばq.e.d.〔以上をもって証明の結論とする〕という三つの太鼓音——単調に絶え間なく反復されることによって、「証明されなければならなかったもの」が書物に響きわたるようなこれらの音——が、ヘブライ語ではふつう二文字に短縮され、タルムードの「そこから聞け（hörs daraus）！」で置きかえられるばあいが、そうである。しかも、ヘブライ語もギリシア語やラテン語やドイツ語と同様に、証明を表わす言葉が視覚の世界から取ってこられるにもかかわらず、そうした置きかえがなされる。このとき、敵の陣営のただなかに、つまり「幾何学的な」方法の中心点に、像と形に敵対的な啓示の本質——君たちのだれもその形を見ず、声だけを聞いた[16]——が出現するのが、まずもって直接に目撃されている。

正常さという足かせからの解放ということでなにを言おうとしているかは、別の例を使えばもっとわかりやすく説明できる。パレスチナの風景が描かれ本文が二言語で語られたシオニストの絵本が私の前にある。もともとドイツ語で書かれた序文は、パレスチナの風景をヨーロッパ的文体を尽くして、ラビンドラナート・タゴールを典型とみなしてよければアジア的な文体さえを尽くして、叙述するのだが、そのさいさまざまな対立をあちこちふらつきながらも、啓示という自然に与えられている中心に従いながら、この世ならぬフロックコートを着て〔パレスチナを〕表敬訪問する。「この風景のうちに預言思想が生まれたのは偶然だろうか。人間がシナイでのようにここでも、神の排他的な唯一性を認識し、自分に必要なただひとつのものが倫理的なもの、つまり正義であることを認識したのは、偶然だろうか」。
ヘブライ語訳者〔クラッキン〕は、新しいドイツの講壇観念論の水によってすっかり洗われ、洗いざらしになったこの文にもとづいてこう述べている。「この高地が預言の陣営になり、シナイでのようにここでも〈唯一の〉神が人間に啓示され、「なにが善であり神は人間になにを要求しているかが、つまり正義をおこない、善を愛することこそがそれであることが語られた[17]」のは偶然だろうか」。ばあいによっては〈可能なこと〉ではなく、言語が課す規則的な〈強制〉に従うような翻訳においては、教養あるおしゃべりから真理の次のような単純な言葉が生まれてきた。以上をもって証明の結論とする（Quod erat demonstrandum）。そこから聞け！

訳註

（1）「新ヘブライ語」、別名「ミシュナ・ヘブライ語」は、一世紀から二世紀末にかけて成立したヘブライ語。アラム語の影響を強く受け、ギリシア語やラテン語からの借用語も多く含んでいる、日常語に近い言語である。三世紀以後はほとんど忘れさられていたが、一九世紀のシオニズム運動によってユダヤ人の民族的自覚が高まり、独立国家建設が目指されるようになると、この新ヘブライ語を国家の公用語（国語）にしようとする動きが顕著になる。新ヘブライ語は現代ヘブライ語の重要な要素になっている。

（2）スピノザにかんするヘブライ語の著作『バルフ・スピノザ』は一九二三年、『エチカ』のヘブライ語訳は一九二四年に刊行された。

（3）ヨーロッパの啓蒙主義の影響を受けて、一八世紀から一九世紀にかけてユダヤ教内部に起こった啓蒙主義の運動。

(4) ベンシュのスピノザ『エチカ』ドイツ語訳は一九〇五年に出版された。

(5) クラツキンは断固たるシオニストだが、ユダヤ人の民族的なアイデンティティをもっぱら形式的に国家と領土にのみ求め、文化的特質の意義を認めなかった。

(6) 聖書本文の字義の背後に隠された深い意味を探りだすための解釈法。法的な議論をあつかう「ミドラシュ・ハラハー」と、物語伝承の主題をあつかう「ミドラシュ・アッガダー」がある。

(7) 暗記や口頭による反復を容易にするために定式化された口伝律法。二世紀にパレスチナで成立した。

(8) マイモニデスのこと。「神についての学」訳註(23)を参照。

(9) ティボン(Ibn Tibbon)一族は一二世紀から一三世紀にかけてスペインとフランスで活躍した学者、翻訳者の一族。とくにサムエル・ティボン(Samuel ben Judah ibn Tibbon 1150頃–1270頃)はマイモニデス『迷える者への手引き』をヘブライ語に訳し、孫のジャコブ・ティボン(Jacob ben Machir ibn Tibbon 1236頃–1304頃)は、エウクレイデスの『原論』のほか、多くのアラビア語の科学書や哲学書をヘブライ語に訳した。

(10)『シュルハン・アルーフ(*Shulchan Aruch*)』は、ヘブライ語で「準備された食卓」という意味。ハラハーの規定集であり、ヤコブ・ベン・アシェルの『アルバ・トゥリーム』の四分原理にしたがって区分されている。著者はスペイン生まれのラビ、ヨセフ・ベン・エフライム・カロ(Josef ben Efraim Karo 1488–1575)である。

(11) ドイツの作家グリンメルスハウゼン(Hans Jokob Christoffel von Grimmelshausen 1621/2–76)が一六八八年に発表した民衆小説。当時ベストセラーになり、『阿呆物語』という表題で邦訳されている。

(12) 中高地ドイツ語で書かれた叙事詩。一三世紀前半に成立したと考えられる。

(13) 古ザクセン語で書かれた詩。「ヘーリアント(Heliand)」は「救世主」という意味。九世紀前半に成立したと考えられる。

(14) いくつかの写本があるが、もっとも重要なものは、アリウス派の教父であるウルフィラスあるいはウィルフィラ(Ulfilas あるいは Wulfila 311頃–83)によって書かれた聖書。

(15) オーストリアのジャーナリスト、テオドール・ヘルツルはウィーンの新聞特派員としてフランスに赴いたさいに、ドレフュス事件における反ユダヤ主義の攻勢をまのあたりにして、ヨーロッパ社会に同化しようとするユダヤ人の試みに未来がないことを痛感し、パレスチナに帰り、ユダヤ人のための国家をつくろうという運動（シオニズム運動）を起こす。彼にとっては反ユダヤ主義からユダヤ人の生命を守ることがシオニストの使命であり、そのためにはまずユダヤ人国家建設が至上命令であった。そのために、ユダヤ人を救うためなら、ユダヤ人居留地をパレスチナ以外の地につくることもやむをえないとさえ考えた。ユダヤ人がまず領土をもつ民族になることを最優先するこうした考えかたを「政治的シオニズム」という。これにたいして、アハド・ハアムに代表される「文化的シオニズム」は、ユダヤ人の精神的必要性を強調した。ユダヤ人居留地はどこでもよいわけではなく、シオンの地こそが世界的なユダヤ教がふたたび復活するための精神的な中心でなければならなかった。

(16)『申命記』第四章一二節「あなたたちは語りかけられる声を聞いたが、声のほかには何の形も見なかった」。

(17)『ミカ書』第六章第八節。

13　文字と言葉——新たな聖書翻訳のために

一九二五年末に執筆。『被造物（*Die Kreatur*）』誌（一九二六／二七年、第一号）に発表され、一九三六年に『聖書とそのドイツ語訳』（ショッケン出版）、一九三七年に『小論文集』（一三四～四〇頁）に再録された。全集版第三巻七七七～八三頁。

あらゆる言葉は話し言葉である。書物は本来、声に出され、歌われ、話された言葉に奉仕するにすぎない。今日でもなお劇場で生き生きと演じられる戯曲やオペラにおいてもそうであるように。戯曲やオペラでは「書物」はきわめて技術的、間接的、一時的にしか話題にならないように、そもそも話し言葉にたいする書物の地位と階級もかつてはそうしたものにすぎなかった。

だが技術的なものは、みずからの主人を支配する危険な力をもっている。いつのまにか手段から目的が、暫定的なものから究極的なものが、技術的なものから魔力が生じる。書物は、言葉に仕えるかわりに、言葉を支配し、言葉を拒む文字（Schrift）、つまり「聖なる文字（die heiligen Schrift）」に変わる。「文字にしたがって」、無音の沈黙した文字にしたがって註釈されるような聖なる文字、たとえばアレクサンドリア派のホメロス、新プラトン派のプラトン、ユダヤ教とキリスト教の聖書（Bibel）、コーランは、言葉に仕える書物、声に出して読むのがまったく当然であったような書物の終焉を示している。古代はどこでも唯一こうした書物しか知らなかったし、今日でもなお、古代の伝統が生きているところ、たとえばユダヤ的な「学び」においてはそうした書物がよく知られている。さらにそれらは、近代の書物の、つまり沈黙しており、沈黙しているがゆえに人間から切り離され、限りない可能性を与えられているが、まさにそれゆえに空間的、時間的な故郷喪失を運命づけられた書物の先がけでもある。端的な意味での文字、聖なる文字（die heilige Schrift）は、いかなる人間の受容能力にももはや拘束されないような見わたしがたい「文献（Schrifttum）」を切りひらく。この言葉は、その代わりになるLiteraturという外来語より高尚な響きをもっているかのようだが、外見だけにすぎない。じっさいはどちらの言葉も、この果てしない書物の山といつかうまく折りあいをつけることへの人間の絶望的な諦めを、その抽象的な語尾〔tumとtur〕において表わしている。

　呪いがあるところでは、ひとはかならずその呪いを祓おうとするものだ。文字による教えが書物になると同時に、それと結びついた口頭による教えがいたるところで生じる。タルムードの「解釈法（Rabulismus）」[1]、スコラの大学の弁証論、近代の大学の講義活動、プロテスタントの説教の「言葉の管理」などがたしかにそうであるように、口頭による教えはたとえどれほど疑わしいものであれ、口述であるという単純な事実によってつねに人間を救うものである。口はどれほど冷酷であっても、肉からなっているのであって、紙からなっているのではない。それゆえ口は疲れるし、そのためにたいていはやはり昼と夜の交代を受けいれる。口は食べることもしなければならないし、すくなくともそのばあいには雑談だってするだろう。それにたいして、書物は疲れを知らず、昼と夜も尊重せず、休息のための交代という人間的な欲求も感じない。したがって、口が「書物に書いてある以外のことはなにも言わない」ようなものであろうとも、そして、口からはメフィストフェレス的な嘲笑の言葉がもつ「聖なる精神」が、つまり才気に恵まれた人の精神がどれほど希薄にしか流れでていないにしても、真の聖なる精神である人間の精神は口によってこそ救われる。さらに最近の小説についての教養あるおしゃべりも、それどころかそれについての新聞の文芸欄も、すくなくともその長さが三〇分の朝食時間に合わせられている点では、時間を超越しているという文献の呪いを追いはらう口述のありがたい力をいくらかもっている。

しかしある種の書物、まさしくわれわれのユダヤ・キリスト教的文化圏において、言葉が文字になり文献になるというあの運命が始まり、口伝と伝統という救済手段もまたそこではじめて試みられたような書物、われわれの文化圏のあらゆる書物のなかで唯一この書物だけは、文字と並びたつような口述というそうした救済手段に甘んじるわけにはいかない。まさしくこの書物は、この書物だけは、書物そのものでありながらも完全に文献に、つまりLiteraturに入りこむことが許されない。その比類のない内容がまさしくその書物に、完全に文字になることを禁じるのである。この書物は言葉のままでなければならない。この書物が文字の独立した美的な品格を得られないのは、この品格の条件である遠さを得られないからだ。その内容、その内容の本質的なものが、対象的なもの、対峙するもの——文献になったものすべての特徴である書かれたもの——へ移りゆくことを拒むのである。文献になりうるのは、ここではただ二次的なものでしかなく、したがって文献考察は二次的なものにとどめおかれたままである。しかし、〔この書物の〕本質的な内容はほかでもなく、固定し遠くまで運んでいく文字の暴力を逃れるもの、つまり人間に向けた神の言葉、神に向けた人間の言葉、神の前での人間の言葉である。手紙を考えてみさえすればよい。手紙こそは、文書(Schriftlichkeit)のもっとも正当な形式であり、目の前の苦境を救ってくれるがゆえに真に必要不可欠な形式、ほかのすべてがみずから所有する正当性をそこから得ているような形式である。このことだけからしてもすでに、文字になるというこうした正当化は、神による、神に向けての、神の前での言葉に、決して与えられえないことがわかる。神は現在居合わせており、使者をとおして行為するとしても、その使者は、おとといのものを、おそらくそのあいだにすでに出来事によって時代遅れになったものを届けるような郵便配達人ではない。そうではなく、神はこの出来事の瞬間に、出来事にもとづいて直接に行為し、出来事を通じて直接語るのである。

それゆえ、この文字＝書物（Schrift）、このただひとつの文字＝書物にとって、言葉がたんに文字と並んで保存されているだけでなく、言葉自身のうちに保存されていることは死活問題である。神の言葉は、人間の言葉、現実の、話された、声に出された人間の言葉を放棄できない。文献の時代の、いや文献の時代だけでなく文献以前の時代のあらゆる書物のなかで唯一聖書だけが、文献以前の読みかたをみずからに強いる——つまりコーラン以来西洋ではよく知られていて、旧約聖書にとってもきわめてなじみ深い用語となっている、〈読むこと〉を表わす（けっして〈書くこと〉ではない）ヘブライ語の表現を使えば、クリア〔קריאה〕つまり呼びかけを強いるのである。すべての礼拝でいまも読誦がおこなわれるのはこの要求のためである。ルター訳が民衆の口語に立ちもどったのもそのためだ。この要求が特定の時代の特定の民族にとって満たされているかどうかというこの試験問題は、すべての新しい翻訳に突きつけられている。

今日ドイツ語で書かれたすべてのものを沈黙に縛りつけている足かせは、言葉が組みこまれている記号体系、つまり句読法である。たとえばヘルマン・〔フリードリヒ・〕グリムのような才気に溢れた個性的な書き手が、句読法の純粋に論理的な格子を壊したときでさえ——たしかに、ほぼすべてのドイツ語の書き手は、この点で自分たちのかつての教師に多少なりとも罪を犯しているのだが——、フランス人の論理的というより音楽的な句読法の原理に近づくのがせいぜいである。しかしこの原理にしても、言葉の位置が自由なためにどんな典型的なメロディーにもなじまないドイツ語文の性格にはしっくりこない。たとえば今日ドイツ語聖書を読んだり、読みあげたり、読んでボロボロにするような人にとってまさにそうであるように、沈黙のこの足かせが是が非でも壊されなければならないところでは、もっと鋭利な手段が必要である。それを見いだしたのがマルティン・ブーバー[2]である。彼によれば、舌が眼の拘束から解放されなければならなかった。そのさいすべての論理的な句読法のもとにありながらも、あるときにはそれと同盟し、またあるときにはそれと闘いながら、自然な句読法である口述的な句読法の根本原理が、解放されなければならなかった。その根本原理とはつまり呼吸である。

呼吸は、語りを織りあげる生地である。息を吸うことが語りの自然な分節である。それは固有の法則に従っている。ひとは二〇そこらかせいぜい三〇の言葉、それどころかたった五から一〇の言葉でも、ただ息継ぎするだけでなく深く息を吸うのでなければ、たいてい語れないだろう。だが、この限界内であれば、息を吸うための沈黙の配置は語りの内的な流れに従っている。なんといってもこの流れは、語りの論理的構成によって規定されるのはまれで、たいていは魂そのものの動きや興奮を、その強さの度合いやとりわけそのテンポのうちにじかに映しだすのである。

したがって、この呼吸する語りはたがいに等価値の息継ぎに、いわば（だがじっさいには「いわば」にすぎないのだが）等間隔の息継ぎに分節される。たとえば人間〔アダム〕の不服従を神が確認して発するあの孤立した「そうだ（Ja）」[3]から、四人の王が攻撃する五人の王の名前が多くの言葉を費やして挙げられている箇所[4]までがそうである。論理的にははっきりと区別され、それに応じてピリオドによって切り離された文、たとえば「知りません。私は弟の番人でしょうか」〔『創世記』第四章九節〕というカインの恐ろしい応答は、語りの生き生きとした呼吸の流れの再現をひとつの動きに凝縮し、そのようにしてはじめて完全な、さもなければ論理的な句読法によって半ば隠されていた恐ろしさをこの語りに与えている。他方でまたコンマも、従属的な分離記号としての論理的な特徴を失うことなく、息継ぎが加わることで落ち着いた話の区切れを保持することになる。そうでなければ、この話の区切れは文の並列的な部分や従属的な部分の押し合いへし合いにまぎれて、どうしても失われざるをえない。

しかし、この分節はただテキストそのものからしか生じえない。この分節は――最近では翻訳においてしばしばそうであるように――「恣意的」であり、「試み」であるにとどまる。新約聖書にかんしては〔そうした分節にかんする〕いかなる伝統的な根拠も存在しない。なにしろ新約聖書では、行区分はかなりのちの一六世紀になってようやく生みだされ、コロンによる区分がさまざまな方面から宣伝されるようになったのも[原註1]、最近のことだからである。旧約聖書については事情が異なるようにみえるが、そうみえるだけである。というのも、ここにはたしかに古くから伝えられ、一千年以上も前から記号として確立された句読法があり、広くおこなわれている詩行の数字もそれにもとづいているからだ。それどころか、旧約聖書にはきわめて強力な句読法さえある。つまりこの句読法は、文の構造を目に見えるようにせず、文のあらゆる隙間に入りこみ、直接的にはそれぞれ個々の言葉とそれに続く言葉の関係だけを示し、それをつうじて間接的にのみ文の成分の連関も自然に説明する。しかし、その句読法は一貫して音楽的意味もまたもっているにもかかわらず、なによりもまずテキストの完全に論理的な推敲を示している——ところで、これは文献学的解釈の成果であり、これに比べれば、このテキストにたいするのちのすべての文献学者の仕事ははるかに劣っている。この句読法が含む音楽的なものは——たとえば多くの名前を連ねるときの音楽的なフレーズのような個々の箇所を別にすれば——、ほとんど例外なく論理的なものの機能的な表現にすぎない。タルムードの「学び」において素人が歌とみなすもの、つまり読まれた文の音楽的な「演出」が、その論理的な理解をどのように先取りするかを知っている人、あるいは、たとえばヘルマン・コーヘンがプラトンやカントの難解な文章を読むときにどのように「演出した」かだけでも聞きとる人は、論理的な意味が音楽的な価値によって担われていることを聖書の句読点にかんしても理解するだろう。

　しかし、ともかくこの句読点はいわゆるアクセントである——というのも、それは句読法と音符、より正確には音符の集合という機能と並んで、音節を強調するものという機能ももっているからだ。そのうえそれは、とてつもない文献学の成果という特徴をもつにもかかわらず、すくなくともユダヤ人解放時代の復古的で横暴な正統派の前では、偉大で尊い先行者たちの成果でしかなかった。〔しかし、〕後代の者は彼らを信頼し、進んで従ってはいるが、いくら遠慮しなくてはならないとしても、彼らからあえて脱することも許されているし、また脱しなければならない。やがて九〇〇年になるその説明なしにはほとんど一冊のユダヤ聖書も印刷されないユダヤの古典的註釈者であるラシは、民族固有の伝統に無邪気に根ざすという比類なきバランス感覚をもち、テキストにたいする慧眼な洞察力をそなえており、聖書の最初の文からしてただちに伝承的な句読点とはあきらかに矛盾する仕方で解釈したが、そのおかげで後代の者すべてに正しい方向と尺度が与えられている。

それゆえ旧約聖書においては、文字にふたたび言葉の呼吸を行きわたらせる義務を認識している翻訳者には伝統的な句読法が役だつが、それは翻訳者自身がおそらくはじめに思っていたほどではない。伝統的な句読法は、伝統的なヘブライ語テキストの母音のありかたや、ましてや子音のありかたとは事情が異なる。母音と子音のありかたは、今日の批判的で先入観にとらわれた人びとにとって驚くほど、ほとんど一貫した信頼性を、より慎重に表現すれば、有用性を示している。先に述べたコロンによる分節のばあいには、アクセント記号をつける人にはすでに自覚されている課題が問題であるようにみえるが、そうみえるだけである。じっさいのところ、そうした課題は彼らにはまったく存在しなかった。というのも、彼らにはミクラ(5)〔מקרא〕つまり「叫ぶこと」の口承性が礼拝の律法によって保証されており、したがって、彼らはこの保証された口承性に身を置いて、わかりやすさを心がけさえすればよかったからだ。それにたいして、伝統的な字句内容そのものにかんしては、今日の旧約聖書学者はプロとしてのカリスマ的な鋭い洞察力をもってしても、そして、昔のユダヤ人たちと比べると、およそ一千年以上も発展してきた聖書ヘブライ語の知識すべてをもつにもかかわらず、むずかしい状況にある。昔のユダヤ人が置かれていたのとまったく同じ課題の前に置かれており、したがってまたテキストのもっとも疑わしい箇所にかんしても、せいぜい蓋然的なことしかすくなくとも可能なこととみなせないのがつねなのである。

翻訳者にこの点でそのように命じられる自由の強制、つまり言葉の呼吸をもっぱら文字の筆致からのみ聞きとるという必然性が完全にあきらかになるのは、語りがその内容だけにしたがって構成されるのではなく、みずからに課す法則に従うところ、つまり詩の韻律的なリズムにおいてである。たしかに、すくなくとも聖書の詩的部分のように詩行と思想が交差するという魅力を断念した詩においては、韻律上の束縛が「息継ぎのコロン」の長さの上限もおのずから決めることになる。読み手はその韻が終わるところでまさに息も吸うわけである。だが、普通はこの上限が同時に下限でもあり、したがって韻律の分節は書きかたからただちに読みとれ、詩の形象は詩行と同じ行数をもつのにたいして、最近の翻訳においてはたいていそうだとしても、原理的にそうだというわけではない。むしろここでは、自然な語りの呼吸の動きが詩の韻律のステップをときに壊すことがある。たとえば、死にかけているヤコブが一族の子孫に遺言する場面がそうだ[6]。そこでは、翻訳の最初のコロン二つは、一貫して韻律の一行だけに対応するにすぎない。もっとも印象的なのはユダへの遺言の場面である[7]。そこでは、みずからを内側からリズム化していく言葉の語りが、歌の規則正しい拍子にうち勝ち、散文が詩文にうち勝つ。

というのも、たしかに詩文は人類の母語である――われわれはハーマンとヘルダーの英知を否定する必要はない――が、ただ人類の母語にすぎないからだ。たしかに、今日でもなおすべての子どもたちの言語がもともとは叙情的で魔術的であるように、感情の恍惚としたほとばしりと、欲望を言いあらわす効果的な道具のいずれも、しばしば子どもの言語と同じ声をしているし、たとえそれが言葉であってもただ同じように聞こえる。しかし、やがてこの「根源語」を突きやぶって、叙情的でも魔術的でもなく歌にも箴言にも無縁な言葉の充実が出現するときにはじめて、子どもは人間になる。こうした突然の出現は、すべての真の啓示がそうであるように、いつでもあとになってはじめて気づかれ、それを時間的に過去のある特定の瞬間に固定できない。それと同様に、ある日――それがどの日だったかはあとからはだれにもわからない――人類のあの根源語を突きやぶって、人類の言語が、言葉の言語が、人間のうちに出現する。聖書は人間のこの言語の牙城である。というのも、聖書は散文、しかも、うっとりした告知の歌とか、律法の効果的なお告げというかたちをいまなお取っているような散文だからである。聖書は、言葉のあの実現された突破があとになって文字として沈殿したもの（Niderschlag）、つまりは書き記されたもの（Niederschrift）である。この突破は、人類の歴史においても個人の歴史においても、彼が人間になるまさにその瞬間に起こる。魂がそこにおいてみずからを解放し、みずからを求めるがゆえにどんな尺度にも拘束にも耐えられないような言葉が、魂のなかに入りこんで、みずからを語り、魂から語る。魂以前に、魂の外に、散文はなかった。それは非・詩文（Nichtpoesie）、つまり韻律に拘束されていないが、まだそれから解放されてはいないような語りであり、〔韻律の〕尺度によって計られていない（ungemessenes）が、尺度を欠き尺度を超越して（maßlos-übermäßiges）はいないような言葉であった。そのときから、散文の光の輪のうちで生じたすべての詩文――なにしろ、詩文は散文以上のものであり、つまりはイェフダ・ハレヴィはマイモニデス以上の、ダンテはトマス〔・アクィナス〕以上の、ゲーテはカント以上のものだから――は、みずからの散文の精神によって霊感を与えられている。そのときから、人類をその起源において取りかこみ、各人をたがいから、万人を外側や向こう側から隔てていた夜のしじまへの扉が開かれた。その扉はもはや完全に閉じられることはないだろう。その扉とは言葉の扉である。

原　註

（原註1）〔エードゥアルト・〕ノルデン『アグノストス・テオス（*Agnostos Theos*）』（一九一三年）三六一頁、ローラント・シュッツ「新約聖書にとってのコロメトリーの意味（*Die Bedeutung der Kolometrie für das N. T.*）」（『新約聖書学雑誌（*Zeitschrift für die neutestamentliche Wissenschaft*）』一九二二年、一六一頁以下）、ローマン・ヴェルナーの福音書と黙示書の翻訳を参照。

訳　註

（1）英訳によれば、ピルプル（פלפל）のこと。ピルプルとはハラハーの解釈上の困難や矛盾を解消するための弁証法的論証を指す用語。タルムード解釈の四八の方法のひとつ。

（2）ブーバーはローゼンツヴァイクに旧約聖書のドイツ語訳を提案し、ローゼンツヴァイクの死（一九二九年）以後は、それを独力でやりとげた。

（3）『創世記』第三章二二節は、共同訳では「主は言われた。「人は我々の一人のように、善悪を知る者となった」」だが、ブーバーとローゼンツヴァイク訳では次のようになっている。「主は言われた。「そうだ、人は善悪を知っている点では、われわれの一人のようになった」」（Er, Gott, sprach: Ja, der Mensch ist worden wie unser einer, im Erkennen von Gut und Böse）。

（4）『創世記』第一四章一節「シシアルの王アムラフェル、エラサルの王アルヨク、エラムの王ケドルラオメル、ゴイムの王ティドアルが、ソドムの王ベラ、ゴモラの王ビルシャ、アドマの王シンアブ、ツェボイムの王シェムエベル、ベラ、すなわちツォルアルの王と戦ったとき……」。

（5）ミクラとは一般的には「読むこと」を意味し、とくに「ヘブライ語聖書」全体とその詩節を、さらにはそうした詩節や祈りを朗誦すること意味する。

（6）『創世記』第四九章一～二八節「ヤコブは息子たちを呼び寄せて言った。「集まりなさい。わたしは後の日にお前たちに起こることを語っておきたい……」」。

（7）『創世記』第四九章八～一二節「ユダよ、あなたは兄弟たちにたたられる。あなたの手は敵の首を押さえ、父の子たちはあなたを伏し拝む……」。

14 『イェフダ・ハレヴィ』のあとがき

「あぁ、愛する読者よ。ギリシア語を学び、私の翻訳を火に投じよ。」
フリードリヒ・レオポルト・フォン・シュトルベルク
ドイツ語訳『イリアス』第六巻第四八四行への註

一九二二年末と一九二三年の中頃にフランクフルト・アム・マインで書かれた。一九二四年春、単行本の刊行に先だって『ユダヤ人』春号（O・ヴェールレ出版社、コンスタンツ）に掲載され、『イェフダ・ハレヴィの六〇篇の賛歌と詩のドイツ語訳（*60 Hymnen und Gedichte des Jehuda Halevi deutsch*）』（ランベルト・シュナイダー出版社、ベルリン）、続いて第二版『イェフダ・ハレヴィ、九二篇の賛歌と詩のドイツ語訳（*Jehuda Halevi, 92 Hymnen und Gedichte deutsch*）』（現在のショッケン出版社）の「あとがき」に収録される。『小論文集』二〇〇～一九頁、全集版第四巻第一部一～一八頁。

イェフダ・ハレヴィは、ユダヤの偉大なヘブライ語詩人であった。ドイツの読者にそれを知ってもらおうというのが、ささやかな本選集[1]のねらいである。したがって、イェフダ・ハレヴィはドイツ語で作詩したとか、さらには、キリスト教の聖歌を書いたとか、――今日の家庭雑誌の詩人でしかないにせよ——今日の詩人だとかいったことを読者に信じこませるのが、私の目標ではなかった。私が見るかぎり、こうしたすべては私の翻訳の先達たち、特に最近の先達たちの目標である。本書の翻訳は翻訳以外のなにものでもあることも望まない。本書の翻訳においては、読んでいるのが私の詩ではなくイェフダ・ハレヴィの詩であり、イェフダ・ハレヴィはドイツの詩人でも同時代人でもないということを、いっときも読者に忘れてもらいたくはない。一言でいえば、この翻訳はけっして翻案ではない。それでもあちこちで翻案になっているとすれば、韻を踏む必要からにすぎない。基本的に私の意図は、逐語的に翻訳することであった。そして、本書の詩行のおよそ六分の五はそれに成功していると思う。たとえきわめて控えめな範囲内ではあれ「翻案」に手を出さざるをえなかった残りの六分の一にかんしては、ここで読者にあらためて許しを請いたい。

　翻案の概念は、今日では翻訳の価値基準としてあまりに広く受けいれられているので、それに一度より詳しく光を当ててみる必要がある。だれか偉大なドイツ詩人が他国の詩人を翻案したいと表明すれば、私はちょっとした不審の念を抱かずにいられない。それよりむしろみずからなにか詩作したほうがよいと思うからだ。すくなくとも、中低地ドイツ語で書かれた『きつねのライネケ（Reinecke Vos）』を底本とするゲーテの『きつねのライネケ（Reinecke Fuchs）』[2]は、ゲーテの作品であるからには敬意を表さざるをえないが、さすがの彼も当時はあまりたいしたことを思いつかなかったのだろうという疑いを完全には禁じえない——このことはやがてゲーテの文献学者たちが証明してくれるだろう。ミュラー氏やシュルツェ氏が、あるいはさらにこの問題にこだわればコーン氏[3]が翻案を始めても、その成果には、ミュラー氏やシュルツェ氏その他の人びと自身の詩と同じく興味がない。詩作ができないなら「翻案」もやめたほうがよい。ましなものにはならない。

今日生きている翻案者たちの守護聖人であるかの有名なベルリン大学教授ヴィラモーヴィッツは、最初に表舞台に登場するや早くも、重要なものにたいする「感覚」と感受性という有能な文献学者としての主要な資質を証明した。というのも、彼は当時もっとも偉大な思想家と、(なんといっても)もっとも偉大な芸術家と、そしてもっとも偉大な文献学者を探しだし、彼らを攻撃したからだ。[4] その彼がギリシア悲劇作家たちをあずまや風の〔家庭雑誌風の〕ドイツ語に訳すという広く人気を博したみずからの翻訳の目的をわれわれに明かしたところによれば、アイスキュロスを当時のギリシア人以上に今日の読者にわかりやすいものにしたいという。これはとてもありがたい告白である。なぜなら、翻案者諸氏の仕事はじっさい、そうした「わかりやすくすること」に帰着するからだ。それどころか彼らは、出来の悪い原典にすこしばかり手助けしようとしすぎる。だがいずれにせよ、詩は散文ほど完全にはわかりやすくならない。〔彼らによれば〕その原因はあきらかであって、エジプト彫刻に特有の生気に乏しい表現が芸術家の未熟さのせいでしかないように、[原註1] 詩人が自分を正しく表現できなかったせいである。こうした出来の悪い原典に介入し、その誤りを正し、すこしだけ補足するほど容易でやりがいのあることはないだろう。〔しかし、〕あるものがわれわれにとって異様なのはばあいによってはその文体のせいかもしれないなどとは、翻案者にはどうにも飲みこめないし、そもそも文体という概念からして性に合わない。彼の野心は、過去の異質な記念物に「われわれの時代の装い」をほどこすことである。だが、ヴェルベデーレ宮のアポロン像[5]にモーニングコートを着せ、スタンドカラーを付けたからといって、ほんとうに得るところがあるだろうか。

翻訳の課題を外国語のドイツ語化に見るなら、完全な誤解である。この意味でのドイツ語化を必要とするのは、商人としてトルコから注文を受けとり、翻訳会社に送るときである。しかし、トルコの友人の手紙になると早くも、事務翻訳ではもはや用が足りなくなる。どうしてか。たとえば事務翻訳が十分に厳密ではないからか。友人の手紙の翻訳がビジネスの手紙の翻訳と同じくらい厳密だということもありうる。したがって、そうではない。事務翻訳だって十分にドイツ語になりうる。しかし、十分なトルコ語にはならない。私はトルコの友人という人物を、彼の口調や考えや鼓動を、聞きとることはないだろう。しかし、そんなことがいったい可能だろうか。なじみのない口調をなじみのないままに再現するというこの課題、したがって、なじみのないもの〔外国語〕をドイツ語化するのではなく、ドイツ的なものをなじみのないものにするという課題は、不可能なことを言語に要求しているのではないか。

〔しかし、〕それは不可能ではなく、必要不可欠であり、しかもたんに翻訳においてのみならず必要不可欠である。翻訳の創造的な働きは、語ることそのものの創造的な働き以外のところにはありえない。外国語のドイツ語化、つまり適切な事例を挙げれば、ビジネスの手紙の事務翻訳は、既成のドイツ語への翻訳である。事務翻訳がわかりやすいのはそのためであり、「人気」の秘密もそこにある。ミュラー、シュルツェ、コーン、ヴィラモーヴィッツの上述の翻訳の人気を認められないとしたら、それはねたみからでしかない。彼らは、なにも言うべきことがない人が語るように翻訳する。なにも言うべきことがないのだから、言語になにも要求する必要もないし、語り手がなにも要求しない言語は硬直して、意思疎通の手段になってしまう。どんなものにせよエスペラント語が生存権を得られるのも、そうした手段としてである。なにか言うべきことがある人は、それを新たに語るだろう。彼は言語創造者になる。その言語は、彼が語ったあとではそれまでとは顔つきが違う。翻訳者は、なじみのない声を時空間の深淵を越えて聞きとれるようにするメガホンになる。このなじみのない声が言うべきことをもっていれば、その言語は〔翻訳の〕前後では違って見えるにちがいない。これに成功するかどうかが、翻訳者の仕事がその義務にかなったかたちでなされたかどうかの基準である。シェイクスピアやイザヤやダンテがじっさいにどんな言語に翻訳されても、この翻訳先の言語が影響を受けないということはけっしてありえない。そのような言語はなんらかの更新を経験するだろう。それはまさに新しい語り手がその言語そのもののうちに生まれたかのようである。いや、それどころではない。なぜなら、外国の詩人は自分自身が言わねばならないことを新しい言語に呼びいれるだけではなく、みずからの言語の一般的な言語精神の遺産も一緒に新たな言語にもたらすので、言語の更新はここではたんに外国人によってではなく、外国の言語精神そのものによって起こるからだ。

　外国語による言語のそのような更新がそもそも可能であるためには、当然次のことが前提となる。言語が語り手の一人ひとりをすでにみずから生みだしてきたのだが、それと同様に、あらゆる人間の語り、これまで語られ、これから語られるであろうすべての外国語もまた、すくなくとも萌芽的に言語のうちに含まれていなければならない。そして、じっさいそうなのである。言語はただ〈ひとつ〉しか存在しない。方言においてであれ、子供部屋においてであれ、階級特性においてであれ言語が示す言語特性は、すくなくとも萌芽的にはほかのどんな言語にも示すことができる。あらゆる言語のこうした本質的な統一性とそれにもとづく万人の意思疎通という要求にこそ、翻訳の可能性と課題、翻訳が〈できる〉と翻訳が〈許されている〉と翻訳〈すべき〉ということが根ざしている。翻訳ができるのは、それぞれの言語のうちにほかのそれぞれの言語が可能性として含まれているからである。翻訳が許されているのは、そうした言語の休閑地の開墾によってこの可能性が実現できるときである。そして、翻訳すべきであるのは、個々の言語の「はざま」の空虚な空間においてではなく、個々それぞれの言語のうちにのみ生じうるこの言語統一の日が、到来するようにするためである。

ひとつの事例が説明として役だつかもしれない。ルターが聖書を翻訳できたのは、ヘブライ語や新約聖書のギリシア語のヘブライ語風の語法がもつ特徴を、たとえば従属的ではなく並列的につなぎ合わせるというその文章の特徴を、ドイツ語で再現できるからだ。もし、彼がここでみずからの文章の言語に翻訳しようとしていたら、なにしろそれによって人文主義的な教育を受けた言語精通者としての正体をすっかりさらけ出すことになっただろうから、カウチュとヴァイツゼッカーの翻訳とか（原註2）、あるいはもっとひどいものが生まれたかもしれないが、ルターの聖書は生まれなかっただろう。しかし、当時の教養あるドイツ人の言語意識にとってはすでにキュクロプス〔ギリシア神話の一目の巨人〕のようだったヘブライ語の構文を、ルターはドイツ語に導入する勇気をもち、そのようにして当時の言語意識よりも長生きする作品をつくりあげた——彼は聖書ドイツ語という新しい領域を征服して、当時のドイツ語の領土に付けくわえた。そしてこの新しい領域は、いまやドイツ語史のうちにそれ固有の歴史をもつことができたし、言語本体全体の発展によってあっさり無抵抗に押し流されてしまうことなく、みずから活動しながらこの発展に介入することによっておのれ自身の独自性を保ちつづけた。

さらに、ルターに翻訳が許されたのは、この言語の征服のための出兵に必要な勇気だけでなく、それだけの用意周到さももっていたからである。翻訳「ばか」とその学校風の逐語訳にたいするルターの有名な闘争は、彼がそれに反対して盲目的な恣意〔的翻訳〕を勧めたかのように理解されてはならない。〔彼がそれに反対するのは〕やみくもな逐語訳が、ここで意図され、ルターが到達した目標に導くものではないからだ。辞書が翻訳者にとっての最高決定機関であってはならない。言語は単語（Wörter）ではなく、言葉（Worten）からなっている。生徒と学校教師は単語を翻訳する。単語は辞書のなかにある。言葉は文のなかにしかない。ほんとうのところここでは「ある（Stehen）」〔という言葉〕からしてすでに誤ったイメージを与える。言葉が文という川床を波打ちながら流れているさまを正しくとらえていないからである。言葉がぴったりと適合しあって文を構成するときに示す輪郭は辞書には見いだせない。辞書はその使命からすればどうしても輪郭を無視して、単語という重心に、あるいはそのさまざまな重心に突きすすまざるをえないからだ。しかし、翻訳されるべきであり翻訳されなければならないのは、この輪郭であり、この輪郭にほかならない——並列的な文構造と従属的な文構造というたったいま挙げた例は、そのような輪郭の例であり、ただ文にとっての例であって、単語にとっての例ではない。輪郭を探しもとめて言語形成物の諸要素のどこまで突きすすめるか、文までしか突きすすめないのか、それとも単語まで、あるいは単語のもとに発掘可能な語根にまでも突きすすめるかは、そのつど決めるしかない。しかし、つねに重要なのは輪郭である。そして、ルターが自身の有名な例において天使祝詞の言葉〔アヴェ・マリア〕を、「憐れみ深いあなた（Du voller Gnaden）」と訳そうとしなかったのは、この言葉の輪郭が「魅惑的な（holdselig）」というみずからの翻訳によって直接に表現でき、しかもギリシア語に含まれる語根も放棄せずにすんだからである。たしかに、「魅力的（hold）」〔という言葉〕のほうが「憐れみ」という学校風の辞書的翻訳よりも、語根をはるかによく再現している。しかし、ルターがこの論争の大波のなかでみずからの優位を誇示していた「あなた、愛しいマリア（Du liebe Maria）」を、翻訳そのものにおいてはむしろ断念したことは、それによって帰結することを前にした臆病さではなく――今日の翻訳ばかたちならそう思いたがるだろうが――、彼の翻訳が真に考えぬかれていることの証拠である。「あなた、愛しいマリア」と訳していたら、この場面をドイツの民謡に変え、それによってまさにこの場面を民謡の土壌にできるような緊張関係をだいなしにしただろう。距離への敬意だけが溝を飛び越えることを可能にする。溝をはじめから埋めてしまう人は、他人の跳躍力を萎えさせる。

ルターが翻訳しなければならなかったのは、ドイツ民族が外国の言語精神のこうした流入を必要としたからである。聖書は、すべての書物のなかでも翻訳されることを使命とする書物であり、それゆえもっとも早く、もっとも多く翻訳された書物でもある。こうした翻訳すべての趣旨は「あの日」の到来にあり、物語と要求と約束のごちゃ混ぜというあらゆる文献のなかでも比類のない特徴をもつ聖書にとって、「あの日」の到来こそがこれらの要素をまとめる輪になっている。したがって、ある民族の世界史への登場をしるすのは、翻訳によって聖書をわがものにする瞬間である。この登場はつねに民族の完結性を犠牲にすることを要求し、この犠牲は聖書翻訳に必然的にともなうその民族の言語の改造に反映される。なぜなら、ほかの翻訳がつねにただ生活の一部にかかわるだけで、たとえばシェイクスピアの翻訳はただ演劇にかかわるだけなのに、聖書翻訳は生活の全領域に介入するからである。「宗教的な領域」などは存在しない。『ヘーリアント[6]』は、ドイツ民族がまだ世界史の段階にはなかったことの帰結であり、しるしである。中世の数世紀のあいだ、ドイツ民族自体はあらゆる分野で大いに世界を受けいれたのに、世界のほうはこの民族のいかなる成果も受けいれなかった。世界に影響を与え、世界から二度と消えなかったドイツ最初の出来事は、宗教改革である。それ以降、ドイツの運命は世界の運命に織りこまれることになった。ルターの訳業はまさにこの瞬間を示している。いわゆる「宗教的天才」は、ただそれだけではけっして世界史的個人[7]ではない――マイスター・エックハルトはそうではなかった。それにはもうひとつ別の、世俗的な側面が欠かせない。ルターにとって別の側面とは翻訳者であった。彼はこの「世俗性」のおかげで完全な世界史的個人になれたのである。

中世のユダヤ詩に戻ろう。翻訳の問題は、中世においてはまずまったく単純に、外見的な形式問題である。初心者が原作の詩的形式に恐れをなすのは、翻訳史においてほとんど典型的である。ホメロスは、近代的な六歩格があえてつくられるまでは、さしあたりブランクヴァース〔韻を踏まない五脚抑揚格〕、アレクサンダー詩格〔六脚短長格（一二音節）の詩形〕、オッターヴァ・リーマ〔八行からなる弱強語歩格〕で翻訳される。そのさいドイツ語の六歩格がけっしてギリシアのそれではないことには、フォス以後も変わりがない。ましてやドイツ語のアレクサンダー詩格はギリシアの六歩格ではない。そこで、翻訳者は原作の形式とできるかぎり等価な形象をつくりだすという課題を結局は避けられなくなる。そうなると翻訳者はばあいによっては、原作の形式が詩人に課した以上に強い形式的な拘束をみずからに課さざるをえなくなるだろう――そのように翻訳語の拘束を増やせば、原作の形式の印象にそれだけ近づけるからだ。シェイクスピアのドイツ語訳で音節の単語が優遇されざるをえないのも、その一例である。こうした優遇は、原作の詩人にとってはその言語のゆえに自然だが、翻訳者はそれを意識的にみずからの課題にする。

イェフダ・ハレヴィの翻訳者たちのなかで、韻律にたいするこの義務を原理的に認めた者はこれまでだれひとりいなかったし、脚韻にそれを認めたのは、〔ゼーリヒマン・〕ヘラーただひとりである。彼はほかのことでも、彼以前と以後のどんな翻訳者からも頭ひとつ分抜きんでており、だからこそ当然ながら世論（communis opinio）からは、かえって「鑑賞に耐えられない」と評価されている（Heller, *Die echten hebräischen Melodien,* Frankfurt a. M., 3. Aufl. 1908）。ひとが脚韻形式の模倣にしりごみするのには単純な理由があって、よくよく見れば、それは人間にかかわる驚くほど多くのことの理由ともなっている。そんな模倣は怠慢だ、まったく単純に怠慢だ、ずばり怠慢だというわけである。なぜなら、リュッケルトが証明しているように、どんなに複雑な脚韻形式であれそれをドイツ語で模倣することはまったく可能だからだ。最悪のばあいには音韻辞典を使用してもかまわない。たしかになにがなんでも翻案者の役割を演じたいというのであれば〔辞書の使用を〕だれにも漏らすべきではないだろうが、ただの翻訳者でしかない私は、〔ヴィルヘルム・〕シュテプタート氏の音韻辞典〔『ドイツ音韻辞典（*Deutsche Reimlexikon*）』、ライプツィヒ、一八一九年〕に大いに助けられたことを喜んで認める――もっともシュテプタート氏にしてもたいていはもっとも美しい脚韻を思いついてはいないのだが。ところで、脚韻形式の模倣がどれほど重要かは、次のことからもすぐにわかる。いま問題になっている〔ハレヴィの〕詩においては、脚韻は近代の脚韻形式のように、たんに石と石をつなぐ漆喰であるだけではなく、ほとんど一貫して、すくなくとも建築材料そのものでもあって、その統一的な音調が建物正面の印象を決める。まずはひとりの建築家を思い描いてみよう。彼が――そのような課題を与えられたときに――各階ごとに色の異なる切り石でピッティ宮殿〔イタリアのフィレンツェにあるルネサンス様式の宮殿〕を模造したとしよう。原作からすれば、ほとんどすべての模倣はそんな印象を与える。それは厳格な統一をもつ脚韻をずたずたにするか、詩節からなる詩であれば、詩節の終わりの脚韻の統一を容赦なくずたずたにしてしまう。個々の詩節の脚韻が調和のとれた脚韻体系の華麗な留め金でつながれたこの「帯状の詩」が、ドイツ語の歌の詩節にばらばらにされてしまえば、その詩の美しさのなにが残るだろうか。それなのに、ヘラーを唯一の例外としてそんなことがほとんどつねにおこなわれている。

韻律の問題はさらにむずかしい。じっさいここにははなはだしい異質性がある。たしかに脚韻もまた西洋の脚韻とただちに同一視するわけにはいかない。なにしろ、西洋の脚韻がまず母音についてなされるのにたいして、ここで翻訳された詩〔ハレヴィの詩〕の脚韻は一貫して子音までも脚韻の要素に組みいれ、したがってたとえば、ajich ではなく rajich、im ではなく bim というふうに韻を踏むからである。これはもちろん模倣できない（原註3）。しかし、韻律の異質性となるともっとはるかに深刻だ。

スペイン・ヘブライ語の韻律法は、一般にアラビア語の韻律法の模倣とみなすことで片づけられるのが普通である。これは、単刀直入にいえば誤解を招きやすい。アラビア語の韻律法を借用したからといって、盲目的に模倣したわけではない。そうした模倣それ自体はまったく可能だったかもしれないが、当時のヘブライ語文献学者たちにおいて支配的であったヘブライ語音節の理論からすれば、そんなことは許されなかった。しかし、ヘブライ語の新たな詩の開拓者たちは、アラビア語とは異なるこの言語の散文のリズムの特徴を大胆なタッチで捉えた。たとえば「ゲヴァント（Gewand）」の「ゲ（Ge）」とか「ベツーク（Bezug）」の「ベ（Be）」の音節にほぼ近い響きをもつ黙音の音節がそうである。

そこで彼らはこの音に、理論的にはヘブライ語になかったアラビア語の音節の価値を与えた。こうして、ヘブライ語の韻律法の二つの要素、つまり黙音の音節と重音節からなるある種のイアンボス〔短長格〕と、二つか三つまで音節を積み重ねることができ、さらにじっさいには詩脚の並列によってさらに多くの数を積み重なることができる重音節が生まれた。このようにして生まれた韻律法はいまや言うまでもなく散文のアクセントから遠く隔たり、しかも、セファルディ系の語尾からも、アシュケナージ系の語幹からも遠く隔たることになった。[原註4] 翻訳家にとってもここに困難の根がある。というのも、ドイツ語では一七世紀以降、散文の語のアクセントは詩文においても保たれなければならないという原理が流布し、一八〇〇年代の古典的な詩によって不動の地位を確立したからだ――もっとも、この原理はここ十数年のあいだにようやく、ゲオルゲ派[8]が均等に流れるような音調を要求したことで、ある程度変化しはじめてはいるが。この原理の支配がいまでは絶対的なので、過去に別の諸原理もありえたことを正しく理解することさえ今日の人にはむずかしい。古代ギリシア・ローマが一貫して別の原理をもっていたことは、美的に追感されるよりも、事実として受けいれられているにすぎない。こうした事態を理解するのはそれほどむずかしいことではない。音楽のデグラマティオーン〔歌曲において音楽面より歌詞を優先させる技法〕を考えてみさえすればよい。なにしろ、近代人はそのばあい、語調としてはなじみのないアクセントさえ甘受するからだ。このばあい魅力は、たがいに逃れさってはふたたび出会う散文調と詩文調のつねに変動する緊張状態にある――ホメロスの六歩格〔六つの同一の詩脚または単位韻律からなる詩行〕においてもあきらかにそうであった。したがって、ホメロスのどの六歩格も個々にまったく固有の韻律をもっている。学校の韻律論はその豊かさなど夢にも知らないし、ついでに言えば、現代の声楽における〔リヒャルト・〕ワーグナーのアクセント規則とその叙唱様式の一面的な支配は、そうした豊かさを浪費している。

したがって、ヘブライ語の韻律のいわゆる「不自然さ」もここから理解すべきである。この韻律法をみずから感じとりたい人は、詩文を「ゲオルゲ派風に」、つまりすべての母音節に均等に流れるようなアクセントを付けて読むのがよいが、このアクセントが――このばあい当然セファルディ系の――語調を完全に消しさってはならない。いまや翻訳者の課題は、そうした流れるようなアクセントを読者に強制する詩文をドイツ語でつくることであり、ドイツ語のイアンボス〔短長格〕、トロカイオス〔長短格〕、たとえばさらにダクテュロス〔長短短格〕、そしてばあいによってはアナパイストス〔短短長格〕風のリズムへの自然な傾向を克服することである。この傾向は、重音節を積みあげていくヘブライ語の詩文とは、まったく相いれない。私があらかじめ念頭に置いていたひとつの事例がここにある。翻訳者が〔韻律の〕制約を増やすような技巧的な方法によって、原語にできるかぎり似た印象を翻訳語で達成しようと努力する事例である。そのばあいには次のような方法が提案されるだろう。つまり、ある詩行のイアンボスないしトロカイオスの傾向を次の詩行において破壊し、流れるようなアクセントを技巧的に生みだし、「不作（Mißwachs）」や「光線（Lichtstrahl）」など、同じ重さをもつ音節からなる二音節の言葉を過度に使い、さらにまたこの目的のために、同じアクセントをもつ一音節を積みあげていく。そして最後に、中間休止の技巧的な導入によって、イアンボスやトロカイオスの単調な展開にふたたび堕しはじめたリズムを、そのたびに詩行において修正できるようにする。しかし、これらすべての方法は、厳格な韻律をもつ詩にしか効果がない。礼拝のための多くの詩の韻律はもっと自由であり、重音節の数しか問題にせず、重音節のあいだに無音の音節をそのつど不規則に置いたり置かなかったりするので、その韻律を正確に模倣するという課題は依然として解決できない。なぜなら、語られる詩のばあい——周知のメロディーにしたがって歌える詩なら別だが——、リズムにたいせつなのは詩節を構成する音節になにを選ぶかだけだとドイツ語の読者に無理やり信じこませるなど、どんな手段によってもできるものではないからだ。ヘブライ語の完全音節と無音の音節のあいだにある大きな違いは、ドイツ語にもたしかに口頭ではあるにはあるが、韻律としては表現できない。ここでは、ドイツ語による韻律の模倣をヘブライ語の音節の数だけで我慢すると決断するしか手がなく、したがって、ヘブライ語ではるかに自由に流れていく音節の流れを規制するしか手がない。(原註5) 〔ヘブライ語の〕開放的な韻律をドイツ語でも模倣できる（したがって、私の原理にしたがえば模倣しなければならない）唯一の箇所は、詩行の冒頭である。しかし、ここで前に置かれた音節は前打音〔ある音節に付随し、それに先だって短く奏される音〕の性格を、しかもイアンボスよりもむしろトロカイオスの詩行の前の前打音の性格を失うわけにはいかない。そのほかでは、翻訳のための脚韻の種類も韻律から決定されなければならないだろう。原文は男性韻〔ge*dacht* と ver*macht* のように、強音のある末尾音節相互の韻〕を踏んでいるが、その詩行が偶数の重音節で終わっているので、翻訳では女性韻〔klin*gen* と sin*gen* のように、強音節と弱音節からなる末尾二音節相互の韻〕を踏まなければならないばあいなどはすべてそうである。これはけっして不幸ではない。子音の語頭音が韻を踏んでいれば、原文の男性韻もほとんど女性韻のようにわれわれには感じられるからである。逆のばあい——奇数の音節からなる詩行の終わりが女性韻のばあい——には、重いアクセントをもつ音節が前に置かれるなら、その女性韻は

〔翻訳においても〕維持される。

これらすべての方法が積算されるなら、その総和は外国語のリズムをドイツ語に導入するという努力目標にはすくなくとも向かっている印象を与える。注意すべき三つ目の点は、脚韻と韻律のように形式に属するのではなく、内容にかかわる性格のものである。それは、「モザイク様式」という標語で呼ばれ、脚韻や韻律とまったく同じように模倣不可能とみなされているものである。なにが問題なのだろうか。

流謫のユダヤ人のすべての詩は、自分が流謫の身だというこの事実を無視することを潔しとしない。この事実が無視されてよいのは、ユダヤの詩がほかの詩のようにいつか世界を直接的に受けいれるときでしかないだろう。というのも、ユダヤの詩を取りまく世界は流謫の地であり、そうでありつづけるべきだからである。そして、ユダヤの詩がこの態度を捨て、この世界が流れこむのを許すときに、世界はわが家のようになり、流謫の地ではなくなるだろう。しかし、周辺世界がこのように流謫の地になるのは、聖書の言葉が〔ユダヤ人にとって〕つねに現在だからである。聖書の言葉とともに周囲の現在の前に別の現在が進みでて、周囲の現在を仮象に、もっと正確にいえば、比喩に貶める。したがって、聖書の言葉が比喩的に現在の生活の例証として引きあいに出されるのではけっしてなく、まったく逆に、出来事が聖書の言葉の解明に役だち、その比喩となる。つまりこの関係は、われわれがモザイク様式という言葉でイメージするのとはまったく逆である。モザイク様式は、文学的に未熟な時代の一現象である。アインハルトがカール大帝をスエトニウスのアウグストゥス伝の言葉で描くとき[9]、カール大帝をアウグストゥスの衣装を着せて描き、アウグストゥスのほうから照らしだそうとするのであって、その逆ではない。〔それにたいして〕だれかユダヤ詩人がキリスト教とイスラム教を、エドム[10]とイシュマエル[11]によって描くとき、聖書から現在をではなく、現在から聖書を註釈している。そうであるのは〔ユダヤ詩人が〕文学的に未熟だからというより、むしろはるかに円熟しすぎているからである。ユダヤ詩人は自分の文体に窮しているのではなく、むしろもちすぎているので、文体を欠いた状態へ歩みだす可能性を思いつきさえしない。書かれた言葉にたいする〔ユダヤ詩人の〕こうしたかかわりかたは当然、その言葉がたんに形式的だけでなく内容的にも古典的であることを、いやそれどころか、内容の古典的な円熟と形式の円熟が分かちがたくからみあっているとみなされることを前提としている。これとかけ離れた対照的な例を、今日ではヨーロッパ諸国民が引用する仕方が提供してくれる。イギリス人がシェイクスピアを引用するのを一度でも聞いた人は、シェイクスピアをどれほど「みごとな箇所」に引用するかを知っている。シェイクスピアがイギリス人の口から引用されると、完全に「モザイク的な」効果を発揮する。つまり、イギリス人は一体感を真剣に感じていなくてもシェイクスピアを引用する。現代イギリス人の世界観はクロムウェルの世紀に由来するのであって、シェイクスピアの世紀に由来するのではない。それに反して、教養あるドイツ人がゲーテやシラーを引用するときには、同時にカントやフィヒテやヘーゲルも引用する。言いかえれば、ドイツ人はみずからが引用する精神を信じているのである。彼はたんに社交的なおしゃべりのためにその精神を引用するのではない。西洋の諸国民にたいするドイツの優位を語りうるとすれば、その根拠は、ドイツの形式的な文化の究極の最高点と内容的な文化のそれとの結合というこの歴史的な幸運にある。それ以前の国民では、せいぜいイタリア人がダンテによって、それ以後の国民ではおそらくロシア人がドストエフスキーによって、似たような確固たる基盤の上に立っており、そのおかげで彼らは、みずからが語るべき最高の内容のために最高に美しい言葉を使える。語ることと考えることのこの幸運な統一を、排除されるという高い代償を払ってにせよ最高度にもっていたのは、中世のユダヤ人である。中世のユダヤ人にあっては、もっとも高尚な思考がたんに新たに打ちだされた形式を見いだすばかりではなく、そもそもみずからが思考であることを証明しようとするあらゆる思考がこの形式を探しもとめる。ここでは引用文はけっして装飾的な付録ではなく、語りの緯糸のための経糸なのである。

しかし、ここからふたたび翻訳者の課題があきらかになる。翻訳者は言語の暗示的な内容を押さえつけてはならない。この課題は、解決不可能とみなされてきただけではなく、ある程度までじっさい解決不可能である。なぜなら、たとえば聖書についての必要な知識を註釈というかたちで読者にあとから補足として与えようとしても、当然どんな解決にもならないだろうからだ。ヘブライ語の読者にとっては、聖書の言葉との結びつきもまたけっしてあとから補足されるものではなく、〔聖書の言葉を〕読むにともなって〔その言葉の〕そのつどの流れの終わりがつながり、とぎれなくつながることによって、読んでいるものが蛍光を発するようになる。この〔蛍光を発するという〕比喩によって、いまや問題と同時にその解決の可能性も示唆されている。〔まず問題はこうである。〕〔聖書の言葉の〕個々の流れの終わりのつながりは、ドイツ語ではヘブライ語ほど迅速ではありえない。その理由は簡単であり、ドイツ語の聖書の引用可能性がヘブライ語の聖書のそれに劣るからだ。そうはいってもここ〔ドイツ語〕にもある種の可能性はある――これはルターの聖書と、聖書からつくられたいくつかの讃美歌と、今日の人びとにいまでもよく知られている多くの聖書の内容のおかげである。それに、ドイツ語での聖書からの引用のほうがなじみがないだけに比較的重々しい印象を与える。頻度は劣るにせよ、それもまたある種の蛍光を発するのである。したがって翻訳者は、聖書原文の引用をなんらかの仕方で意識させたいときには、じっさいにまたそれをそのようなものとして際だたせるし、ばあいによっては今日の人になじみのない聖書の引用をもっと身近な引用で置きかえるという課題を抱いている。翻訳者はそうすることで、以前にやり玉にあげた「わかりやすくする」という誤りを犯すのではないかと恐れる必要はなくなる。イェフダ・ハレヴィの詩の読者や聞き手が、エフェルがケトラの子孫であり、ケトラが伝統的にハガルと同一視されるということを知っていたように[12]、今日の人も、アラブ人たちがイシュマエルに由来し、イシュマエルの母がハガルと呼ばれていた[13]ことぐらいはどうにか知っている。しかしそうは言っても、『詩篇』、『イザヤ書』、『雅歌』といった、教養人であれば今日でもよく知っている聖書の諸巻がヘブライ語詩人の口からもきわめて頻繁に出てくるのは、今日の読者にはありがたいことである。

　私は初版では、四つ目の点については自明だとみなしていたので言及しなかった。しかし、私はその間にそうではないことに気づいた。したがっていま、言葉の選択についても語ることにしよう。

　この点に触れることは、翻訳者にとってはいくらか慎重な配慮を要する。というのも翻訳者は、技術不足を詩的な効果のためだと言いつのっているのではないかという嫌疑に、れっきとした詩人よりもさらされやすいからだ。とくに脚韻は、詩想の従順なしもべから主人に変身しているのではないかとつねに疑われる。しもべならだれでもそうした変身をとげようとするが、そうすることがしもべの身分であることの罪滅ぼしになり、本質的にそうせざるをえないのである。詩人であればそうした変身を安んじて告白することができる。詩人が言葉を自分に奉仕させるのは、言葉が詩人を支配するようにするためでしかないからだ。翻訳者のばあいは違う。翻訳者には、自分の言葉、自分固有の言葉に支えてもらう権利がない。彼は逐語的に、つまり〔原作において〕言葉が与えられているとおりに翻訳しなければならない。こうして、言葉一つひとつが再現という問題の前に、したがってもっとも広い意味での学問的な問題の前に、彼を立たせる。翻訳者が、詩人ではなく翻訳者だけが、みずから言葉を選ぶことになる。彼は言葉が言語の視界のうちで、そしてこの詩人のこの特定の言語が拓く視界のうちで占める場所に精通していなければならない。〔正確な翻訳をするために〕その由来をたどっている言葉が〔みずからの言語と〕どれほど近いか遠いかを、その言葉の住処が言語の中心にあるか周辺にあるかを、知るように努めなければならない。

　スペインの詩人たちのヘブライ語のばあいには、その語彙が限られているので、つまり本質的に聖書に由来するものだけなので、こうしたことを確認するのはそれほどむずかしくない。だからといってここでもまた、ただ機械的に辞書と聖書語句索引を繙きさえすればよいわけではない。たとえば、日々の祈りに現われる言葉は、たとえ聖書語句索引がそれをハパクス・レゴメノン〔文献——このばあい聖書——に一度しか現われない表現〕として挙げていても、よく知られている。それにもかかわらず、〔言葉がよく知られていることと、まれにしか現われないことの〕この違いが驚くほどわずかしか自覚されていないことに、私は本書の第一版ののち第二版を出すまでのあいだに気づいた。とくにイェフダ・ハレヴィは、その軽やかな優雅さと独特の流麗さで好評を博している。ひとは自分がほとんど例外なく辞書に頼っているものだから、イェフダ・ハレヴィもそうであったにちがいないとあきらかに考えている。しかし、彼は私よりもヘブライ語ができただけでなく、――著者たる者にはしかるべき慎みが必要だが、それでも言わせてもらえば――私の批判者たちよりもヘブライ語ができた。彼は聖なる言語という広大な家全体の信頼できるしもべだった。そして彼はおそらく、ある言葉が言語の日々の食卓用具に属するのか、それともまれに使うときのためだけに閉ざされた戸棚に保管されているのかを本能的に感じとっていた。彼自身はこの〔日常的な言葉とまれな言葉という〕二つの鍵をどちらも同じように簡単に使いこなせたことは、めったに使用されない錠さえも錆びつかせないだけの管理人としての忠実な勤勉さをもっていたことを証明するものだが、しかしそれは、この二つの鍵で得られる食器類の違いになんら異論を差しはさむものではない。

翻訳者はいまやこの点ではこの詩人を見ならって、単語ごとではなくともすくなくとも一文ごとに、〔原作の〕語彙のなじみのなさをみずからの言語によってできるだけ模倣しなければならない。たとえドイツ語の発展についての知識がようやく〔ハイネの〕『歌の本』〔一八二七年〕までしかいたりついておらず、したがって、〔ゲーテの〕『西東詩集』〔一八一七年〕もヘルダーリンの賛歌も――もっと最近のものは言うまでもなく――まだ知らないでいる読者が、翻訳者のドイツ語を不可解に思うかもしれない危険を冒しても、そうしなければならない。

あるいは、たとえばイェフダ・ハレヴィ自身の詩は一定の条件のもとにあったからこそ、のちにその流麗さを誉め称えられえたのであって、彼の翻訳者にはそんなことはありえないのではないか。たしかにヘブライ語は達者だがドイツ語が達者でない人たちの意見がまれに一致して、翻訳者にそんな忠告をすることがある。〔それによれば〕たしかにハレヴィにおいては注目すべきことに、奇妙な言語形象が韻文のただなかにも、それどころか翻訳者にとってはまったく韻を踏んでいない散文作品にも同じように現われるが、だからといって翻訳者がこうした言語形象に押しつけざるをえなかった無理やりの脚韻は、イェフダ・ハレヴィにはなかったものだ。ハレヴィは、ためらいなく脚韻に脚韻を重ねて優雅な流れをつくりだすことができ、それを常軌を逸するほどお高くとまったものにする必要はなかったというのである。この見解を基礎づけるものとして異口同音にもちだされるのが、接尾辞の脚韻の伝説である。[14]

接尾辞の脚韻は、ドイツ語ではたとえばjubilieren〔歓声をあげる〕の韻をほかのすべての動詞と合わせるときにierenが用いられるように、語尾の脚韻になる。じっさい、接尾辞の脚韻はドイツ語よりもヘブライ語のほうが容易になされうる。だからこそ、〔ドイツの〕れっきとした詩人は接尾辞の脚韻を避けるし、使うにしても、ときおりLiebe〔愛〕とTriebe〔衝動〕とか、Sonne〔太陽〕とWonne〔歓喜〕といった韻を踏むぐらいで、結局のところゲーテさえもそうである。しかし、識者たちには次のような伝説が流布している。スペインのヘブライ語詩人たちはこの好機を惜しげもなく利用し、たとえばドイツの哲学教授が講義時間全体をismus〔～主義〕という脚韻ばかりで苦もなく埋めつくすのと同じくらい満足げに、その長い詩を単一の脚韻で押しとおすというのである。どんな伝説にもそれなりの根拠があるように、この伝説——哲学教授ではなく、スペインのユダヤ詩人にかんする伝説——にも、じっさいの根拠があり、事実またこの根拠についての私の研究は成功を収めた。ある識者がウィーンの朝刊紙で私にこう教えてくれた。「たとえばイェフダ・ハレヴィはその詩「シオン（Zionide）」で六〇回以上も「ajich」（「あなたの」を意味する語尾）の韻を用いているが、翻訳者がドイツ語で

「問う（Fragen）」に韻を合わせようとして六〇の語を見いださなければならないとすれば、もっと面倒な束縛となるのはたしかだろう。ヘブライ語でしばしば韻が踏まれるのは入れかわる単語に共通する接尾辞だが、ドイツ語では単語そのもので韻を踏まなくてはならないからである」。これではまるで、フランス人が本書の「シオン」の翻訳は en という語尾で韻を踏むと主張するようなものである。この識者は〔「シオン」の〕脚韻が rajich であり、ドイツ語の脚韻 agen とまったく同じく単語の要素と語尾からなっていることを知らなかった。この〔ヘブライ語の〕脚韻技術全体をわれわれのそれから区別する特徴がつねに子音の語頭音において語を踏むことにあることを、〔『イェフダ・ハレヴィ』初版の〕一一二頁（第二版の七頁）でついでながらに示しておいたにもかかわらず、彼はそれをあきらかに知らなかった。こんなことを知らなかったなんてありそうにないように思われるかもしれない。しかし、信じられないほどの無知が存在することを知っている人は、もはや驚かないだろう。決まりきったことよりもむしろ学問的なことが問題になるときにつねにそうした無知がわれわれを支配し、この無知のせいで識者が名声を得ることは、一方で（つまり、決まりきった仕事でしか得られないすべてのものにかんしては）とてもむずかしくなるが、他方で（つまり、少しの理解力と学問的なセンスがありさえすれば得られるすべてのものにかんしては）きわめて容易になる。私は数年前に、ある友人に「シオン」の韻律について尋ねたことがある。友人は子どものころから、毎年アブの九日[15]に「シオン」を朗読するのを習慣にしていた。彼の答えはこうだった。これまでたびたびその韻律を探してきたが、ひとつも見つからなかった。それは自由なリズムなのだ！

　しかし、（六〇とまでは言わないまでも）三五もの脚韻を見つけることがヘブライ語でも児戯に類する容易なことではないのは、「シオン」においてこそあきらかになる。それどころかさらに、音韻辞典がかなり早い時期に出現していることからしてもすでに、それは推測できる。というのも、語尾をｒにそろえるという要求のほかに、脚韻の要求を満たす一定の単語群だけしか認めない韻律の拘束がさらに加わるからである。じっさいまた――二行詩の六番目と二六番目に――二回も、同じ脚韻の言葉が同じ意味で登場する。したがって、韻を踏むこともまた、あるいはむしろ脚韻を踏むことこそはまさに、神話を信じている人たちがその接尾辞の脚韻を今日使うのは困難だと考えているのと同じくらい、当時もすでに困難なことであった――そしてそれゆえに、詩作することもまた当時すでに困難だったのである。「シオン」の脚韻を踏んでいる三五の言葉のうちの二つが聖書全体で一回しか登場せず、さらに二つが三回しか登場しない。他方で、たとえば「あなたの神」という賛歌（〔『イェフダ・ハレヴィ』〕六五頁）では、このタイトルの言葉こそがとにかく内容的にも形式的にも全体を浮かびあがらせるものであり、この言葉の脚韻の可能性は、原作に劣らず、そのあとを追う翻訳においても利用しつくされなければならない――なぜなら詩人〔ハレヴィ〕は、まさにここで可能な接尾辞韻をあえて用いようとはせず、さまざまな困難にもかかわらず語幹韻を誠実に踏んでいるからだ。したがって、この詩人の優美な流麗さとか適切な語の選択について語るのは――すくなくともこの詩人自身が問題であるかぎり――意味がない。その翻訳者たちが彼からでっちあげたものにたいしてなら、上述の基準はたしかにあてはまるかもしれないが。

当選集は、もともとはまったくの偶然の産物であった。最初に翻訳した個々の詩それぞれにかんして、どうして翻訳することになったのかを説明しようと思えばできるが、その理由は個人的なものでしかなく、一部はじっさい偶然的なものにすぎない。とはいえ、詩人の作品全体のなかでかなりの部分を占めている世俗的な詩が収められていないのはけっして偶然ではない（もっとも、この世俗的な詩は、ほかのドイツ語訳選集が一般にそれに認めようとしているような場所をとうてい占めるものではないのだが）。イェフダ・ハレヴィに取りくんでいる文献学者たちのなかでも偉大な真の文献学者であるS・D・ルツァットは、ハレヴィの詩集を編んだ[16]理由として、聖なるものを世俗的なものとごちゃ混ぜにしたくなかったと述べているが、これはけっして臆病さのゆえではなく、ここにも個人的な理由がある。翻訳していれば、詩と翻訳を隔てる壁が崩れる瞬間が――たとえ瞬間にすぎないにせよ――いつかかならずやってくる。たとえ本人は知らなくても、ひとが翻訳したいと思うのもこの瞬間のためである。しかし、この瞬間は選集においてはひとを制約する障壁ともなる。

だがその後作業を続けていくうちに、選集の偶然的性格は薄れていった。私は、翻訳された詩が内容的にも形式的にも可能なかぎりたがいに補いあって、詩人の全体像をつくりあげられるように心がけはじめた。作業のある段階では、かなりうまくいった。しかし、私はこの段階に達するやいなや、それを早くも乗りこえてしまった。そして、いまたどりついた状態は、かつて到達した状態よりも美的には好ましいものではないが、こうした言葉が許されるなら、〔全体像に〕より忠実である。というのも、いまや〔優美な流麗さではなく〕さまざまなくり返しが現われるが、くり返されるのはイメージだからだ。

詩の部分がまるごとくり返されるのではけっしてなく――そうした例も世界文学にはあるにはあるが――、くり返されるものはむしろ思想であり、イメージなのである。個々の詩だけでなくまさに詩全体がしばしば、決まった類型のバリエーションとして現われる。じっさいそうであるからには、この類型についてのイメージを読者になにも与えなければ、この選集には欠陥があることになろう。

しかし、Meoroth〔光〕、Ahaboth〔愛〕、Geuloth〔救済〕などの同じ類型をグループごとに並置するといったやりかたで、決まった類型のイメージを読者に与えようとするなら、それはまったく誤りだろう。そんな博物館みたいなやりかたではまったく正反対のイメージを与えてしまうだろう。この〔ハレヴィの詩における〕類型的なものはいったいなにに由来するのだろうか。これらの詩は、当然ながら本来読むためではなく、詩やその一部が民衆のものであったすべての時代にそうだったように、朗読し聞くためのものである。「ただ読むだけでなく、いつも歌ってほしい！」というゲーテの願いはむなしかった——なぜむなしいかといえば、音楽はゲーテの家庭音楽家のもとではまだ控えめに詩に奉仕していたが、当時でさえシューベルトによって詩に忠実にしたがうという口実のもとに詩にたいする支配権を得はじめたからである。[17] ゲーテの願いは当時すでにむなしかったが、しかしこの願いは、上述の時代と同じように、詩が民衆のものであるような時代や人間集団においてなら、当然のこととしてかなえられる。そうなると、「時代」よりもはるかに重要なのは「民衆」という人間集団の存在である。「無意味な」、それどころか「神に見放された」現在を嘆くなどというのはありふれたひとりよがりであり、じっさいは怠惰でしかなく、けっして〔詩の〕動機になりはしない。〔詩の〕「時」が熟するのは、詩が特定の人間集団のためにつくられ、その集団によって、しかもその精神においてだけでなく、人びとの喉によって自然に受容されるときである。したがって、詩の「時」が熟するのは、たとえば多難な現在のあらゆる軍隊、あらゆるプロテスタント教区においてであって、たとえばヴァルター・フォン・デア・フォーゲルヴァイデにとっての美しい中世においてではない。

したがって、イェフダ・ハレヴィと仲間の詩は、すくなくともその大半が〔朗読され聞かれるという〕そうした目的をもった芸術である。たとえそうでないばあいでも、彼らの詩は（まぎれもなく世俗的な詩さえも）、言語的、形式的にはそうした芸術形式の法則に規定されている。しかしこのばあい、使用目的はシナゴーグの一年の特定の時点での、先唱者と会衆の合唱による朗読である。だれもが昔から知っている言葉の流れは、彼らによって中断され、せきとめられて湖になり、見慣れない岸辺の風景を呈しなければならない。それらの言葉は反復しながら変化していくが、変化しながらも反復するものに結びつけられたままなので、必然的にある均質性を帯びるようになる。そんなことになっても、言葉が自然な使用連関に置かれているので、奇異な感じを与えない。というのも、充実した一年、じつに充実した一年を通じて、つまりシナゴーグの生活のさまざまな出来事で満たされた一年を通じて、異なる詩が区別されていたからである。そこでは反復も反復とは感じられなかった。あるいは、感じられたとしても、まったく普通のことである。なにしろ、一年におけるこうした反復こそが、祝祭の本質だからである。結局のところそもそも反復こそが、人間がみずからのまったく真なるものを言いあらわす偉大な唯一の形式なのである。たとえばこれらの詩において、謙遜と献身、苦境と救済の確信、厭世と神へのあこがれ、罪の悔い改めと恩寵への信頼を表わす言葉がつねにくり返されることに不満を抱く人がいるかもしれない。たしかにそうかもしれないが、だからといって、詩人の心情と、詩人が読者として想定している人びとの心情がこれらの感情に満たされ、それらの表現を求めているという事実を無視するわけにはいかない。嘘は多くの可能性をもつが、真理はほんのわずかな、根本的にはつねに唯一の可能性しかもたない。このつねに〈唯一のもの〉をくり返し新たに語って飽くことがない点にこそ、真理の永続的な力の証しがある。愛の言葉は愛する者の口をついて出るときには古びることはなく、愛を装う口をついて出るときには、最初に語られるときにすでにしおれている。

しかし、選集の編者や読者としてどうふるまうべきかという実践的な問題は、それでは解決しない。ということはこうも言える。イェフダ・ハレヴィ自身がどうふるまうべきだったかも解決しない、と。なにしろ、ハレヴィはみずからの「詩集」を編集しなかったからだ。それは彼の死後はじめて編集され、その後すぐに数回にわたって編集された。こうした編集が現代にとってもつ実践的な意味とは、権限のある場所つまりシナゴーグが、しかもまさに中欧と西欧とアメリカの「改革派」シナゴーグが、これまでよりもはるかにこれらの詩を意識するようになるということだ。地方のシナゴーグ聖歌隊の先唱者や作曲好きな指揮者にとってこれはなんという好機だろう！　しかし、これはとりわけラビたちにとってもなんという好機だろうか！　ここでラビたちは、説教にさいしてその日に読む詩の素直な解釈を基礎に置くことで、真にユダヤ的な唯一の説教スタイル、つまり警告するものや呼びかけるものをあえて探さなくても折に触れて最良の意味であきらかになるような教育的な説教スタイルへの帰路を、見いだすことができるだろう。

しかし、いま述べたことはなんといっても原作にしかあてはまらない。翻訳者の態度にかんしては、それによってはまだなにも得るところがない。私はどうすればこの翻訳選集の読者が読者としてふるまうのを妨げることができたのだろうか。別言すれば、詩をサクランボではなくモモのように賞味する、つまり、前のものをほとんどまだもぎとらないうちに次のものに早くも手を出すのではなく、それぞれをちゃんとひとつずつ慎重に、おそらくそんなすぐに再生しないことを念頭に置きながら手を出すように、読者を仕向けることができたのだろうか。

〔選集でハレヴィの詩にほどこした〕註釈がこの目的に役だつことを願っている。もちろんそれだけではない。それ以外に私はこの註釈によって、註釈の通常の義務を果たしたいとも思っている。その義務とは、詩の理解に必要だが読者がきっと知らないようなことを、洗練された礼儀作法を守りながら、つまりはどちらかといえばついでながらに、まるで読者がすでにそのすべてを知っていたかのように、教えるということである。しかし、主たる目的はほかにある。それは、読者がそれぞれの詩を詩人が詩作したままにそれ自体として受けとり、歌い手や聞き手がその詩を定められた場所でかつて歌い聞き、いまも歌い聞き、これからも歌い聞くだろうとおりに受けとるようにすることであり、したがって、読者を詩の撲滅者であるような読者ではなく、詩の客人にして友人たらしめることである。

　イェフダ・ハレヴィ自身についてはここでは語らないことにしよう。それについては個々の詩にかんする註釈で触れる機会があろう。そのほうがより直接的な分、適切である。私はこの「あとがき」の冒頭で、逐語訳に最善を尽くしたにもかかわらずときには「翻案の」部分もあることの許しをこうたが、註釈がさらにまたこれらの箇所にヘブライ語原文を補うことでご容赦願いたい。

　最後にお願いしてよければ、二つの願いがある。このささやかな選集に定められた水準をすぐに乗りこえてほしいということと、この分野における私の後継者のだれもここで到達された厳密さの程度の背後にとどまろうなどという怠惰な気持ちをもはやもたないでほしいということである。「どうにもならない」という弁解はもはやだれにも許されない。

原註

（原註1）公平を期するために、次のことを語らないわけにはいかない。古代史の分野のもっとも重要な権威であるエードゥアルト・マイアーは、〔エジプト〕中王朝の数百年間にファラオの顔に見られるようになった憂鬱の表情にかんして別の説明を見いだした。それは統治にたいする深刻な憂慮〔の表われ〕だというのである。彼の『古代史』〔一八八四～一九〇二年〕にはそう書かれている。

（原註2）エミール・カウチュ編『旧約と新約の原文聖書（*Textbibel des Alten und Neuen Testaments*）』、カール・〔ハインリヒ・〕ヴァイツゼッカーの新約聖書訳付き〔原文聖書（Textbibel）は、一八九九年から一九一一年にかけて数回にわけて出版された聖書全集。プロテスタントの神学教授たちが作成し、カウチュが編集した。第九版以後は、ヴァイツゼッカーの新約聖書訳が付けくわえられた〕。

（原註3）〔『イェフダ・ハレヴィ』〕二一七頁のこの詩の〔私の〕翻訳は、原作の母音の脚韻（Vorreimvokale）を保存しながら模倣の試みをおこなっている。しかし、ドイツ語の読者がここでは行末音節が同じだと感じるよりも、むしろ韻を踏んだ音節（Vorreimsilben）の脚韻が詩全体に散りばめられていると感じとってしまう——これはヘブライ語の脚韻の感じかたからすれば偶然的なことなのだが——は避けられない。

（原註4）「セファルディ系」（スペイン系）と「アシュケナージ系」（ドイツ系）は、ヘブライ語のもっとも重要な二つの発音の仕方である。本質的な違いは、いくつかの母音の読みかたにある（たとえば、世界を、アシュケナージ系ではAulom、セファルディ系ではOlamと読む）と、アクセント（セファルディ系では語末音節にあるのにたいして、アシュケナージ系では多くのばあい最後から二番目の音節にある）にある〔セファルドはスペインを意味し、一四九二年の国外追放以前

にスペインとポルトガルに住み、その後、東南ヨーロッパ、北アメリア、アジアに、さらにはオランダ、イギリス、北西ドイツ、アメリカに定住したユダヤ人にたいする呼称。それにたいして、アシュケナズはゴメルの息子でヤフェトの孫の名前であり、ゴメルの地がゲルマニアと呼ばれるようになったために、九世紀以降、ドイツを指す地理的概念となり、アシュケナージはドイツに定住するか、ドイツから移住したユダヤ人を指す用語となる」。

（原註5）原作のリズムを厳密に模倣した一例は、「『イェフダ・ハレヴィの六〇篇の賛歌と詩のドイツ語訳』」二三三頁で報告した詩にある。ドイツ語では二重のイアンボスとして構成された各行の四つの音節だけが、リズムにとって本質的であり、ほかは埋め草である。

訳註

（1）『イェフダ・ハレヴィ、九二篇の賛歌と詩のドイツ語訳（*Jehuda Halevi, 92 Hymnen und Gedichte deutsch*）』（ショッケン出版社）

（2）ゲーテの『きつねのライネケ』（一七九三年）は、一四九八年に中低地ドイツ語で出版された動物寓話集を一七五二年にドイツの著述家ゴットシェート（Johann Christoph Gotsched 1700–66）が散文にしたものにもとづいている。

（3）英訳註によれば、イヴァン・ミュラー（Iwan Müller）は、『古典古代学教本（*Handbuch der klassischen Altertums-Wissenschaft*）』の編者、フランツ・シュルツェ（Franz Schülze）は一九二〇年代にドイツで活躍した学者、エミール・コーン（Emil B. Cohn）は一九二〇年にイェフダ・ハレヴィの翻訳を発表している。ローゼンツヴァイクはコーンの翻訳が気に入らず、みずから翻訳する気になったという。

（4）ヴィラモーヴィッツ＝メーレンドルフは、フリードリヒ・ニーチェとスイスの文化史家ヤーコプ・ブルクハルト（Jakob Burckhardt 1818–97）の論敵であり、のちにはみずからに師事した文献学者のカール・ケレーニイ（Karl Kerényi

1897–1973）を批判した。

（5）古代の大理石像で、一五世紀に再発見され、ヴァチカンのヴェルベデーレ宮に置かれている。

（6）「新ヘブライ語？」訳註（13）を参照。

（7）ヘーゲルの用語。ヘーゲルによれば世界史を動かしているのは個人の情熱や利害ではない。むしろ理性的な普遍的精神はこうした個人を利用してみずからの意図を実現する（これを「理性の狡知」という）。しかし、まれに個人の意図と普遍的精神の意図とが一致することがあり、このとき個人は偉大な世界史的事業をなしとげることができる。こうした特権的な個人が「世界史的個人」であり、ヘーゲルはナポレオンをその典型とみなしていた。

（8）ドイツの詩人シュテファン・ゲオルゲ（Stefan George 1868–1933）のまわりに集まった詩人、芸術家、学者のサークル。参加者には、フリードリヒ・グンドルフ（Friedrich Gundolf 1880–1931）、ルートヴィヒ・クラーゲス（Ludwig Klages 1872–1956）、カール・ウォルフスケール（Karl Wolfskehl 1869–1948）などがいる。ゲオルゲはマラルメを通してフランス象徴主義の影響を受け、高踏的な機関誌『芸術草紙（*Blätter für die Kunst*）』（一八九二～一九一九年）を創刊し、貴族主義的・唯美主義的な文学を確立しようとした。

（9）スエトニウスの「アウグストゥス伝」は『ローマ皇帝伝（*De vita Caesarum*）』に収録されており、アインハルトの『カール大帝伝（*Vita Caroli Magni*）』は『ローマ皇帝伝』を範として書かれている。

（10）ヤコブの双子の弟エサウの別名。『創世記』第三六章一節「エサウ、すなわちエドムの系図は次のとおりである」。エサウはエドム人の先祖である。

（11）八五歳まで子どもに恵まれなかったアブラハムの息子。妻サラの奴隷であるハガルとのあいだに生まれた。イシュマエルはアラビア人の先祖とされる。

（12）『歴代誌（上）』第一章三二節「アブラハムの側女（そばめ）ケトラが産んだ子は、……ミディアン……である。ミディアンの子は、……エフェル……。これらは皆、ケトラの子孫である」。このため、ケトラはイシュマエルを産んだアブラハムの妻サラの奴隷ハガルと同一視されるのであろう。

(13) 訳註(11)参照。

(14) ハレヴィの詩は、接尾辞を一行ずつ縦に読むとハレヴィの名前になる。

(15) アブはユダヤ暦の五月。アブの九日はエルサレム神殿が破壊された日であり、ユダヤ人はこの日喪に服する。

(16) ルッツァトはハレヴィの八六の宗教詩を編集し註釈を付けて、一八六四年に『[ハレヴィ]詩集(*Diwan*)』を出版した。

(17) シューベルトはロマン派の抒情詩と音楽の完全な融合を実現し、「歌曲の王」と呼ばれる。主要な歌曲集に『美しき水車小屋の娘』(一八二三年)、『冬の旅』(一八二七年)、『白鳥の歌』(一八二八年)がある。

15　聖書とルター

一九二六年七月に執筆され、同年ランベルト・シュナイダー出版社からパンフレットとして刊行。一九三六年にショッケン出版社の『聖書とドイツ語訳（*Die Schrift und ihre Verdeutschung*）』に再録される。『小論文集』一四一～六六頁、全集版第三巻七四九～七二頁。

I

翻訳することは、二人の主人に仕えることだ。そうだとすれば、だれも翻訳などできない[1]。したがって、翻訳は、理論的にはだれもなしえないことがすべてそうであるように、万人の実践的な課題である。だれもが翻訳しなければならないし、だれもが〔じっさい〕翻訳している。われわれは語るとき、自身の考えを、他者に理解してほしいと思うことに翻訳している。しかもその他者は、目の前にいない一般的な他者ではなく、目の前にいて、そのつど目をぱちくりさせながら自分のほうを見ている、まったく特定の他者である。われわれは聞くときにも、自分の耳に響いてくる言葉を、自分が理解できるものに、つまり具体的に言えば、自分の口をついて出る言語に翻訳している。だれもがそれぞれ自分だけの言語をもっている。あるいはむしろ、だれもがそれぞれ自分だけの言語をもつとはいっても、それは（論理学者というこの自称独白家たちが自分のために必要とする）独白的な語りというものがほんとうに存在し、すべての語りがすでにして対話的な語り、つまりは翻訳でなければの話である。

すべての語りが翻訳だとすれば、われわれが〔先ほど〕認識し認めた翻訳の理論的不可能性なるものは次のような意味しかもちえない。つまり、ほかのすべての理論的不可能性と同様にこの不可能性もまた、ひとが生まれる前にコウノトリの沼〔母の胎内〕からすでに見てとってはいたが、生まれ落ちたあとで生そのもののうちで〔はじめて〕もつようになるような意味しかもちえない。翻訳の理論的不可能性とは、「不可能ではある」が避けられない妥協――人生はこうした妥協の連続だ――を重ねるなかで、不可能として認識されたものではなく、課題として課された必然的なものをみずからに要求する謙虚さという勇気をわれわれに与えるものなのである。したがって、語ることと聞くことにおいて要求されるのは、相手が私の耳と口をもつことではない。そうなれば、たしかに翻訳は不要になるだろうが、語ることと聞くことまでも不要になってしまう。そして、民族間での語ることと聞くことにおいて要求されるのも、翻訳がたんに翻訳にとどまらずに、一方の民族の原作か、他方の民族の新たな原作になることではない。前者であれば、聞くほうの民族は余計になるし、後者であれば、語るほうの民族が用済みになるだろう。どちらにせよ、そんなものを望むのは狂ったエゴイズムでしかなく、そうしたエゴイズムは、自分自身の個人生活や民族生活だけで満足だと考え、自分の周りが〔ひとの住めない〕[2]荒野であってくれればと熱望する。しかし、この世界は荒野になるべくつくられているのではなく、さまざまな区分と種類に応じてつくられているのだから、そのような考えを容れる余地はない。

プラトンの翻訳によってみずから偉大な翻訳者のひとりとなったシュライアマハーは、かつて翻訳をきわめて賢明にも二つに分けた。作家をできるだけそのままにしておいて読者を作家に近づけるような翻訳と、読者をできるだけそのままにしておいて作家を読者に近づけるような翻訳である。[原註1]だが、この眩いばかりにすばらしい（blendende）二項対立も、すでに述べたことからすれば、あくまで真剣に二項対立でありつづけようとしたかぎりじっさいには眩惑的なもの（blendend）でしかなかったことがわかる。じっさいこの対立が、多様に錯綜し、混乱し、けっして二項対立的に分けられない現実を、二項対立的に説明し照らしだす以上のものだろうとすれば、なるほどプラトン翻訳の理想は、トイプナー社が出版したプラトンの〔註解のない〕原文だけの版[3]か、カントの『純粋理性批判』のいずれかでしかないだろう。しかし、前述のシュライアマハーの言葉は、理性的に解されるなら、つまりあれかこれかの二者択一ではなく、混乱した現実を解きほぐす手段として解されるなら、われわれを探求へと導き、しばらくのあいだ道案内をしてくれるだろう。彼の言葉はわれわれに、〔二項対立の〕混合の〔量的な〕比率を問うことを教えてくれるだろう。そしてこの問いは、量にかんするすべての問いと同様に、きわめて重要だが予備的な問いにすぎず、解答が見いだされたあかつきには、本来の問いに、つまり、〔翻訳〕作品のどの地点で読者が〔原作に〕「近づけられ」、どの地点で原作が〔読者に〕「近づけられる」かという問いに、われわれを導いてくれるだろう。〔そこに〕働いている諸力をただ挙げただけでは、つねにそうであるようにここでもまた、まだなにも言ったことにならない。そうした力の量的な比率を確定すれば、つねにそうであるようにここでもまた、いくらかのことを語ったのはたしかだが、ほんのわずかでしかない。一方の力がどこで始まり、他方の力がどこで始まるかを述べることができてはじめて、一定のイメージが描けるようになる。

II

ルターがみずからの翻訳にかんして述べているなかでも、ドイツ語で、平易なドイツ語で書こうという意志を語っている発言は有名である。「わかりやすい、だれでも理解できる語りかた、混ぜ物のない意味をもった語りかたをしよう[原註2]」。事実また、これは〔彼の翻訳に〕きわめて支配的な語りかたである。ルターがこの点で従来の聖書ドイツ語訳を越える大きな一歩を踏みだしたことは、同時代人たちにとってもすでにきわめて印象深いことであった。それにもかかわらず、ルターは、みずからの仕事の別の側面、つまりドイツ語の読者を異質な原作と異質な言語精神に近づけるという側面も、十分に意識していた。ドイツ語訳『詩篇』に個別に付された序文[4]は、翻訳問題にかんする彼のすべての発言のなかでもっとも啓発的なものであって、彼は事例を長々と並べながら、みずからの方法と、そのつどみずからの仕事のある部分でおこなったきわめて徹底的で全般的な改変について、自分と読者に釈明しているが、そうした別の側面もきわめてはっきりと話題にし、「ときには言葉を生硬のままにしておき、ときには意味だけを訳す」ということを、みずから発見し遵守する「規則」として挙げている。

ルターが「ヘブライ語に余地を残し」、「そうした言葉に慣れる」ようにドイツ語の読者にときおり要求したいくつかの理由、あるいはむしろ理由そのものが、上述の『詩篇』序文のある箇所から完全にあきらかになる。それゆえこの箇所を、長くなるが省略せずに引用しよう。

他方また、われわれはときに言葉に忠実に訳したりもした。たしかにそれを別様に、もっとわかりやすく訳せたが、そうした言葉には重要なものが含まれているからである。第一八節はこのようになっている[原註3]。「あなたは高みへと登り、牢獄を捕えた（das Gefängnis gefangen）」。この箇所は、適切なドイツ語ではおそらく次のようになっただろう。「あなたは囚人たちを解放した（die Gefangenen erlöset）」。だが、これでは弱すぎるし、「あなたは牢獄を捕えた」と語るときのヘブライ語に含まれている微妙で豊かな意味を伝えることができない。このヘブライ語がほのめかしていることは、たんにキリストが囚人たちを解放したということだけではなく、そのようにして牢獄も運びさられ捕えられて、それはもはや二度とわれわれを捕えることはできないし、捕えるべきではないということでもある。そして、これが永遠の救済だと言ってよいくらいである。

私は〔神にたいして生きるために〕律法にたいしては律法によって死んだのです〔『ガラテアの信徒への手紙』第二章一九節〕と、聖パウロが語るときに言いたいのは、そのようなことである。同様に、「キリストは罪を罪によって処断した[5]」とか、「死はキリストによって殺された[6]」というのもそうである。それら〔罪や死〕はキリストが捕え運びさった牢獄であり、その結果、もはや死がわれわれを捕えて放さないことも、罪がわれわれを咎めることも、律法が良心を罰することもありえない。聖パウロはこうした豊かで、壮大で、慰めになる教えをいたるところで説いている。

したがって、われわれはそのような教えへの敬意と、われわれの良心の慰めのために、そのような言葉を心にとどめ、それになじまなければならず、それゆえ、われわれのドイツ語よりもヘブライ語がそれをよりよくなしうるばあいには、ヘブライ語に余地を残さなければならない(7)。

ここで比類なくあきらかになるのは、二つの原理の支配領域、つまりテキストを読者に近づけるという原理が支配している領域と、読者をテキストに近づけるという原理が支配している領域が、どのようにたがいに区別されるかということである。本来は前者の領域のほうが、ルターにとっても、すべての翻訳者たちにとっても支配的である。というのも、結局のところどんな翻訳も読者の言語に翻訳されるのであり、原作の言語に翻訳されるのではないからである。〔テキストを読者に近づけるという〕側面はどちらかと言えば自明であるにもかかわらず、ルターがみずから実践のこの側面についてきわめて多くを語るのにはそれなりの理由があり、この技法の第一人者だと実感できたからである。彼の先行者たちの翻訳がラテン語風の表現で満ちていたとしても、それは〔読者をテキストに近づけるという〕もうひとつの原理の効果ではなくて、たんなる駄作だったからにすぎない。このもうひとつの原理は、すべての翻訳者と同様、彼にとっても例外なのである。今日のわれわれがこうした例外により多く関心を寄せるのは、まず規則が確立されてはじめて、例外のほうが規則よりも議論の余地のあるものになり、より疑わしく、それだけより啓発的で興味深いものになるからである。しかし、ルターの見解によれば、ドイツ語のうちに「ヘブライ語を入れる余地を残す」必然性はいったいどこから生まれるのか。それは、いま言われたことがきわめて重要になり、われわれに、「われわれの良心」に全面的に訴えかけるようになるところ、つまりは、ルターにとっても今日の生きたキリスト教徒にとっても、聖書が今日生き生きと語りかけてくる神の言葉、生き生きとした教え、生き生きとした慰めになるところである。ルターが駆使する「信仰による類推」はいつでもピタリとあたる占い棒であって、この占い棒は、旧約聖書が「キリストを育んでいる」すべての箇所でピクリと動く。聖書は、それがそのように彼にとってもキリスト教徒たちにとっても、生き生きとした神の言葉であったところでは、そしてそこでだけは無条件に、言葉どおりに受けとられなければならず、たとえ「ぎこちない」逐語訳になっても、言葉どおりに翻訳されなければならなかった。それ以外のところならどこでも、翻訳者は「ヘブライ語を見捨てて、その意味を自由に最良のドイツ語で語る」し、またそうしてもかまわない。[原註4] ルターにとって旧約聖書の大部分のテキストはこれに含まれる。旧約聖書に寄せた序文のすばらしい箇所によれば、[8] この聖書の大部分のテキストは統治や生活についての、つまり「それらが広まっていくにつれてどういうことが起きるか」についてのイメージと実例にすぎない。

したがって、偉大な仲介作業〔翻訳〕がどのようにおこなわれるのか、つまり、どこで言葉が「そのままにされ」、逆にどこで聞き手が「そのままにされる」のかを、細かいところまで規定しているのは、ルターの信仰にほかならない。〔つまり、それを規定しているのは〕ルターの信仰と、孤立した信仰などありえないのだから信仰内容についての彼の概念——信仰内容は本来確定されているものであるがゆえに確定可能である——なのである。したがって、こうした啓示概念が失われてしまった時代、確実に目に見えるかたちで永遠に限定されている聖書の信仰の核心からルターが生活のたんなるイメージや実例にすぎないとして追放してしまったものが、あまねく蔓延するようになって、信じるに値するものについての啓示を——明確にであれ、混乱してであれ——期待するような時代、そんな時代には、翻訳にさいして信仰の問題を新たに聖書に突きつけることが許されるにちがいないし、それが時代に命じられているのもたしかである。この問題はヨーロッパのほかのどんな言語民族においても問題にならないだろう。ドイツにおいてこそそれは問題になるのであって、しかもきわめて深刻な問題になる。というのも、たしかにルター自身にとって、彼の作品はつねに流動状態にとどまり、彼は人生の終わりになってもまだ、まったく新たに改訳することはもはやできそうにないと嘆き、「翻訳をいま以上のより良いものにしてくれる」(原註5)という期待を未来にかけたが、彼の民族にとっては、その作品は作者の信仰生活から引き離され、たんに教会の基本書となっただけではなく——これだけだったなら、たいしたことではなかったのだが——、国民の言語そのものの基本書になったからである。こうして、あの〈許されていること〔翻訳の信仰問題を聖書に突きつけること〕〉をおこなう勇気と、〈〔それが時代に〕命じられていること〉の深刻さが、ここで〈不可能〔翻訳の不可能性〕〉の閉ざされた扉に激しくぶつかって、はね返されることになる。

III

「文語（Schriftsprache）」というかなり奇妙な言葉で呼ばれるものが成立していなくとも、言語がすでに数百年にわたって文字（Schrift）をともなうことはありうる。たしかに、文字はいたるところでただちに、それ固有の仰々しさにふさわしい言語表現の諸形式をつくりあげるが、そうした文字に支配された生活圏の外側では、言語は自由で活動的でありつづける。それはちょうど、生徒が学校では〔ややこしい文法のせいで〕語ることさえ忘れてしまうのに、そのくせ家ではやみくもにしゃべるようなものである。読書熱が生まれ、遅くとも新聞を読むようになってはじめて、彼の言語能力はくびきにつながれる。そのときからひとは、自分あるいはむしろ人びとが書くようにはしゃべらないようにするために、特殊な努力を必要とするようになる。こうして、諸民族の生活においても、文字が言語の補佐役から主人になる瞬間がいずれ訪れる。そしてこの瞬間が訪れるのは、民族の全生活を包括するような内実が文字に注ぎこまれるとき、つまりは「だれもが読んでいなければならない」本がはじめて存在するようになるときである。この瞬間から、言語はもはや無邪気に前へ進めなくなり、みずからが進むべき方向を、もっぱら道の途中で出会うものに教えてもらうわけにもいかなくなる。言語は、たとえあの〔だれもが読んでいなければならない本がはじめて存在するようになった〕時点を完全に見失っていなくても、前進しつつその時点をいつも振りかえらなければならない。つねに後ろを振りかえる人の足取りは、このときからすくなくとも以前よりも遅くなる。じっさいこのときから、言語の発達速度も以前よりはるかに遅くなる。ルターのドイツ語は、正書法に適ったやりかたで現代風に書きあらためさえすれば、今日でもおおよそは理解できる——もっとも、正書法はつねに目的を意識した意志の産物なのだが。本論文の読者は、〔私が三五七〜八頁でルターの〕長い文章を引用したときにこのことをすでに納得していただけたと思う。それにたいして、まだルターの影響を受けていない同時代の文献、たとえばルター以前の聖書翻訳の一五一八年の最後の版(9)やデューラーの『ネーデルランド旅日記[10]』のばあいには、そのドイツ語の理解にさまざまな重大な困難がともなうだろう。このばあい、正書法だけにとどまらず、すくなくとも多くの語形を新しくしなければならないだろう。さらに、マイスター・エックハルトともなれば、われわれはそれを翻訳さえしなければならず、ましてやベルトルト・フォン・レーゲンスブルク[11]やニーベルンゲン[12]はそうである。しかし、イタリア人は自分たちのダンテを、われわれがルターを読むように読むことができる——ダンテはわれらがエックハルトと同時代人だというのに。イタリア語の新聞を読めれば、ダンテの詩は本質的に、一四世紀と一五世紀の人びとの頭を悩ませてきた以上にむずかしいものではもはやない。ここ〔イタリア〕では文語が生まれ、それまで自由であった言語発達の流れが規制されるようになる瞬間は、まるまる六〇〇年前からすでに始まっていたが、それが二倍以上も前から始まっている一例は、アラビア語の文語に見いだされる。ここではコーランが古典的著作となった。コーランの言語は、高地ドイツ語が今日スイスで、あるいは一七世紀中頃にルター聖書が勝利して以来の低地ドイツでそうであるように、あらゆる方言のあいだで、より高尚な表現の言語となった。その言語は文学や新聞だけでなく、劇場でも議会の演説や祝祭の演説でも使われている。有名なベルリンのオリエント学者の言葉によれば、世界大戦中の聖戦への呼びかけは、ウマイヤ朝[13]の時代から取ってくることもできただろう。

　たしかにこのように一冊の本が言語を支配したからといって、当然ながらそれ以降言語の発達が停滞するわけではない。ただし大幅に減速する。そして個人の発達が刺激されたさまざまなモーメントの梃子《てこ》の作用に依存するように、言語の発達も、言語にとって偶然でも必然でもあるような言語創造の天才の出現に依存するようになった。それ以降、言語が更新される瞬間に個人の必要から生まれてきたものにしても、民族の必要を担い送りとどける人が生みだすものにしても、もはやかならずしも言語の新天地を目指すのではなく、しばしば言語の過去からもたらされるようになった。必要に迫られて個人の口をついて出るのは、かつて読んだ言葉である。彼はその言葉を使うのをかつてはつねにはばかっていたのに、いまやそれは彼のこの瞬間の真の言葉となる。それと同様にいまや公的な話し手も、みずからの課題の必要に迫られたとき、その可能性がまだ確立されていない言語領域にもはや手を出さないだけでなく、言語の死者の国から死者の霊をしばしば呼びだし、このみずからの必要に迫られた瞬間という血を注ぎこんで、この霊に語らしめるようになるだろう。[14] だが、個人がみずからの言語領域をそのつど拡張することはあっても、たいていみずからの時代に読まれているものの範囲内に縛られているように、全体としての言語も、したがってその言語によってなんらかの課題を託されている人も、いつかそのうちに、文語を確立した著作の時点を越えて死者を蘇らせようとはほとんどしなくなるだろう。ルター訳聖書のなかにあるものは、たとえ古くなっても、そのほとんどすべてがふたたび復活しうる。たとえばベルリンの啓蒙主義者テラーがそのすぐれた著作〔原註6〕において、当時ルター訳聖書のいったいなにを時代遅れとみなしていたかを見れば――〔彼が時代遅れとみなしていた〕言葉や語法が一七九四年当時、すでに古典作家によってふたたび生き生きと使われ、さらにすぐ次の十数年のあいだに、ふたたび一般的な言語に入りこんできたのだから――、ここではもはやなにごともそう簡単に不可能とはみなせない。とはいえ、ルター訳聖書以前の言語領域に属するものにふたたび市民権を与えることはまれにしかできないし、特殊な状況のもとでしかできそうにない。

文語を確立した古典の問題はこの〔ルター訳聖書の〕ばあい、翻訳であることによっていっそう先鋭になる。というのも、翻訳にはある種の一回性の法則があてはまるが、ここではこの一回性は、言語史の古典的な瞬間のあの一回性と重なりあっているからである。言語のどんな偉大な作品も、別の言語に翻訳されうるのはある意味で一度だけである。翻訳の歴史にはまったく典型的な過程が見られる。はじめに、原典の読解の助けとなろうとするだけの謙虚な行間逐語訳と、原典の意味ないし意味とみなされるものをどうにかして読者に教えようとする自由な改作つまり翻案が並存している。たとえばドイツではダンテにかんするかぎりこの最初の時機がまだ過ぎさっていないもっとも決定的な証拠は、〔ハンス・〕ガイゾウの「翻訳」〔ダンテ『神曲』一九二一年〕や〔ジークフリート・フォン・デア・〕トレンクの「翻訳」〔『永遠の歌——ダンテ『神曲』』一九二一年〕にさえ、それを出版してくれるところが、それどころか読者までもが見つかったということである。

それからある日、二つの言語精神の結婚という奇跡が起こる。それは準備なく起こるのではない。受けいれる側の民族がみずからのあこがれから、外国の著作の羽ばたきをみずからの言葉で歓迎してはじめて、つまりその受けいれがもはや好奇心や利害や教育熱から、それどころか美的満足からさえなされるのではなく、ある広範な歴史的運動においてなされるときにはじめて、そのような「ヒエロス・ガモス」つまり聖なる結婚の時が来ている。こうして、シラーがドイツ人にドイツ人自身の演劇を創造できた数年のあいだにようやく、〔アウグスト・ヴィルヘルム・フォン・〕シュレーゲルによるシェイクスピア翻訳の時が来たし、ゲーテが古代の形式に近づいたときにようやく、フォスのホメロス翻訳の時が来たのである。〔それにたいして〕「世界文学」の時代になっても、ロマン主義者の美しくて幸福な時代、あるいは生の船が難破した改宗の時代になっても、まだダンテの時は来ていない。しかし

――この程度は予言しても許されるだろうが――、カトリック教徒にならなくても、真にカトリック的なもの（Kat-holische〔普遍的なもの〕）を、つまり全般的で総括的なものを目指すような時代には、おそらくダンテの時が来るだろう。そのときこの外国の著作が見いだす翻訳者は、「文献学的なもの」しか問題にしないような控えめで臆病な態度からも、われわれの時代においてもまだダンテに忍び寄りかねない素朴で向こう見ずな態度からも、等しく遠いことだろう。〔ダンテのイタリア語の〕原典が〔この原理に〕忠実なままに自国語〔ドイツ語〕に入りこめば入りこむほど、この国民的な時代の要求は満たされるという敬虔なる信仰がこの翻訳者の支えとなるだろう。

その後、外国の本が自国の本になる。具体的に言えばそれは、青少年がその外国の本においてみずからの成長の苦しみを体験し体験できるということだ――というのも、すべて書かれたものは青少年のためにのみ書かれており、大人たちには、大事なことであれくだらないことであれ、〔読むこと以外に〕別のやるべきことがあるからだ。その後ドイツには、ホメロスやシェイクスピアがたいていのギリシア人やイギリス人にとってもっていた以上の意味をもつような人びとが数多く存在するようになる。諸民族の多言語の混乱《バベル》を統一するほうへ向かうこの途方もない歩みは、個々の翻訳者のおかげではなく、国民生活がまったく一回かぎりの歴史的時代の状況のもとで成熟させたひとつの果実なのである。それゆえ、この歩みはくり返しがきかない。国民の歴史のこの時代がくり返されないのは、くり返す必要がないからである。ここで問題としている範囲内でいえば、つまり目下の国民的現在の地平の範囲内でいえば、この時代は不滅である。ただしそれは、この現在と過去の連関が破局的に引き裂かれないかぎりでの話である――こうした破局的な引き裂きは、一七七〇年以来のロココ様式におけるお下げ髪のように、たんに流行が時代遅れになるという仕方で起こるのでもなければ、一九一八年のわれわれの〔敗戦による〕破局のように部分的な破局において起こるのでもなく、たとえば中高ドイツ語文化[15]の没落において起こる。一四〇〇年頃にはまだ頻繁に筆写されていた中高ドイツ語文化の偉大な詩のうち印刷されたのは、かろうじて『パルツィファル』と『ティチュレル』[16]だけであり、しかも一度印刷されたにすぎない。したがって、この連関がそのように破局的に引き裂かれないかぎり――もっとも、このことをあらかじめ考えることは、個人がみずからの死後に待ち受けているものを描くのと同じように無意味だろう――、ドイツ国民にとって、フォスがこの国民のためになしたことはホメロス的でありつづけるし、ルターがなしたことは聖書的でありつづける。どんな新しい翻訳の試みも、こうした国民的な意味に達することはできない。この新しい試みは影響力という点では、つねに国民の一部分と個人にしか及ばず、このように生じてくる影響力をとおしてのみ全体へも波及するのであって、あの一回かぎりの古典的な翻訳がただそこにあるだけで、その翻訳から流れでる――「聖書的」「ホメロス的」といった――神話的な概念によって全体に波及するのとはわけが違う。こうした神話的な概念は、本を開いたことのない人の心さえも、それどころかまさにそのような人の心をこそ捉える。ホメロスの新訳は、なるほどフォス訳よりははるかにましかもしれないが、世界史的事件ではないし、世界史的事件にはなりえない。この新訳がかろうじて求めることができるのは、自国民の精神が授ける栄冠でしかなく、ただ一度だけ授けられる世界精神の栄冠ではない。この世界精神の栄冠がただ一度しか授けられえないのは、毎年毎日おこなわれる国民や個人の運動競技とは違って、世界規模の格闘競技はただ一度しかおこなわれないからだ。

国民という立場からすればルターの翻訳が二つの理由で一回かぎりだとはすでに述べたが、この一回性にはさらに教会から見た一回性がつけ加わる。この教会的な一回性は、国民的な一回性よりも範囲が狭い。国民的な一回性は、——ドイツの古典作家や「聖書的なもの」という神話のように——間接的な影響力の点では、カトリック信者やユダヤ民族の一部の心さえ捉えたからである。プロテスタント教会にとってルターの翻訳は、カトリック教会がさまざまな組織からなる豊かな体系のうちにもっているもの、つまり目に見える教会の担い手になった。したがって、すでにはじめから、ルターの死の直後から今日にいたるまで、プロテスタントがこの点においてほど「カトリック的」になったのはほかにない。〔そうだとすれば〕プロテスタンティズムが、書物の偶像化のこの傾向に同じようにはじめからなんらかの対処をしなかったら、つまり言葉の管理をしなかったなら、プロテスタンティズムにとって致命的になっていただろう。〔プロテスタントの〕牧師は説教を〔ヘブライ語の〕原文を参照しながら準備する。たとえそうでなくても、すくなくとも原文に沿って準備をするための準備〔たとえばヘブライ語の学習など〕がおこなわれた。かつて地方牧師たちに講義した教授たちは、原文にもとづいて講義した。牧師と平信徒はたしかにそれによって引き離されはしたが、まさに説教がふたたび両者の橋渡しになりもした。説教によって毎日曜日に達成されていることが、歴史的には〔ルターの翻訳を〕改訳しようとする努力によってなしとげられた。この努力はルターの死後一度も完全に中断されることなく続けられ、一七世紀の転換期頃と一九世紀の後半にそれぞれ偉大な作品、「カンシュタイン訳聖書」[17]と今日の「改定版ルター訳聖書」[18]に結実した。両聖書は当時のゲルマン学によって養われ、[原註7]ルターの真の字句内容になんどもくり返し立ちもどりながらも、みずからの著作を教会にとって使えるものにし、教会人にとって読みやすい状態に保とうとする意志に支えられている。そして、いずれもそれに成功している。カンシュタイン訳聖書が生みだしたテキストは、古典作家たちがみずからのドイツ語を学ぶ基礎となり、彼らのドイツ語は、この言語を差し迫るロマン主義化の脅威から救いだした。一九世紀末の改定版ルター聖書は、文献学の分野以外でもあらゆる方面から真のルター訳聖書とみなされており、それだけでもすでに、天才的なひらめきと学者の偏狭さが奇妙にないまぜになったラガルド(原註8)の抗議を反駁している。ラガルドはこの聖書の生みの親たち、とりわけ思想性豊かなフランツ・デリッチュにたいして、まさに彼らの最高の功績であったものを非難した。彼らは、(一八八五年の)「学問の水準」にしたがって、とりわけ、オルスハウゼンでさえ採用した(!)パウル・ド・ラガルドの成果にしたがってルターを書きあらためなかっただけでなく、デリッチュの学問的翻訳に書きとめられていた彼ら自身のもっとましな洞察をも、たいていは取りさげさえしたというのである。

こうして今日でもなお、このドイツに根づいた心情がこの〈今日〉から見ることができ、見ることが許されるかぎりでは、三つの一回性から編まれたバリケードが新たな聖書訳の大胆な企てを阻んでいる。その三つとは、教会を目に見えるものにする本の一回性、文語の基礎を置く本の一回性、世界精神を仲介する本の一回性である。この三重のバリケードは、取り払うことができないし、取り払うことは許されない。しかし、それは飛び越えることはできるし、飛び越えることは許されるし、飛び越えなければならない——このバリケードは、危険なくそこにありつづけることができるためにも、乗り越えられなければならないのである。

というのもこの本の声は、ひとつの教会の聖なる内部であれ、ひとつの民族の言語の聖域であれ、ひとつの国の天空を流れていく天国のイメージの圏域であれ、いかなる空間のうちにも閉じこめられてはならないからである。その声は、外から、この教会とこの民族とこの天空のかなたから、くり返し鳴り響こうとする。その声は、その響きがこだまとなって、さまざまな空間にからめとられることを拒まないが、みずからは自由でありつづけようとする。その声は、どこかで親しまれ、なじみ深いものになり、所有物になってしまっても、くり返し新たに、未知のなじみのない音声となって、所有者だと思いこんでいる人の満ちたりた満足感を、外からかき乱さなければならない。この本は、人類のすべての本のなかでもこの本だけは、人類の文化財の宝物殿で朽ち果ててはならない――そもそもそれは朽ち果てるべきではないのだから。この宝物殿の書庫には、これまで書かれたすべての本が収蔵されている。たいていはほこりにまみれ、忘れさられ、まれにしか利用されなかったが、日々利用されているのも少なからずある。聖書もまたこの書庫に、何百もの言語、民族の、芸術の、学問の、組織の、綱領の言語で収められている。聖書の貸し出し件数は、ほかのどの本よりも多いが、それでもつねにまだ数冊残っている。そんなとき、ある貸し出し希望者が貸出カウンターを訪れて、聖書を求める。事務職員がもどってきて、「もう一冊も残っていません」と言う。司書たちは、驚愕し、絶望し、途方にくれてこう言う。「おととい教授夫人が夫の代わりに一冊借りに来られたときには、まだすべての書架はいっぱいだったのに」。聖書は、このただひとりの貸出希望者のために書かれているのである。

ルター訳聖書は、それが生まれたときにはセンセーションを惹き起こした。聖書なら当然そうあるべきであり、そして聖書はセンセーションを惹き起こすたびに、人間的な、たんに人間的なすべての本のなかで比類ないものであることを証明する。これは、ハンス・ルフトが印刷した発行部数からも、価格からも、(原註9) 最後に増刷数からもわかる。さらにこれは否定的なかたちでは、あの「知ったかぶりの大家」の驚愕からもわかる。この男は「不機嫌な男」で、自分自身では「なにもましなことができない」という「大きな嫉妬心」を抱きながら、「他人のできのよい仕事を冒瀆し侮辱することならできるという理由で、名誉を飽くことなく求め、大家になろうとする」(原註10)。ルターはみずからの聖書序文で、批判者である人びとを、その人物の地位などおかまいなしに十把一絡げに、そうした喜劇的人物に仕立てあげている。つまり、この男もたしかに聖書がなんであるかは知っているが、ルター訳聖書は「ラテン語聖書とはまったく別の本だ」(原註11)と騒ぎたてるのである。この男はなんといってもみずからの「実証済みのテキスト」(原註12)を〔すでに〕手にしている。それなのになぜルターはそれから離れるのか。この「喧嘩猫（Haderkaz）」(原註13)は、名前(原註14)さえもラテン語聖書にもとづいて民衆になじみ深く翻訳せず、なじみのないヘブライ語の形式に近づける！　それにたいして男のほうは、正当にも自分の聖書を、昔から「聖なるローマカトリック教会によって歌われ、読まれ、使用され、採用された仕方でのみドイツ語に訳そうとする。そしてどうすればそれがユダヤ的に、ギリシア的に、あるいはカルデア的に聞こえるかなど気にするつもりはない」(原註15)。

ルター訳聖書は、「受けいれられ、実証済みのテキスト〔ラテン語聖書〕」(原註16)を所有していることに満足して惰眠をむさぼる人びとの耳を驚かすこうしたラッパの音にとどまってはいなかった。ルター訳聖書自体が財産つまり国民の財産になったのである。それが超歴史的・歴史的なセンセーションでありつづけられたのは、成立後の数十年間にすぎなかった。その後、ルター訳聖書から生じる大きな歴史的影響力は文化体系の個々の水路に入りこんでいく。したがってその影響力は、たしかに文化の「宗教的な部分」にまで及んだが、この「宗教的な部分」はあくまで文化の一部分にすぎなかった。こうしてルター訳聖書は一六世紀末から一八世紀初頭にかけて、プロテスタントの賛美歌をバッハの『受難曲』という頂点にまで結実させ、一八世紀から一九世紀にかけては、古典主義とロマン主義の詩的言語をゲーテの『ファウスト』にまで結実させた。ルター訳聖書は、それがまだ国民生活の水路に導かれ運びこまれる以前には、国民生活の水域をかき乱す嵐だったが、そうしたものには二度とならなかったし、それが〔国民の〕財産となり、あらためて「鎖に繋がれた」のちには、ふたたびそうした嵐になれなかった。今日では個人でさえルター訳聖書を所有すれば、それが教会の、国民の、文化の財産であることを〔同時に〕擁護することにもなる。したがって、彼はルター訳聖書を所有するある権利をもちはするが、それにたいする全権をもつわけではない。

　すくなくとも一八世紀まではまだドイツ語圏のプロテスタンティズムの教会内部の歴史が、ルター訳聖書をめぐって演じられていたのは、歴史的に見れば偶然ではない。一八世紀の半ば以降、ルター訳聖書にとって代わろうとする試みが、さしあたりほとんどグロテスクなかたちで現われてくる。こうした試みは、正確に規定された古い信仰の概念――はじめに示したようにルター翻訳の形式を細かいところまで規定する力であったような概念――の動揺というきわめて重大な歴史の本文に挿入される、カリカチュア風の挿絵のようなものでしかなかった。今日では〔ルター訳聖書にとって代わろうとする〕この過程は、すくなくともその否定的な局面にかんしては終わっている。というのも、さまざまな正統派でさえ、たとえ公式的な表現においてはみずからの中世とその一連の末流との関連を顧慮しなければならないと考えても、みずからの信仰をもはや中世的に基礎づけはしないからだ。しかし、この過程は肯定的には、いまようやく始まったばかりである――たしかにこの〔肯定的な〕側面も、その過程にはじめから含まれてはいたのだが。これもまた正統派のうちに、つまり彼らが敵の論証に臆面もなく加担することのうちに、もっとも明瞭に現われている。したがって、肯定的なことを語ろうとする人は、今日ではみずからの責任においてそれを語ることになる。彼の告白をともにしうる人がたとえ多くいても、彼はそうした人びとに目もくれず、それらの声がひとつになって合唱になることもない。それにもかかわらず、彼が語らなければならないことは、その一語一語が真なる経験からのみ汲みとられているのなら「主観的」ではない。近代の博識なシルダのお気に入りの学問、シルダの市民(19)のまじめさで、星を見つけたいと思い〔望遠鏡のなかにそれがあると思いこんで〕望遠鏡を分解するような学問、つまり「宗教心理学」は、そんな人には太刀打ちできない。

　そんな人は、信仰者ではないが、しかしまた不信仰者でもない。彼は信じ、そして疑う。したがって彼はなにものでもないが、しかし生きている。より正確に言えば、彼は信仰や不信仰をもっているのではなく、信仰と不信仰が身にふりかかるのである。〔そのさい〕彼がなさねばならないのは、この出来事から逃げださず、それがわが身にふりかかるときにそれに従うことだけである。この〔逃げださず、従うという〕二つのことは、ひとが安全なところにいるかぎりではなんでもないように聞こえる。

だが、それはきわめてむずかしく、それをつねに、いやほんの数回でもなしとげた人は、いま生きている人のなかにはおそらくひとりもいない。

そのように生きている人は、聖書に実証されているのが確認されるような確信できる信仰によってではなく、信仰にも不信仰にも心の準備をしたうえではじめて、聖書に歩み寄ることができる。しかし、この心の準備もまた確信できるものではないし、こうだと言いうるものでもない。彼にとってはすべてが、信仰に値しないものでさえ、信仰に値するものになりうる。彼にとって、信仰に値するものは、金属鉱脈が岩山に散りばめられているように、信仰に値しないもの、つまり不信仰に値するもののあいだに散りばめられているのでもなければ、穂の実がそれを包む「わら」の部分と結びついているように、前者が後者と結びついているのでもない。そうではなく、サーチライトがしばらくのあいだ風景のある部分を暗闇から際だたせ、それからまた別の部分を際だたせたのちに消されるように、こうした人にとっては、その人生の日々が聖書を照らしだし、聖書が語る人間的な事柄をつうじて、きょうはここで、あすはそこで――というのも〈きょう〉は〈あす〉のいかなる保証も引きうけないからだ――彼に人間的なものを超えたものを認識させる。人間的な事柄そのものをつうじてと言ったが、聖書はいたるところで人間的である。だが、この人間的な事柄はどこにおいても、人生の日々の光線のもとでこそ透けて見えるようになる。つまり、人間的な事柄は突然その人自身の心の中心に書きこまれ、人間的に書かれているものに含まれる神的なものが、彼の心臓の鼓動の続くかぎり明瞭で確実なものになる。このとき彼は心に呼びかけてくるある声を聞いているかのようである。聖書のすべてが彼にかかわるわけではない――きょうのところはけっしてそうではない。しかし彼は、そのすべてにかかわりがあることは知っている。この心構えが、そしてこの心構えだけでも、聖書に向けられるなら、それは彼の信仰になる。

こうした信仰にもとづくなら、聖書はルターが読み伝えたのとは別の仕方で読まれ、それゆえまた別の仕方で伝えられなければならないのはあきらかではないだろうか。ルターがときおりヘブライ語に余地を残し、ヘブライ語になじむまでドイツ語を拡張する気になったのには、それなりの理由があった。つまり、「教え」や「われわれの良心の慰め」が問題になったときがそうである。われわれは教えや慰めがどの言葉から出てくるのかを知らないが、教えや慰めの隠れた泉がこの本〔ルター訳聖書〕のそれぞれの言葉からいつか突然に姿を表わしうると信じている。そんなわれわれであってみれば、ルターのこうした動機は言葉にたいする畏敬の念を抱かせずにはいないのではないか。そして、この畏敬の念こそが、われわれの読書とわれわれの理解を、したがってわれわれの翻訳をかならずや更新することになるのではないか。

V

あらゆる新しいものは先史を、すくなくとも否定的な先史を、かつてゲーテがエッカーマンに語ったような「遺産」[20]をもっている。一八世紀半ば以降ひとつの学問〔聖書批判学〕全体が、聖書の人間化という闘争目標に馳せ参じている。たしかにこの学問的な格闘は、「それはなにを語っているのか」

と「著者はそれによってなにを語りたかったのか」という二つの問いの怪しげな混同にとらわれていた――当の学者たちもたとえば批評者としてなら、こうした混同の正当性を十分な根拠をもって精力的に退けたはずなのだが。それにもかかわらず、この運動はすくなくとも批判的な目的は達成した。つまり、黄金の輪や黄金の円板としてこの書物を包んでいた後光は、もはや今日それを取りまいてはいない。だからといって、この書物は神聖ではないと結論づけるのはあまりに素朴というものだろう。それではまるで、聖フランチェスコがほんとうに金属の輪を頭につけて歩きまわっていた様子がありありと思い浮かんできたという昔の画家たちの言い分を信じようとするようなものである。光の現象について目撃者の口を借りて報告されている伝説を、芸術家たちは自分たちの芸術の形式に、普遍的でありながら時代特有の形式に翻訳した。今日だれかが光輪を別の仕方で描いたり、まったく描かないからといって、この聖者の神聖さをかならずしも信じなくなっているわけではない。信仰を過去の時代の表現形式と結びつけようとするのは、「われわれの時代に」信仰をもちうる者がいるという考えに虫唾が走る人びとの安易な口実である。〔聖書〕批判学は、そうした推論の誤りを犯さなかった。この学問は多かれ少なかれ意図的にはじめから、聖書の聖性の新しい概念を明確にしようとさえした。この学問はそれを試みるさいにきまって、旧来の教義が教えるような啓示概念、つまり垣根をもうけるような硬直した概念にふたたび近づいてしまうが、おそらくそれは、ユダヤ人なら当然そう考えるように特定宗派の偏見のせいではなく、むしろこの書物に書きいれられたことこの書物から語りだされるものの、すでに述べたような混同のせいである。というのも、歴史的な問題提起はどうしても目標に向かってひたむきに努力するので、現在に適用されれば、みずからの努力の方針を現在にも描きいれがちだからだ。そうなると当然この方針は硬直化し、〔その対象を〕分離したり境界設定したりする方針に変わってしまう。ゲーテの『ファウスト』は、彼が構想し書きとめたそれも、文学史家が講義で論じるようなそれも、ゲーテがじっさいに書いた『ファウスト』ではけっしてない。むしろ、ひとりの生徒が頬をほてらせながら読むレクラム文庫のそれのほうが、はるかにゲーテが書いた『ファウスト』なのである。

　聖書を新たに人間に近づけるような仕方で神聖なものにしようとする〔聖書批判〕学の格闘は、この学問やすべての文献学者の仕事と並行してなされる一連の翻訳の試みにも反映している。そうした試みのひとつであるカウチュとほかの十人の学者たちが企てた翻訳の試みは、「聖書の読者を教化するために」[原註17]出された註釈抜きの版が数万部も流布しており、正当にも一五〇年にわたる旧約聖書学の成果を示すものだという評価を得ている。[21] 正当にもと言う理由は――彼らの試みにおいて発言を許されていたのがじっさいには〔個々の学者ではなく〕ひとつの学問全体だからである。この学問が自分自身の目標を達成するには十分に学問的ではないことはのちにあきらかになるにしても、それはけっして、たとえばたったいま引きあいに出した翻訳の例として挙げた個々の学者たちのせいではなく、ほんとうは、この学問そのもののせいであって、個々の研究者はその代表者にすぎない。要するに、この学問がみずからに課す厳密さの要求のせいであり、つまりはこの学問性の要求のせいなのである。

　先の聖書翻訳が独自の目標として挙げているのは、「どんな読者にも旧約聖書の内容を、今日の聖書研究の手段によって可能なかぎり、わかりやすい現代ドイツ語で翻訳すること」[原註18]である。この表現のうちにはすでに、この学問の翻訳者の作業には――さらにそれだけではなく、文献学のあらゆる分野における翻訳者の良心には――、ほんとうの良心のなにが欠けているかがすでに言い表わされている。というのも、こんなあたりまえのことを言うのは恥ずかしいくらいだが、それはぜひとも必要だからであり、なぜ必要かといえば、同時に形式を翻訳せずには内容も翻訳できないからである。なにが語られているかにとって、それがどのように語られているかは副次的なことではない。音楽をつくりなしているのは音調である。「気をつけ！」という命令は、おだやかな芸術史家や兵站部隊の少尉の「どうぞ気をつけをしてください」という命令と「内容的には」たしかに同じである。また、「私は君たちに気をつけをするよう命じる」という「内容的には」申し分のない文に変えてみてもやはり同じである。しかし、それは〔形式的には〕同じものではない。それにもかかわらず、「学問的には」そのように、まったくそのように翻訳される。これは誇張に聞こえるかもしれない。しかし、たとえば紅海上の出来事の物語のいくつかの連続する文章（〔『出エジプト記』〕第一四章一九節以下）[22]にかんしては、「通り過ぎた（hinwegzog）〔一九節〕」とか、「押し通した（zurücktrieb）〔二一節〕」、「追跡した（setzten nach）〔二三節〕」、「うろたえさせた（verschreckte）〔二四節〕」といった原文の素朴な表現が、「〔イスラエルの部隊は〕その位置を変えた（da änderte...seine Stellung）」、「〔海を〕後退へともたらした（brachte...zum Weichen）」、「〔エジプト軍が〕追跡を開始した（nahmen die Verfolgung auf）」、「〔エジプト軍を〕混乱へともたらした（brachte...in Verwirrung）」と翻訳されているが、これはそうした翻訳以外のなんであろうか――私はすべての実例をモーセ第二書〔『出エジプト記』〕から採ってきているが、この第二書は、先の聖書翻訳において二人の学者によって交代で翻訳され、最近第三の学者によって改訂されているので、[原註19]それだけでもすでに彼らすべてに共通なものを示す好例となっている。聖書のような多彩な文体をもつ書物のばあい、田舎町の官報のようなこうしたドイツ語がふさわしい箇所もひょっとすればあるかもしれない。〔しかし、〕そうしたドイツ語が物語全体に区別なく注ぎこまれるなら、音調の質を落とし、それによってその「音楽」の質も落としてしまうだろう。たしかに、学問的翻訳は上述の箇所をただちに、水が「逆流する（zurückfluten）」と翻訳しているが、しかし原文はそんな「過度の感覚的リアリズム」には責任を負いかねるにちがいない。原文はここではまったく一般的に「向きを変える（kehren）」としか言っていないからだ。同様に、逆向きの質の低下もある。しばしば物語られる、神が啓示の山〔シナイ山〕に降りてくるあの描写、「角笛の響きが途切れなくますます鳴り響いたとき」（第一九章一九節）という描写のように、原文は仰々しく飾りたてた言いまわしをしているのに、ルター訳聖書のほうは「ますます強くなった」というあっさりとした言いまわしをしているばあいがそうである。ルターはこのように翻訳しても、自分自身の主張を引っこめているのではない。〔それにたいして〕近代の聖書学が原文の内容をそのように翻訳したと思いこんでいるとすれば、みずからの学問的な要求の貧弱さを露呈しているにすぎない。

〔聖書学の〕この種のぞんざいな翻訳は、特徴的なことに、〔『出エジプト記』〕第一五章の勝利の歌のような詩的な箇所では少しばかり厳密な翻訳をせざるをえなくなる。ここでは表現の仕方が表現されたものにとってまったくどうでもよいものではないことを、聖書学でさえすでに知っているのである。それにもかかわらず、物語のバラード風の響き（第一三章二一節以下、第三二章一七節以下）や、酒神賛歌ふうの高揚感（第二章二三節以下と第一二章四二節）は、警察の庶務係ふうのただひとつのありふれたドイツ語の汚水にきまって飲みこまれてしまう。

しかし、このぞんざいさが破壊的な効果を発揮するのは、聖書の目的地であり、おそらくモーセ五書全体の頂点である「幕屋」〔の箇所〕においてである。いま述べた〔学問的な〕聖書翻訳においては、第二五章から三一章までの力強い神の語り、つまり、みずからの民が「苦役労働（Frondienst）」を脱して、どのような目的、どのような「神のみわざへの奉仕（Werkdienst）」に導かれたかを指導者〔モーセ〕に教えるような幻視をうながす言葉が、厳格で具体的な崇高さから連れだされ、落ち着きなく饒舌で、明確な筋道を読み取りにくくするような慣用句に変えられてしまう。それはたとえば、中隊付上席下士官が訓練の時間に、戦地勤務規定の古典的な文言を「解説」しようとするのと同じくらいずれている。ひとつのわかりやすい例を挙げれば、あの聖書翻訳はたとえば次のように考える。この章全体に間断なく行きわたっている「つくる（machen）」という言葉こそがこの偉大な遁走曲のテーマなのだが、おそらく読者を退屈させないためだろうか、この言葉を優雅に変奏して、そのつど「建てる（errichten）」とか、「製作する（anfertigen）」とか、「取りつける（anbringen）」とか、「調整する（arbeiten）」というふうに翻訳しなければならないと考えるのである。しかしこの聖書翻訳は、それによって幻視の形式「ばかりか」、その意味全体までもが失われてしまうことにまったく気づかない。なにしろこの幻視のテーマは、「雲が六日間覆っているあいだに」（〔『出エジプト記』〕第二四章一六節）シナイ山上につくられた「住まい」〔幕屋〕の原像だからである。[原註20] モーセはこの原像を見るために七日目に雲のなかに呼びいれられ、次いで民が、人間によってつくられる神の創造の写しであるこの原像を完成する（〔『出エジプト記』〕第三九章三二節[23]と第四〇章三三節、[24] およびそれに対応する『創世記』第二章一節以下、[25] さらに〔『出エジプト記』〕第三九章四三節、[26] およびそれに対応する『創世記』第一章三一節[27]と

第二章三節）[28]。したがって、この六日間と七日目〔という言葉〕が、さらには完成という言葉、確認の「よし（ja）」、締めくくりの祝福が、〔『創世記』冒頭に続いて〕ここでくり返されるように、神の行為を人間の行為に、人間の行為を神の行為にたとえるもっとも単純で包括的なあの言葉、創造そのものを表わす「つくる（machen）」という言葉もまたくり返される。

　こうしたすべてがけっして個々の学者の責任ではないことは、くり返し言っておかなければならない。彼らは彼らなりに精いっぱいこの仕事に取りくんだのである。〔とはいえ〕翻訳するさいには、聖書学そのものから学問的に得られるものはあまりにも乏しい。たとえば、聖書学はたしかにルター訳にたいする信頼を広範囲にわたって揺るがしたが、それがルター訳にとって代えたものは、そのすべての作業が意識的にせよ無意識的にせよ新しい信仰表現に尽力したにもかかわらず、そうした表現の翻訳ではない。聖書学はたしかに細かい点を修正したが、他方で、ルター訳の多くの「誤り」がかなりよく擁護されたのは、近代聖書学の法廷においてにほかならなかった。なにしろ、ルターがそのさいしばしば準拠した旧来の翻訳に、伝承されたヘブライ語原典に反対するような発言を許したのは、この法廷だからである。したがって、個々の修正を度外視すれば、近代聖書学も学問的な意味ではルターよりましなものを提供せず、その大部分はルターよりも劣っている。

VI

ルター自身はみずからの翻訳の学問的な意味を、原典に立ちもどった点に見ていた。敵対者たちでさえ、時代の要請に逆らうことに良心のやましさを感じつつも、ルターの原典回帰を革命的と感じていた。だがそうはいっても、この革命家はみずからが失脚させたものにいまだ内的に縛られていた。というのもウルガタ聖書[29]は、「知ったかぶりの大家」という上述の表現からすでにあきらかなように、一六世紀の教養人にとっては、ルター訳聖書が今日もつのとまったく同じような意味をもっていたからである。つまりウルガタ聖書とルター訳聖書は、じっさいにであれ表向きであれなじみ深い財産であって、そのどちらもが、今日ではとりわけルター訳聖書は、良心の安まる枕であり、洗練された書斎を外界の騒音から守る扉の詰めものとなっている。とはいえ、ウルガタ聖書の字句はルター自身にとってさえも肉と血になっている。ルターのドイツ語訳『詩篇』はおそらく彼の翻訳業績の頂点をなすものだが、「偉大なる詩篇の歌い手」であるその彼が、それでも後年になって、内外からの論難に会ってみずからに引きこもり、一連の詩篇の祈りにおいてみずからの力を新たにしようとするときには、長い修道僧時代から慣れ親しんできた〔ウルガタ聖書の〕ラテン語の文言を唱えたのである！　このことだけからしてもすでに——たとえわれわれがそれ以外のことを知らず、[原註21] 彼の訳文がいつでもそれを教えてくれるわけではないとしても——、なにはともあれ彼の翻訳の内的な出発点が、そしてしばしば外的な出発点も、ウルガタ聖書であり、〔ヘブライ語〕原典はたしかにもっとも頻繁に引きあいに出されるにせよ参照文献にすぎなかったことがわかるだろう。言いかえれば、ルターは、ヘブライ語原文の意味を徹底的に究明しながらも、この究明にさいしてヘブライ語で考えたのではなく（その究明された意味をのちにドイツ語の語りに移しいれるときのように、ドイツ語で考えたのでもなく）、ラテン語で考えたのである。

ところでヒエロニムスの作品〔ウルガタ聖書〕は、たしかに今日ではプロテスタントの側からも傑作と認められている。じっさいそうだし、ルター自身もそう評価していた。それゆえ、最初の一歩のためにルターが頼ったのはけっして拙いガイドではなかった。とりわけウルガタ聖書は論理主義的で修辞的な言語伝統の――たとえ後期ではあれ――相続人として、文全体の意味をたびたび驚くほど造形的に際だたせる。ルターの翻訳においてすべての翻訳の二つの基本方向がどのような関係にあるかは冒頭で述べたが、たしかにルターにとってはそうした文全体の意味こそが重要であったにはちがいない。しかし、ルター自身がその典型的な意味を究明しているがゆえにまさに古典的であるような、「あなたは監獄を捕えた」という実例は、ヘブライ語の言いまわしとの密接な結びつきがどんなに深い洞察を、ときにはあまりにも深すぎる洞察さえ開きうるかを示している――もっともルターはほかの箇所では、まさにウルガタ聖書の先例に惑わされて〔ヘブライ語〕原文のあまりにも独断的な解釈に迷いこんでしまうのだが。神の言葉が彼あるいは私の時代のある日に人間の言葉によって啓示される可能性は、ある限定された教義が示すところだけでなく、人間の言葉のどこにでも隠されていると信じられているばあいには、翻訳者はみずからの言語が許すかぎりで、あの啓示をはらんだ人間の語りの〔ヘブライ語〕特有の言いまわしに模倣的にであれ暗示的にであれ従うことがぜひとも必要である。

したがって先の例にとどまって言えば、動詞の強調は、たとえここでのように名詞によってではなく、たいていは不定詞によっておこなわれるにしても、セム語系の言語だけでなく、直観的な傾向がいまだ強いすべての言語に特徴的だが、ヘブライ語ではその強調の一つひとつがまったく明確な意味をもっている――その意味が言葉を力強く強調するということでしかないとしても。たとえば――ここでもすべての例はふたたび第二書〔『出エジプト記』〕から取られている――、エテロの七人の娘たちは〔「どうして今日はこんなに早く帰れたのか」という〕父〔の問い〕に生き生きとこう答える。「彼〔ひとりのエジプト人〕もまた水を汲んでくださいました、私たちのために水を汲んでくださいました」（第二章一九節）。あるいは、モーセは最初の失敗ののちに神をふたたび求め、非難がましくこう抗議する。「それなのにあなたは助けだそうとはされません、御自分の民を救いだそうとされません」（第五章二三節）。このように、答えとなる行為表現の前者のような生き生きとした強調と、後者のような非難の表現力は、ここでのように〔同じ言葉を〕二度くり返しさえすれば、ドイツ語でも表現できる。法の言語のように〔同じ言葉の〕反復がまったく明確な法律的な意味――普通は法規範という意味――をもつばあいには、ますますそうである。たとえば完全に有効な報復（vollgültige Vergeltung）、賠償に値する賠償（sühngerechte Sühne）、弁済済みの弁済（gezählte Bezahlung）といったぐあいである。

言語の可能性の限界を超えてはならないのは当然である。いやそれどころか、ヘブライ語でなじみの表現を、ドイツ語ではなじみのない表現に翻訳することさえ許されない。平凡な言いまわしに深遠な意味を与えたり、なめらかな言いまわしを生硬なものにしたり、美しくない言いまわしを美しくしたりしてはいけない。だが、その逆もまったく同じように許されない。たとえば、〔『出エジプト記』の〕第二章の普通ではない終わりかたは、「神」という主語が四回くり返されることからしても、[30] ルターが感じたように、たしかに普通のドイツ語ではない。しかしまったく同じように普通のヘブライ語でもない！　この箇所では、「擬人的表現」同士がたがいに効果を高めあい——とはいえ当然ながら神のいわゆる擬人的表現は、じっさいには人間の疑神化的表現（Theomorphismen）でしかない——、ついにはそれ以上高められない「神は認識した」にまで昇りつめていくのだが、こうしたことをドイツ語でも語りうるのは、原文にきわめて密接に依拠しているからにすぎない。

ドイツ語において言語的になにが可能かを決めるのは、この本〔第二書〕[31]のこの箇所ではむろん個人の語感ではない——たとえその個人が職業的に信頼できる専門職の一員であるとしても。翻訳者自身も自言語で身を縛ろうとしてはならない。彼はここでは、個人や個々の時代の作品を前にした個人として立っているのではなく、文学的に見ればすくなくとも一千年にわたるアンソロジーを前にしている。聖書は語彙からしてすでに、同じようにほかの浩瀚な書物とは比較にならないほど多い。それに、言語の可能性の問題においては、どんなに偉大な人たちでさえときに誤りを犯す。ルターは一五二三年の旧約聖書序文において、許されない新造語の例として「肝に銘じる（beherzigen）」「手渡す（behändigen）」「有益な（ersprießlich）」といった言葉を挙げている。[32]教師ぶった口をきくこと（das Schulmeistern）は——天才たちにとってさえ——きわめて危険である。しかし、ルターが「強い手（starken Hand）」（〔出エジプト記〕第三章一九節[33]）の具象性をドイツ語の語感にもたせられるかどうかをしばらく決めかね、それゆえ第八版から第一二版までは「強い奇跡（starken Wunder）」と言いかえたが、第一三版ではもとの「強い手」に戻したのは正しい。「強い手」だけが次の「それゆえ私はみずから手を下した」〔第三章二〇節[34]〕につながるし、他方この「強い手」のほうもまたこのつながりそのものによって、まったくわかりやすくなるからである。〔聖書批判学の〕学問的な聖書翻訳は、一八九四年から一九二二年までのすべての版で迷うことなく〔この箇所を〕「強制（Zwang）」と表現するが、読者はもはやこの翻訳にはそれ以外のことをほとんど期待しないだろう。

ヘブライ語の語りという生きた植物を西洋の言語に移植するもっとも重要な手段は、すでにヒエロニムスによってときおり用いられていたが、ルターの認識を越えていた。私は別の箇所で[原註22]「息継ぎのコロン」の意味について詳しく論じておいた。ここでは次のことだけを述べておく。息継ぎのコロンは、間を置くことで散文を詩文にするのでもなければ――こうした誤解はたびたび生じるが、だからといってばかげたものでなくなるわけではない――、たとえば詩的韻律を交差させることによって詩文を散文にするのでもない。むしろ息継ぎのコロンは、聖書の書き言葉的な性格のうちで窒息している言葉の自由な、話し言葉的な息遣いを、聖書の詩的な部分と散文的な部分のいずれにもまったく同じように返してやる。たとえば第一書〔『創世記』〕における、文節も冠詞もなくどもりがちな創造物語の第二節の原創造の描写と、ヨセフ物語の流暢な語りのあいだには、あるいは、第二書〔『出エジプト記』〕における、蛙の災いのグロテスクさ〔第七章二五節から第八章一一節〕と、海の歌の歓声〔第一五章一節から二一節〕と、一語一語を激情のはかりで計るようなモーセの神への偉大な呼びかけ〔第三章一一節から第四章一三節〕と、幕屋の崇高な叙述〔第二五章一節から二一節、第三五章四節から第三八章三一節、第三九章三二節から第四〇章三三節〕と、〔神の〕判決の厳密な詳細規定と約定〔第二〇章から二四章、三四章〕のあいだには、世界の端から端までほどの隔たりがあって、これらの声と音色の豊かさすべては、慣れ親しんだピアノ用スコアの記譜の単調な灰色から解放され、これをスコアに書くことではじめてふたたび知れわたり、読まれるようになる――つまり、公然と読まれるようになるのである。

VII

ルターの翻訳は、しかしそれに劣らずのちのすべての翻訳も、語りがもつこの究極の全体を翻訳する義務をまだ感じていなかったのと同じように、言語の他方の極、つまり言語の要素である単語を翻訳する義務も感じていなかった。たしかにルターは単語にかんしても、おそらくどんな後世の人たちよりも問題を見てとっていた。たとえば、善、真実と誠実、信仰などを表わすヘブライ語にかんする別の詩篇序文[原註23]のみごとな註釈がそうであり、あるいはもっと詳しいものとしては、ドイツ語訳『詩篇』に寄せた序文の終わりがそうである。この箇所で彼はユーモアを交えながら[35]――彼自身は大まじめなつもりらしいが――こう語っている。すべての知ったかぶりの大家たちがchenというひとつの単語を「聖書の隅から隅まで、〔同じ単語で〕文字どおりに確実にドイツ語訳してくれる」なら、五〇グルデンの懸賞金を進呈しよう。このchenという単語は、ヘブライ語の語彙全体のなかでももっともルター的な単語であり、恩寵を表わす単語である。すでにこの単語は、そして上述の三つの単語〔善、真実と誠実、信仰〕もまた、本論文全体がいたるところで示しているものを、つまり、聖書のすべての実際の翻訳を細部にいたるまで支配している信仰の強制力を、ふたたびわれわれに示している。信仰が別の希望を、つまり、聖書におけるすべての世俗的なものが――世俗的でないものなどあるだろうか！――ただ覆いにすぎず、ある日その覆いの背後に、聖なるものが、私の聖なるものが露わになりうるという希望を抱くようになれば、単語の逐語訳というこの問題もまた違ったより包括的なかたちで受けとられるようになるだろう。つまりそうなれば、ひとつの単語を「聖書の隅から隅まで〔同じ単語で〕、文字どおりに確実にドイツ語訳する」という課題は、原理的にすべての単語にも認められなければならない。すくなくともその単語があるべきところにあることが期待したとおりにすでにあきらかになっているところでは、上述の原理的に認められた課題から、ひとつの避けて通れない、全力を挙げて着手されるべき課題が生じてくる。

言語はただ〈ひとつ〉しかない――私はかつて翻訳問題にかんする別の論文で、このパラドックスを使って〔翻訳の〕課題と目的と方法を理解しようと試みた。（原註24） すべての言語のこうした単一性は、言語の全体性にかかわる文よりも、その要素にかかわる単語にたいしてのほうが深く隠されている。かなり表面的な見方をする人にさえも、文がひとつの形成物であり、したがって造形し変形できることはわかる。そのために、文法や統語論も、それどころか単語を文に関連づける形態論でさえ、言語間の単純な類比を好んでおこなう。だが、ある言語の単語の風景を映した航空写真はさしあたり、ほかのどんな言語の航空写真とも異なり区別されるようにみえる。さらにこの風景の地図、つまり1、2、3とa、b、c〔という項目〕をもつ辞典は、ある言語の単語のまわりにそれぞれただひとつの大きな円を描き、その円は別の言語の単語のまわりに描かれたいくつもの円と交わるので、若干の共通の平面が生じるけれども、それらすべては関係することも結合することもなく、バラバラに存在しているようにみえる。地質学的な観察によってはじめてこうしたイメージは変わる。単語の基層においては、上層ではバラバラであった平面が重なりあう。そして根源的な意味や根源的な具象性からなる深層になると、言語間に根源的親和性がありうるかどうかのいっさいの問いを越えて、単語の表層では予感することしかできなかったすべての人間的言語活動の単一性があきらかになる。したがって翻訳者は、二つの言語が表面上辞書的にはたがいにかけ離れていても、一方の言語において密接に隣接しあい、ひとつの閉じた概念領域を形成するような単語を、他方の言語のうちにも同様に完結した直観領域と概念領域として発見しようとするなら、これらの層にまであえて降りていかなければならない。この入坑にさいして、翻訳者は学問的な語源学という坑内ランプを装備していなければならないが、しかしまた、テキストそのものの鉱脈が一瞬露呈するところから高慢に目をそらしてもならない。というのも、翻訳者の仕事にとっては、語り手と書き手自身が意図し、感じ、望んでいたこうした関連のほうが、単語間の親和性よりも――それが言語比較によって証明されるにせよ、退けられるにせよ、指摘されるにせよ――はるかに重要であるにちがいないからである。

たとえば聖書原文は、「モエッド（moʿed）の幕屋のなかのエドゥート（ʿedut）の箱の上で、神が人間にみずからをヒワエード（hiwaʿed）しようとする」という言葉でくり返し始まるが、この箇所を（カウチュ訳のように）「神が啓示の天幕（Offenbarungszelt）のなかの律法の箱（Gesetzeslade）の上でみずからを啓示する」と訳そうと、（ルター訳のように）「神は掘立小屋（Stiftshütte）のなかの証の箱（Lade des Zeugnisses）のうえでみずからを証言する」と訳そうと、さらにもっとも早い時期の例で言えば、（より古い版のルター訳のように）「神は証言（Bezeugnis）の幕屋のなかの証の箱の上でみずからを証言する」と訳そうと、ここで考えられていることはあきらかにならない。〔彼らはそんなふうに訳していけれども、〕「証する（zeugen）」、「設立する（stiften）」、「定める（setzen）」、「あからさまな（offen）」、「あきらかな（bar）」といった言葉は原文には少しもかかわりがない。すくなくとも翻訳者が聖書によってあれほど強調された〔moʿed, ʿedut, hiwaʿedという上述の三つの言葉の〕連関の重要さを信じているなら、ここでは辞書的に細分化された意味などなんの役にもたたない。翻訳者は語根の深いところまで降りていかなければならない。そうすれば、アッド（ʿad）＝「まで」、オッド（ʿod）＝「まだ」〔などの語根〕において〔上述の〕単語群の具体的な意味があきらかになる。つまりその意味とは、空間的・時間的に居合わせている（Gegenwärtigsein）ということである。いまや神は現在（Gegenwart）の幕屋のなかで、シナイ山で結ばれた絆をありありと思い浮かべさせる＝再現在化する（Vergegenwärtigung）箱の上でみずからを居合わせさせる（sich gegenwärtigt）のである。さらに〔『出エジプト記』の〕第一九章二一節と二三節に登場するハエッド（haʿed）は、（カウチュ訳では）肝に銘じる（Einschärfen）、（ルター訳では）証言する（Bezeigen）と訳され、第二一章二九節のハエッドは、（カウチュ訳では）戒める（Verwarnen）、（ルター訳では）告げる（Ansagen）と訳されているが、この言葉もまたありありと思い浮かべさせる＝再現在化する（Vergegenwärtigen）と訳せば、その意味が手に取るようにあきらかになるだろう。ただし、行為のもとに居合わせる人を意味するエッド（ʿed）は、証人（Zeige）という訳のままにしておかなければならないし、民族が現在ともに居合わせていることを意味するエダー（ʿeda）も、共同体（Gemeinschaft）という訳のままにしておかなければならない。ここで翻訳者は言語の可能性の限界に突きあたっており、たしかにこの箇所のように、語根の意味から発する光の力はその限界を超えることが許されても、語根の意味の許容量にはそれが許されない。

言語の可能性の限界は当然ほかの箇所でも、ひとつの語を「聖書の隅から隅まで」〔同じ言葉で〕ドイツ語訳するという要請に逆らってでも無条件に守られなければならない。たとえば、〔ヘブライ語の〕簡単だが多義的な間投詞は、けっして統一的に翻訳できない。ドイツ語には似たような多義的な間投詞がないので、ルターはそれを「見よ（siehe）」と訳している――イタリア語にはウルガタ聖書がその間投詞の訳語とした言葉〔ecce〕の末裔であるエッコ（ecco〔見よ〕）という言葉がある。しかし、たとえ「見よ」と訳してみても、「聖書的なもの」の魔力の大部分は失われてしまうだろう。だからといって、たとえばあの限界にぶつかることに怖気づいて、ヘブライ語のなじみのない表現を、ドイツ語のなじみのある表現に翻訳することもまったく同じように許されない。そして最後に、ドイツ語は今日では単語の合成が容易なので、ある種の長所ももっており、語根の発掘が実践的に使用可能な成果にいたらないところではどこでも、翻訳者はこの長所を利用すべきである。たとえば、エジプトでの「強制奉仕（Frondienst）」と幕屋での「神のみわざへの奉仕（Werkdienst）」というこの二つの「奉仕（Dienste）」が同じ名前をもつということが、『出エジプト記』全体の枠組みをなし、統合しているが、この同じ名前は、この書物の中頃では一〇の単語で表現されるにもかかわらず、それでもなおこれらの言葉は、〔エジプトでの〕奉仕労働者の家（Dienstfrönerhaus）の思い出と、ただひとりの方に仕えよという命令によって結びつけられている。さらにそれらの言葉は、歴史を離れてもっと深いところでも、つまり七日目の休息の命令において、奉仕奴隷（Dienstknecht）とその主への六日間の「奉仕（Dienen）」に同じ言葉を使用することによって結びつけられている。聖書の言葉に敬意を表してそれに忠実であることは、そうした言葉の関係にも敬意を表することでもあろう。翻訳者がこれらの言葉の関係を口にしたり口述筆記したりするさいに、幕屋の章の最初に挙げた例のように、原文をよくわかったうえでそれとして証明可能な仕方でそうしようと、あるいは最後の例のように、言語の無意識の深い意味によってそうしているにすぎないにせよ、そのことには変わりがない。というのも、言葉のこの沈黙した深い意味は、語ることにおいて言語を手に入れるからである。聖書の言語が誠実と真実（Treue und Wahrheit）を一語に閉じこめており、この閉じこめられた言葉を信仰において開示させるということは、翻訳者に向けても語られているのである。

VIII

ルターは一五二三年に旧約聖書の第一部を出版したとき、当時の「知ったかぶり」を越えて、彼以前の六〇〇年間のドイツ語訳聖書の一七の版を越えて、一一〇〇年間の歴史空間さえも越えて、男らしい素直な尊敬の念を込めて、先達である偉大なヒエロニムスに、次のような挨拶を送った。「ところで、車輪に泥だってつくだろうが、この部分〔第一部の翻訳〕にかんするかぎり私を越える巨匠であろうとしたり、あちこちで私を非難したりするほど無遠慮な人はだれもいないだろう。よろしい、そんな人にはじっさい翻訳してもらおう！　私ははじめから、私の二〇分の一でもまねする人よりも、むしろそれ以前に、私の翻訳を非難する一万人を見つけたいと考えていた。かりに聖ヒエロニムスのラテン語聖書を非難しなければならないということになれば、私だって博識であろうとするし、私の技法をすばらしいものと証明したくもなるだろう。しかし彼のほうでもまた、私が彼の翻訳をまねることにおそらく抵抗するはずである」。

聖書の時間的スパンとはそうしたものである。私ははじめに、語ることはすべて翻訳することだと述べた。人類の対話は聖書から始まった。この対話においては、語りと応答のあいだに、五〇〇年、いやまるまる一〇〇〇年の隔たりがある。パウロは『出エジプト記』の第二〇章の言葉〔十戒〕を疑問視することで、『創世記』の第三章の問いに答えを与えようとした。彼の答えはアウグスティヌスとルターによってくり返されたが、他方でまた、パウロのあの疑問視にたいしては、両者それぞれ固有の答えを与えた。つまり、アウグスティヌスは神の国という答えであり、ルターはキリスト教の学校を建てるべきだという市参事会員宛書簡の答えである。対話が新たな文を語りだす前には、そのつど翻訳がなされる。悲劇の言語への翻訳、法典の言語への翻訳、〔ヘーゲルの〕『精神現象学』の言語への翻訳などである。この対話がいつ終わるかはだれにもわからないし、それがいつ始まったかもだれにもわからない。したがって、どんな人の憤懣（Unwillen）も、ひとりよがり（Besserwissen）も、利口ぶった態度（Wohlweisheit）も、対話を終わらせることはできず、それができるのは、対話を始めた人の意志（Will）と、知識（Wissen）と、知恵（Weisheit）だけである。

原註

（原註1）*Sämtliche Werke*〔*Philosophische und vermischte Schriften* 1838〕, Abt. III, Bd. 2 S. 218〔『思想としての翻訳』三ツ木道夫編

訳、「翻訳のさまざまな方法について」白水社、三八頁〕。〔彼のプラトン訳は『プラトン著作集（Platons Werke）』としてベルリンで一八〇四から一八二八年まで全三巻が出版された〕。

（原註2）『ヨブ記』序文（一五二四年と二五年に出版された）〔『宗教改革著作集』第四巻、「聖書序文集」徳善義和監訳、教文館、一九八三年、二九頁〕。

（原註3）ルターは『詩篇』第六八篇について語っている〔正しくは第一八節ではなく第一九節。「主よ、神よ、あなたは高い天に上り、人々をとりこにし」〕。

（原註4）ドイツ語訳『詩篇』序文。

（原註5）〔ゲオルク・ヴィルヘルム・〕ホプフ『ルターの聖書翻訳の評価（*Würdigung der Lutherlischen Bibel Übersetzung*）』〔正しくは『ルターの聖書ドイツ語訳の評価（*Würdigung der Luther'schen Bibelverdeutschung*）』〕、ニュルンベルク、一八四七年〕一二六頁からの引用。

（原註6）『ルターの聖書翻訳におけるドイツ語の完全な記述と評価（*Vollständige Darstellung und Beurteilung der deutschen Sprache in Luthers Bibelübersetzung*）』（〔全二巻〕一七九四年、九五年）。

（原註7）カンシュタイン訳聖書については、最近では〔コンラート・〕ブルダッハが詳しく述べている（『聖書の国民的習得とゲルマン文献学の黎明（*Die nationale Aneignung der Bibel und die Anfänge der germanischen Philologie*）』一九二四年）。

（原註8）『ゲッティンゲン学報（*Göttinger*〔正しくは*Göttingische*〕*Gelehrte Anzeigen*）』（一八八五年）。

（原註9）一五二二年〔ルフト版刊行以前〕の新約聖書の価格は「一頭の馬と同じ」一と半ギルダーだった。

（原註10）ドイツ語訳『詩篇』序文〔正確には、一五三三年版のあとがき「三つの詩篇の概要と翻訳の理由（Summarien über die Psalmen und Ursachen des Dolmetschens）」〕。

（原註11）『ヨブ記』序文（一五二四年と二五年）。

（原註12）コホレウス／ディーテンベルガー（ホプフ前掲書、一三二頁以下）〔両者は一五三四年にルターに対抗して、新しいドイツ語訳聖書を刊行〕。

（原註13）コホレウス（ホプフ前掲書、一三二頁）。

（原註14）エムザー／エック（ホプフ前掲書、一七二頁）。

（原註15）エックがバイエルン諸侯の命令でおこなった対抗的翻訳への序文（ホプフ前掲書、一三四頁）

（原註16）コホレウス（ホプフ前掲書、一三二頁）。

（原註17）「原文聖書」の序文

（原註18）Grosse Ausgabe〔*Die heilige Schrift des Alten Testaments*, Bd. I, 1890〕の序文。「原文聖書」〔一八九九年〕の序文に再録されている。

（原註19）私は一九二二年の『主要著作』〔Grosse Ausgabe の第四版〕の改訂版にしたがって引用する。というのも、原文聖書の改訂版はいまだ存在しないからである。この重要な著作が原文の摩滅が想定されるためにあえて翻訳していない箇所についてだけは、この点ではより大胆な原文聖書に従う。なにしろ、主要著作もまた多数の読者層を想定しているからである。それに、その改訂版は、「ヘブライ語の言語性格に特徴的な強力な感性的リアリズムを前にしてもひるむことなく、原文に同化する」というすばらしい序文の文章によって、みずからの道を舗装しており、一九二二年の最新流行である「生き生きとした学問」に、特徴的に表現された次のような約束をする。つまり「美しくない言いまわしを改善し、そもそもこの再版に、写真のように厳密なかたちではなく、絵のようないきいきとしたかたちを与え、芸術的に十分な価値のある模写という原作の理想に多少とも近づく」というのである。遅きに逸したやけっぱちの悔い改めの産物でしかない生き生きとした学問というこの言葉に鳥肌が立つような人は、自分にとっては下手な絵よりじょうずな写真のほうがましだと、むろん言うだろう。翻訳においてもっぱらたいせつなのは「厳密さ」だけであり、「芸術的なもの」などもちだす必要はないのである。

（原註20）このことと幕屋全体については、ベンノ・ヤーコプの著作『モーセ五書（*Der Pentatuech*）』〔ライプツィヒ、一九〇五年〕参照。彼は、ユダヤ教徒とキリスト教徒を問わず生存する人のなかでは、おそらくヘブライ語聖書の最良の専門家である〔ヤーコプについては、本書四〇九～一〇頁、および「「永遠なる者」――メンデルスゾーンと神の名前」

原註（15）も参照せよ〕。

（原註21）たとえば初期の一五一四年にかんしては、ヘブライ語のテキストを文字、ラテン語のテキストを精神だと説明する発言を参照（〔オットー・〕シール『マルティン・ルター〔――カトリシズムから宗教改革へ〕（*Martin Luther* 〔*vom Katolizismus zur Reformation*〕）』第二巻〔一九二一年〕、二二八頁および四〇八頁に引用されている）。後期にかんしては、翻訳の改訂にさいしてのマテジウスのルターにかんする有名な記述を参照。「彼は古いラテン語訳聖書とみずからの新たなドイツ語聖訳書だけでなく、ヘブライ語原典もつねに手元に置いていた」。

（原註22）『文字と言葉』〔本書三一七頁を参照〕。

（原註23）「旧約聖書の第三部（Dritten Teil des Alten Testments）」（一五二四年と二五年）に所収。

（原註24）『イェフダ・ハレヴィ』あとがき〔本書三二一～四九頁参照〕。

訳註

（1）『マタイによる福音書』第六章二四節「だれも、二人の主人に仕えることはできない」。

（2）『イザヤ書』第四五章一八節「神である方、天を創造し、地を形づくり創り上げて、固く据えられた方、混沌として創造されたのではなく、人の住むところとして形づくられた方」。

（3）トイプナー社はトイプナー文庫（Bibliotheca Teubneriana）において、古代のギリシア語・ラテン語文献を原文で出版した。

（4）ルターはみずから翻訳した聖書の各書に序文を付している。『詩篇』も一五二四年の初版に序文が、二五年の再版にあとがきが、二八年の版にはもっとも長い序文が付された。さらに、一五三五年にあとがき、四五年の最終版には第三序文が書かれた（『ルター著作集』第二集第四巻、有限会社リトン、二〇〇七年、「解説」一一頁を参照）。

(5)『ローマの信徒への手紙』第八章三節「罪を取り除くために御子を罪深い肉と同じ姿でこの世に送り、その肉において罪を罪として処断されたのです」。

(6)『ホセア書』第一三章一四節「陰府の支配からわたしは彼らを贖うだろうか。死から彼らを解き放つだろうか」。

(7)旧約聖書第三部への序文（一九二四年）。

(8)「旧約聖書序文」（一五二三年）、『宗教改革著作集』第四巻、一七頁。

(9)ルター以前にはすでに一八種類のドイツ語訳聖書が出版されており、一五一八年に出版されたのは、アウグスブルクで刊行されたヨハン・オトマー（Johann Otmar）とジルヴァン・オトマー（Silvan Otmar）訳の第二版（初版は一五〇七年）であろう（ジルヴァンはヨハンの息子。ヨハンはロートリンゲンとテュービンゲンの最初の聖書出版者）。しかし正確には、これはルター以前の最後のドイツ語訳ではなく、ルター訳聖書が刊行されるわずか数週間前にハルバーシュタットでドイツ語訳聖書が出版されている。

(10)『ネーデルランド旅日記』は一五二〇年、途絶えた年金の復活を皇帝カルロス五世に請願するためにベルギーに赴いたときの旅日記。エラスムスやルターにも言及されている。

(11)ここでは彼の説教集のことか。

(12)『ニーベルンゲンの歌』のこと。

(13)イスラム最初の世襲王朝（六六一～七五〇年）。

(14)英訳註によれば、ホメロス『オデュッセイア』（第一一巻）における、オデュッセイアのハデス訪問が踏まえられている。

(15)ドイツ語方言は、ドイツ中部と南部で話される高地ドイツ語と北部で話される低地ドイツ語に分かれるが、現代の標準ドイツ語は中部の高地ドイツ語（中高ドイツ語）が基礎になっている。フランス革命による国民国家の成立にともない、一九世紀ドイツでも国家統一の動きが盛んになるが、そのために国語（Nationale Sprache）の成立が不可欠になる。こうして、一方言である中高ドイツ語を国民共通の書き言葉にまで洗練しようとする言語浄化運動が起こり、ゲーテ、シラーといった文学者やフンボルトといった知識人がそれに積極的に参加した。ドイツの言語浄化運動は、教養市民層を中心とする国民文化の形成に貢献することになる。

(16) いずれも著者は中世の詩人エッシェンバッハ（Wolfram von Eschenbach 1170頃–1220頃）。『パルツィファル（*Parzival*）』は一二〇〇年と一二一〇年のあいだに、『ティチュレル（*Titurel*）』は一二一七年以後に書かれた。

(17) ドイツ・ブランデンブルクの宮廷官吏カンシュタイン（Carl Hildebrand von Canstein 1667–1719）は、一七一〇年にアウグスト・ヘルマン・フランケとともに世界初の聖書協会を設立し、近代的な機械印刷による廉価版聖書の普及に努めた。一九一三年に出版が開始され、一七一九年までに新約一〇万冊、旧約・新約をあわせた聖書八万冊を売りあげた。

(18) ここで言う「改訂版ルター訳聖書」はおそらく一八九二年に刊行された聖書訳であろう。当時は決定版とされていた。

(19)『シルダの市民』は一五九八年に刊行されたドイツの滑稽本。架空の町シルダの市民の愚行や茶番が集められている。

(20) 英訳註によれば、エッカーマン『ゲーテとの対話』（一八二四年五月二日）「この世において、画期的なことをするためには、周知のとおり、二つのことが肝要だ。第一に、頭のいいこと、第二に、大きな遺産をうけつぐことだ」（山下肇訳『ゲーテとの対話』上巻、岩波文庫、一九六八年、一四五頁）。

(21)「原文聖書」（正確には「旧約と新約の原文聖書」）は、一八九九年から一九一一年にかけてJ・C・B・モール出版社から三つの版が刊行された。プロテスタントの神学教授たちが翻訳し、エミール・カウチュがそれを編集した。この聖書訳はそれまでの聖書批判学の成果である。これに参加した教授たちは、フリードリヒ・ベートゲン、ヘルマン・グーテ、アドルフ・カンプハウゼン、ルドルフ・キッテル、マックス・レーア、マール・マルティ、ヴィルヘルム・ロートシュタイン、ルドルフ・リュエチ、カール・ヴィクトール・リセル、カール・ジークフリート、アルベルト・ソーキン、カール・ハインリヒ・ヴァイツゼッカーである。

(22)『出エジプト記』第一四章一九節から二四節までは新共同訳では次のようになっている。「イスラエルの部隊に先だって進んでいた神の御使いは、移動して彼らの後ろを行き、彼らの前にあった雲の柱も移動して彼らの後ろに立ち、エジプトの陣とイスラエルの陣との間に入った。真っ黒な雲が立ちこめ、光が闇夜を貫いた。両軍は、一晩中、互いに近づくことはなかった。モーセが手を海に向かって差し伸べると、主は夜もすがら激しい東風をもって海を押し返されたので、海は乾いた地に変わり、水は分かれた。イスラエルの人びとは海の中の乾いた所を進んで行き、水は彼らを追い、ファラオの馬、戦車、騎兵がことごとく彼らに従って海の中に入ってきた。朝の見張りのころ、主は火と雲の柱からエジプト軍を見下ろし、エジプト軍をかき乱された」。

(23)「幕屋、つまり臨在の幕屋の作業はすべて完了した」。

(24)「最後に、幕屋と祭壇の周囲に庭を設け、庭の入口に幕を掛けた。モーセはこうして、その仕事を終えた」。

(25)「天地万物は完成された。第七の日に、神は御自分の仕事を完成され、安息なさった」。

(26)「モーセがそのすべての仕事を見たところ、彼らは主から命じられたとおり、そのとおり行なっていたので、モーセは彼らを祝福した」。

(27)「神はお造りになったすべてのものを御覧になった。見よ、それはきわめて良かった」。

(28)「この日に神はすべての創造の仕事を離れ、安息なさったので、第七の日を神は祝福し、聖別された」。

(29)ヒエロニムスによって翻訳され、西方教会でもっとも広く用いられたラテン語訳聖書。

(30)『出エジプト記』第二章二四節と二五節は新共同訳では、「神はその嘆きを聞き、アブラハム、イサク、ヤコブとの契約を思い起こされた。神はイスラエルの人々を顧み、御心に留められた」となっており、「神」が二回しか出てこないが、ヘブライ語原文では「エラヒーム」が四回くり返されている。ブーバーとローゼンツヴァイク訳はヘブライ語原文を次のように忠実に訳している。「Gott aber hörte ihr Gestöhn, Gott aber gedachte seines Bunds mit Abraham, mit Jizchak und mit Jaakob, Gott aber sah die Söhne Jissraels, Gott erkannte」。

(31)ジークフリート・クラカウアー(Siegfried Kracauer 1889–1966)のこと。かつては自由ユダヤ学舎の講師として活躍した彼は、やがてローゼンツヴァイクの考えかたに批判的になり、ブーバーとローゼンツヴァイクのドイツ語訳聖書が刊行されると、『フランクフルター・ツァイトゥング』の学芸欄編集者であった彼は、一九二六年四月二七日と二八日に紙上でこの翻訳を厳しく批判した。ブーバーとローゼンツヴァイクはドイツ語をいわばヘブライ語化しようとするが、これは言語の現実を無視した時代錯誤の試みだというのである。これにたいして、ローゼンツヴァイクは一九二六年七月にブーバーに宛てて次のような手紙を書いている。「きょう『聖書とルター』の校正が届きました。多くのささいなことを別にすれば、あの宗教教師にして文芸欄社会学者にかんする箇所を徹底的に取りかえようと思っています——たとえ彼が職業的に信頼できる専門職の一員だとしても」（全集版、第一巻第二部、二、一〇九七頁）。『聖書とルター』が書かれた理由のひとつは、かつての同僚クラカウアーの批判に答えることだったように思われる。これについての詳しいことは、Christoph Kasten Mit Luter gegen Luther. Franz Rosenzweig, Siegfried Kracauer und die Bibel auf Deutsch, *Luter, Rosenzweig und die Schrift*, Europäische Verlagsanstalt, 2016 を参照。

（32）「旧約聖書序文」（一五二三年）、『宗教改革論文集』第四巻、「聖書序文集」徳善義和監訳、教文館、一九八三年、二六頁。

（33）「しかしわたしは、強い手を用いなければ、エジプト王が行かせないことを知っている」。

（34）「わたしは自ら手を下しあらゆる驚くべき業をエジプトの中で行い……」。

（35）原文は Meistern und Klüglingen だが、既出の表現に合わせて Klüglings-Meisten と読む。

16 「永遠なる者」――メンデルスゾーンと神の名前

『モーゼス・メンデルスゾーン記念著作』〔ドイツ・ユダヤ史とユダヤ文学協会連盟編集、一九二九年秋刊行〕のために、一九二九年七月に執筆され、一九三六年に『聖書とそのドイツ語訳』に再録された。『小論文集』一八二一〜九頁、全集版第三巻八〇一〜一五頁。

モーセ五書の〔モーゼス・〕メンデルスゾーン訳の歴史的な意義はよく知られている。しかし、その生命力はこの歴史的な地位にもその価値にも見合っていない。たしかに、メンデルスゾーンの〔ドイツ語〕訳はヘブライ文字で何度か――つい最近でも一八八八年にワルシャワで――再版された。[1] それは重要な註釈、いわゆるビウール〔ביאור〕が付いていたおかげである。この註釈は聖書批判学の世紀が始まろうとするときすでに近代精神に身を置きながらも、いまだ素朴に復古的な傾向からも批判的な傾向からも等しく距離を取って、もういちど偉大な中世の註釈者のたいまつを受け継ぎ、新たに燃えたたせたのである。しかしドイツ文字による翻訳のほうは、『創世記』まででしかなかったにせよメンデルスゾーンみずから校正を試みたものの、その後一八一三年と一五年に出版されたが、次に重版されたのはようやく一八四五年であり、しかも全集の一部としてでしかなく、そののち二度と重版されなかった。ドイツ・ユダヤ人たちが〔一八〕三〇年代と四〇年代の精神的な大躍進のなかでドイツ語訳聖書を求めたとき、〔レオポルト・〕ツンツ、〔ゴットホルト・〕ザロモン、〔ヨーゼフ・〕ヨールソンのすくなくとも三つの試み[2]が、そして少し遅れて〔ルートヴィヒ・〕フィリップゾーンも加わり[3]、同時に覇を競いあったが、メンデルスゾーン訳のモーセ五書は存在しないかのようなあつかいだった[原註1]。それにもかかわらずこの翻訳は、客観的に見れば、ゲーテの「世界文学」時代におけるドイツの翻訳技術のあの古典的な数十年間の偉大な業績のひとつである。メンデルスゾーンのモーセ五書は「オリエントの」「言語と朗読の仕方」を意識して、平凡で滑らかなものと、きわめて大胆で大胆すぎるものとの中間にあえて位置を占める。たとえば、この両者の絆を結ぶことも構築することもせず、すくなくとも『創世記』においては一貫して「寸断」したり、ヘブライ語の隠喩に密着し、この隠喩によってその絆を犠牲にするような寸断をさらにはっきりさせたりする。だがこうしたすべてはヘブライ文字という隠れ蓑を着ておこなわれるので、ドイツ語の読者がそれにはじめて気づくのは、完成されたユダヤ人文章家の世代が無から生じたかのように突然に、ドイツ文学とジャーナリズムに登場するときでしかない。

　文体の形成というこの一般的な影響力を別にすれば、メンデルスゾーンの翻訳は、ただ一点においてのみドイツ・ユダヤ人と世界のユダヤ人に持続的な影響を与えている。「永遠なる者」という神の名前の翻訳がそれである。この神の名前は、ユダヤ人によるのちのたいていの聖書翻訳に踏襲されただけでなく、広くおこなわれている祈りの翻訳や、説教や、それ以外にも礼拝やそれに関連してドイツ語で語られるすべてのものにも入りこみ、そのようにして解放時代のユダヤ人の信仰心をいたるところで、正統派のグループにいたるまで染めあげている——たしかにS・R・ヒルシュのみごとな根拠ある抵抗[原註2]が生じはしたけれども。

私の知るかぎり、「永遠なる者」という神の名前はメンデルスゾーンによってユダヤ教に導入された。メンデルスゾーンがみずからの序文で論評している、それ以前のイディッシュ語訳聖書[4]は、そして彼以降ではふたたびS・R・ヒルシュが「神（Gott）」と翻訳している。[5]これらの翻訳もまた、すぐに思いつきそうな「主（der Herr）」という翻訳は避けている。それにたいして、〔「永遠なる者」という〕名前は、キリスト教ヨーロッパにおいては前史を――とはいえ「旧約聖書的に」潤色された前史を――もっている。聖書におけるこの名前の典拠は、もっとも本来的な意味での「旧約聖書」、つまりキリスト教聖書にだけ保存されている部分である聖書外典である。『バルク書』の第四章と第五章の冒頭、おそらくギリシア語でも同時に書かれた部分で、すくなくとも六回も、神の名前としてホ・アイオニオス、永遠なる者が登場する。カルヴァンは、みずから編集し一五六四年に出版した〔モーセ五書とヨシュア記の〕六書のフランス語版において、厳格で崇高な、まさしく「ヌミノーゼ的な[6]」この名前を、旧約聖書の神の名前の翻訳に用いている。このフランス語版から、ルースは[原註3]『カルヴァン聖書』を編集することができた。それにたいして、〔一五〕五〇年代に出版された旧約聖書の註釈ではまだその名前は使われていない。そこではまだ「永遠なる者（Éternel）」ではなく、「主（Seigneur）」が使われている。これ〔「主」という言葉〕は、カルヴァンのいとこオリヴェタヌスが一五三五年に刊行した「ジュネーヴ聖書[7]」の原型においてもまだ支配的であって、「永遠なる者」はときおり使われているにすぎず、カルヴァンの生前に出版され、ルースが研究したすべてのジュネーヴ聖書もまたそうである。[原註4]カルヴァンの「永遠なる者」がジュネーヴ聖書を完全に征服したのは、ようやく一五八八年であり、それ以来ジュネーヴ聖書と改革派の礼拝で自己を主張するようになった。ただし、ベルリン国立図書館に所蔵されている一五五〇年と五一年にリヨンで刊行されたジュネーヴ聖書の二つの版では、すでにその言葉が広く使われている。この図書館が所蔵している一五六五年の版についてはもっとあとで触れることにしよう。

次にこの〔「永遠なる者」という〕名前は、ジュネーヴからヨーロッパ文学にも浸透していく。リトレが引用している最古の使用者は、一五四〇年〔正しくは一五四四年〕に亡くなった詩人マロであり、彼の『五〇の詩篇』はカルヴァンが編集したものである。[8] もっとも有名なのは、ラシーヌの二つの旧約聖書劇[9]の箇所である。一五八〇年代以降はイギリスでも、辞典に用例が見られる。それにたいして、〔ヤーコプ・〕グリムの辞典[10]は、そうした用例を見のがしている。それにもかかわらず、ルター訳聖書の『バルク書』を別にすれば、すくなくともベートーヴェンの音楽によって不朽のものとなったゲレルトの賛歌「天は〔永遠の栄光を〕讃える」において[11]、だれもが知っている用例を示すことができる——もっとも、この賛歌のもとになっている詩篇の当該箇所には、〔「永遠なる者」という〕名前ではなく、神という言葉が使われているにすぎない。

そうだとすれば、メンデルスゾーンにはたいした功績は残らないように思われる。メンデルスゾーンはベルリン市民だが、当地の強力なユグノー派信徒は当時もそれ以降も、トルコのユダヤ人が異端審問のカスティーリアの言語に、ポーランドとロシアのユダヤ人が十字軍のラインの言語に忠実でありつづけたように、すくなくとも礼拝においては彼らの冷酷な祖国〔フランス〕の言語に忠実でありつづけた〔Eternelという名前を使いつづけた〕からである。それでもなお、メンデルスゾーンは翻訳者として、彼の偉大な先駆者カルヴァンを越える、一見小さいがじっさいには決定的な一歩を踏みだし、それによってはじめて最後の仕上げをおこなった。

メンデルスゾーンにとって問題はどのようなものだったのか。まず否定的な答えとして考えられるのは、「主」〔という訳語〕はすでにキリスト教の手垢がついているので問題にならなかったということである。なにしろこの言葉は、ギリシア語訳の新約聖書の用法からすれば、それゆえまたドイツ語訳の新約聖書の用法からしても、キリスト教の創設者に結びつけられていたからである。この結びつきは今日にいたるまで旧約聖書にもキリスト教的な色合いを与えている。敬虔なキリスト教徒が「主は私の牧人である」と言うとき、彼は神ではなく、「良き牧人〔イエス・キリスト〕」を考えている。この〔永遠なる者という名前が〕選ばれた積極的な理由については、推測に頼る必要がない。メンデルスゾーンは、まさにその決定的な典拠を含んでいる巻である『出エジプト記』にかんしては、みずから訳した『創世記』の註釈者の言うことを無視しているし、『出エジプト記』以下の諸巻については、その註釈者たちを待たずに、みずから註釈を書いている。というのも、この翻訳者は〔永遠なる者という名前を選んだ〕弁明を、たとえばその名前が最初に現われる箇所、つまり、たとえばヒルシュのように『創世記』の第二章四節[12]に求めるわけにはいかないからである。メンデルスゾーンはこの箇所ではいわばお茶を濁して、『出エジプト記』第三章一四節の註釈を参照するように求めるにすぎない。〔しかし〕こうした先のばしのうちにこそ、つまり、『出エジプト記』の最初の数章にかんしてふたたびメンデルスゾーン自身が「というのも、その〔『創世記』二章四節の〕しかるべき場所はそこ〔『出エジプト記』三章一四節〕にあるからだ」という註釈を書いているのだが、それが註釈している三つのヘブライ語〔אהיה אשר אהיה〕（私はある、私はあるという者だ）のうちにこそ、この〔神の名前の翻訳〕問題をめぐるメンデルスゾーンの功績のすべてと、カルヴァンと改革派聖書を越える彼の決定的な進歩と、さらにまた神の名前そのものを彼から引き継いだ、のちのユダヤ人翻訳者たちにたいする優位が、萌芽的に含まれている。(原註5)

『出エジプト記』第三章一四節は、原文ではおよそ次のようになっている。

> 神はモーセに、「わたしはある。わたしはあるという者だ」と言われ、また、「イスラエルの人々にこう言うがよい。「わたしはある（ICH BIN DA）」という方がわたしをあなたたちに遣わされたのだと」。

メンデルスゾーンはこれを詳しく意訳している。

> 神はモーセに向かって言われた。「私は永遠であるような存在である」。つまり神は次のように言われたのである。「あなたはイスラエルの子たちにこう言うがよい。「わたしは永遠であると自称する永遠なる存在が、わたしをあなたたちに遣わされたのだ」と」。

メンデルスゾーンはこの箇所に次のような註釈を加えている。

> あるミドラッシュ(13)には次のようにある。「聖なる方は——彼は称えられるべきである——モーセ

にこう言われた。彼らにこう言いなさい。「わたしはかつてあった者であり、今も同じ者であり、未来においても同じ者であるだろう！」」。そしてさらにわれわれの師たちは、この天恵にたいする自分たちの思い出をこう言い表わす。「わたしはこの苦境においても彼らとともにあるだろう。わたしは異国の地で奴隷状態にあるときにも彼らとともにあるだろう」」。――それによってわれわれの師が言わんとするのは、次のことである――「過去の時間と未来の時間は創造者においては完全に現在である。というのも、彼においてはいかなる「変化や依存」(原註6)もなく、彼の日々からはなにも過ぎさらないからである。したがって、彼においてすべての時間は過去と現在と未来を含むただひとつの名前で呼ばれる。この名前によって、彼は存在の必然性と同時に、不断に続く摂理をほのめかしている。それゆえ、彼はこの名前でいわばこう語っているのである。「私は人の子とともにある。つまり私は恵もうとする者を恵み、憐れもうとする者を憐れむ。したがって、彼らイスラエルの人びとにこう言いなさい。私は、〔かつて〕あったし、〔いまも〕あるし、〔これからも〕あるだろう者であり、すべてのものに支配と摂理を行使する。私は彼らがどんな苦境にあるときも彼らとともにあるし、あるだろう。私はこの苦境において彼らとともにあるだろうし、彼らが私を呼ぶときはいつでも彼らとともにあるだろう」」。――ところが、(「永遠で必然的な、摂理を行使する存在」という)(原註7)この聖なる名前のように、全時間性（Allzeitigkeit）という意味を、実存の必然性と摂理とともにひとつにまとめるような言葉がドイツ語にはない。そこでわれわれは「永遠なる者」あるいは「永遠なる存在」と訳すことにした。(原註8)

オンケロスは（ナフマニデスの読みかたにしたがって）、「私はともにあるだろう者だ（Ich

werde sein, mit wem ich sein werde)」と訳している。[原註9] その意味は、「私は恵もうとする者を恵み、私は憐れもうとする者を憐れむ」(『出エジプト記』第三三章〔一九節〕)ということである。したがってオンケロスが意図しているのは、第二ミドラッシュに似たようなやりかたで、この箇所を摂理という観点からのみ翻訳することである。――ガオン・サアディアが書くところによれば、神は最初の者にして最後の者であるがゆえに、過ぎさってもいなければ、過ぎさることもないだろうというのがその説明である。したがって、彼の言葉は永遠性をほのめかす第一ミドラッシュの言葉に似ている。――マイモニデスは『迷える者への手引き』のなかで、それ〔私はともにあるだろう者だ〕をもともと実存をそなえているような実存者と説明している。そうだとすれば、彼の意図は実存の必然性という意味に向けられている。――ほんとうのところ、それは三つの意味をすべて含んでいる。ただし、オンケロスはアラム語のうちに、サーディアはアラビア語のうちに、マイモニデスも『手引き』を書いたアラビア語のうちに、この聖なる名前のようにそうしたすべての意味を含むどんな言葉も見いださなかった。そこで、彼らは各自それぞれのやりかたでそれらの意味のひとつにしたがって解釈した。そしてドイツ語訳者〔メンデルスゾーン〕が永遠性という意味で解釈することを決意したのは、ほかの意味ではそれを逸してしまうからである。こうして、私はヨナタン・ベン・ウズィエルもこの意味にしたがって翻訳しているのを発見した。つまり、「〈私はある者であり、あるだろう者〉がわたしをあなたたちに遣わされた」というぐあいである。

この註釈からまず目に飛びこんでくるのは、抽象的で「哲学的」な神の名前〔永遠なる者〕を選ぶという近代のユダヤ教にとってきわめて影響力の大きいこの決断が、メンデルスゾーン自身においてはどれほど風前のともし火だったかという驚くべき事実である。この名前のうちに「永遠に必然的な」存在を見いだしたのは、古典的な宗教哲学者たちであり、「摂理を行使する」存在を見いだしたのは、本来の民族的な伝統――オンケロス、タルムード(原註10)、ラシ！――だが、メンデルスゾーンはそのどちらの意味もそれ自体では等価であり、どちらも原文を踏まえているとみなしている。そうだとすれば、彼の決断のうちには、「合理的神学」の可能性を信じる一八世紀の信仰のかけらが含まれており――もっとも、メンデルスゾーンがカントをそう評した「すべてを粉砕する人」のあとでは、われわれはもはやその信仰のまねはできないのだが――、合理的神学にとっては、哲学史的な経験とはあきらかに矛盾するとはいえ、「必然的に実存する存在」から「摂理を行使する存在」が論理的な推論によって生じてくる。今日のわれわれであれば、そもそもそうした推論をするとしても、逆の「推論」――配慮する存在から実存する存在への推論――にむしろ同意するだろう。しかし、カント以前の人間であるメンデルスゾーンにとって、「永遠なる者」のうちには、あるいは彼がとくに重要な箇所でここでまったく同じくそう述べているように「永遠なる存在」のうちには、祈りによって呼びかけられる神もまたともに考えられ、ともに名指されていた。

　この問題は原文にもとづけばいったいどうなるだろう。それにかんするいまのところ決定的であり、その冷静さと目配りの点で模範的だと私が信じる研究は、B・ヤーコプが「イバラの茂みのモーセ」(原註11)という論文で提供してくれる。この章〔『出エジプト記』第三章〕の物語全体の文脈からすれば、問題の言葉の「第一の」意味、つまり「実存の必然性」という意味には不利で、「第二の」意味、つまり「摂理」という意味に軍配があがる。この問題の言葉はそうでなくとも、純粋に言語的に言ってもすでに存在という静的な意味ではなく、生成、出現、生起といった動的な意味をもっている。モーセは、神が彼に負わせる指導者という役割にしりごみする。それに応えて神は彼にこう保証する。

わたしはかならずあなたとともにいる〔『出エジプト記』第三章一二節〕。

それにたいしてモーセは言う。

わたしは、いま、イスラエルの人びとのところへ参ります。
彼らに、「あなたたちの先祖の神が、わたしをここに遣わされたのです」と言えば、
彼らは、「その名はいったいなにか」と問うにちがいありません。
彼らになんと答えるべきでしょうか〔同一三節〕。

これにたいして、つまり名前の意味についての問いにたいして（この問いは〔ベンノ・〕ヤーコプが証明し、さらにまたすでにメンデルスゾーンが翻訳としては表現していないにしろ、註釈しているように、[原註12] 名前そのものについての問いではない）、モーセは上に引用された〔わたしはかならずあなたとともにいるという〕言葉で答えるはずである。意気消沈した不幸な者たちにとって、神の必然的な実存

についての講義などにいったいどんな意味があるだろうか。彼らが必要としているのは、臆病な指導者自身とまったく同じように、神が〈自分たちとともにある〉という保証であり、なんといっても神自身の口からそれを聞けた指導者とは違って、この保証が神に由来することを証明し、古くて暗い名前に光をあてるような形式である。

　こうして、物語の文脈からすれば、〈永遠であること〉ではなく、〈居合わせていること（Gegenwärtigsein）〉、〈あなたたちのためにあなたたちのもとにあり、あるであろうこと〉を前面に押しだす翻訳だけが正しい。この箇所からあきらかになった名前の翻訳にさいして、どうしてこれが人称代名詞の三つの次元、つまり〈語りかける人〉、〈語りかけられる人〉、〈語りの対象になる人〉という次元に圧縮されるのかを、私は別の箇所（原註13）で詳しく論じた。ただひとりの人物が、そのつど考えられる現在（Gegenwart）のうちにあって、そのつど三つのうちのどれかひとつの居合わせ（Gegenwärtigen）かたをしているという意味を一語で言い表わせるものは、代名詞をおいてほかにない。言うまでもなく代名詞は、物語とか伝えられた話の客観性に飲みこまれるのではなく、口述の爆発的な力によって、つねに過ぎさっていく書物の言語から現在へと飛びだしてくる。神学的にもっとも深いところで動いていた二人のドイツ語訳者ルターとS・R・ヒルシュが同じように、この問題を印刷にさいして文字の静かな流れを中断するという暴力的な手段を使わずには解決できなかったのも偶然ではない。ルターは大文字、ヒルシュは隔字体印刷という手段を使った。つまり、あの〔イスラエルの人びとに〕居合わせている人、彼らのもとにある人は、〈彼〉であり、私に居合わせている人、私のもとにいる人は、〈あなた〉であり、あなたに居合わせている人、あなたのもとにいる人は、〈私〉である。人称の必然的な交替こそがまさに、その印刷見本が名前の翻訳を名前の啓示としっかりと結びつけ、そしてそのようにして――これは以下でも示すことにしたいが――まさにこの結合がつくりあげている聖書の統一性、読まれた書物としてはじめてではなく、すでに書かれた書物としてもっている統一性を翻訳に再現することを解決できているかどうかの試金石なのである。ラシの孫である「ラシュバム」が、自身の註釈でアルファベットの取り替えというしるしのもとでしか伝えられないものとは、あの啓示の素朴な意味にほかならない。「彼はみずからを、〈私はそこにある（ICH BIN DA）〉と呼び、われわれは彼を、〈彼はそこにある（ER IST DA）〉と呼ぶ」。

したがってメンデルスゾーンが〔神の名前を人称代名詞ではなく、永遠なる者と訳すという〕誤った決断をくだしてしまったのは、カルヴァンの先例の影響を受けたからであり、みずからの世紀の合理主義的・古典主義的な精神の影響を受けいれてしまったからでもある。この点でこの精神はマイモニデスの精神と結びついていた。マイモニデスは若いころから尊敬されていたが、ユダヤ人の伝統の確実な本能に反して、しばしばそうであったようにまさしくここでもアリストテレスの影響を受けていたのである。しかしこのことは、解放の世紀のユダヤ教にとっては致命的だったにもかかわらず、メンデルスゾーンがはじめて――その後もずっとただひとり――名前の翻訳を名前の啓示と結びつけることによって翻訳特有の決定的問題を正しく提出したという偉大な功績に比べれば取るに足りない。たしかに、キリスト教ヨーロッパ諸国で慣用となっており、七〇人訳聖書〔ギリシア語訳聖書〕に由来し、ウルガタ聖書〔ラテン語訳聖書〕によって伝えられた「主」という意訳もまた、これがまさに意訳であり、それによって名前の透明性を、つまりそれが意味によってくまなく照らされていることを翻訳しているかぎり、この神の名前の比類のなさを正しく評価してはいた。さらにおそらく「主」は、すくなくともそれ自体で完結した意味ではなく、それ自体を越えたものを指示するような意味をもつかぎりでは、「永遠なる者」よりも良い翻訳でさえあった。「この」主は、つねにそのつどそれに対置された者の主、そのつどそれに出会う者の主であり、つねに関係を表わす言葉なのである。(原註14) しかしこの主という言葉は——すくなくともラテン語の「ドミヌス」以後は——バビロンからの帰還以後(原註15)流布した神の名前を隠す言葉であったヘブライ語のもともとの言葉とはまったく対照的に、間違った関係を、つまりまったくただ支配するだけで助けることはなく、ただ統轄する〔＝前に立つ（vorstehenden）〕だけで助力する〔＝傍らに立つ（beistehenden）〕ことはないような関係を表わす言葉になってしまう。アモスとイザヤといった預言者が口にすることで〔神の〕使者の意識を表わすもっとも固有な言葉となったヘブライ語のアドナイ(14)——「わが主」——は、語りかけと呼びかけという呼格的性格の下音と混じりあったこうした親密な響きを保持してきた（そしてユダヤ人の口をついて出るとき今日まで保持している）し、一般に聖書以後の祈禱文献では、まったく圧倒的に呼格のかたちを取る。アドナイという言葉は、いわば文のただなかから出て一瞬〔＝まばたきをする間に（Augen-Blick）〕天を仰ぎみる。こうして、神の名前に出会うたびにいったん中断して、自分がその名前を書きとめようとするのはそれを崇めるためであるという言葉を挿入するという決まりがトーラーの書き手に課されるし、敬虔な職業のどれほど敬虔な人びとも、ある種の沐浴によってこの決まりに具体性を与える。さらに、トーラーの読者もまたこの〔YHWHという子音だけの神の名前の〕伝承された母音化〔つまりアドナイ〕によって、たとえこの言葉が文章のどこに置かれていても、文を締めくくるか中断する休止の前にあるかのように語るよう強制される。アドナイにおいては、「主」とは異なって、現実の名前がその啓示の瞬間と結びついていることがそのつどあきらかになった。そして、名前をそれを啓示する瞬間と結びつけるというこの課題こそが、メンデルスゾーンが翻訳者として発見したものなのである。

　まさにここに、彼がカルヴァンを超える点がある。ジュネーヴ訳にはさまざまあるが、一貫して七〇人訳聖書とウルガタ聖書によってつくりだされた翻訳の伝統を引き継いでいる。したがって、次のような翻訳になる。「「わたしはあるという者だ（ich bin, der ich bin）」が、（あるいは人文主義的にヘブライ語原典に立ちかえるが、あいかわらず七〇人訳聖書の意味でしか理解されていないような翻訳としては、[原註16]「わたしはあるだろう者であろう（ich werde sein, der ich sein werde）」が）、あるいは、「わたしはあるところの者だ（ich bin, der ist）」、「あるところの者（der, der ist）」が（あるいは、「わたしはある（ich bin）」あるいは「「わたしはある」と自称する者だ」が）、わたしをあなたたちに遣わせたのだ」。ジュネーヴ訳が主（Seigneuer）ではなく、永遠なる者（Éternel）と言うときにただちにこの箇所との関連を意識したのはあきらかだ。当地の図書館に保管されている一五六五年版には、これがきわめて特徴的に現われている。この版は、（たとえば『創世記』第四章一節と第四章二六節や『出エジプト記』第三四章六節のような、とくに中心的な箇所を除いて）一般的に「主」を用いているが、名前を啓示する節からこの章の最後までは「永遠なる者」と言い、註釈においては、「永遠なる者」というこの名前を〔『出エジプト記』第三章〕一四節の動詞、つまり「私は永遠にそれであるだろう」から説明すると同時に、逆にまたこの一四節を名前から説明してもいる。しかし翻訳そのものにおいては、この両者はすこしも結びつけられていない。七〇人訳聖書のプラトン化された「わたしは存在者である」から受け継がれた名前を啓示する言葉は、原書でじっさいに使用される神の名前といかなる言語的な関連もないままである。

いま認識されたことを翻訳でも表現することがどれほど重要かはフィロンが示している。なにしろ彼は、〔ギリシア語の〕翻訳という奴隷服を着た人類の書物〔聖書〕を、自分たちがそれを前にしたときには聖なる言語〔ヘブライ語〕という王の服を着ているかのように読むという偉大な特権を行使した最初の人だからである。[15] フィロンはみずからたずさわった七〇人訳聖書から次のことを読みとった。「存在する者」だけが神その人であり、「主」は神の従属的な力のひとつでしかなく！　その力とは——当然ながら——神の厳格さであって、神の慈悲ではない！

しかし、メンデルスゾーンが名前と名前の啓示の連関を翻訳として明確にしたことは、ユダヤ教にとっての重要性から見ても、どれほど評価しても評価しすぎることはない。この連関をあきらかにすることにこそ聖書の統一性はかかっている。しかもこの統一性は、ただひとりの神の啓示の統一的な表現と発露としての統一性である。もっと学問的に、つまりはもっとわかりやすく言えば、それは「一神教」の原理のもとでの統一性である。聖書の「一神教」はけっして神的存在の統一性という認識のうちにあるのではない。もしそうなら、そんな一神教にはどんな独自性もないだろう。つまり、まず「異教」があって、次にこの「異教」が——その後の宗教的な哲学理論においてはじめてではけっしてなく、真の根源的な宗教的経験において、みずからの「多神教」を、したがってみずからの豊かな宗教的体験を、神々のヒエラルキーというかたちであれ、神々のパンテオンというかたちであれ、神々の同一視というかたちであれ、ひとつの「宗教的なもの」一般という統一性にまとめあげたというのではない。そうではなく、聖書の神信仰の独自性は、この「異教的な」統一性を――クザリ[16]とともに語ればアリストテレスの神を――たしかに前提するが、この神を、もっとも個人的で直接的に経験される神――ふたたびクザリとともに語ればアブラハムの神――と一体のものとして認識することにある。そのさい「異教的な統一性」はけっして副次的ではない。「全体的な」神であることを要求するような部分にとどまる神（たとえば集団神）は邪神にすぎず、「アブラハムの神」と一体化できないだろうからである（これを見誤ったことが、ゴールトベルクの主要な誤謬のひとつである）。だが、この異教的な統一性はみずからのいわゆる一神教的な要点を、遠い神と近い神、「全体的な」神と「固有な」神のこうしたユダヤ的な一体化によってはじめて手に入れる。この一体化こそがはじめて「ユダヤ教の本質」であり、三位一体の教義を通じてキリスト教の本質にもなる――ただし、この一体化はこの教義によって屈折し、ユダヤ教以前の、そしてユダヤ教以外の〔たとえば「アリストテレスの神」と「アブラハムの神」の〕緊張関係に舞いもどる危険性に陥ってしまった（バルトとゴーガルテンはこの危険の重大性と現実性を現在においてふたたび示している）。この一体化は、聖書の啓示の核心であり、聖書をユダヤ教の聖書たらしめるものである。ユダヤ教の聖書と〔キリスト教徒にとっての〕「旧約聖書」の違いは、新約聖書以降〔キリスト教徒の考える〕「旧約」の神が、「イエス・キリストの父」に比べると、いわば「アリストテレスの神」にふたたびあまりにも容易に還元されることにある。まさしく〔遠い神と近い神のユダヤ的な〕一体化こそは、〈私はそこにある〉という燃えるイバラの茂みから聞こえてくる呼び[17]かけから神の名前へ噴出するその灼熱によって聖書全体を鍛えてひとつにする。というのも、それはいたるところで、創造の神と、私とあなたと万人のもとに居合わせる者との同一視を実現するからである。この同一視の炎がもっとも熱く燃えあがるのは、『創世記』の楽園の章〔第三章〕や「聞け、イスラエルよ」〔『申命記』第六章四節〕という統一への呼びかけのような、神の名前と神を表わす言葉がたがいにぶつかりあう箇所、一般にメンデルスゾーンが「永遠なる者」では満足せずに、「永遠なる存在」によって『出エジプト記』の名前の啓示との結びつきを彼なりの仕方で完全に確保しようとする箇所である。

ここで展開された認識に照らすなら、さまざまな歴史的可能性をたとえば次のように描くことができよう。[原註17]

現存するヘブライ語聖書には、神の名前は三つのかたちで現われる。つまり四つの子音からなるかたち、いわゆるテトラグラマトン〔神聖四文字〕のほかに、二つの子音と三つの子音からなるかたち、いわばディグラマトン〔神聖二文字〕とトリグラマトン〔神聖三文字〕である。ディグラマトンのヤー（Jah）という二文字は、短く強く発音される開音のオー（o）とともに語られると、〔モーリス・〕ヤストロウが[原註18]――その結論は誤っていても――おそらく主張したように、礼拝における感嘆表現、より正しく言えば呼びかけに由来するような神の名前ないし神の添え名のグループに属している。たとえばイアッコス（Iakchos）、オイオス（Euios）などがそうである。[18] そうだとすれば、この神の名前は、言語がそこから生じたにちがいない間投詞や根源的な叫びのひとつであろう。つまり、それは対象化以前の出会いという根源的状況における言葉、ほかの格のあらゆる可能性以前の純粋な呼格なのである。したがって、それはまさにすべての固有名詞や事物の名前とは違って、たんにかつてもともとは神の名前だったというようなものではなく、つねに神の名前でありつづける定めにあったものである。じっさいこの名前はまた、たとえば物語のような客観的な文脈ではけっして現われず、もっぱら感情の噴出という性格をもった言いまわしにのみ現われる。ハレルヤ（Hallelu-Jah）という礼拝の叫びは、そのもっとも有名であると同時にもっとも頻出する事例として役だつ。このことは、ヤストロウが同じように主張した〔もうひとつの〕理論にたいする反証にもなる。彼の理論にしたがえば、「ディグラマトン」は神の名前としては、学者たちがあとになって作りだしたものだという。

神の名前の第二のかたちである「トリグラマトン」は、聖書においては固有名詞としてしか出てこない。しかも、（二つの長母音と黙音のwをもつ）ヤーフー（Jahuw）と、（ほぼ黙音のe、長音のo、黙音のwをもつ）イェホー（Jehow）という二つの発音形態と、これら二つの形式にそれぞれ属する短縮形の（長音のaをもつ）ヤー（Jah）と（長音のoと黙音のwをもつ）ヨー（Jow）というかたちで出てくる。それにたいして聖書以外では、単独で神の名前としても現われる。しかもたびたびエレファンティネ島[19]で発見された、紀元前五世紀のエジプト・ユダヤ人の文書や紀元前五世紀および前四世紀のエルサレムやエリコで発掘された陶片などに現われる。しかしさらに、古代の典拠や教父学の典拠において、そして最後に、数は多いが疑わしいグノーシスの典拠においても、ユダヤ教の神の名前として伝えられているイアオ（Iao）も[原註19]、トリグラマトンの証拠としてみなしてよいだろう。聖書以外のところで確認され、おおむね人名においてのみ現われる神の名前のかたちを、聖書が原文のどこにも保存せず、もっぱら四文字という別のかたちでのみ保存しているというこの注目すべき事実は説明を要する。たしかに、テトラグラマトンが人名や世俗的な史料や世俗的な用法に用いられないということは、イスラムの命名において本来の預言者の名前のかわりにメフメド（Mehmed）やマフムド

（Mahmud）という仮名が使われることや、そのほかのじつに多くの敬虔な慣習と同様に、聖なるものの世俗化へのはばかりとしておそらく理解できるだろう。しかし、逆の事態つまりトリグラマトンが聖書の文脈に現われないという事態は、それでもなお説明を要する。というのも、トリグラマトンが、テトラグラマトンに現われているような神の名前のより古いかたちであろうと、より新しい仮名であろうと、いずれにせよなぜそれがディグラマトンと同じように保存されえなかったのかがわからないからである。それは意識的に消されたか、意識的に避けられたか、あるいはその両方であったにちがいない。

発音が知られていないか、すくなくとも不確かなテトラグラマトンは、[原註20] 名前と添え名がひとつであり、[原註21] その点ではすべての「神々の名前」と同じだが、名前的なものと添え名的なものが完全に一致するという点でほかのすべての名前とは異なっている。したがってその結果、（たとえば古代の神々についてののちの「説明」がすべてそうであるように）この名前〔テトラグラマトン〕の一部が意味によってくまなく照らされないままであることはないし、他方で、（たとえば古代ローマの「特殊神（Sondergötter）」[20] の名前のように）意味の炎がある箇所で名前の表面を覆いつくすこともない。テトラグラマトンが名前になるのは、〔前者のように〕文法的にあつかわれるからでもなければ、〔後者のように〕独占的に現われ使用されるからでもない。しかし、テトラグラマトンがけっして最初だけとかあとからだけというのではなく、つねに、有意味で添え名的なものとして意識されてきたことは、多数の箇所が例外なく教えている。なにしろこれらの箇所では、この名前を偉大な革命的事件と認識すること〔それ自体〕が偉大な革命的な事件として、世界史の転機として理解されているからである——

もっともこの箇所は、通例の、えせ学問的な翻訳のためにあらゆる意味を失っている。「あなたたちは私がヤハウェであることを認識しなければならない」。「ヤハウェは戦争の英雄であり、ヤハウェはその英雄の名前である」〔といった翻訳〕は〔それだけでは〕完全に無意味であり、これらの翻訳がはじめて有意味になるのは、〔ヤハウェという〕この名前を「主」とか「永遠なる者（Ewiger）」とかそのほかどんなふうに翻訳しようとまったくかまわないが、なんらかの仕方で意味の担い手として翻訳するばあいだけである。プロテスタントの旧約聖書学は、たったいまほのめかした「添え名的性格」をはっきり認識しているにもかかわらず、「ヤハウェ」をドイツ語で使用することにとても固執しており、それは裸の無意味な名前としてただぽつりと存在するにすぎない——この問題についてはゲゼニウスとブールの辞書[21]における傑出した論述を参照せよ。神の名前の偶像の名前[原註22]へのこうした降格は、純粋に学問的な根拠からは理解できない。この降格は、「旧約聖書」あるいはすくなくともその自主独立の要求にたいする、つまりそれがユダヤ人にとってもつ聖書的性格にたいする旧来の神学闘争を、近代の戦闘手段を使って継続しようとする企てである。ユダヤの聖書は「エリ！　エリ！〔אלי אלי〕（私の神、私の神よ！）」〔『詩篇』第二二章二節〕と叫ぶのに、旧約聖書学者たちは首を横に振り、「彼はエリアを呼んでいるのだ」と説明する。

　だがテトラグラマトンと名前のほかの二つのかたちとの関係はいったいどうなっているのか。上でトリグラマトンとの関係にかんして確定しておいた二つの可能性は、たがいに対立するだけでなく、聖書の文脈ではテトラグラマトンとディグラマトンだけがもっぱら現われるという基本的な事実、あるいは否定的に表現すれば、トリグラマトンが現われないという基本的な事実の前では影が薄くなる。これはただ次のようにしか理解できない。つまり、トリグラマトンに比べるとテトラグラマトンがけっしてたんなる名前ではなく、神学的な意味をいっぱい詰めこまれた状態で現われ、〔神がモーセに語りかけた〕イバラの茂みにおいてもそうだったということである。事態の進行は歴史的にはさまざまに考えることができる。トリグラマトン――旧約聖書学者の言ういわゆる「ヤハウェ（Jahwe）」――がより古い形態だとすれば、テトラグラマトンは神学上の徹底した聖書原典の改変の証拠であるか、テトラグラマトンが〔紀元前〕九世紀にすでにモアブ語で書かれたメシャ王碑文[22]に一度イスラエルの神の名前として現われるので、聖書原典より古い層の証拠である。あるいは、後者の〔改変が聖書以前であった〕ばあいでも――私自身はこちらのほうを採りたいが――、テトラグラマトンは聖書と同じくらい古いかもしれない。別言すれば、じっさいに『出エジプト記』第三章で報告されているイバラの茂みでの出来事の手がかりになるもの（もしくは出来事よりも文献を信じる人にとっては、その物語とその「著者」の手がかりになるもの）であるかもしれない。それにたいして、トリグラマトンのほうがテトラグラマトンののちの仮名であるとすれば――むろんそのばあいには、碑文が伝える固有名が示しているように、かなり古い仮名だが――、テトラグラマトンの成立にも歴史的に〔これ自身が根源的か、それともこれにもまた先行形式があるのかという〕まったく似たような二者択一があてはまる。ただしそのばあい、このかつての先行形式は知られていないか[原註23]、テトラグラマトン自体が「たんなる名前」としてあるかのどちらかでしかない。もしそうなら、ディグラマトンがこの歴史的な可能性のすべてに共通の原史的な起源ということになろう（むろんこれは、礼拝の叫びという説明が正しいとしての話だが）。そうなると、そこから考えられる可能性のひとつをここで一度敷衍して言えば[原註24]、神よという叫びが、トリグラマトンにおいて、古いセム語の名詞語尾uが付けくわわって神の名称になり、この神の名称がさらにまたテトラグラマトンにおいて語尾の母音の子音化によって神の啓示となった、あるいはむしろ人間のほうから理解するほうがよければ、神の認識になったということになる。どこまでも言葉であり、どこまでも出会いと居合わせることを表わす言葉であるこの名前は、言語の発展によってふたたびたんなる名前になる危険に陥ると、「わが主！」という仮の発音の防護柵で囲われた。この仮の発音は、名前そのものを口外されはしないが目に見える秘密にし、そのようにして名前を軽率に語られることから守ることで、読者のまなざしがその意味を想起するように強いる。この仮の発音もそれはそれでまたとにかく名前の意味をほのめかす。というのも、それもまた神をみずからの存在や本質にとどまる者としてではなく、こちらへ降りてきてそこに存在し居合わせる者として名づけるからである。同時にこの発音は、テキストの論理的な流れと文法的に両立しないことによって、名前が変容し新たに形成するひとつの力としてどれほど言語を変え聖書をつくりあげてきたかもほのめかしている――名前そのものが啓示の瞬間の証言であり、いまやこの瞬間が読者にとっては認識の何千の瞬間においてくり返され、更新されるのである。メンデルスゾーンの翻訳は、意味のこうした暗示と、意味を充填された名前と文脈の緊張関係の暗示のどちらも逸してしまったが、その両方をユダヤの聖書翻訳という課題にたいする確かなまなざしによってはじめて問題にした。

　それにもかかわらず――つまり、この「永遠なる者」〔という翻訳〕は聖書の構想を翻訳してもいないし、神を天にとどめておき、地上だけでやりくりするというS・R・ヒルシュが述べたような誘惑を含んでいるにもかかわらず――、この翻訳にも人間の魂がもつ真の力によって生気を与えることができる。なにしろ、われわれのようなはかない者にとって永遠であるのは、渇望の言葉であり、「大地の歌」の最後の言葉[23]だからである。われわれの心はそれ以上のいかなる願いも知らない。人類の偉大な思想家たちはプラトンとアリストテレス以来、人間の心のこの願いを、このわれわれの渇望を鎮めてくれる神的なものを示すことによって満たしてきた。聖書の神もまたこの要求を鎮めるが、この要求を満たすからでも満たすことを約束するからでもなく、じっさいに鎮め沈黙させるからである。この現世の時（Weltzeit）に神が居合わせることを経験し期待している人にとっては、神の永遠性への渇望は消えうせる。通常は永遠性と翻訳される聖書の言葉さえも、じっさいにはなんといってもまさにあの転機、「あの日」にいたるまでのこのわれわれの現世の時を意味している。生き生きとなった時間の前では、人間の永遠性への要求は沈黙することを学ぶのである。

だが、聖書は別のやりかたを知っており、なにか別のものを知っているからこそ、みずからに異質な語調――なにしろそれはまぎれもない人間的な語調だから――さえも受けいれる準備ができている。ヘルマン・コーヘンが「永遠なる者はわたしの牧人である」と語ったとき、この「永遠なる者」は渇望の瞬間的なほとばしりのようなものでしかなかったが、しかしそれは、「わたしの牧人である」という聖書の言葉のうちに含まれている、神が降りてくるという至福の意識、神の「へりくだり」という意識ですぐにあふれかえってしまう。メンデルスゾーン自身も、「永遠なる者」には「摂理をおこなう者」〔という意味〕も込められていると考えていたが、「永遠」と「摂理をおこなう」〔という言葉〕の選択を誤ったときにも、そのように〔神が降りてくると〕感じていた。そして、〔「永遠なる者」という〕この言葉の偉大な生みの親であるカルヴァンが、みずからの註釈では、永遠に「存在する者」をプラトンの「存在者」を越えて、永遠に支配する者へ、永遠に力強い者へと高めようとどれほど努力したことか！　聖書がわれわれの誤りをみずからの真理へ変えるこうした神秘的な力をもたないなら、聖書を翻訳することなどは、すでにそうであったよりもさらに大きな冒険であるだろう。しかしだからこそまた、この冒険は命令になり、あらゆる苦労に価する目標になる。というのも、変化させるという聖書のこの力こそは、聖書が世界史的な影響力をもちうる秘密だからである。

原　註

（原註1）フィリップ・エーレンベルクのヨスト宛書簡（私の母が所蔵する草稿）、一八四一年一〇月二六日、ヴォルフェンビュッテル「メンデルスゾーンの著作の予約購読案内を読んで、モーセ五書の彼の翻訳が再版されるべきか、つまり、いまでは文学と文化史にとってしか価値がないこの時代遅れの著作を予約注文者が買わされなければならないのかを、いぶかしく思っています」。

（原註2）ヒルシュ〔『モーセ五書の翻訳と解説（*Übersetzung und Erklärung des Pentateuchs*）』の〕『創世記』第二章四節への註釈。

（原註3）ルース『カルヴァンのフランス語訳聖書（*Bibel française de Calvin*）』一八九七年（『宗教改革著作集（*Corpus Reformatorum*）』第五六巻にも所収されている）。

（原註4）『プロテスタント神学〔と教会〕百科辞典（*Realenzyklopädie für protestantische Theologie*〔*und Kirche*〕）』第三版〔一八九六〜一九〇九年〕、第三巻一三三頁（ルースの項）参照。

（原註5）例外はザドク・カーンであり、彼はメンデルスゾーンに忠実に従っている。

（原註6）トーチナー博士は、メンデルスゾーンの『ヨブ記』の引用を、新ヘブライ語の用法と関連づけて次のような意味で、つまりいかなる「変化も恒常性と並びたつ」ことはないというふうに理解している。――中世ヘブライ語の術語は、クラ

ツキン博士が私に、彼のすばらしい哲学辞典の資料にもとづいて断言するように、むずかしい語ではない。

（原註7）原文はドイツ語。

（原註8）これについては、補遺の八六二頁を参照〔全集版の註〕。

（原註9）ここからメンデルスゾーンは、おそらく『創世記』の註釈者が残した資料に従っている。

（原註10）タルムードは「第二」ミドラッシュしか受け継いでいない（ミシュナ、ゼライームの巻第一篇『ベラホート』九b）。

（原註11）『ユダヤ史とユダヤ学の月刊雑誌（*Monatsschrift für Geschichte und Wissenschaft des Judentums*）』（一九二二年）〔第三〇号、一一〜三三、一一六〜一三八、一八〇〜二〇〇頁〕。

（原註12）さらに、『出エジプト記』第六章一三節以下と二節にかんするカルヴァンの詳細な（ラテン語の）註釈（『宗教改革著作集』第五二巻）もまたそうである。

（原註13）これについては、一九二七年六月二三日のマルティン・ゴールドナー宛書簡〔全集版第一巻一一五七頁以下〕を参照。

（原註14）これについては、〔ヴォルフ・ヴィルヘルム・フォン・〕バウディシンの圧倒的に徹底的で、圧倒的に知的な遺著『〔ユダヤ教における神の名前としての〕キュリオス〔と宗教史におけるその地位〕（*Kyrios* 〔*als Gottesname in Judentum und seine Stelle in den Religionsgeschichte*〕）』〔全三巻、一九二六〜二八年〕を参照。

（原註15）ベンノ・ヤーコプ『神の名前において（*In Namen Gottes*）』一九〇三年の付説を参照。――この出版メモ〔付説〕がバウディシンの著作『キュリオス』の最初の二巻の興味深い主要テーマについて述べていることは、まったく誤解を招きやすい。バウディシンはじっさいには、七〇人訳聖書のキュリオス〔主〕も、はるかのちのマソラ学者のアドナイ〔わが主〕もいずれも等しく、アレクサンドリアでもエルサレムでも生きていた古い聖書の祈りの呼びかけ、アドナイ！　わが主よ！　から導きだしている〔マソラ学者とは七世紀から一〇世紀にかけてバビロニアとパレスチナで聖書の字句の伝承（マソラ）に取りくんだ学者たち。聖書本文の発音、母音符号、アクセントの付けかたを確定した〕。――ただしバウディ

シンはそのあとみずからの著作にぴったりのこの切っ先にさらにもうひとつの切っ先を加えて、こんなことを言っている。たしかにアレクサンドリア派の「主」の感情的な色調はいぜんとして「私の主にしてわれわれの主」というところにあった（彼はこれを二つの巻で説得的に証明している）が、マソラ学者の、したがってキリスト誕生後のユダヤ人の「わが主」の感情的な色調は冷ややかにして崇高な「主」という色調になってしまった。単純な事態のこうしたばかげた取り違えはおのずと解消されるし、神学が最良の人たちにおいてさえつねに好戦的な学問でありつづけるようなことがなくなれば、おのずと解消されるにちがいない。――ここで神学者はひとつの単語からまさにその「ほんのわずかなものを奪おう」とするだけだが、それでもすでにメフィストフェレスの正しさが認められる〔「ひとつの言葉は、一字一画もゆるがせにはできない」ゲーテ『ファウスト』山下肇訳『ゲーテ全集』第三巻、潮出版社、二〇〇三年、六〇頁〕。

（原註16）それにたいしてルターは、「私は私をあなたたちのもとに遣わした者である（Ich werds sein, der hat mich zu euch gesandt）」という真に天才的な翻訳によって、アレクサンドリア派のプラトン主義を突きぬけて、真の、非ギリシア的な、ユダヤ的な意味にいたりついた。――横道に逸れてよければ、〔トマス・〕アクィナスの態度もまたきわめて注目すべきである。彼は『神学大全（*Summa theorogica*）』（Pars 1, qu. 13, art. 11）において、みずからに次のような――当然あとから排除される――反論をおこなっている。つまり、ウルガダ聖書が彼に示している「あるところの者（qui est）」というこの名前ははたして神のもっとも本来的な名前でありうるのだろうか。なにしろ、われわれは神を被造物を通してしか知りえないのであってみれば、すべての神の名前は被造物とのなんらかの関係を含まざるをえないだろうから、というのである。

（原註17）以下のことについては、最近のもっとも重要な論述である〔ゴッドフリー・ロールズ・〕ドライヴァーの論文「ヤハウェという名前の原型（The original form of the name „Yahweh“）」（『旧約聖書学雑誌（*Zeitschrift für die alttestamentliche Wissenschaft*）』一九二八年）を参照。私は、テトラグラマトンは神学用語として生まれ、つねに神学用語でありつづけたという決定的な主張をこの論文と共有しているが、トリグラマトンの問題ではそれに従うことができない。

（原註18）〔「神の名前のיהというかたちの起源（The origin of the form יה of the divine name）」〕『旧約聖書学雑誌』〔第一六巻、

一八九六年一月〕。

（原註19）バウディシンは当時現存していた資料の集成としては今日でも価値ある重要な論述「イアオという神の名前の起源（Der Ursprung des Gottesnamens Iao）」（『ユダヤ宗教史研究（*Studien zur semitischen Religionsgeschihte*）』〔全二巻、一八七六～七八年〕所収）において、神の名前にかんする資料にひどい吟味をおこなっているが、当時すでに――エレファンティネ島やゼリンの出土品を前にして――神の名前をテトラグラマトンだけではなく、自立して存在するトリグラマトンにも関係づけていたら、彼の吟味はおそらくこれほどひどいものにはならなかっただろう。じっさい、『キュリオス』におけるこの問題の論述は、完全な、しかもそれとはっきりわかる逆転となっている。さらに、〔グスタフ・アドルフ・〕ダイスマン「テトラグラマトンのギリシア語への書き換え（Griechische Transkriptionen des Tetragrammaton）」『聖書研究（*Bibelstudien*）』〔一八九五年、一～二〇頁〕も参照せよ。

（原註20）ヤハウェ（Jahweh）のほかに、すくなくともイェヘウェ（Jeheweh）も考察の対象になる（ベンノ・ヤーコプ〔「イバラの茂みのモーセ」〕『ユダヤ史とユダヤ学の月刊雑誌』一九二二年を参照）。――ヤホー（Jahoh）も取りあげられてはいるが、ただし、私が思うに、それはメシャ碑文にかんしてのみ考察の対象になる。そうなるとメシャ碑文は、トリグラマトンをテトラグラマトンの正字法において示していることになろう〔メシャ碑文については訳註（22）を参照〕。

（原註21）これについては、〔ヘルマン・〕ウーゼナー『神々の名前（*Götternamen:*〔*Versuch einer Lehre von der religiösen Begriffsbildung*〕）』〔一八九六年〕の「形式的な増殖」の章、とくにその結論部分を、以下にかんしては「特殊神」の章を参照。

（原註22）むろん、ユダヤ人たちもまた、「主」と「永遠なる者」という翻訳に自信がなくなり、ドイツ語版では「アドナイ」と書くべきだと、私に大まじめに提案した。

（原註23）ドライヴァーの前掲書ではディグラマトンを「長くしたもの」がヤハウァ（Jahwah）あるいはヤウァヒ（Jawahi）だとされているが、私にはとうていありそうにないように思われる。

（原註24）それはドライヴァーが考えるような可能性ではない。彼はその可能性をアッシリア学によって根拠づけているが、

そこにはひとつの誤りが——とはいえ、アッシリア学者ではない私には確かなことは言えないが——潜んでいるにちがいない。というのも、ドライヴァー自身が集めたパレスチナ出土品の証拠は、彼がアッシリア・バビロニア学の所見にもとづいて引きだしているのとは正反対の結論を強いるからである。

訳註

（1）メンデルスゾーンのドイツ語訳聖書は一七八三年にまずヘブライ文字で出版され、一八一五年にようやくドイツ文字による聖書訳が刊行された。

（2）翻訳の刊行年代から言えば、一八三一年に刊行されたヨールソンの『イスラエル人の聖書（*Die Heiligen Schriften der Israeliten*）』が最初であり、次いで一八三七年にザロモンの『イスラエル人のためのドイツ民衆および学校用聖書（*Die deutsche Volks-und Schulbibel für Israerliten*）』が出版された。最後に一八三八年に刊行された『トーラー・預言書・諸書（*Torah Neviim Ketuvim*）』は「ツンツ訳聖書」と言われているが、じっさいにツンツが訳したのは『歴代誌』上・下巻だけであり、それ以外は彼の呼びかけに応じたミヒャエル・ザックス（Michael Sachs 1808–64）、ハイマン・アルンハイム（Heymann Arnheim 1796–1869）、ユリウス・ヒュルスト（Julius Fürst 1805–74）という三人の若い学者によって訳出された。この三つの聖書訳に共通する目的は、メンデルスゾーン訳を乗り越えることである。メンデルスゾーンが聖書の異国風のヘブライ語法を放棄して、ドイツ語聖書の近代的な語法を生みだそうとしたのにたいして、この三つの翻訳はもっとヘブライ語風の響きをもったドイツ・ユダヤ聖書の語法を考案するために逐語訳をおこなうことであった。そうした意味では、それはブーバーとローゼンツヴァイクの聖書訳の試みを先取りするものであった。

（3）フィリップゾーンのドイツ語訳聖書『イスラエル人の聖書（*Die Israelitische Bibel*）』はシュトゥットガルトで一八七四年に出版された。

（4）「それ以前のイディッシュ語訳聖書」とは、ブリッツ（Jekuthiel ben Isaac Blitz）が一六七八年に、ヴィッツハウゼン

(Joseph ben Alexander Witzhausen) が一六七九年にアムステルダムで出版したイディッシュ語訳聖書のこと。メンデルスゾーン訳と同じくヘブライ文字で書かれている。メンデルスゾーンはみずからの聖書訳序文でこの二人の翻訳について次のように言及している。「聖書の諸書が翻訳者ラビ・ヨーゼル・ヴィッツハウゼンによってヘブライ文字のイディッシュ語訳で一六七九年に出版され、同じ場所で一六七九年に再版された。もうひとつのイディッシュ語訳は、ヴィッツムント出身の翻訳者ラビ・イェクテイル・ブリッツによってアムステルダムで一六七九年〔正しくは一六七八年〕に、当時の著名なラビたちの賛意と破門の脅しを付して出版された」。これについては、Abigail Gillman, *A history of German Jewish bible translation*, The University of Chicago Press, 2018, S. 15–37, とくにS. 29を参照。

（5）ヒルシュの聖書訳『モーセ五書の翻訳と解説』（全五巻）はフランクフルトのカウフマン出版社から一八六七〜七八年に出版された。

（6）「ヌミノーゼ（Numinose）」は、ドイツのプロテスタント神学者ルドルフ・オットー（Rudolf Otto 1869–1937）が『聖なるもの（*Das Heilige*）』（一九一七年）で用いた新造語。「聖なるもの」がもつ非合理的で神秘的な側面を表現する。

（7）「ジュネーヴ聖書」とは狭義には、イギリス女王メアリー一世の迫害によってジュネーヴに逃れた清教徒が一五六〇年に刊行した英訳聖書だが、ここでは、カルヴァンの強い影響のもとにジュネーヴで成立した一連の聖書訳を言う。

（8）カルヴァンは、詩篇こそが賛美歌にふさわしく、ラテン語ではなく日常語のフランス語で歌われることを願っていた。みずから詩篇を一部韻文で翻訳したが、うまくいかず、クレマン・マロやテオドール・ド・ベーズ（Théodore de Béze 1519–1605）の助力のもとにフランス語韻文訳が進められ、一五六二年に一五〇篇の「ジュネーヴ詩篇歌」が完成した。このプロテスタント改革派教会の礼拝聖歌集はスイスとフランスで広く愛唱された。

（9）『エステル』（一六八九年）と『アタリー』（一六九一年）。

（10）「グリムの辞典」とは、一八三八年に編纂が開始され、一九六一年にようやく完成した『グリムドイツ語辞典（*Deutsche Wörterbuch von Jacob Grimm und wilhelm Grimm*）』。

（11）ゲレルトの詩にもとづいてベートーヴェンが作曲した歌曲とは「ゲレルトの詩による六つの歌曲」（作品四八、一八〇三年）であり、その第四歌「自然における神の栄光」は「天は永遠の栄光を讃え」で始まる。

(12)「主なる神が地と天をつくられたとき……」。

(13) ミドラッシュは、聖書本文の背後に隠された深い意味を探りだす解釈方法。ハラハー・ミドラッシュとアガダー・ミドラッシュの二つの基本類型が発展した。

(14) アドナイはヘブライ語アドンの複数形で「わが主」という意味。ユダヤ教の神の本来の名前はYHVHだが、神の名前を直接口にするのははばかられるので、子音ばかりで構成されているYHVHに母音を補うことによってアドナイがつくられた。しかしそのうち神の本来の名前をどう発音するかは忘れさられ、アドナイが唯一知られる神の名前となった。したがって、ユダヤ教の神は「わが主」という呼びかけをみずからの名前とするような神である。

(15) フィロンは、旧約聖書の寓意的解釈をおこない、ロゴスやイデアというギリシア的概念をユダヤ思想に導入した。

(16) 中世のユダヤ詩人イェフダ・ハレヴィの著作。『クザリ』は通称であり、正式な表題は『軽蔑された信仰を擁護する議論と証明のための本』。一一三〇年から四〇年のあいだにアラビア語で書かれ、一一七〇年にイェフダ・イブン・ティボンによってヘブライ語に訳された。

(17)「柴の間に燃え上がっている炎の中に主の御使いが現われた。……神は柴の間から声をかけられ、「モーセよ、モーセよ」と言われた」（『出エジプト記』第三章二〜四節）。

(18) イアッコス（*Ιακχος*）はバッカス神の別名であり、エウイオス（*Ευιος*）はバッカス神に付く形容辞である。

(19) エジプトのナイル川のアスワン対岸近くの孤島。

(20) ヘルマン・ウーゼナーが『神々の名前（*Götternamen*）』（一八九六年）で用いた用語。ローマ時代の人びとにとって重要であるようなすべての行為や状態が神格化されたものを言う。

(21)『旧約聖書にかんするヘブライ語とアラム語の中型辞典（*Hebräisches und Aramäisches Handwörterbuch über das Alte Testament*）』（一八一二年）。

(22) メシャ王は古代パレスチナにあったモアブ王国の国王。メシャ碑文は、イスラエル・ユダ連合軍に勝利し、モアブ独立を実現したことを記念して、国王自身が設けた碑文。

(23) グスタフ・マーラーが一九〇八年に作曲した「大地の歌(Das Lied von der Erde)」。その第六楽章は「永遠に……永遠に……(ewig ... ewig ...)」で終わる。

第Ⅳ部　人について

17　ヘルマン・コーヘンの遺作

一九二一年一一月フランクフルトで執筆。『ユーディッシェ・ルントシャウ』（一九二一年、ハヌカー号）に発表され、『二つの川のあいだの土地』（一九二六年）に再録された。『小論文集』二九四〜八頁、全集版第三巻二二九〜二三三頁。

「ユーディッシェ・ルントシャウ」誌の編集部へ

編集部のみなさま！　私はヘルマン・コーヘンの遺作『ユダヤ教の源泉からの理性の宗教』の書評をみなさんの雑誌に執筆するという名誉ある依頼を受けました。みなさんは読者の関心を、みなさん自身が言うところの本書の「途方もない」意義に向けることをご希望ですが、だからといって、私が本書の内容を通俗化しようとすることなど望んではおられないでしょう。そんなことを一篇の新聞記事でやってのけるのは「ほとんど不可能」です。そうではなくみなさんが望んでおられるのは、著者が本書でユダヤ教における民族的な契機を強調している多くの箇所を際だたせることです。

それなら、裁量の余地はありません！　そのこと自体はそれほど不快ではないことは認めます。私は特定の質問に答えることにやぶさかではありません。しかし、コーヘンの著作とわれわれにとっての意義について書こうとすれば、じっさいのところ同じ分量の新たな著作をおそらく書かなければならないでしょうし、じっさいひとはそうするでしょう。ユダヤの本はすべての本と同様にそれぞれの運命をもっているだけでなく、ユダヤの本に特有の運命ももっています。コーヘンの本の精神のうちには、〔ユダヤ暦〕七〇〇〇年紀にヘブライ語で書かれる二つ折り判の本を見てとることができます。それはシベリアやフエゴ島、ニューギニアやカメルーンの印刷所でも印刷され、コーヘンの原文はあらゆる方向から打ち寄せる三つや四つの註釈の洪水でおぼれ死にそうになるでしょう。コーヘンの原稿に含まれている原典のコピーをフランクフルトやベルリンの図書館の瓦礫から八〇〇〇年紀の光のもとに引きだし、初版のおよそ二〇〇箇所（私は一三三箇所を数えあげましたが）の多少とも深刻な誤植（もっとも、序文で隔字体で印刷されている二人の男性にはいっさい責任はありません）[1]を骨の折れる照合によって力のかぎり改訂しようとする学者たちもいることでしょう。しかし、みなさんがおそらく聞きたがっているのはむしろ、私が今日、つまり六〇〇〇年紀後期〔本論文が書かれた西暦一九二一年は、ユダヤ暦では五六八一年にあたる〕に、すでに見てとっているものであることを承知しています。

だがそうなると、私は裁量の余地がないことをにわかに枷と感じるようになります。私は本書が哲学史においてもつ意義を大衆向きに述べるという試みをほんとうにあきらめるべきでしょうか。本書の意義は、ひとりの体系家が、おそらく古い意味での最後の体系家が、哲学の貴族的な高慢さを脱して、自然な思考がもつ万人に開かれた自由な謙虚さへと踏みだしたことを示しているところにこそあるのではないでしょうか。本書は人間の哲学的な発見についての比類のない報告ではないでしょうか。学問的な哲学は〔ユダヤ暦の数えかたで〕二五〇〇年以来「自我（Ich）」についてしか知らず、したがってドイツ語で言えば哲学者（Philosoph）についてしか知らなかったのですが、それ以後の人間のそうした報告ではないでしょうか。

たしかに、このもうひとりのコロンブスの報告も読みづらいし、彼がみずからの発見の射程距離を知ろうとしている箇所はすべてあきらかに読みづらいですが、それに反して、彼が発見した土地のすばらしさをみずから描写しはじめる箇所は例外なく、みごとに具体的です。コロンブスがみずからの計画としてサラマンカの教授たちに披露したものが誤りであることは、現代人であれば、あっけにとられたこの老紳士たちより簡単に見抜けます。それに、われわれは今日もはやスペインのカラベル船で「ジパング」へ行ったりしませんし、コロンブスのルートでは行きません。彼のルートは、周知のように考えうるかぎりもっとも長く、よりにもよって旧世界からもっとも引っこんだところに新天地を探しもとめるようなルートでした。それでもわれわれが向かうのはアメリカです。

とはいえ、コーヘンが犯したコロンブス的な誤りは、偉大なジェノバ人〔コロンブス〕の誤りとは正反対です。つまり、コロンブスは人生の最後のときまで旧世界の東海岸に到達したと思いこんでいたのですが、「たんに」アメリカにたどりついた「にすぎません」でした。それにたいして、コーヘンは古い哲学を一部分増築しただけであり、おのれ自身の体系、とくに倫理学へのこの追加は「特徴的なもの」とは言えても、「独立したもの」とは言えないようなものにすぎないと思いこんでいたのですが[2]、じっさいには人類の失われた楽園を再発見したのであり、この大地の上に、彼の体系やそのほかすべての体系の瓦礫から自然な思考という都市がそびえ立つことになるでしょう。

自然な思考！　それは、人間について知っており、この知識を観念論の自己欺瞞のせいで二度とふたたび手ばなすことがないような思考であり、以前のすべての思考が〈それ〉や〈私〉から出発するのとは違って、〈私〉と〈君〉の相互関係から出発するような思考です。ユダヤ人コーヘンが、つまり、七〇歳のときにみずからの出自であったもの、みずからのユダヤ教とユダヤ人であることに完全に舞いもどったコーヘンが、あらゆる哲学的な発見のなかでもっとも人間的なこの発見をしたのは偶然でしょうか。私はそう思いません。他方また、私は次のことも偶然ではないと思います。それは、この発見のユダヤ的性格にもかかわらず、かつてのどんなユダヤ思想家もユダヤ教をほかの、異質な、非ユダヤ的な思考で測り、そのユダヤ的な思考がユダヤ教についての思考でしかなかったために、そうした発見ができず、〔したがって〕ユダヤ人としてはじめて異質な思考をまず真にみずから考えぬき、それどころかそれにみずから言及するこの人物が登場しなければならなかったということです。この人物は、他人の体系を追思考したのではなく（ひとは三〇歳のコーヘンを六〇歳のコーヘンと混同し、彼の体系をあいかわらず誤ってカント的な体系と思いこんでいるのですが）、みずからの体系を案出したのです。なぜなら、ヘルマン・コーヘンは自由で創造的なやりかたで、ギリシアとドイツの遺産を相続した最初のユダヤ思想家だからです。彼はフィロンやマイモニデスのように異質なものを受容し、自分のものをそれに付けくわえたり、はめ込んだりしただけではありません。彼はそうした相続をするために、そしてそのためにのみ、みずからのユダヤ性を深く自覚するだけの自由をもっていました。その結果、この自覚によって彼は、あの異質などんな思考のうちにも口を開けたままであり、開けたままであらざるをえなかった間隙へと導かれることになりました。だからこそ、コーヘンのユダヤ教のこうした再発見は、普遍的思考という地球にある未知の半球の発見ともなりえたのです。このユダヤ人はみずからのうちにユダヤ人を発見し、それによって万人のうちに人間を発見したのです。もっとも、これを理解するには、党派根性を抱いて「ユダヤ教の民族的な契機」に注意を向けてはなりません。このユダヤ的なものはあまりに深くあまりに高尚なので、たとえば少数民族が解放される社会を念頭に置きながら民族的なものを探しもとめるような人には見のがされてしまいます。コーヘンはユダヤ的なものをこの深い高尚な意味においてのみ見ました。彼はそうした意味で認識しました。とはいえ、私としてはむしろ事態をあきらかにするために、みなさんにあることをお話ししたいと思います。

私は一九一七年夏の休暇中にベルリンのコーヘンを訪ねました。彼はルーイトポルト街の自宅の小さなバルコニーに置かれた多くの揺り椅子のひとつに座っていました（彼はほかの椅子は好きではなかったのです）。残念ながらこれまで一部しか集録されていませんが、一九一六年に彼とマルティン・ブーバーのあいだで交わされたすばらしい往復書簡による論争が話題になりました[3]。コーヘンは、私が彼の言い分の半分しか認めていないのを知りました。「それならあなたはいったいこのブーバーに、私に欠けているなにを見いだすというのですか」。私はすばやく自分の考えをまとめるように努め、こう答えました。「あなたは「聞け、イスラエルよ」の後半の言葉しか、ブーバーは前半の言葉しか、完全に生き生きとは理解していません。しかし、両半分がそろってはじめて完全なユダヤ教になるのです」。〔するとコーヘンはこう語りました〕「もしあなたがこの冬に私が書いた本[4]をすでに知っていたら、完全なユダヤ教が文字どおりそこにあるのがわかったでしょうに」――〔その書物の〕二八頁〔初版の頁数〕には、文字どおり完全なユダヤ教があります。さらにそれは〔「ユダヤ教の源泉からの理性の宗教」という」奇妙に絡みあった表題のうちにもあります。さらに、「ユダヤ教の源泉」についての序文が与えるみごとな概観のうちにもあります。[5] それでは、御誌の読者がその言葉をたいてい理解するような意味での「民族的な契機」なるものはあるでしょうか。私はないのではないかと思います。

コーヘンは神と世界、神と人間、人間と隣人の相互関係、つまり、〈私〉と〈君〉のあいだにそのつど結ばれる同盟締結の哲学——「相関関係（Korrelation）」はそれを示すためにコーヘンが移植した表現です——を最後まで描いたあとで、その著作の最後の三分の一の冒頭で民族の概念を、個人の不死という彼にとっては不気味な思想の解毒剤として発見し、その結果、個人はみずからの不死の要求が民族の不死において満たされるのを見いだすのですが、[6] あるいはこれが「民族的な契機」ということになるのでしょうか。いずれにせよこの方法は十分に注目すべきです。そもそもこのユダヤ思想家がユダヤ民族を、不死の民族——永遠の民族——というこの役割以外のところに発見できなかったのは、民族主義の信奉者たちにとって十分に注目すべきことです。

この発見は一度なされたあとで、本書の結論全体においてさらに詳しく展開されます。いまや法はこの民族の永遠の肉体としてあつかわれます。リベラルなコーヘンは、党派としてのリベラルにみずからを拘束することをつねに避けてきましたが、ここではおのれのリベラリズムをいささかも損なうことなく一連の発言をおこなっています。その発言は、それがまさに彼の口から発せられると、眠っている者を目覚めさせる力を——眠っている人の眠りが死という硬直した眠りにまだなっていないかぎり——もたずにいません。そして、コーヘンは肉体としての法についてのこの章〔第一六章「法」〕のあとで、民族の心としての祈りをあつかっています〔第一七章「祈り」〕。いまや私は、ユダヤ的心理学〔について〕の五つの章〔第一八章「徳」、第一九章「正義」、第二〇章「勇気」、第二一章「誠実」、第二二章「平和」〕が本書の結論をなしているとみなさんに言いたいのですが、すでに語られたすべてのことからすれば、コーヘンがこれらの章をある種の「徳」の教えとして立てていることにみなさんはもはや驚かないでしょう。その徳とは、正義、勇気、誠実、平和というユダヤ的な徳です。しかし、これらの徳のユダヤ的なものがみずからの場所を本書の頂点に見いだすのは、この思想家がこのユダヤ的なものにおいて人間の徳を同時に描きだすからにほかなりません。本書が最後にたどりつくのは、はたしてサン・レモ〔会議〕が[7]言う意味での「民族的な契機」なのでしょうか。またもや私はそうではないのではないかと思わざるをえません。

いずれにせよ、ユダヤ教のこの民族的契機は、コーヘン自身がシオニズムについてのみずからのかつての判断、つまりシオニズムはひとつの「エピソード」だという判断を〔『理性の宗教』四二五頁〕、外見上は和らげられていてもじっさいにはみずからの口から決定的に語るという仕方でくり返すことを妨げませんでした。この言葉は彼の口から決定的に語られています。つまり、別の考えをしていたなら、彼はシオンに向かったことでしょう。というのも、ユダヤ協会のすべての市民が、かつてはシオニズムは「非愛国的な」悪魔だとしてそこから逃亡（Apage）しておきながら、今日のように肥え太り二重あごになって「私はパレスチナの建設には大いに賛成だ」などと言うようになったとしても、コーヘンがそれにけっして与しなかっただろうと、私はかたく確信しているからです。

しかし、最後に私はみなさんにお願いしたい。サン・レモのシオニストたちは〔ドイツの〕十一月革命[8]の社会党員と同じようにいかがわしい連中であり、みなさんの一派がこの連中のすべてからふたたび解放され、シオニズムがあくまで、それをエピソードとはみなさない人びとの、そうした人びとだけの問題にしかなりませんように。私が思うに（そして、大いに喜ばしい経験から私にはわかっているのですが）、これらのシオニストたちと、彼らとは異なるわれわれシオニストたち――なぜ異なるかといえば、もし彼らがシオニズムをたんなるエピソードではないとみなすなら、われわれは（シオニストにならずに）その向こう側に赴くだろうからです――のあいだには、シオニストとそれぞれ自分の持ち場で彼らに追随する民衆のあいだにある以上の深くて力強い調和があります。おそらくみなさんもまたそう感じられるからこそ、私にこうした依頼をされたのだと思います。私がこの手紙でこの依頼をみなさんの満足のゆくようにいくらかでも果たさせるという望みをもてるのも、なんといってもみなさんがそうした心情を抱いておられることを前提すればこそなのです。

敬具

フランクフルト・アム・マイン
フランツ・ローゼンツヴァイク

訳註

（1）ヘルマン・コーヘン夫人のマルタ・コーヘンによる初版序文には、「ケラーマン博士ならびにホルゲス教授とノーベル博士が校正という困難で苦労の多い作業を快く引き受けてくださった」とある。

（2）反ユダヤ主義の高まりとともに、コーヘンは宗教（ユダヤ教）の重要性に気づき、宗教が倫理学に解消されないことを認識するようになる。倫理学が人間一般つまり人類しか問題にしないのにたいして、悔い改め、祈りなどの宗教的な行為は本質的に個人的行為だからである。そこで彼は一九一五年に『哲学体系における理性の概念』を書くが、そこでは宗教が倫理学からの「独立性」をもつのではなく、倫理学に属しながらも「独自性」をもつものと主張していた。

(3) これについては、「マルティン・ブーバー氏のヘルマン・コーヘン宛公開書簡への応答(Antwort auf das offene Schreiben des Herren Dr. Martin Buber an Hermann Cohen)」(一九一六年)を参照。『ヘルマン・コーヘンユダヤ論文集(*Hermann Cohens Jüdische Schriften*)』第二巻三二八〜四〇頁に収録されている。

(4) 『ユダヤ教の源泉からの理性の宗教』のすべてが刊行されたのは一九一九年だが、その第一章から第四章に当たる部分は、『神の単一性と唯一性』という表題で、『新ユダヤ月刊誌(*Neue Jüdische Monatshefte*)』の一九一七年一〇月号と一二月号、一九一八年三月号の三回にわけて発表されていた。

(5) コーヘンは序文で自著の表題を、第一節「理性」、第二節「宗教」、第三節「ユダヤ教の源泉」に分けて、それぞれ解説している。

(6) コーヘンは第一五章「不死性と復活」の一四節で次のように語っている。「不死性は個人の歴史的な永生という意味を、その民族の歴史的な存続において手に入れる(傍点はコーヘン)」。

(7) 第一次世界大戦後の一九二〇年四月イタリアのサン・レモでオスマン帝国にかんする戦後処理を協議した会議。パレスチナはイギリスの委任統治領となったが、連合国最高会議案(一九二〇年二月)に明記されているユダヤ人による国家建設が約束されるというバルフォア宣言の履行も承認された。

(8) 一九一八年一一月三日のキール軍港の水兵の反乱に端を発した革命。皇帝ヴィルヘルム二世の廃位によりドイツ帝国は打倒された。独立社会民主党のカール・リープクネヒトが「社会主義共和国」を宣言すると、社会民主党員フィリップ・シャイデマンが共和政の樹立を宣言した。リープクネヒト、シャイデマンをはじめとして、この革命の指導者にはユダヤ人が多かった。

18 護教論的な思考(1)——ブロートとベックについての所見

一九二三年初夏に執筆。雑誌『ユダヤ人』（一九二三年七・八月号）に発表され、一九二六年に『二つの川のあいだの土地』に再録された。『小論文集』三一～四二頁、全集版第三巻六七七～八六頁。

I

ユダヤ教には教義がないとくり返し言われ、それ以上にくり返し言いふらされてきた。これは正しくない——ユダヤ教の歴史やユダヤ教の祈禱書を一瞥しただけでも逆であることがわかる。しかし同時に、かなり正しいことも語られている。ユダヤ教にはたしかに教義はあるが、いかなる教義学もない。こうした意味では、タルムード文献においてさまざまに議論され、その後もユダヤ教の教義を確定しようとしてそれに立ちもどって議論されなければならなかった箇所からしてすでに注目に値する。刑事訴訟と刑法にかんする諸規定と結びついて、あの世の刑罰という問題ももちあがるのだが、ここで列挙される事柄は、それが否認されればユダヤ人がみずからの「来たるべき世界の分け前(2)」を失ってしまうようなたぐいのものである。マイモニデスやほかの人びとはこの点に議論の糸口を見いだすことができた。こうして、宗教的な形而上学の諸問題は、法的な関連において現われることになる。

わが民族の形而上学的な傾向がしばしば取りざたされ、それどころか現在においてもたしかに確認できることを考えれば、これは十分に注目に値する。

　このことがさらに注目に値するようになるのは、この教義の内容が吟味されるときである。〔教義では〕神や、啓示された法や、メシアによる救済や、それらと関連することはあつかわれているが、ユダヤ教にすみずみまで浸透している思想、それのみが法を理解可能にし、ユダヤ民族の維持を説明可能にする思想、つまりイスラエルの選民思想は見あたらない。ユダヤ教のこの真の中心思想は、たとえばキリスト教の研究者であればキリスト論にもとづいて、ユダヤ教の教義学の最初の箇所に、あるいはすくなくとも神の教えのすぐあとの第二の箇所に見いだせると期待するだろうが、たとえばマイモニデスの一三の信仰箇条[3]にも、さらには、なんといってもユダヤ教の根本真理が信じられなくなった人たちの手引き書たらんとした彼の哲学的著作〔『迷える者への手引き』〕にもまったく見いだされない。その〔選民思想という〕中心思想は、いたるところと同じくここでも、思考と生活の前提である。それは口に出しては語られない。それは自明である。たしかに祈りと詩は、それをくり返し言葉で言い表わそうとして飽きることがないし、伝統的な聖書解釈は、それを無数の研磨面に映しだしている。たしかに神秘主義はその深くまで沈潜し、それを神話的に実体化するまでになっている。ユダヤ教の中心思想は、言葉や意味や形にはなるが、教義的な公式にだけはならないし、――イェフダ・ハレヴィの『クザリ』[4]という、偉大だがほかのすべての力にはぐくまれてもいるただひとつの例外はあるにせよ――哲学的な学説にだけはならない。〔ユダヤ教の〕存在は、この〔ユダヤ教の中心〕思想によって満たされ支えられている。その存在のあらゆる直接的な表出はこの思想によってつき動かされている

――だからといって、意識がたんなる存在を越えようとするなら、その存在を否認することになる。

それにはいくつか深い理由があり、広範囲に及ぶ結果がともなう。ここではある種の精神的共同体がみずからのもっとも内的な本質を精神的なかたちでは露呈しないようにする。だがそれは、この共同体がたんに精神的共同体であろうとするのではなく、それどころかじっさいには、ただ精神的に拘束されているほかの共同体とは正反対のもの、つまり自然の共同体、民族であろうとすることにほかならない。ここでは、ユダヤ的な存在の恐しい現実がある種の自己防衛をおこなっているのである。しかし、ここで防衛と現状維持の働きをするのは、生のひそかな源泉から意識をそらせることであり、それはたとえばキリスト教の教会のようにその本質からして純粋に精神的な共同体においてであれば、生を硬直化させるように働かざるをえなかっただろう。キリスト教の教会では、存在の根拠をつねに新たに意識すること、つまりこのばあい、キリスト論の教義をつねにくり返し新たに定式化することが、共同体の外的な存続のための内的な条件になる。そうなると、近寄りがたい秘密が汲めどもつきない秘密に対立し、実体性が精神性に対立することになる。

いまやそれはまた、学問的思考一般の方向性と射程にも影響を与える。ユダヤの教父学はひとりのアウグスティヌスも、つまりその後数千年の世界史の舞台を具体的なビジョンのもとに定めたようなひとりの思想家も生みださず、そのかわりに「タルムードの海」を力強く泳ぎわたる人びとを生みだしただけではない。ユダヤのスコラ哲学もまた、ひとりのトマス〔・アクィナス〕も生みださなかった。アクィナスの『〔神学〕大全』というキリスト教の全学問のこの権威ある体系の、真に体系的な偉大なもくろみも、スコラ哲学の護教論的・弁証論的な方法という当時の遺伝的欠陥を克服できず、したがってみずからを実現できなかったが、われわれの側でこの『大全』に匹敵するのは、マイモニデスの哲学的著作である『迷える者への手引き』ではなく、ハラハーにかんする大著をみずからそう呼んだ彼の「偉大な要約（großer Chibbur）」[5]である。じっさい、この著作も同じように全宇宙を——ユダヤ法のふるいにかけたうえではあれ——含んでいる。ここには、その意図からすれば『大全』と同じ直接的な全体性と、みずからの宗教的生の核心を精神的宇宙の中心にしようとする同じ意志が——異なるありかたではあれ——ある。したがって、人びとがここでおこなわれているのとは異なる考察にもとづいて、マイモニデスが言うところの「私の偉大な要約」を「私の大全」と解釈したのも当然である。それにたいして、『迷える者への手引き』は体系の発見を期待して近づいた者を失望させるだろう。『迷える者への手引き』は、聖書の擬人論の問題についてのすべての題材を論じつくす長い論述で始まるが、さらにまたこの著作をつくりあげている個々の論述をつなぎ合わせているのは護教論という糸である。この弁護は、哲学の攻撃にたいしてなされるのであって、ほかのさまざまな宗教にたいしてではないし、かりになされるにしてもついでながらでしかない。ほかの宗教がこの弁護を部分的に引き継ぐことができたのもそのためである。そうした護教論的な基本姿勢がこの著作にまったくペダンティックではない性格を与えており、その性格のおかげで、今日でもなお読者は新鮮な魅力を感じ、けっして「スコラ哲学臭さ」を感じない。この〔護教論的〕思考は、体系的な思考がそう簡単にはもちえないものを、即興的な思考がもつ魅力——と真実味——をもっている。しかしだからこそまたこの思考には、たんなる体系的な思考であれば取り払うような制限も課せられることになる。この制限はこれまた即興にともなう制限であり、たんなる体系的な思考が自身の対象の領域をみずから決めるのにたいして、護教論的思考はきっかけや敵対者しだいである。

こうした意味で、ユダヤ的思考は護教論的思考にとどまっている。ユダヤ的思考は特徴的なことに、思考の自立性が〔同じ〕文化内部できまって現われるのが普通であるような仕方では現われず、共通する思考内部での党派間の争いとなることがない。唯名論と実念論の論争[6]にわれわれの側で対応するのは、マイモニデスが以前に生みだしたもの〔『迷える者への手引き』〕と以後に生みだしたもの〔『ミシュネー・トーラー』〕をめぐる論争であり、世紀を隔てたマイモニデス自身の二つの〔思考〕段階をめぐる論争である。[7]つまり、それは思考内の闘争ではなく、思考そのものをめぐる文化闘争であり、そのときどきの呼びかけに耳を傾けた人たちと、それをはねつけた人たちの闘争なのである。およそ四〇〇年の空白ののちに一九世紀になって、ドイツでは二〇年代から[8]ユダヤ哲学がふたたび生じたときにも——その業績の重要性に見あう評価を今日まで受けていないのだが——事情は変わらなかった。護教論はなんであれ、はばかられるものだが、ここではなんら妨げられることなく、思考そのものの正当な方法は護教論的なままだった。〔そうだとすれば〕ひとがユダヤ的思想家になったのは、ユダヤ教のだれにもじゃまされない仲間内においてではない。ここでの思考は、ユダヤ教についての思考にはならなかった。ユダヤ教（Judentum）はもっとも自明なものであり、ひとつの「主義（tum）」であるよりも存在だったからである。むしろその思考はユダヤ教のもとでの思考、つまり学びとなった。したがって、その思考はついには根本的な思考ではなく、装飾的な思考になってしまった。ユダヤ教について熟考しようとする人は、なんらかの仕方で、魂によってでなければすくなくとも精神によって、ユダヤ教の境界線のぎりぎりのところまで拉しさられていなければならなかった。だがそうなると、彼の思考は彼をその境界線にまで導いた力によって規定され、彼のまなざしの視野の奥行きは、彼が運ばれたのがその境界線の手前か、ちょうど境界線のところか、境界線を越えたところかの程度によって規定されることになった。

護教論的なものは、この〔ユダヤ的〕思考の正統な力だが、その危険性でもある。以下では、最近の二つの重要な著作をこの二つの観点で考察してみたい[9]。

II

グスタフ・ランダウアーは、〔マックス・〕ブロートの信仰告白の本の元になったものが発表されたことに正義感を傷つけられ、次のような応答をする気になった[10]。つまり、これもまた、自分のものは観念的なかたちで理解し、他人のものはどこまでも歴史的な現実や歴史的に汚された現実において理解するやりかただというのである。こうした危険はきわめてわかりやすいがゆえに簡単に避けられるたぐいの危険にすぎないと、私は言いたい。私に言わせれば、あらゆる護教論の危険性は〔ランダウアーが言うのとは〕まったく逆に、むしろひとはみずからが知っている自分のものはまったく現実的に広く深く受けとるが、他人のものはただそれを「聞き知った」だけなので、その大半を本に書いてあるとおりにしか受けとらず、したがってあまりにも観念的にしか受けとらないところにこそあるように思われる。というのも、自己証言を情報源として利用するにはきわめて慎重でなければならないということは、ほんとうに見る目のある人ならだれでも知っているからである。しかも、慎重でなければならない理由は、自己証言が当然先入見を含んでいるためあまりにも好都合なイメージを呼び起こすのが通例だからではけっしてなく、まったく逆に、あまりにも理論的な、あまりにも絶対的な、あまりにも骨ばった効果を及ぼすのがつねであり、理論を実践によって訂正したり、その骨格を肉づけしたりしないですましてしまうからである。それを思い知らざるをえなかった人の有名な言葉「だれかが書いた二つの言葉を私に与えなさい、そうすれば私は彼を絞首台に送るだろう」(11)は、精神的な運動にもあてはまる。一見まったく客観的に引用を並べていくと、ユダヤ教のどのような悲喜劇的なカリカチュアが生じるかは、われわれのだれもが知っている。そのさい、こうした引用の並置がユダヤ人の側で企てられようと、ユダヤ人に敵対的な側で企てられようと、その効果にはほとんど変わりがない。むしろ逆に、アイゼンメンガー(12)とその先輩たちがタルムードの兵器庫からもちだしたような「悪魔の灼熱の銃弾」のせいで、ほんとうのところひとは、慎重にフィルターにかけられた「光線」(13)を集めた最近の多くの本よりも〔ブロートの〕本に引きつけられるかもしれない。これが本論文の第一章で論じたユダヤ教に特有な自意識の欠如にかかわりがあるのはたしかである。タルムードのある箇所を、それをまだ理解していない人に理解させるのは、本来できない相談である。そのためには、いわばユダヤの歴史とユダヤの人びととユダヤの生活について書かれた図鑑を、一冊すみからすみまでそのつどひもとくことができなければならないだろう。しかし、そんな図鑑など当然ありえない。しかしまた、キリスト教をそれ自身の教理問答にしたがって描くことほど不当なあつかいもありえない。なにしろキリスト教は、どちらかと言えば〔教理問答よりもキリスト教徒としての〕自覚に注意を喚起し、そうした自覚を目指してきたからだ。理論的に見たばあいの隣人愛の最初の義務は、他者についてどんな意見をもとうとも、こう自問することをけっして忘れないことである。つまり、私がいま思い描いているような存在だとすれば、それでもその他者は生きていけるだろうか。というのも、他者もまた「私と同じよう」[14]でありたいと思い、またそうあるべきだからである（理論的な隣人愛は、とにかくたがいを覗き見たり評価したがるわれわれ被造物のもとでは、実践的な隣人愛に劣らず重要である——というのも、誤った見られかたをすることは、誤ったあつかわれかたをすることと同じくらい苦痛なのだから）。キリスト教徒は「ファリサイ派の人びと」をユーモアも魂もない律法一点張りの機械とイメージしたがるが、そんなものに生存能力はないだろう。しかし同時にまた、ユダヤ人は山上の垂訓[15]を読んで、あの天の淡い百合[16]を唯一の「真のキリスト教徒」として認めたがるが、そんなものにも生存能力はないだろう。精神を理解しようとするなら、それに属する肉体を無視することはけっして許されない。肉体が精神の衰退現象でないように、共同体の歴史像にかんしてその古典的な史料と合致しないものも、ただちに衰退とか「アマルガム〔夾雑物〕」とか評価されてはならない。おそらくまったく逆に、それはあの根源にたいする必然的な修正であり、それどころかある意味ですでにもともと「意図されていた」修正である。大人は人生を長く生きると、子どもの純粋さにもどりたいと願うかもしれない。だからといって大人はけっして子どものたんなる衰退現象ではない。まったく逆であって、おそらく子どもがもっていた完全な意味は、彼が大人になったときの見慣れた顔のほうから振りかえって究めようとするときにはじめて知ることができるだろう。

　ブロートの本の弱点はまさにここにある。それはほんとうの弱点である。というのも、強味があるだけにどうしてもできてしまう日陰でしかないような弱点ではなく、避けられないわけではないような弱点だからだ。それに比べれば、彼が「異教」さえも不適切に図式化しているのはほとんど重要ではない。というのも、ブロートの本は、〔「異教・キリスト教・ユダヤ教」という〕三つの部分からなる表題と三部構成の根本思想からなるにもかかわらず、異教は体験の血流が脈打つ本書の核心には属さないからである[17]。それにたいして、キリスト教の記述は、本書の核心の近いところにあるだけに、聖人や騎士よりも学校教師や神学教授を信じるという彼の「不当に理想化する」方法のためにひどくそこなわれてしまう。ダンテとキルケゴールという、教理問答からキリスト教徒になったのではない二人の生き生きとしたキリスト教徒、つまり著者〔ブロート〕のあまりにも近いところにいるので外に放置しておくわけにはいかないという理由で本書で取りあげられるこの二人のキリスト教徒が、キリスト教徒としてはあつかわれず、こっけいに聞こえるかもしれないが、敗走してキリスト教徒になったユダヤ人としてあつかわれているのは、きわめて特徴的である。なにしろブロートはここでも、たとえそれが彼自身の理論であったとしても、理論よりも自身の体験を信じただろうからである。

　じっさい、この本の核心部分でそれ〔理論より体験を信じること〕をおこなったことが彼の強味である。本書はよい意味で副題が語っているもの、つまり「信仰告白の本」なのである。〔だからといって〕本書は、〔信仰告白という〕著者の私事によって読者を悩まそうというのではなく――副題からすればそんな恐れを与えかねないが――、ひとつの認識の生涯を物語る。そして、この生涯は同時にひとつの世代の生涯でもあったので、それが達成する目標も私的なものを超える意味をもっている。ブロートは、彼なりのやりかたでさまざまな理論の霧をかき分けて、歴史的なユダヤ教の現実にたどりついた。

彼がこれをうまくなしえたのは、そのようなやりかたをしたことで正しいユダヤ教についての理論的な問いによって導かれたからではなく、真の生についての実践的な問いによって前方へと駆りたてられたからである。本書は、ユダヤ教の本質とともに、戦争の本質についての問いにも答える。本書が神学的にできのよい本になったのは、それが神学の本だからではない――神学とはすべての学問のなかでもっとも奇妙な、つまりもっとも容易であると同時にもっともむずかしい学問である！　むしろそれはそのもともとのきっかけからしても構想からしても戦争の本だからである。ところが、本書は結局やはり神学の本になろうとしたので、そして、神学の本になろうとすればするほど、神学的にできの悪い本になってしまった。

本書の思想は、「高貴な不幸」と「高貴ではない不幸[18]」という戦時に（おそらく戦前においてもすでに）講壇においてではなくまったく個人的に発見された概念から出発し、「共属しあうものの統一不可能性[19]」と「この世の奇跡[20]」という高い見地へみごとに跳躍して、アッガダー[21]のただなかへの道を切り拓く。前世紀の宗教の教師たちの知恵がこのテーマを自分たちの水準にまで引きさげてしまった一連の概念は、使用されずにわきに置かれたままである。これはもっともなことである。なにしろ、本書の護教論が反対しているのは、ユダヤ教を「時代にふさわしいもの」にするというばかげた考えによってユダヤ教をひからびさせミイラにしてしまった概念にほかならないからだ。しかし、本書においてまったく新しいのは、アッガダー的なものが集中的に研究されることである。ブロートがあつかうのはタルムードのほんのわずかな箇所にすぎないが、これらの箇所の内容が方法的に真剣に問題にされる。その内容は、古いタイプのタルムードの読者にとっては、「たんなるアッガダー的なもの」

に比べてまったくなじみが薄く、それどころかまったく理解しがたいものである。地の民（アム・ハ・アレツ）であるブロートはこの点では、遠慮がちとはいえ、タルムード研究の非常に古い分野における新たな方法の開発者になっている。これまで説教者だけしか、最近ではせいぜい歴史家だけしか、注目に値するとみなして立ちいることをしなかったような部分の内容が、いまやまったくまじめに、ほとんどハラハー[22]的と言ってもよいほどまじめに、受けとられるようになった。新しい考えかたを抱いてこの古い本に帰郷する世代の目の前にあるのは、いまやたんに古い本ではなく、新しくなり若がえった本でもある。

　ここであきらかになるのは、素朴な思考であればけっしてなしえなかったことをなしとげる護教論的な思考の力である。しかしほかでもないここでこそ、危険もまた力を得る。ブロートは、みずからの思考の〔対象である〕生の苦しみを乗り越えさせてくれるものをユダヤ教に発見しながら、同時に、あまりにも同時に、そうした人生の苦しみのうちに「特殊ユダヤ的なもの」を進んで発見しようとするが、みずからが発見した人間的な苦しみの治療法がその苦しみと同じくらい人間的なのか、ユダヤ教がこの治療法の分け前にあずかれるのは人間的なものに関与することによってのみなのかは問わない。たしかに、ひとはどうしても人間的なものを〈われわれだけのもの〉に限定し、普遍的なものを〈自分だけのもの〉に限定したくなり、それによって有頂天になりはするが、それはむしろ、人類にさし染めるまばゆいばかりの多彩な光を単色にしてしまうことになりはしないか――もっともこうした単色化もまた同じようにどうしてもやりたくなる、ひとを有頂天にする行為なのだが。ブロート自身はキリスト教にかんしては、こうした限定がなされる地点がどこにあるかをとても鋭く見ぬいている。つまりその地点は、人間にいたる道を探しもとめる神の恩寵の無限の可能性が、キリスト体験という、教義として唯一正当な道に狭められてしまう地点である。それはまったくそのとおりである。神の恩寵のそうした拘束を——たとえその拘束が、キリスト教徒にとってそうであるように、自分自身のもっとも偉大な行為への拘束であったとしても——知らず、知る必要がないところに、ユダヤ教のもっとも偉大な力がひそんでいる。ユダヤ教はみずから搾った天のぶどう酒を、もっとも原初的な火のなかで混ぜものなしに、子どもたちのために保存することができたのである。ところがブロートは、シメオン・ベン・ヨハイと彼が最終的におこなう注目すべき「行事」を物語るときに[23]すでに気づいてよさそうなことを、つまりユダヤ教にとってこの限定の箇所がどこにあるかを、見のがしてしまう。われわれは信仰においてなら、なにものにも限定されないことが許される。神はユダヤ教に奇跡の道を定めることはないからだ。しかし、神は人間にたいしては行為の道を定めるので、この点でユダヤ教は無限定ではなく、法というただひとつの条件に拘束されている。この条件の範囲は途方もなく広く設定されているので、世界と世界における行為の考えられるかぎりどんな領域ともすくなくとも重なりあうとはいえ、それが行為の制限であることに変わりがない。それはちょうど、キリスト教のキリスト体験が途方もない射程をもっているので、ばあいによってはどんな人間的な体験にもかかわりうるが、信仰の制限であることにすこしも変わりがないのと同じである。そしてじっさい、ブロートは今日の知識人世代に一般に見られる反リベラリズムの時代風潮からしてもすでに、法にたいして好意的で受容的な態度を取るにもかかわらず、彼が法について語りうることは、民族主義に心動かされているために、問題の皮相なレベルに終始とどまっている。こうして、彼の本はそれが深みにいたろうとするまさにその地点でひとつの核心にいたりつくが、〔異教・キリスト教・ユダヤ教という〕表題が課す問題は、それが含む対立のゆえにもはやこの核心にさえたどりつけない。そこでは、彼がみずからのユダヤ教の、そしてわれわれのユダヤ教の名のもとに語ることは、〔表題の三つの宗教のうちの〕最後の〔ユダヤ教的な〕意味ではかろうじて真実ではあっても、最後から二番目の〔キリスト教的な〕意味ではもはや真実ではない。

III

ブロートは自著のある箇所で、大雑把な手さばきで「ベックとラツァルスのような人びとの凡庸なヒューマニズム」を机上から払いのけてしまう。こんなやりかたが許されるのも信仰告白の本だからだろう。彼は自分で考えなければという衝動に駆られているので、彼以前に考えられていたことを落ちついて読めなかったかのような印象を与える。その厳しい評価は、ラツァルスにたいしてさえ正しくないのではないか——あるいは私が一度だけわれわれの世代、つまり私とブロートの世代のために弁護してよければ、偏見ではないか。〔とはいえ、〕ヘルマン・コーヘンもみずからのカント主義の全盛期にラツァルスに激しい攻撃を向けたことからしてすでにあきらかなように、[24]〔この批判という点では〕ブロートの本は、それによって高まった彼の評判よりもましである。しかし、さらにベックにかんして言えば、私はブロートに——さらに先の偏見を思い起こせば、私自身にも——ここでゲーテのあの嘲弄の言葉を、つまり「われわれ以前に、われわれの言葉を語った人びとは滅ぶがよい（Pereant, qui ante nos nostra dixerunt）」[25]という言葉を適用したい。というのも、たしかに内的形式においても外的形式においても、ブロートの信仰告白の本とベックの『ユダヤ教の本質』の対立ほど大きな対立はほとんど考えられないからである。前者〔ブロートの本〕においては目標へいたりつく道がどこにでも見いだされるし、なんといってもこの道をともに行くよう読者に強いるところにこそ本書の魅力があるのにたいして、後者〔ベックの本〕においては、足場がほとんどあとかたもなく取りはらわれ、目に触れるのは完成した建物だけである。

　形式についてはこんなぐあいである。それにたいして、どちらの本も形式がこれほど異なるにもかかわらず、内容の点ではおよそありうるかぎりたがいに酷似している。なにしろ、ベックの本の動機もまた護教論的だからである。ブロートにとっては、あきらかに彼の交際仲間や友人仲間のあいだでキリスト教的な言いまわしやキリスト教が発信するものが演じた役割を、ベックにおいて引き継いだのは、特徴的なことに、ひとつの文学的な出来事、つまりハルナックの『キリスト教の本質[26]』である。〔ハルナックの〕この本は学術的なものにありがちな無邪気さでユダヤ教を描いているが、それによれば、ユダヤ教が唯一生きのびる可能性はキリスト教の光のための暗い背景であることだけであり、ユダヤ教はこの役目を果たさなければそれ自身の生が真実味を欠くだけに、ガタガタと音をたてて崩壊せざるをえないだろう。ベックがハルナックに反対してではなく、自分自身とわれわれのために、ユダヤ教をほかのものの引き立て役としてではなく、それ自体において、それ固有のまとまりのある充実した姿で描きだそうという気になったのも、その本がきっかけだった。そこでいまや、ベックが発見者や告白者の情熱を込めてではなく、――彼の本が内的にも外的にもはじめて重要なものになった第二版ではとくに――ユダヤ教という広い家全体に住みついた頼もしい奴隷としての深く穏やかな愛を込めて描きだすのは、まさにブロートを震撼させたもの、つまり自由が恩寵に、ベック流に言えば、法が秘密に起源をもつというこの世の奇跡、あるいはふたたびベック流に言えば、大いなる逆説である[27]。ブロートはこの大いなる逆説を、みずからの信仰告白と人生の本において、文彩を控えた力強い劇的なタッチで描きだすが、ベックは多彩な題材を狭い空間に詰めこむといういかにも彼らしい認識と本質を示す本において、飽くことも疲れも知らない弁証法で描きだす。その内容が一方のようにまぎれもなく忘我的な形式で伝えられるのが好ましいか、それとも他方のようにまぎれもなく古典的な形式で伝えられるのが好ましいかは、好みの問題でしかないだろうし、おそらくはまたみずからの認識の成熟度の問題でもあろう。なにしろ、認識の生においては、開花の時期はかならずしも結実の時期より価値がなくはないからである。

　この二つの本はそれらがもたらすものにおいて似ているが、その弱点においても不思議なほど似ている。ブロートのキリスト教の論述について先に語られたことは、ほとんど文字どおりベックにおいてもくり返すことができよう。『ユダヤ教の本質』ではキリスト教はついでにあつかわれるにすぎないので、ブロートにおいてほどはっきりと表面化してはいないが、「ロマン派の宗教[28]」という最近の出版物ではますます表面化している。ここではせいぜい問題を意図的に一定の抽象的なかたちで提出しようとするある種の方法的な意識によってそれが和らげられているだけであり、だからといって読者にとっての危険性がむろん小さくなるわけではない。

同様に、この二つの本の基本的な布置が似ていることからすれば、どちらも法の問題のまえでは無力をさらけださざるをえないことも予想がつく。私にはふたたびこう思われる。たしかにここでもまた、ベックのほうがよりすぐれた問題意識をもっているようではある。しかし、ブロートと同様ベックもまた、みずからが認識したユダヤ教の本質がユダヤ教の本質であるよりもむしろユダヤ教の本質であるような決定的な点がここにこそあるのを見ていない。信仰から生じる行為のこの地点においては、ブロートと同様ベックにとっても、ユダヤ人の読者なら立ちどまるのにキリスト教徒の読者はまったく躊躇せずに彼に従うということがおそらく起こるだろう。もっともそのさい、中心的な重要性をもつものとしてではなくついでながらにせよ、ベックが法についてとても繊細なことを語っているのは記憶にとどめられてよいし、同様にまたこのリベラルなラビ〔ベック〕がとりわけ第二版で、ユダヤ民族とユダヤ史について深いところからものを言うことができており、シオニズムの詩人〔ブロート〕がそれについて語っていることはけっして〔ベックが語る〕深いところまで達していないことも記憶にとどめられてよい。現在のユダヤ人にとって、役割のこうした交換ほど希望に満ちた徴候を示すものはおそらくないだろう。

IV

護教論という言葉はいったいなぜそんなに評判がよくないのだろうか。おそらくそれには、弁護する職業の最たるものである弁護士という職業と似た事情がある。そのうえさらに弁護士には、嘘をつくことはいわば彼のれっきとした職務だという偏見さえある。ある種の型どおりの仕事ぶりを見れば、この偏見は正しいように思われるかもしれない。それにもかかわらず、弁護することは人間のもっとも高貴な仕事のひとつでありうる。すなわち、弁護が事物と魂の根底にまで達し、嘘というけちくさい手段を放棄し、真理そのものによって、つまりはまったき真理によって弁護する〔＝罪を取りのぞく(ent-schuldigt)〕[29]ばあいがそうである。こうして、広い意味では文学的な護教論も弁護でありうる。そのばあい文学的な護教論は、なにかを言いつくろうのではないし、ましてや批判の余地のある点を避けるのでもなく、むしろまさにもっとも危うい点を弁護の基盤にする。一言で言えば、それは全体を弁護するのであって、なんらかの個々のものを弁護するのではない。それはけっして通常の意味での弁護ではなく、ある種の率直な説明であるが、なんらかの事柄ではなく、おのれ固有のものの説明である。論評された二つの本が護教論のこの高次な概念にどの程度近づいているかは、これまで語られたことからおそらく見当がつこう。

　この二つの本はいずれも攻撃にたいする応答である。それらはみずからのテーマを攻撃によって決められてしまっている。テーマとは、〔ほかのものによって左右されない〕それ固有の本質である。〔したがって、〕テーマはいまや最高に意識されるようになると考えたくなる。しかし、まさに思考の護教論的な性格がこれを妨げている。思想家は、みずからのもっとも内的なものをのぞきこむとき、このもっとも内的なものを見てはいるが、だからといってまだとうてい自分自身を見ているわけではない。というのも、彼自身は、もっとも内的なものだけでなく、同様にまたもっとも外的なものでもあり、なによりもまず、みずからのもっとも内的なものをもっとも外的なものに結びつけるきずな、両者がたがいに行きかう道路だからである。しかし、思想家は、みずからのもっとも内的なものをみずからの自己とただちに同一視し、みずからのもっとも内的なものはもっとも内的なものであればあるほど、すべての人のもっとも内的なものでもあることを思ってもみない。だからこそ〔それがすべての人のもっとも内的なものであるからこそ〕、彼は自分自身のことを考えているにもかかわらず、人間について、すべての人について語っていることになる。こうして、彼の自己、つまり人間の構成要素を結びつけて束――この束は彼自身にほかならない――にするものは、彼にとって秘密でありつづける。護教論的な思考はこの制限を越えることがない。護教論的な思考は、認識の究極的な苦しみを免れているが、認識の究極的な力を拒まれてもいる。というのも、究極の認識はもはや弁護するのではなく、裁くからである。

訳註

（1）「護教論（Apologie）」とは本来はキリスト教神学の一部門であり、異教徒からの攻撃にたいして、キリスト教の真理を弁護しようとする理論である。弁証論とも言う。しかし、ここで問題になるのはユダヤ教の側からの護教論であり、その主要な論敵はキリスト教である。

（2）英訳註によれば、ミシュナの『サンヘドリン篇』の第一〇章ペレク・ヘレク（分け前の章）は、確かな信念を否定する人たちも含めた、来たるべき世界の分け前をもたない人たちを列挙している。マイモニデスはミシュナの註釈書『キタブ・アル・シライ』（一一六八年）においてこの章を、ミシュナには列挙されていないがユダヤ法が要求する信仰箇条を議論する機会として利用している。

（3）英訳註によれば、マイモニデスはペレク・ヘレクについての註釈書において、一三の不可欠な信仰箇条を挙げている。

（4）『クザリ』は一一四〇年頃に執筆された宗教哲学的な著作。

（5）ハラハーとはユダヤの宗教法を集めた法典。マイモニデスは『ミシュネー・トーラー』（一一八〇年）というユダヤ法の百科事典的な法典を編集した。

（6）中世哲学最大の論争である「普遍論争」。「実念論（Realismus）」がプラトン、アリストテレス、プラトンの伝統にしたがって「普遍は個物に先だつ（universalia ante rem）」という立場を取るのにたいして、「唯名論（Nominalismus）」は普遍はたんなる名称（nomina）にすぎず、「普遍は個物のあとに存在する（universalia post rem）」と主張した。

（7）マイモニデス論争は、彼の生前にもその合理主義的思想にかんして生じた。『ミシュネー・トーラー』の主要な論敵はポスキエルのアブラハム・ベン・ダヴィド（Abraham ben David 1125頃–98頃）である。『迷える者への手引き』がヘブライ語訳され、非常な評判を呼ぶようになると、一二三〇～五年に伝統主義による激しい反対が起こり、一二三一年にアリストテレスを禁じた教会がこの著書も禁書にした。モーシェ・ベン・ナフマン（ナフマニデス）は教養あるユダヤ人のための弁明の必要性を強調し、この論争に慎重な姿勢を保った。さらに一二八八～九〇年にはアッコーのカバラ学者たちがマイモニデスを破門にしようとしたが、ダヴィド・マイモニデス（マイモニデスの孫）とヒレル・ベン・サムエル（Hillel ben Samuel 1230頃–95頃）がこれに抵抗した。ラビのソロモ・ベン・アドレート（Salomo ben Abraham Adret 1235頃–1310頃）は、二五歳以下の若者が非ユダヤ人によって書かれた哲学書を勉強することを禁止したが、ティボン一族が抵抗した。近代では、モーゼス・メンデルスゾーンとザロモン・マイモン（Salomon Maimon 1753–1800）の註解によってマイモニデス・ルネサンスが実現したが、二〇世紀にはオスカー・ゴールトベルクが反マイモニデス主義者として登場する（ユーリウス・H・シェプス編、鈴木隆雄ほか訳『ユダヤ小百科』水声社、二〇一二年、「マイモニデス論争」九八九～九〇頁）。

（8）英訳註によれば、おそらく「ユダヤ学（Wissenschaft des Judentums）」運動の始まりをほのめかしている。その機関誌

『ユダヤ学雑誌（*Zeitschrift für das Wissenschaft des Judentums*）』第一号は一八二三年の刊行。

（9）マックス・ブロート『異教・キリスト教・ユダヤ教――信仰告白の本（*Heidentum, Christentum, Judentum: Ein Bekenntnisbuch*）』（ミュンヘン、一九二一年）と、レオ・ベック『ユダヤ教の本質（*Das Wesen des Judentum*）』（フランクフルト・アム・マイン、一九二二年）。

（10）ブロートの「告白本の元になったもの」とは、「フランツ・ヴェルフェルの〈キリスト教の使命〉（Franz Werfels 'Christliche Sendung'）」『ユダヤ人（*Der Jude*）』第一一号（一九一六～七年）七一七～二四頁であり、それにたいするグスタフ・ランダウアーの応答は、「キリスト教はキリスト教、ユダヤ教はユダヤ教（Christlich und christlich, jüdisch und jüdisch）」『ユダヤ人』第一二号八五一～二頁である。

（11）英訳註によれば、ルイ一三世の宰相をつとめたリシュリュー卿（Cardinarl Richelieu 1585–1642）の言葉。

（12）ヨハン・アンドレアス・アイゼンメンガーの著書『発見されたユダヤ教（*Entdecktes Judentum*）』（一七〇〇年）は、ヘブライ語、アラム語、イディッシュ語などのユダヤ文献やラビの論文をドイツ語訳を付して引用しているが、その根底にあるのは反ユダヤ主義である。これを根拠づけるために、一六〇一年にキリスト教に改宗した反ユダヤ主義の作家ブレンツ（Samuel Friedrich Brenz 生没年不明）の『ユダヤの脱ぎ捨てられた蛇の皮（*Jüdischer abgestreiffer schlangen-Balg*）』（一六一四年）をかなり利用している。英訳註によれば、一三世紀の神学者マルティニ（Rymond Martini 1220–85）の反ユダヤの論争書『信仰の短刀（*Pugio Fidei*）』（長いあいだ失われていたが、一六八五年にパリで刊行）も活用している。

（13）英訳註によれば、ドイツの作家でナチの政治家アルトゥール・ディンター（Artur Dinter 1876–1948）の『タルムードからの光線（*Lichtstrahlen aus dem Talmud*）』（ベルリン、一九一九年）が示唆されている。

（14）英訳註によれば、『レビ記』一九章一八節「自分自身を愛するように隣人を愛しなさい」を踏まえている。

（15）『マタイによる福音書』第五章～七章。

（16）『マタイによる福音書』第六章第二八～三〇節。

（17）ブロートによれば、異教（古代ギリシア）とキリスト教とユダヤ教は、「ヨーロッパを支配する三つの精神的な力であり、究極の事柄を解釈する三つの可能性であり、目に見える世界を神的な超世界と結びつける三つの試み」（八頁）だが、「異教は神的領域を此岸の延長とみなし」（一一頁）、「物質界を完全に無条件に是認する」（一二頁）がゆえに、『異教・キリスト教・ユダヤ教』の核心からははずれてしまい、ほとんどあつかわれない。

(18)『異教・キリスト教・ユダヤ教』の第二章の表題は「高貴な不幸と高貴ではない不幸」となっている。人間の卑劣な行為の結果でしかない「高貴ではない不幸」とは違い、「高貴な不幸」は人間の実存そのものに本質的にともなう不幸である。「人間は身体的にも精神的にも……有限な存在でありながら、無限なものに対峙している」（二八頁）。そのため、心の移ろいやすさ、身体の衰え、もっとも高次の機能がもっとも低次の機能に支えられているといったみずからの限界をつねに感じざるをえない。そして、「高貴ではない不幸の体験は……怒りや憤りや反抗の感情を引き起こすのにたいして、高貴な不幸はひとを謙虚にする。……というのも、高貴な不幸という最高の瞬間は無限なものを直接意識する瞬間だからである」（三二頁）。

(19)『異教・キリスト教・ユダヤ教』第五章の表題。「共属しあうもの」とは「高貴な不幸と高貴ではない不幸」のこと。キリスト教が高貴な不幸を優先して、高貴ではない不幸をなおざりにするのにたいして、ユダヤ教の特徴は、「高貴な不幸だけではなく高貴ではない不幸にも、世界計画における役割を割りあてるところにある」（五六頁）。この二つの不幸はたがいに対立しながらも、たがいを必要とする。高貴な不幸は神的なものとの出会いの体験なのだから、ひとりで謙虚に待つという態度が必要だが、高貴ではない不幸はみずからが惹き起こしたものだから、積極的にそれに介入する必要がある。だが、「ひとりで待つという態度は、能動的な介入をともなうのでなければ、みずからを嘲笑することでしかないだろうし、謙虚に待つことがないような能動性は空虚な空騒ぎでしかないだろう」（一七六頁）。したがって、ユダヤ教はこの「共属しあうものの統一不可能性」という矛盾を解決しなければならず、その解答が「この世の奇跡」である。

(20)『異教・キリスト教・ユダヤ教』の第六章の表題は「恩寵とこの世の奇跡（Diesseits-Wunder）」となっている。「キリスト教が神的なものをこの世の否定というイメージのもとに見てとり、目に見えない世界のための目に見える世界の解消にあこがれる」（一一頁）のにたいして、「ユダヤ人にとって、目に見える世界は一回かぎりの奇跡、二千年前に一度かぎりなされた救済行為の舞台ではなく、むしろこの世界はつねに予期せぬ方向からの奇跡、神との出会いに供される」（一八頁）。「この奇跡は人間を、そうでなければ解消しがたいこの世の悲劇性から連れだし、［この世において］生きる力と能力をもつものにする」（二二六頁）。こうした奇跡が「この世の奇跡」であり、「ユダヤ教はこの世の宗教である」（二二八頁）

(21)「新しい学び」訳註（9）を参照。

(22)「新しい学び」訳註（8）を参照。

(23) ブロートは『異教・キリスト教・ユダヤ教』の第六章の二二〇頁から二二一頁にかけてシメオン・ベン・ヨハイの物語を紹介し、こう語っている。「ユダヤ教のただひとつの文に要約するように求められたら、「われわれに奇跡が起こった。だから私はよい行事をおこなうだろう」というベン・ヨハイの発言を選ぶだろう」（二二四頁）。

(24)「ユダヤ教の倫理学の問題——ラツァルスの『ユダヤ教の道徳』への批判（"Das Problem der jüdischen Sittenlehre: Eine Kritik von Lazarus' *Ethik des Judentum*"）」『ユダヤ史とユダヤ学の月刊雑誌』第四三号（一八九九年）。

(25)「われわれ以前に、われわれの言葉を語った人びとは滅びるがよい」『ヴィルヘルム・マイスターの遍歴時代』第三巻「マカーリエの文庫から」（登張正實訳『ゲーテ全集』第八巻、潮出版社、二〇〇三年、四二一頁）。

(26)『キリスト教の本質（*Das Wesen des Christentums*）』は一九〇〇年の刊行。ベックの『ユダヤ教の本質』はその四年後に出版されている。

(27) 英訳註によれば、ベックは、神の啓示と人間の行為という逆説的な統一を、ユダヤ教の特徴として強調している。ベック『ユダヤ教の本質』一二四頁を参照。

(28)「ロマン派の宗教」『ベルリンユダヤ学アカデミー五〇周年記念刊行物（*Festschrift zum 50 jahrigen Bestehen der Hochschule für die Wissenschaft des Judentums in Berlin*）』（一九二二年）。

(29) entには「取り除く」、Schuldeには「罪」という意味があるので、ローゼンツヴァイクは、ent-schuldigenという言葉遊びによって、弁護するとは、（嘘という）罪を取り除くことだということを主張しているように思われる。

19　マルティン・ブーバーの博士論文のある箇所について

一九二七年末に書かれ、ローゼンツヴァイクがルートヴィヒ・シュトラウスとともに編集したマルティン・ブーバー生誕五〇年記念論文集『未刊行の論文から』（一九二八年、ランベルト・シュナイダー出版社（現ショッケン出版社））に発表された。『小論文集』五一七～二〇頁、全集版第三巻七一三～六頁。

マルティン・ブーバーは一九〇〇年にウィーンにおいて「個体化問題の歴史にかんする寄与」で博士の学位を得た。その草稿――ウィーンには博士論文を印刷する義務がなかった――には、外的な特徴（インクの色、文字のかたち、正書法）からあきらかに二つか三つの層が認められる。この論文のニコラウス・クザーヌスを論じた第一章全体と、ヤーコプ・ベーメを対象とする第二章のすくなくとも数頁は、もっとも古い層に属し、第二章の大部分は――問題をはらんだ――中間層に、序文と草稿全体の改訂や補遺はもっとも新しい層に属している。

私は以下でベーメをあつかった章の冒頭の箇所を取りあげるが、この箇所においては、個々の記述よりも、ある哲学史的な展開についての包括的な展望によって、若い著者の固有な見解がいっそうあきらかになる。この箇所は完全に草稿の最古層に属している。

問題の入口であるここで早くも、神の単一性や唯一性や統一性と、事物の多様性や差異性や孤立性が対立している。いまやあきらかなのは、創造者としての神の超越に固執している時代にはこの対立が本質的な問題になりえなかったということである。中世神学の見解によれば、創造行為は神の単一性から発して世界の多様性にいたるのだが、この神学的な連関の形而上学的な探究はなされなかった。この対立は、もっとも絶対的なものだからこそ、問題にならないのである。ルネサンスにおいて神の普遍的内在という教説が主張されるようになってはじめて、単一性と多様性の問題もしだいに強く打ちだされるようになる。汎神論的な傾向をもつ初期のスコラ哲学者のなかにさえすでに、この対立をもっと深く理解しようと努力する人がいたこと（とくにエリウゲナがそうである）は、注目に値する。神と世界が直接統一されたものとして現われれば現われるほど、ますますこの対立はもっとも活気に満ちた必然的な理性の対象となる。たしかに、この問題は首尾一貫した汎神論的一元論においては解決されるにちがいない。というのも、単一性の概念のあらゆる超越が放棄されてしまうところでは、単一性はかろうじて多様性の生き生きとした包括者や担い手しか意味しえないからである。しかし、有神論と汎神論のあいだを揺れ動き、この葛藤を脱することがないベーメにとって、この対立の問題は直接課せられており、彼はこの問題をいわゆる歴史的問題、つまり創造の問題としてあつかう。クザーヌスはこれをほのめかしたにすぎないということは、すでに述べておいた。ベーメはクザーヌスよりもむしろエリウゲナとアンセルムスにさかのぼる。つまり、エリウゲナがみずからの体系を創造理論のうえに築いたあと、スコラ哲学のテーマは哲学的考察の領域からしだいに排除されていき、ついにドゥンス・スコトゥスはその分離の方法を一貫して行使して、それを完全に排除してしまった。エックハルトはこの問題をふたたび取りあげたが、神的作用の無時間性というみずからの教説に忠実に、先行者のだれにもましてその問題を神秘的なものに後退させてしまった。クザーヌスの説明（explicatio）もまったく世俗的なものと理解されてはならない。アグリッパのその後の論述（『オカルト哲学』第一章八節および一一節[1]）も、パラケルススのそれも（一五八九年から九〇年にかけて編集された『著作集』第四巻二五三頁、『アテナイ人たちに向けた哲学』第一巻一〇頁）も[2]、まったく独創性を欠いている。ベーメに通じる（しかもほんとうのところベーメを超える）もっとも独自の業績は、神は世界創造によってはじめて神になるというヴァレンティン・ヴァイゲルの教説（『汝自身を知れ』〔一六一五年〕第二章一六頁以下[原註1]、『普遍的研究』〔一六一八年〕G. I. a）と、人間において、つまり創造から意識にいたる発展において神の自己認識が実現されるという、上述の教説に関連する教説（『黄金の取っ手』〔一六一三年〕C・一四頁、『汝自身を知れ』第一章一三頁。これについては、ヘーゲル『エンチュクロペディ』第五六四節の註[3]、および〔フェルディナント・クリスチャン・〕バウアー『キリスト教の三位一体説』第三巻〔一八四三年〕二五七頁を参照）に見いだされる。これらの注目すべき文章が見いだされるヴァイゲルの小著『汝自身を知れ』は、ベーメにもっとも強い影響をおよぼした著作のひとつである（『〔ベーメ〕書簡集』第九巻一四頁）。ベーメはその小著ではアフォリズムによってほとんどほのめかされていたにすぎない思想をさらに発展させはしなかった――ヘーゲルもまだその思想を活用することはなかった――が、それを理解し、彼なりの仕方でみずからの観念複合に組みいれた。むろんそのさい、ヴァイゲルが本来もっていた深遠な意味のいくつかは、とりわけ、世界における神の発展というほのめかされていた着想は失われてしまった。

この人物〔ブーバー〕は生成途上にある者の問いに答えを与えている。しかし、それぞれの現在は、それが続いているかぎりは、それ自体で完結しており、未来を問いはしない。むしろ、その現在的な問いに与えられるのは現在的な答えでしかない。未来そのものが現在になってはじめて、かつての現在的な答えはその疑わしさがあきらかになり、しかしそれと同時に、それが問うに値するものであったこともあきらかになる。

生成途上にある思想家が単一性と多様性、神と事物といった問いをみずからに課すのは、学校の慣習が試験問題作成のさいに要求するような歴史の蛹化がおこなわれるときである。彼がその問いを理解するのは、中世的な「解決」と近代的な「解決」、つまり創造思想と汎神論のどちらにも与しないような思想家たちのもとでその問いが歴史的な岐路にあるときなのである。問いを投げかけるとき、彼は良き生徒として先生の答えをすでに用意している。〔ブーバーの博士論文の〕序文にディルタイの名前が挙げられているのは理由のないことではない。というのも、バロックの思想家たちが英雄的にそれと戦い、ロマン主義の思想家たちが大胆にそれを拡充した「大いなる内在の思想」である汎神論は、一九世紀には教養人の宗教になり、大衆の教義になったからである。しかし、生徒が問題を歴史的にこの時点で移行期の思想家のもとで理解するということは、――これもまた生成途上の思想家の伝記にほとんどお決まりの現象なのだが――先生の問題探究を超えるものをすでに暗示している。〔ブーバーの博士論文の〕引用箇所におけるその後の唯一重要な訂正も、この方向を示している。つまり、「超越的な創造者としての神に固執する時代」から、「聖書の創世記に独断的に固執するような中世の哲学」が——その時代にいっそう鋭く対立し、その理念にいっそう正当に対立するかたちで——生じてくるのである。

著者は、みずからの問題が中世神学と首尾一貫した汎神論的一元論のあいだの精神的空間にのみあったことを知っている。前者の純粋な超越の前では、問題はいまだ存在しないし、後者の純粋な内在の前では、問題はもはや存在しないからである。『我と汝』の著者は将来、内在・超越という概念の垣根をまるごと突き破り、呼びかけ呼びかけられるという現実の関係の戸外へ出てくることになる。私に呼びかける人は、それが可能であるためには、あらかじめ私にとって「超越的」でなければならないし、まさにその呼びかけによって、私にとって「内在的」になる。呼びかける神と呼びかけられる神、存在へと呼びいれられる被造物と語るように任命されている被造物は、たしかに〈一〉と〈多〉ではあるが、個体化問題で考えられていたあの「単一性」と「多様性」のようにただ二次的に属性としてそうであるにすぎず、本質的にそうなのではない。「単一性」と「多様性」は、みずからの名前を告げる神と名前を与えられる被造物をいわば衣として羽織っているにすぎない。

しかし、引用した段落がいたりつくこの思想、人間精神においてはじめて生成し、みずからを完成する神という思想にたいして、一九二三年のユダヤ教にかんする講話[4]の重要な序文の著者は将来、「神は存在するのではなく、——人間あるいは人類において——生成する、などという絶望的に転倒した見解」にかんして厳しい言葉を向けることになるだろう。弟子の軽率な解答にたいして、師はそのように答えるのである。

原註

（原註1）最近の研究者は『汝自身を知れ』の第二巻の真筆性を疑っている。だがいずれにせよ、この第二章は、たとえ間接的でしかないにせよ、ヴァイゲルにさかのぼる。ほかの点にかんしては、立ちいった研究はまだおこなわれていない。

訳註

（1）『オカルト哲学（*De occulta philosophia*）』は三部作であり、一五二〇年と、一五三一～三三年にかけて出版された。

（2）「一五八九年から一五九〇年〔正確には九一年〕にかけて編集された『著作集』」とは、『全集（*opera omunia*）』（ドイツ語原文）全一二巻であり、『アテナイ人たちに向けた哲学（*Philosophia ad Athenienses*）』は全三巻である。

（3）「神は自己自身を知っている限りでのみ神である。さらに、神の自知は人間における自己認識である。神についての人間の知は神における人間の自知に進んでいく」（ヘーゲル『エンチュクロペディ』第五六四節、樫山欽四郎・川原栄峰・塩屋竹男訳、『世界の大思想』（Ⅱ―2）河出書房、四三一頁）。

（4）一九二三に出版された『ユダヤ教にかんする講話（*Reden über das Judentum*）』は、ユダヤ教にかんする七つの講話と、青年と宗教にかんする講話を集めたものである。ブーバーはその序文で次のように語っている。「「神は存在するのではなく、生成する――人間あるいは人類において」。今日さまざまにかたちを変えて現われるこうした見解を、私は絶望的に転倒した意見と呼びたい」。

20　入れ替えられた前線

ヘルマン・コーヘン『ユダヤ教の源泉からの理性の宗教』第二版の批評として執筆され、ローゼンツヴァイクの死後『モルゲン』誌（一九三〇年第六巻第一号、ベルリン）に発表された。この批評は、一九二九年春にダヴォスで開催された全国大学会議と、そのハイライトであるハイデガーとカッシーラーの哲学的対決から受けた感銘がもとになっている。『小論文集』三五四〜六頁、全集版第三巻二三五〜七頁。

ヘルマン・コーヘンの死後一〇年が経過して、宗教哲学を論じた彼の遺作の初版は絶版になっていた。[1] この初版は不運な星のもとに置かれていた。テキストはところどころで、いやコーヘンがまだみずから印刷を校正できた最初の三分の二の部分においてさえ、現代の印刷物はおろかコーヘンの印刷物とさえ言える代物ではなく、むしろ古い著作の任意の手稿を手あたりしだいに印刷したかのようであった。ローベルト・フリッチェが伝えるところによれば、[2] コーヘンはかつて「文献学的な事柄はつねにきちんとしておかなければならない」と語ったということだが、コーヘンはみずからのこの言葉を忠実に守って、自著のテキスト制作にはいつも特別の注意を払っていた。そこでブルーノ・シュトラウスはこの第二版では、初版でなおざりにされた「文献学的な事柄」を取りもどし、[3] このうえなくみごとな批判的慎重さとこのうえなく誠実な感情移入によって、およそありうるテキストの混乱の商品見本集〔のようなこの初版〕から――その混乱の程度たるや、ほかの人びと、たとえば友人にして教師〔コーヘン〕に手を貸していたフランクフルトの偉大なラビ、ノーベルの長い欄外註が、印刷発明以前の時代の著作のように、本文中に完全にまぎれこんでいるほどである！――、目下のところもっとも信頼できるテキストをつくりだした。

しかしさらにこの著作は、最初に出版されて以来九年ものあいだ、誤った表題で流布していた！その表題は「Die Religion der Vernunft aus den Quellen des Judentums〔ユダヤ教の源泉からの理性の宗教〕」となっていたが、ほんとうは「Religion der Vernunft aus den Quellen des Judentums」であり、攻撃的で不寛容な定冠詞〔Die〕が付いていない――じっさいこのばあい定冠詞ではあまりに限定されすぎであろう。むろんだからといって逆に、不定冠詞が付けられるべきだというのでもけっしてない――じっさいこのばあい不定冠詞ではあまりにも漠然としすぎるだろう。むしろコーヘンが言おうとするのは、高慢な排他的態度からも、なんでも受けいれる安易な態度からも等しく遠ざかり、ユダヤ教の遺産のうちに浮かびあがるその源泉が提供する唯一の普遍的な理性の宗教の分け前にあずかることである。たしかに、そうした源泉は人ぞれぞれ違うが、コーヘンにとってはユダヤ教の源泉こそがそれである。そしてむろん、この源泉（Quellen）は原始の泉（Urquellen）であり、人類はこの泉の水を飲んできた。こうした歴史的意識があればこそ、分け前にあずかることが許されるという〔コーヘンの〕敬虔な慎み深さには、謙虚ながら喜びに満ちた誇りが少しばかり混じりこんでいる。

そうだとすれば、たしかに彼の著作は、一冊の包括的な著作の範囲内においてではあれ「ユダヤ的倫理学と宗教哲学」という課題の解決を引きうけ、この課題にユダヤ教にとって古典的な――今日ではもうそう言ってよいだろう――二つの解答のうちのひとつを与えたが、この課題はもっとも重要な課題ではないし、いずれにせよ現代とその哲学的状況においてはそうである。すくなくとも今日では、この著作の古典的性格はその現代的な意義に比べれば影が薄い。

　この現代的意義は、コーヘンの死後ようやくあきらかになりえたことからすれば、コーヘン自身の意図や理解さえも超えたところにある。じっさい彼はそもそも思想家として奇妙な運命をもっていた。彼がカントという作業場で仕上げた修業時代の諸著作、とくに二八歳のときのデビュー作[4]は当時の哲学に革命をもたらし、反心理主義的なカント解釈というすくなくともその否定的な成果においては一般に受けいれられ、今日にいたるまで、つまりほぼ六〇年が経過しても、変わらない有効性を保っている。〔それに比べて〕彼が大家になってからの著作[5]は、そううまくはいかなかった。彼独自の体系は、学派〔彼が主導したカント学派の一派マールブルク学派〕の狭い範囲外ではほとんど注目されず、学派内でさえ、以前のカント解釈の著作の影に隠れてしまった。こうして、時代が求めていると自称するこの偉大な包括的体系は、時代に迎えいれられず、時代のかたわらに取り残され、時代の動向にかなり熱中しているが時代には縁遠い精神の的外れな作品にとどまった。そして最後に、七〇歳のこの老人は、体系の見取り図が許す範囲内で、その見取り図によって狭められ拘束されてではあれ、しかも、そんなことはもともと意図しないどころか、まったく不可能と考えていたにもかかわらず、みずからの体系の改築と建て増しを企てた。そして、彼はこの補完によって、たしかにみずからの時代に受けいれられはしなかったが、それを越えてわれわれの時代に受けいれられることになった。

　というのも、私がコーヘンの『ユダヤ著作集』[6]の序文でそのことを語った五年前にはまだ現代の哲学の動向にかんする個人的見解としか思えなかったものが、その間に一般的な意見になったからである。最近、ダヴォスで開催されたヨーロッパ・フォーラムの席上で、コーヘンのもっとも著名な弟子であるカッシーラーと現在マールブルク大学のコーヘンの講座〔の後任〕担当者であるハイデガーの対話がおこなわれた[7]。これについては、ヘルマン・ヘリゲルが一九二九年四月二二日の『フランクフルター・ツァイトゥング』紙の大学関係欄において、古い思考と新しい思考の代表的な対決として詳しく報告している[8]。この対話で「晩年のコーヘン」に始まる路線を完全に引き継いでいるような哲学的態度、まさにわれわれの新しい思考態度を代表しているのはカッシーラーではなく、フッサールの弟子であり、アリストテレスとスコラ哲学の学者であるハイデガーである――もっとも、「旧来のマールブルク学派」のだれにとっても、コーヘンの講座の担当者がハイデガーであることは精神史の皮肉としか思えないだろうが。

なぜカッシーラーではなくハイデガーかと言えば、ハイデガーはカッシーラーに反対して、「特殊な仕方で有限な存在」である人間に「自由であるにもかかわらず」つきまとう固有な「空しさ」を啓示し、人間を「たんに精神の作品しか利用しないような怠惰なありかたから、その運命の過酷さへ呼びもどす」という課題を哲学に与えるからである。哲学の課題のこうした決定的な定式化は、コーヘンが「学者・ブルジョア思想」――つまり「思想家を心の底から尊敬し、したがって知性によって文化の永遠性にいたることがみじめな人間的個人の主要な能力であり、本来的な価値だとみなさ」なければならないという思想――に反対しておこなった「それでもやはり(quand même)個人」の情熱的な擁護と異なるものではないし(ゴットフリート・ケラーの死後、シュタドラー宛に書かれたコーへンの書簡[9]、四半世紀のちにようやく哲学にまで成熟する「晩年のコーヘン」の認識の重要な個人的源泉と異なるものではない。ハイデガーがダヴォスで、「現存在」によって言わんとすることはカッシーラーの概念では表現できないと語ったが、私は前述の序文においてコーヘンの晩年の哲学の基本概念である「相関関係（Korrelation）」にかんして、晩年のコーヘンが使うこの概念が――ハイデガー的に言えば――「現存在に飛びこむこと」への助走となりうることを示した。晩年の著作に、すべての「マールブルク〔学派〕」をはるかにしのぐ天才的な章、つまり、観念論の「産出的な」理性のかわりに、神によって創造された理性、被造物としての理性を置くような章が含まれているのも[10]、いわれのないことではない。

「学派」の生き残り――カッシーラーのことではない！――は、故人となった師を学派の頭目にしたてあげたがるものである。生き生きと前進しつづける精神史は、そんな幼稚な企てから彼〔コーヘン〕を解放するだろう。精神史は、そんな要求にはわずらわされることなく、死んだエル・シッドがいまや新たに馬を駆って乗りだしてくるとき、前線を入れ替える。学派はその学派の頭目とともに死に絶える。だが師は生きつづける。

訳註

（1）コーヘンが死んだのは一九一八年。彼の遺著『ユダヤ教の源泉からの理性の宗教』が出版されたのは翌年の一九一九年であり、第二版が出版されたのはちょうど一〇年後の一九二九年である。

（2）『ヘルマン・コーヘンの個人的な思い出（*Hermann Cohen aus persönlicher Erinnerung*）』（ベルリン、一九二二年）一〇頁参照。ローゼンツヴァイクはこの著作を、「コーヘン文献の至宝」と絶賛している（全集版第三巻一九七頁）。

（3）ブルーノ・シュトラウスはヘルマン・コーヘンと親交を結び、『ユダヤ教の源泉からの理性の宗教』の初版および第二版のほかに、『ユダヤ著作集』（一九二四年）を編集している。

（4）『カントの経験の理論（*Kants Theorie der Erfahrung*）』（ベルリン、一八七一年）。

（5）『純粋認識の論理学（*Logik der reinen Erkenntnis*）』（一九〇二年）、『純粋意志の倫理学（*Ethik des reinen Willens*）』（一九〇四年）、『純粋感情の美学（*Ästhetik des reinen Gefühls*）』（一九一二年）の三部作。

（6）「ヘルマン・コーヘンのアカデミー版『ユダヤ著作集』への序文（Einleitung in die Akademieausgabe der Jüdisher Schriften Hermann Cohens）」（一九二四年）、全集版第三巻一七七〜二二三頁。

（7）「ダヴォス論争」として知られている。ハイデガーは、『純粋理性批判』を存在論の基礎づけの試みだとするみずからの解釈にもとづいて、新カント派の解釈はそれを「自然科学にかんする認識論として説明するものだ」として批判した。それにたいして、カッシーラーは「新カント派は現代哲学のスケープゴートになっている」として、「コーヘンは、たんに認識論者としてではなく、歴史的に理解されてはじめて正しく理解される」と主張した。

（8）ヘルゲルが『フランクフルター・ツァイトゥング』誌に発表した記事は「この時代の思考（Denken dieser Zeit）」である。

（9）ケラーの死は一八九〇年七月一五日であり、コーヘンのシュタドラー宛書簡は七月一七日である。この書簡は、ハルトヴィヒ・ヴィーデバハ編『ヘルマン・コーヘンのアウグスト・シュタドラー宛書簡（*Hermann Cohen Briefe an August Stadler*）』（バーゼル、二〇一五年）一三七頁に収録されている。

（10）『ユダヤ教の源泉からの理性の宗教』の第五章「人間における理性の創造」参照。

編訳者あとがき

本書はローゼンツヴァイクが主著『救済の星』刊行（一九二一年）以後に書いた論文を主に集めている。この論文集はほぼ四つのグループに分けることができる。第一部の「新しい思考」は、難解をもって知られる主著にかんして著者自身が書いた解説書である。「『救済の星』の「原細胞」」は、主著の構想をはじめて語った書簡であり、一九一七年のものだが、主著を書く前と書いたあとで著者の考えがどう変わったかをあきらかにするために、この論文集に収めることにした。

第三から第一〇論文までの第二部は、ローゼンツヴァイクが開設した「自由ユダヤ学舎」に関連する論文集である。第三から第七論文はこの学舎でおこなった講義の草稿であり、第八から第一〇論文は「教育論」をあつかっている。

第三部では、「翻訳理論」が展開されている。第一二論文は、クラッキンによるスピノザ『エチカ』の翻訳にたいする、第一六論文はメンデルスゾーンによる「神の名前」の翻訳にたいする批評である。第一四論文は、ローゼンツヴァイクみずからがイェフダ・ハレヴィの翻訳作業を進めているときに執筆した翻訳論であり、第一三と一五論文は、マルティン・ブーバーとともに着手した旧約聖書ドイツ語訳の副産物である。

最後の第四部は、ヘルマン・コーヘン、マルティン・ブーバー、エルンスト・カッシーラー、マックス・ブロート、レオ・ベックなど、ローゼンツヴァイクにとって重要なユダヤ思想家にたいする批評を含んでいる。

第一一論文「国家におけるユダヤ人」はいずれのグループにも属さないが、ローゼンツヴァイクの「国家」についての考えかたが簡潔に表明されているので、第二部の最後に収めておいた。

これらの論文のテーマは一見多様だが、ある共通の通奏低音が貫いている。それらはローゼンツヴァイクが提唱する「新しい思考」の実践なのである。

彼は『救済の星』において、西洋の哲学的思考のような「古い思考」から「新しい思考」への転換を要求する。古い思考が時間を超えた永遠の真理を捉えうると自慢し、言語はこの真理を伝えるためのたんなる道具でしかないと考えるのにたいして、「新しい思考」は常識的思考と同じように「時間」に拘束され、「言語」に養われていることを認める。たとえば常識的な場面では病気の治療が現在、発病が過去、死亡確認が未来であって、この時間順序を無視するわけにはいかない。さらに、言語の常識的な使いかたは哲学者のようなモノローグではない。ぶつぶつ独り言を言う人が隣りにいたら気味悪く感じるにちがいない。われわれが普通に使う言葉は呼びかけと応答、つまり「対話」であり、そこにはつねに「他者」が居合わせている。言語はまずもって他者との対話において営まれる。「古い思考と新しい思考、論理的思考と文法的思考の違いは、……他者を必要とすることと……時間を真剣に受けとることにある」（「新しい思考」二七〜八頁）。

ローゼンツヴァイクは『救済の星』を書きあげると同時に、一九二〇年八月にみずからを指導者とする「自由ユダヤ学舎」を開設する。この学舎の課題は、ラビなどのユダヤ教の専門家が教師としてユダヤの伝統的な学問を教えることではなく、むしろ「自分を生徒としか思っていないような人びとのうちに教師を見いだすことである」（「自由ユダヤ学舎」二三九頁）。

一八二一年の解放令とともにドイツ市民権を得たユダヤ人は、ドイツ国民になろうと懸命に努力するあまり、みずからの「ユダヤ性」をしだいに失っていった。だが、同化が完成するかに思えたときに、反ユダヤ主義が激しくなり、ユダヤ人は自分たちが依然としてドイツ人ではなくユダヤ人であることを思い知らされる。だがそのときには、彼らは「ユダヤ人とはだれであるか」がもはやわからなくなっていた。ユダヤ人はドイツ人でもユダヤ人でもないという深刻なアイデンティティの危機に陥ったのである。そこで、ユダヤ的アイデンティティを取りもどすための「教育」が急務になるのだが、それを教えられる教師はもはやいない。「研究と教え、学問と教育、そんなものはわれわれのもとでは死にたえている」（「教育ときりのなさ」二五五頁）。こうした状況のもとでは「新しい学び」が必要である。「それは逆方向の学びです。それはもはやトーラーから生に向かうのではなく、反対に生から、律法についてなにも知らないか、なにも知ろうとしない世界から、トーラーに立ちもどるような学びです」（「新しい学び」二七九～八〇頁）。「新しい学び」は教師のいない学びであり、学ぶ人同士の「生き生きとした問いの応酬」（「自由ユダヤ学舎」二四三頁）によってのみおこなわれる。自由ユダヤ学舎では、教師と生徒がともに語りあい、ともに作業しあう「研究グループ」が、九〇の講義にたいして一八〇も設けられている。ユダヤ教の専門家は意図的に排除される。ローゼンツヴァイク以外の指導者もすべて専門家ではない。ルドルフ・ハロは考古学者、ルドルフ・シュタールは弁護士、マルティン・ゴルドナーは医者、エードゥアルト・シュトラウスは生化学者である。さらに、自由ユダヤ学舎でおこなわれた講義でも、「名前」と「人称」の考察にもとづいて、ユダヤ的思考の本領が対話にあることが語られている（「ユダヤ的思考への手引き」第二節～三節、「神についての学」第二節「神の名前」などを参照）。「自由ユダヤ学舎」は「対話」の実践的教育の場所なのである。

ローゼンツヴァイクは早くからユダヤ人教育に関心をもっていたが、彼が教育の対話性を強調するのは『救済の星』以後である。「民衆学校と帝国学校」（一九一六年一〇月）も、「時は今」（一九一七年初頭）も、それぞれユダヤの一般教育と宗教教育のカリキュラムを詳細に論じながら、教師と生徒の対話的関係についてはすこしも触れていない。こうした対話的思考の成立時期については、第一グループの二つの論文を読みくらべてもあきらかになる。「新しい思考」（一九二五年）では、思考が言語と時間に拘束されていることが強調されているのに、「『救済の星』の「原細胞」」（一九一七年）においては、シェリングの『世界の時間』を参照しながら、もっぱら思考の時間的拘束性に焦点があてられている。

ローゼンツヴァイクが『救済の星』の完成とともに着手した活動には、「教育活動」のほかにもうひとつある。「翻訳」である。彼はまず一九二〇年にユダヤの「食事への感謝の祈り（der Tischdank）」を翻訳し、一九二二年からは中世のヘブライ語詩人イェフダ・ハレヴィの翻訳に着手する。さらに、一九二五年からはマルティン・ブーバーとともに旧約聖書のドイツ語訳を開始し、一九二九年の死まで続けた。一九二二年頃から筋萎縮性側索硬化症という難病に冒され、体を動かすことはもとより、語ることも書くこともできなくなった状態で、彼に翻訳を続けさせた情熱とはなんだったのだろうか。

翻訳が二つの国語のあいだに横たわる深淵を橋渡しする作業でしかなければ、翻訳はすでに成立している言語にたいする二次的な作業でしかない。それに、翻訳者にしても深淵のいずれかの側に身を置いている以上は、完全な翻訳は不可能であろう。だが、「すべての語りがすでにして対話的な語り、つまりは翻訳」（「聖書とルター」三五四頁）だとすればどうだろう。じっさい「われわれは語るとき、自分の考えを、他者に理解してほしいと思うことに翻訳している。しかもその他者は、目の前にいない一般的な他者ではなく、目の前にいて、そのつど目をぱちくりさせながら自分のほうを見ている、まったく特定の他者である。われわれは聞くときにも、自分の耳に響いてくる言葉を、自分が理解できるものに、つまり具体的に言えば、自分の口をついて出る言語に翻訳している」（「聖書とルター」三五三頁）。

翻訳が二つの言語の対話だとすれば、翻訳者の使命は、なじみのない外国語を慣れ親しんだ既成の自国語に同化することではなく、むしろ外国語によって自国語をなじみのないものにすることである。「翻訳者は、なじみのない声を時空間を越えて聞きとれるようにするメガホン」（「『イェフダ・ハレヴィ』のあとがき」三二五頁）であり、自国語は翻訳の前後では違ったものになり、より豊かなものになる。翻訳者は言語創造者なのである。ローゼンツヴァイクがルターの聖書訳を評価する理由のひとつは、ルターが「ドイツ語のうちにヘブライ語を入れる余地を残した」（「聖書とルター」三五八頁）からである。ルターは生き生きと語りかけてくる神の言葉だけは、「たとえぎこちない逐語訳になっても、言葉どおりに翻訳」(「聖書とルター」三五九頁)しなければならないと考えたのである。

言語が対話であるとすれば、「あらゆる言葉は話し言葉」であり、「書物は本来、声に出され、歌われ、話された言葉に奉仕するにすぎない」(「文字と言葉」三〇九頁)。そこで彼は、みずからの新しい聖書翻訳において「呼吸」による分節を重視する。「息を吸うことが自然な分節」(「文字と言葉」三一三頁)だからである。

さらに彼は「「永遠なる者」――メンデルスゾーンと神の名前」では、神の名前であるテトラグラマトン(神聖四文字)の本来の意味が「呼びかけ」にあることをあきらかにし、それにもとづいて、みずからの聖書訳では従来の「主」をそのつど〈私〉、〈あなた〉、〈彼〉という人称代名詞で訳することになる。

こうした「新しい思考＝対話的思考」は第四部でも貫かれている。ローゼンツヴァイクは「ヘルマン・コーヘンの遺作」では、コーヘンの『ユダヤ教の源泉からの理性の宗教』の意義を「古い意味での最後の体系家が、哲学の貴族的な傲慢さを脱して、自然な思考がもつ万人に開かれた自由な謙虚さへと踏みだした」(四三六頁)ところに見いだすのだが、自然な思考とは「以前のすべての思考が〈それ〉や〈私〉から出発するのとは違って、〈私〉と〈君〉の相関関係から出発するような思考」(四三七～八頁)である。さらに彼は、ユダヤ的思考の本領が対話的思考にあるという考えにもとづいて、護教論の危険性を指摘する。護教論はほかの宗教を「本に書いてあるとおりにしか受け取らず、したがってあまりにも観念的にしか受けとらない」(「護教論的な思考」四五〇頁)のにたいして、みずからの宗教にたいしては「あまりにも好都合なイメージを呼び起こしやすい」(「護教論的な思考」四五一頁）ので、生産的な対話が不可能になるからである。

ローゼンツヴァイクは『救済の星』を次のような言葉で締めくくっている。「この門の扉はどこに向けて開かれているのだろうか。あなたはそれを知らないのか。生へ向けて開かれているのである」。主著刊行以後の彼の一連の活動は、文字どおり「この門」をくぐり抜けて「生」へともどっていく活動だったのである。

訳者は共訳者の田中直美さんと四年前から二人だけの読書会を毎週おこない、そのつどローゼンツヴァイクの論文の訳文をつくっていった。この訳業がほぼ仕上がったころ、ありがたいことに法政大学出版局の編集者であった岡林彩子さんがこの翻訳の出版を引きうけてくださった。岡林さんには本書の構成についてさまざまな相談にのってもらったばかりか、草稿をじつに丁寧にチェックしてもいただいた。だが残念なことに岡林さんが出版社を移られることになり、そのあとを高橋浩貴さんに引き継いでいただくことができた。高橋さんは三度も校正をしてくださり、その間に貴重なアドバイスをいただいた。本書がこのようなかたちを取ることができたのは、お二人の編集者のおかげである。この場をかりて、深くお礼をもうしあげる。

二〇一九年八月　　村岡晋一

人名索引

ア行

アイスキュロス（Aischylos BC525頃–BC456頃）、古代ギリシアの三大悲劇詩人の一人。現存作品に『ペルシア人』『縛られたプロメテウス』、三部作『オレステイア』などがある。 *323*

アイゼンメンガー、ヨハン・アンドレアス（Eisenmenger, Johann Andreas 1654–1704）、ドイツのオリエント学者。『発見されたユダヤ教（*Entdecktes Judentum*）』（1770）。 *451, 464*

アインハルト（Einhard 770頃–840）、カロリング朝フランク王国の宮廷学者、伝記作家。カール大帝の政治的な助言者として活躍し、続くルイ１世の信任も篤かった。『カール大帝伝（*Vita Caroli Magni*）』を執筆。 *335, 351*

アウグスティヌス、アウレリウス（Augustinus, Aurelius 354–430）、初期キリスト教の西方教会最大の教父、正統的信仰教義の完成者。主著『告白』『神の国』。 *115, 240, 247, 392, 447*

アウグストゥス（Augustus）、尊厳者の意。ガイウス・オクタウィウス（Augustus; Octavius, Gaius BC63–BC14）がBC27年にローマ元老院から受けた称号。ローマ帝国初代の皇帝。 *335, 351*

アクィナス、トマス（Aquinas, Thomas 1225–1274）、イタリアのドミニコ会士、神学者。アリストテレス哲学をキリスト教思想に融合し、スコラ哲学を完成。主著『神学大全（*Summa theologiae*）』（1265–73）。 *318, 426, 447*

アグリッパ・フォン・ネッテスハイム（Agrippa von Nettesheim 1486–1535）、本名ヘイリヒ・コルネリウス（Heirich Cornelius）、ルネサンス期のドイツの哲学者、魔術師。主著『オカルト哲学（*De occulta philosophia*）』三部作は、1510年、1531–33年に出版された。 *469*

アンセルムス（カンタベリーの）（Anselmus Cantuariensis 1033–1109）、中世の神学

者、哲学者。「知解を求める信仰（fides quaerens intellectum）」を主張し、神の存在を理性のみによって証明しようとした。「スコラ哲学の父」と呼ばれる。　　468

イェンツェン、フリードリヒ（Jentzen, Friedrich 1815–1901）、ドイツの画家、石版画家。　　120

ヴァイゲル、ヴァレンティン（Weigel, Valentin 1533–88）、ドイツの神学者、哲学者、神秘思想家。　　469, 472

ヴァイツゼッカー、ヴィクトール・フォン（Weizsäcker, Viktor von 1886–1957）、ドイツの医者。ローゼンツヴァイクとは大学の医学の授業で知り合う。主著『ゲシュタルト・クライス（*Der Gestaltkreis, Theorie der Einheit von Wahrnehmen und Bewegen*）』（1940）。　　28

ヴァイツゼッカー、カール・ハインリヒ（Weizsäcker, Carl Heinrich von 1822–1899）、ドイツのプロテスタント神学者。テュービンゲン学派の正統的指導者で、新約聖書を私訳。　　56, 95, 326, 349, 397

ヴァッサーマン、ヤーコプ（Wassermann, Jakob 1873–1934）、ユダヤ系のドイツ作家。風刺雑誌『ジンプリチスムス（*Simplicissimus*）』の執筆者。『ツィルンドルフのユダヤ人（*Die Juden von Zirndorf*）』（1897）でユダヤ人問題をあつかい、『カスパー・ハウザー（*Caspar Hauser oder Die Trägheit des Herzens*）』（1908）で流行作家になる。　　141

ヴァルター、フォン・デア・フォーゲルヴァイデ（Walter, von der Vogelweide 1170頃–1229頃）、ドイツの中高ドイツ語の叙情詩人。ウィーンの公爵の宮廷で、職匠詩人ラインマルに詩を学び、やがて独自の道をひらいた。傑出した恋愛歌人、箴言詩作者であり、自作の詩をみずから作曲もしている。　　345, 346

ヴィーコ、ジャンヴァッティスタ（Vico, Giambattista 1668–1744）、イタリアの哲学者、文学者。デカルトの数学的な主知主義に反対し、科学に対する独自の原理を打ちたて、歴史主義の先駆者となった。　　142

ヴィラモーヴィッツ゠メーレンドルフ、ウルリッヒ・フォン（Wilamowitz-Moellendorff, Ulrich von 1848–1931）、ドイツの文献学者。古典文献学に歴史的方法を導入し、文献批判、文献解説に新生面を開いた。　　323, 324, 350

ヴェルナー、ローマン（Woerner, Roman 1863–1945）、ドイツの文芸学者、翻訳者。 *319*

ウズィエル、ヨナタン・ベン（Usiel, Jonatan ben 生没年不詳）、1世紀のラビで、ヒッレルの高弟。ラルグム・ヨナタン（アラム語訳聖書）の訳者とされる。 *408*

ウーゼナー、ヘルマン（Usener, Hermann 1834–1905）、ドイツの古典哲学者、宗教学者。ニーチェやヴィラモーヴィッツ＝メーレンドルフも一時彼のもとで学んだ。『神々の名前（*Götternamen*）』（1896）。 *427, 430*

エズラ、アブラハム・ベン・メイール・イブン（Esra, Abraham ben Meir ibn 1089頃–1164頃）、哲学者、聖書釈義学者、文法家、哲学者、占星術師、医者。世界各地を放浪し、ヘブライ語にかんするアラビア語古典をヨーロッパに紹介した。哲学的には新プラトン派の影響を受け、神との知的合一をめざす知的神秘主義によって聖書を解釈した。カバラーと現代の聖書批判学の先駆者とみなされる。 *300*

エッカーマン、ヨハン・ペーター（Eckermann, Johann Peter 1792–1854）、ドイツの詩人、作家。ゲーテと親交があり、『ゲーテとの対話（*Gespräche mit Goethe*）』（1836–48）を刊行。 *55, 56, 374, 397*

エック、ヨハンネス（Eck, Johannes 1486–1543）、ドイツのカトリック神学者。ルターと親交を結んだが、95箇条の提題以後彼の激しい敵対者になる。エムザーのドイツ語訳聖書をもとに南部ドイツ語訳（1537）をおこなった。 *394*

エックハルト、マイスター（Eckhart, Meister Johannes 1260頃–1328頃）、中世ドイツの神秘主義的神学者。「神との合一」を説き、その後のドイツ神秘主義思想に大きな影響を与えた。 *329, 362, 469*

エブナー、フェルディナンド（Ebner, Ferdinand 1882–1931）、オーストリアの哲学者。「プネウマトロギー（Pneumatologie）」という学問によって対話の哲学を提唱。 *29*

エムザー、ヒエロニムス（Emser, Hieronymus 1478–1527）、ドイツのカトリック神学者、人文主義者。ルターの聴講生だったが、のちに彼にたいする激しい批判を展開した。ウルガタ訳と中世ドイツ語訳を参照しながら、ルター訳にかわる新約聖書の新訳をおこなった。 *394*

エリウゲナ、ヨハンネス・スコトゥス（Eriugena, Johannes Scotus 800/15頃–77頃）、9世紀最大の哲学者、スコラ哲学の先駆者。彼は『自然区分論（*De divisione naturae*）』（全5巻、867年完成）において、自然を4つに区分し、すべては神からの「流出」であり、「神の現われ」であるすべては神と合一することによって完成すると説いた。　　　　　　　　　　　　　　　　　　　　　　　　　　　　　*468*

エル・シッド（el Cid 1045頃–99）、本名ロドリーゴ・ディアス・デ・ビヴァール（Rodrigo Días de Vivar）。レコンキスタで活躍したアスティーリア王国の貴族。叙事詩『わがシッドの歌（*El poema del Cid*）』に謳われているスペインの国民的英雄。

　　　　　　　　　　　　　　　　　　　　　　　　　　　　　　　　　477

エーレンベルク、ハンス（Ehrenberg, Hans 1883–1958）、ドイツのプロテスタント神学者。彼の父はローゼンツヴァイクの父のいとこである。
　　　　　　　　　　　　　　　　　　　　　　28, 44, 49, 59, 62, 75, 273

エーレンベルク、フィリップ（Ehrenberg, Philipp 1811–83）、ローゼンツヴァイクの曾祖父（サミュエル・エーレンベルク）と妻ヘンリエットの次男。啓蒙時代初期に、サムソン学校の教師としてユダヤ人の内的解放に努めた。　　　　*424*

エーレンベルク、ルドルフ（Ehrenberg, Rudolf 1884–1969）、ドイツの生物学者、生理学者。ローゼンツヴァイクのいとこ。　　　　　　　　　　*28, 53, 273*

オリヴェタヌス（またはオリヴェタン）、ピエール・ロベール（Olivétanus, Pierre-Robert 1505頃–1538）、フランスの宗教改革者、聖書翻訳者。カルヴァンのいとこであり、ヘブライ語、ギリシア語を学び、フランス最初の聖書翻訳者の一人になる。

　　　　　　　　　　　　　　　　　　　　　　　　　　　　　　　　　403

オルスハウゼン、ユストゥス（Olshausen, Justus 1800–82）、ドイツのオリエント学者、神学者、聖書学者。近代の文献学と比較言語学の方法を聖書のあいまいな箇所の解明に用いた最初の学者の一人であり、アラビア語を聖書の解明とヘブライ語の理解に利用した「アラビア学派」の草分け的存在。　　　　　　　　　　　*368*

オンケロス（Onkelos 35–120）、ユダヤ教に改宗したエジプト人。モーセ五書のアラム語訳（タルムグ・オンケロス）をおこなった。　　　　　　　　*407-409*

カ行

ガイゾウ、ハンス（Geisow, Hans 1879–1939）、ドイツの化学者、体育連盟役員であり、ナチの文化政策者。1921年にダンテ『神曲』のドイツ語訳をおこなった。

364

カウチュ、エミール・フリードリヒ（Kautsch, Emil Friedrich 1841–1910）、ドイツのヘブライ学者、旧約聖書学者。先駆者ヴェルハウゼンの影響のもとに、旧約聖書研究をすすめる。ゲゼニウスのヘブライ語教本を編集しなおし、「ドイツ・パレスチナ研究協会」の共同創設者となる。　　　　　*326, 349, 376, 388, 389, 397*

ガオン、サアディア・ベン・ヨセフ（Gaon, Saadiah ben Joseph 882–942）はエジプト生まれのゲオニーム時代最大の宗教哲学者。聖書のアラビア語訳をおこなう。

408

カッシーラー、エルンスト（Cassirer, Ernst 1874–1945）、ドイツのユダヤ系哲学者。カッシーラー版カント全集（全11巻）の編集者。マールブルク学派の立場から数学と自然科学の基礎づけを試み、これを裏づけるために近世哲学史についてすぐれた著書（『認識問題』全3巻、1906–23）を公けにした。しかし概念による科学的認識だけではなく、神話、芸術、言語なども世界を認識する形式（シンボル形式）だと考えるようになり、『シンボル形式の哲学（*Philosophie der symbolischen Formen*）』（全3巻、1923、27、29）を展開した。　　　*473, 476-478*

カーライル、トーマス（Carlyle, Thomas 1795–1881）、イギリスの歴史家、評論家。ドイツ文学を研究し、『シラー伝』（1825）を書き、ゲーテの『ヴィルヘルム・マイスター』などを翻訳。『フランス革命史』（1837）で有名になる。ジェーン・ベイリー・ウェルシュと結婚し、妻の死後、不幸な結婚生活について回想録を著した。
108, 111, 130

カーリール、エレアザル（Kalir, Eleazar 570頃–640頃）、ヘブライ語詩人。ユダヤ教のあらゆる重要な祭日の祈りを詩作し、アガダーを拠りどころにして新しいヘブライ語の用語を造りだした。その聖歌のいくつかはレオポルド・ツンツによってドイツ語に訳されている。

299

カルヴァン、ジャン（Calvin, Jean 1509–1564）、フランスの宗教改革者。主著『キリスト教綱要（*Christianae religionis institutio*）』（1536）においてプロテスタント神学を大成　　　　　　*403, 404, , 406, 412, 414, 423-425, 429*

人名索引　v

カール大帝（Karl der Große 742–814）、フランク王。800年、ローマ教皇から帝冠を授けられた。 　　　　　　　　　　　　　　　　　　　　　　　　　　　*335, 351*

カロ、ヨセフ・ベン・エフライム（Karo, Josef ben Efraim 1488–1575）、ハラハー学者。主著には『シュルハン・アルーフ（*Shulchan Aruch*）』のほかに、ヤコブ・ベン・アシェル『アルバ・トゥリーム』の註釈書『ベイト・ヨセフ（*Beit Yosef*）』がある。 　　　　　　　　　　　　　　　　　　　　　　　　　　　　　*307*

カーン、ザドク（Kahn, Zadoc 1839–1905）、フランスのラビ長。1899年に「ラビ聖書」として知られる聖書のフランス語訳をおこなった。 　　　　　　　　*424*

カーン、マヴリック（Kahn, Mawrik 生没年不詳）、戦時中ライプツィヒの野戦病院で知り合って以来のローゼンツヴァイクの知人。 　　　　　　　　　　*110, 130*

カント、イマニュエル（Kant, Immanuel 1724–1804）、ドイツの哲学者。批判的観念論、超越論的哲学の創始者。『純粋理性批判』（1781）、『実践理性批判』（88）、『判断力批判』（90）の三批判書を書く　*5, 9, 12, 30, 37, 42, 44, 46, 51, 57, 61, 62, 77, 81, 93, 107, 115, 129, 130, 136, 137, 162, 196, 240, 315, 318, 336, 355, 409, 438, 457, 475, 478*

キルケゴール、セーレン・オービエ（Kierkegaard, Søren Aabye 1813–55）、デンマークの実存主義の哲学者。 　　　　　　　　　　　　　　　　　　　　　*453*

クザーヌス、ニクラウス（Cusanus, Nicolaus 1401–64）、ドイツの神秘主義哲学者、神学者。主著は『知ある無知（*De docta ignorantia*）』（1440）。 　　　　*467–469*

クラツキン、ヤーコプ（Klatzkin, Jakob 1882–1948）、ユダヤ哲学者、ヘブライ語ジャーナリスト。コーヘンのもとで哲学を学ぶが、彼の死後『ヘルマン・コーヘン』（1919）でかつての師を批判した。スピノザに私淑し、1924年に『エチカ』のヘブライ語訳を刊行した。シオニズム運動に積極的に参加し、シオニズム機関紙『世界（*die Welt*）』（1909–11）、『自由シオニスト新聞（*Freie Zionistische Blätter*）』（1912–5）を発行。彼はユダヤ民族のアイデンティティをもっぱら国家と領土に求め、文化的統一性に意義を認めなかった。 　　　　　　　　*295–298, 300, 306, 307, 424, 425*

グラッベ、クリスチャン・フリードリヒ（Grabbe, Christian Dietrich 1801–1836）、ドイツの劇作家。近代リアリズムの先駆者のひとりで、歴史悲劇の新しい形式を開拓した。代表作『ドン・ジュアンとファウスト（*Don Juan und Faust*）』（1929）。

　　　　　　　　　　　　　　　　　　　　　　　　　　　　　　　　57, 78

グリム、ヘルマン・フリードリヒ（Grimm, Hermann Friedrich 1828–1901）、ドイツの芸術史家、文化史家。「グリム兄弟」のヴィルヘルム・グリムの子。『ミケランジェロ伝（*Leben Michelandelos*）』（全2巻、1860–68）で成功をおさめる。ヴァイマル版『ゲーテ全集』を編集し、ゲーテ教会設立に参加した。　　　*313*

クロムウェル、オリバー（Cromwell, Oliver 1599–1658）、イングランドの政治家、軍人。　　　*112, 152, 336*

ケストナー、エーリヒ（Kästner, Erich 1899–1974）、ドイツの詩人、作家。『エーミールと探偵たち（*Emil und die Detektive*）』（1929）で児童文学に新境地を拓く。

　　　103

ゲゼニウス，ハインリヒ・フリードリヒ・ヴィルヘルム（Gesenius, Heinrich Friedrich Wilhelm 1786–1842）、ドイツのプロテスタント神学者、セム語学者。厳密な比較言語学的方法によって、セム語学に貢献し、優れた聖書解釈者として知られる。主著『ヘブライ語文法書（*Hebräische Grammatik*）』（1813）。　　　*420*

ゲーテ、ヨハン・ヴォルフガング・フォン（Goethe, Johann Wolfgang von 1749–1832）、ドイツの詩人、小説家、劇作家。『若きウェルテルの悩み』（1774）、『ファウスト』（第1部1808、第2部1832）。　　　*23, 32, 43, 48, 50, 51, 55, 63, 71, 74, 75, 78–81, 93, 95, 103, 108, 111, 119, 121, 130, 131, 137, 139, 143, 152, 162, 195, 232, 233, 280, 290, 291, 318, 322, 336, 340, 341, 345, 350, 364, 371, 374, 376, 396, 397, 402, 426, 457, 466*

ケラー、ゴットフリート（Keller, Gottfried 1819–90）、スイスのドイツ語作家。自伝的長編小説『緑のハインリヒ（*Der grüne Heinrich*）』（全4巻、1854–55）が代表作。
　　　241, 476, 478

ゲレルト、クリスティアン（Gellert, Christian 1715–96）、ドイツの詩人、ライプツィヒ大学教授。「ゲレルトの賛歌」とは、「天を称える（Die Ehre Gottes aus der Natur）」（1757）という彼の詩に、1803年にベートーヴェンが曲をつけたもの。
　　　404, 429

ゴーガルテン、フリードリヒ（Gogarten, Friedrich 1887–1967）、ドイツのプロテスタント神学者。当初カール・バルトらの〈危機神学〉の一員として活動したが、やがて国家社会主義の宗教哲学を支持してナチスに協力し、〈ドイツ・キリスト者〉の神学的代表者の一人となり、そのためバルトと訣別した。　　　*416*

コッホ、リヒャルト（Koch, Richard 1882–1949）、ドイツの医者、医学史家。1920年にローゼンツヴァイクと知りあい、1923年以後、シュトラウス、ブーバーとともに自由ユダヤ学舎の指導を引きつぐ。ローゼンツヴァイクの発病後、彼の主治医となる。　　　　　　　　　　　　　　　　　　　　　　　　　　　　　　*108, 285*

コペルニクス、ニコラウス（Copernicus, Nicolaus 1473–1543）、ポーランドの天文学者。従来の天動説に反対し、遺著『天球の回転について（*De revolutionibus orbium coelestium*）』（1543）で地動説を主張。　　　　　　　　　　　　　　　　*7, 37, 44*

コーヘン、ヘルマン（Cohen, Hermann 1824–1918）、ユダヤ系ドイツの哲学者。新カント派（マールブルク学派）を率いて、カント批判哲学の復興に努めたが、最晩年には『ユダヤ教の精神からの理性の宗教（*Religion der Vernunft der Quellen des Judentums*）』（1919）において、ユダヤ教の立場から西洋の理性哲学にたいする再検討をおこなう。　　*28, 53, 87, 126, 133, 134, 162, 249, 250, 272, 295, 297, 423, 435-443, 457, 473-478*

コホレウス、ヨハン（Cochläus, Johann 1479–1552）、ドイツのカトリック神学者。
　　　　　　　　　　　　　　　　　　　　　　　　　　　　　　　　393, 394

ゴールトベルク、オスカー（Goldberg, Oskar 1885–1953）、ユダヤ系ドイツの医師、宗教哲学者。『ヘブライ人の現実（*Die Wirklichkeit der Hebräer*）』（1925）で、荒野を遍歴していた時代のユダヤ人を理想とみなし、『マイモニデス──ユダヤ人信仰教義批判（*Maimonides: Kritik der jüdischen Glaubenslehre*）』（1935）ではマイモニデスの合理主義的哲学を批判した。　　　　　　　　　　　　　　　　　　　*416, 463*

ゴルドナー、マルティン（Goldner, Martin 1902年生まれ）、ドイツの医者。自由ユダヤ学舎の書記となる。　　　　　　　　　　　　　　　　　　　　　　*245, 425*

コロンブス、クリストフォルス（Columbus, Christophorus 1446頃–1506）、イタリア生まれの航海者。1492年スペイン女王イサベル1世の援助を得て大西洋を横断し、アメリカ大陸を発見した。　　　　　　　　　　　　　　　　　　　　　　*79, 437*

コーン、エミール（Cohn, Emil 1881–1948）、ドイツのラビ、作家。翻訳家。エミール・ベルンハルトの名で『イェフダ・ハレヴィ詩集（*Yehuda Halevi, Ein Divan*）』（1920）を翻訳　　　　　　　　　　　　　　　　　　　　　　　*322, 324, 350*

サ行

ザロモン、ゴットホルト（Salomon, Gotthold）、ドイツのラビ、説教師、聖書翻訳者。正式な大学教育を受けなかったが、ハンブルグのシナゴーグで雄弁な説教師として長年活躍し、「近代ユダヤ説教法の父」と言われる。メンデルスゾーンの4人の弟子たちと協力して、『小預言書』を翻訳し、さらに1837年に旧約聖書のドイツ語訳『イスラエル人のためのドイツ民衆および学校用聖書（*Deutsche Volks- und Schulbibel für Israeliten*）』を刊行した。 *401, 428*

シェイクスピア、ウィリアム（Shakespeare, William 1564–1616）、イギリスの劇作家、詩人。四大悲劇『ハムレット』、『オセロ』、『リア王』、『マクベス』を書く。
164, 205, 325, 328, 329, 336, 364, 365

シェリング、フリードリヒ・ヴィルヘルム・ヨセフ・フォン（Friedrich Wilhelm Joseph von Schelling 1775–1854）、ドイツの哲学者。ヘーゲル、ヘルダーリンとともにテュービンゲン大学神学部に学ぶ。フィヒテの「知識学」に感動するが、やがて「自然哲学」によってフィヒテを離れ、『超越論的観念論の体系』（1800）で独自の立場を打ちたてた。だが、『人間的自由の本質』（1809）以後、著作を発表しなくなる。 *21, 46, 47, 49, 59, 76, 79*

シメオン、ベン・ヨハイ（Simeon, ben Yohai 2世紀中頃）、パレスチナのタンナ（師）。アキバの弟子で、ブネイブラクで学んだ。バルコフバの反乱後、ローマの厳しい追及と迫害に生き残った有能な五弟子の一人。 *456, 466*

シュタイナー、ルドルフ（Rudolf Steiner 1861–1925）、オーストリアとドイツ、のちにはアメリカで活躍した神秘主義者。神智学協会の会員となったのちに、神智学を独自に発展させた「人智学」を提唱した。 *77*

シュタドラー、アウグスト（Stadler, August 1850–1910）、スイスの学者、チューリヒ工業大学の哲学・教育学教授。F・A・ランゲのもとで学び、マールブルク学派の一人。 *476, 478*

シュタール、ルドルフ（Stahl, Rudolf 1899年生まれ）、ドイツの弁護士。しばらく自由ユダヤ学舎の書記を務めた。 *245, 285*

シュッツ、ローラント（Schütz, Roland 1883–1979）、新約聖書学者、プロテスタント神学者。 *319*

シュティルナー、マックス（Stirner, Max 1806–56）、ヘーゲル左派に属するドイツの哲学者。『唯一者とその所有（*Der Einzige und sein Eigenthum*）』（1844）。彼とこの著書については、『救済の星』（邦訳12頁）で言及されている。　　　　　　　　　　*201*

シュテプタート、ヴィルヘルム〔ヴィリー〕（Steputat, Wilhelm "Willy" 1868–1941）、ドイツの著述家、法律家、政治家。『ドイツ音韻辞典（*Deutsches Reimlexikon*）』（1819）を刊行。　　　　　　　　　　*330*

シュトラウス、エードゥアルト（Strauss, Eduard 1876–1952）、ドイツの生化学者。自由ユダヤ学舎の重要な講師の一人。　　　　　　　　　　*246, 247, 249, 285*

シュトラウス、ブルーノ（Strauß, Bruno 1889–1969）、ドイツの教育学者、ゲルマニスト、哲学史家。ヘルマン・コーヘンと親交を結び、『ユダヤ教の源泉からの理性の宗教』の初版（1919）および第2版（1929）のほかに、『ユダヤ著作集』（1924）を編集している。　　　　　　　　　　*473, 478*

シュトルベルク、フリードリヒ・レオポルド（Stolberg, Friedrich Leopold Graf zu 1750–1819）、ドイツの詩人、翻訳家、法学者。クロプシュトックを崇拝する「ゲッティンゲン詩社」に加わり、詩作に励む。代表作『水上で歌う（*Auf dem Wasser zu singen*）』（1782）。ホメロスの『イリアス』の翻訳（1778）のほか、アイスキュロスなども翻訳している。　　　　　　　　　　*321*

シュトレッカー、ハインリヒ・ヴィルヘルム・ラインハルト（Heinrich Wilhelm Reinhard Strecker 1876–1951）、ドイツの哲学者、教育学者、政治家。　　　　　　　　　　*101*

シューベルト、フランツ・ペーター（Schubert, Franz Peter 1797–1828）、オーストリアの作曲家。ドイツ歌曲をヴィーン学派の器楽と同じ水準に向上させ、また連作歌曲においてロマン主義の傾向を示した。　　　　　　　　　　*345, 352*

シュペングラー、オズヴァルド（Spengler, Oswald 1880–1936）、ドイツの文化哲学者。『西洋の没落（*Der Untergang des Abendlandes*）』全2巻（1918、1922）は、第一次大戦後ベストセラーになる。　　　　　　　　　　*17, 18, 46*

シュライアマハー、フリードリヒ（Schleiermacher, Friedrich 1768–1834）、ドイツの神学者、哲学者、文献学者。『宗教論（*Über die Religion*）』（1799）で、宗教の本質を「絶対的依存感情」に求め、ロマン主義者の共感を呼んだ。プラトンのドイツ語訳でも有名。　　　　　　　　　　*355*

シュルツェ゠ナウムブルク、パウル（Schulze-Naumburg, Paul 1869–1949）、ドイツの建築家、芸術理論家、画家。 *120*

シュレーゲル、アウグスト・ヴィルヘルム・フォン（Schlegel, August Wilhelm von 1767–1845）、ドイツの文学史家、批評家。弟フリードリヒとともにドイツ・ロマン主義運動を指導した。シェイクスピア翻訳で有名。 *364*

シュレーゲル、フリードリヒ・フォン（Schlegel, Friedlich von）、ドイツの文学史家、批評家、哲学者。ドイツ・ロマン主義芸術運動の指導者。 *48, 142, 162*

シュレンプ、クリストフ（Schrempf, Christoph 1860–1944）、ドイツの神学者、哲学者。キルケゴールに傾倒し、『キルケゴール全集』のドイツ語訳で知られる。
77, 81

ショーペンハウアー、アルトゥーア（Schopenhauer, Artur 1788–1860）、ドイツの哲学者。厭世思想を主張する。主著『意志と表象としての世界』（1919）。
5, 10, 25, 48

シラー、ヨハン・クリストフ・フリードリヒ・フォン（Schiller, Johann Christoph Friedrich von 1759–1805）、ゲーテと並ぶドイツ古典期の詩人。
163, 164, 196, 228, 240, 336, 364, 396

シール、オットー（Scheel, Otto 1876–1954）ドイツの神学者。自伝『マルティン・ルター――カトリシズムから宗教改革へ（*Martin Luther: vom Katholizismus zur Reformation*）』（第1巻1916、第2巻1917）で有名になる。 *395*

スエトニウス・トランクィルス、ガイウス（Suetonius Tranquillus, Gaius 70頃–140頃）、ローマ帝国五賢帝時代の伝記作家。トラヤヌス帝、ハドリアヌス帝に仕え、文書係などの要職に就くが、121年（一説では120）の不祥事で解雇されたのち執筆に専念した。代表作は『ローマ皇帝伝（*De vita Caesarum*）』。 *335, 351*

スピノザ、バルフ・デ（Spinoza, Baruch de 1632–1677）、オランダのユダヤ系哲学者。自由思想のゆえにユダヤ教会から破門され、そのために主著『エチカ』は生前には発表されなかった。近代にヤコービやゲーテを通じて重要視されるようになる。
9, 14, 15, 46, 63, 67, 80, 142, 238, 295-298, 300, 304, 306, 307

ゼノン（エレアの）（Zenon ho Eleates BC490頃–BC430頃）、古代ギリシアの哲学

者。エレア派の始祖パルメニデス（Parmenides BC544–BC501）の弟子であり、師の学説を証明するために「ゼノンのパラドックス」を考えだした。 *144, 162, 163*

ゼンパー、ゴットフリート（Semper, Gottfried 1803–1879）、ドイツの建築家。イタリア・ルネサンス様式の建築をおこなう。『様式論（*Der Stil in den technischen und tektonischen Künsten oder Praktische Ästhetik*）』（1860–63）は、以後の芸術論に大きな影響を与えた。 *120*

ソクラテス（Sokrates BC470–BC399）、ギリシアの哲学者。ソフィストに反対し、「無知の知」を主張した。 *27, 89, 90, 93*

ソフォクレス（Sophokles BC496/497–BC406）、ギリシア三大悲劇詩人の一人。『アンティゴネー』、『オイディプス王』。 *147*

タ行

ダイスマン、グスタフ・アドルフ（Deissmann, Gustav Adolf 1866–1937）、ドイツのプロテスタント神学者、新約聖書学者。新約聖書で使用されたギリシア語にかんする研究で有名。 *427*

タゴール、ラビンドラナート（Tagore, Rabindranath 1861–1941）はベンガル出身の詩人、劇作家、小説家。『ギーターンジャリ（*Gitanjali*）』（1910）においてアジア人ではじめてノーベル文学賞（1913）を受賞した。 *25, 48, 305*

ダンテ（Dante Alighieri 1265–1321）、イタリア最大の詩人。叙事詩『神曲（*La Divina Commedia*）』（1307–21）、叙情詩『新生（*La Vita Nuova*）』（1293頃）。 *78, 105, 143, 318, 325, 336, 362, 364, 365, 453*

ツンツ、レオポルト（Zunz, Leopold 1794–1886）、ドイツのユダヤ人哲学者、「ユダヤ学（Wissenschaft des Judentums）」の創始者。ベルリン大学で学び、1819年にユダヤ人文化学術協会の結成に参加した。主要著作に『ユダヤ人の祭祀（*Die gottesdienstliche Vorträge der Juden*）』（1832）、『中世シナゴーグ詩文（*Die synagogale Poesie des Mittelalters*）』（55）、『シナゴーグ詩文学史（*Literaturgeschichte der synagogalen Poesie*）』（66）などがある。 *133, 134, 162, 255, 256, 401, 428*

ディーテンベルガー、ヨハン（Dietenberger, Johann 1475頃–1537）、ドイツのスコ

ラ神学者。 393

ディルタイ、ヴィルヘルム（Dilthey, Whilhelm 1833–1911）、ドイツの哲学者。記述的・分析的心理学による精神諸科学の基礎づけを試みる。さらにヘーゲルの理性主義に反対し、歴史的生の構造を内在的に、体験、表現、理解から解明しようとした。『精神諸科学における歴史的世界の構成』（1910）。 50, 470

デカルト、ルネ（Descartes, René 1596–1650）、フランスの哲学者。方法的懐疑によって「我思う、ゆえに我あり」という哲学の第一原理を確立。近代哲学の父と言われる。 46, 142

デュニン＝ボルコヴィスキー、スタニラウス・フォン（Dunin-Borkowski, Stanilaus von 1864–1934）、オーストリアの教育学者、教会史・宗教史・哲学史家。スピノザにかんして多くの論文を発表している。 296

デュ・ボア＝レイモン、パウル（du Bois-Reymond, Paul 1831–1889）、ドイツの数学者。『関数の一般理論（*Théorie générale des fonctions*）』（1882）。 139

デューラー、アルブレヒト（Dürer, Albrecht 1471–1528）、ドイツ・ルネサンスの画家、版画家。 361

テラー、ヴィルヘルム・アブラハム（Teller, Wilhelm Abraham 1734–1804）、ドイツのプロテスト神学者、啓蒙主義者。 363

デリッチュ、フランツ（Delitzsch, Franz Julius 1813–90）、ドイツのルター派神学者。一八八六年にユダヤ研究所を設立し、40年以上かけて新約聖書のヘブライ語訳を出版し、旧約聖書の註釈でもすぐれた業績を残した。救済史的観点から反ユダヤ主義を批判した。 368

トイブラー、オイゲン（Täubler, Eugen 1879–1953）、ドイツの歴史家。1906年にドイツ・ユダヤ人総合文書館を共同創設し、1918年まで館長。 149

ドゥンス・スコトゥス（Duns Scotus, Johannes 1274–1308）、中世の神学者、哲学者。トマス・アクィナス以後のスコラ哲学の継承者。個物にはそれを個物たらしめる個体化の原理、「これ性（haecceitas）」が内在すると主張した。 469

ドストエフスキー、フョードル・ミハイロヴィチ（Dostoevskii, Fedor Mikhailovich

ドライヴァー、ゴッドフリー・ロールズ (Driver, Godfrei Rolles 1892–1972)、イギリスのオリエント学者。セム語と古代アッシリアの研究で有名。　　　*426, 427*

トルストイ、アレクセイ・コンスタンチノヴィチ (Tolstoi, Aleksei Konstantinovich 1817–1875)、ロシアの小説家、劇作家、詩人。　　　　　　　　　*145, 147, 173*

トレンク、ジークフリート・フォン・デア (Trenck, Siegfried von der 1882–1951)、ドイツの長編作家、評論家。ナチに積極的に加担した。1921年にダンテ『神曲』のドイツ語訳『永遠の歌 (*Das Ewige Lied*)』を発表。　　　　　　　　*364*

ナ行

ナフマン、モーシェ・ベン (Nahman, Moshe ben 1194–1270)、中世カタルーニャのユダヤ人学者。ナフマニデス (Nachmanides) はギリシア風の呼びかたであり、ランバン (Ramban) とも呼ばれる。　　　　　　　　　　　　　　　*407, 463*

ニーチェ、フリードリヒ・ヴィルヘルム (Nietzsche, Friedrich Wilhelm 1844–1900)、ドイツの哲学者。実存哲学の先駆者。主著『ツァラトゥストラかく語りき』(1883–85) など。　　　　　　　　　　　　　　　　　*101, 142, 240, 350*

ニュートン、アイザック (Newton, Isaac 1642–1727)、イギリスの数学者、物理学者、天文学者。近代力学の完成者。　　　　　　　　　　　　　　　　*139*

ノーベル、ネヘミア・アントン (Nobel, Nehemiah Anton 1871–1922)、ドイツの正統派ラビ、宗教的指導者。フランクフルト時代 (1910–22) に、ローゼンツヴァイクを含めたユダヤ青年たちに大きな影響を与えた。ローゼンツヴァイクは彼に「思索者── A. N. ノーベルへの追悼の辞 (Der Denker: Nachruf aud A. N. Nobel)」(全集版第3巻667–9頁) というエッセイをささげている。　　　　　　　　*442, 474*

ハ行

ハアム、アハド（Ha’am, Achad 1856–1927）、本名アシュル・ギンツベルク（Acher Ginzberg）、ウクライナ出身のシオニスト、ヘブライ語作家。テオドール・ヘルツルのユダヤ人国家をユートピアにすぎないとして、パレスチナはユダヤ文化の精神的中心となり、それを通じてディアスポラのユダヤ民族問題の解決を促すべきだと主張した。さらに、現代のヘブライ語の文学様式を基礎づけた。 *303, 308*

ハイデガー、マルティン（Heidegger, Martin 1889–1976）、ドイツの哲学者。フッサールの現象学の事象そのものを把える方法から出発して独自の存在論、解釈学的現象学を創始した。主著『存在と時間』（1927）は20世紀のもっとも影響力の大きい著作である。 *473, 476–478*

ハインツェ、マックス（Heinze, Max 1835–1909）、ドイツの哲学史家。プフォルタ学院でニーチェを教える。アカデミー版『カント全集』を監修し、雑誌『カント研究』を編集。ユーバーヴェーク死後、彼の『哲学史綱要』の改訂や編集に尽力した。 *8, 44*

バウアー、フェルディナント・クリスチャン（Baur, Ferdinand Christian 1792–1860）、ドイツの教会史家、聖書学者であり、プロテスタント自由主義神学の一派であるテュービンゲン学派の指導的人物。 *469*

バウディシン、ヴォルフ・ヴィルヘルム（Baudissin, Wolf Wilhelm, Graf von 1847–1926）、ドイツのルター派神学者、ドイツのプロテスタント神学者、旧約聖書学者。セム宗教一般に詳しい。 *425–427*

バッハ、ヨハン・ゼバスティアン（Bach, Johann Sebastian 1685–1750）、ドイツ・バロック期の作曲家。代表作『マタイ受難曲』、『ブランデンブルク協奏曲』など。 *371*

ハーマン、ヨハン・ゲオルグ（Hamann, Johann Georg 1730–1788）、ドイツの哲学者。カントの純粋悟性認識に反対し、感情や体験を重視した。「詩は人類の母語である」という言葉は有名。 *317*

パラケルスス（Paracelsus）、本名テオフラストゥス・フォン・ホーヘンハイム（Theophrastus von Hohenheim 1493–1541）、スイスの医師、錬金術師、神秘思想家。 *469*

バルト、カール（Barth, Karl 1886–1968）、スイスのプロテスタント神学者。著書『ローマ書講解』（1919）は、弁証法神学という新しい神学運動のきっかけとなった。彼の神学は近代神学の人間的傾向を批判し、人間に対する神の超越と自由とを強調する。告白教会の指導者としてヒトラーに抵抗し、1932年から未完の大著『教会教義学』（全4巻13冊）を書いた。 *416*

ハルナック、アドルフ・フォン（Harnack, Adolf von 1851–1930）、ドイツの神学者、教会史家。主著『エウセビウスまでの古代キリスト教文献史（*Geschichte der altchristlichen Literatur bis Eusebius*）』（1893–1904）。 *458*

ハレヴィ、イェフダ（Halevi, Jehuda 1075頃–1141）、イベリア半島出身のユダヤ詩人、哲学者。代表作『クザリ』（1140頃）。
29, 43, 49, 299, 318, 321, 322, 330, 331, 338-350, 352, 430, 446

ハロ、ルドルフ（Hallo, Rudolf 1896–1933）、ドイツの考古学者、古典文献学者。ローゼンツヴァイクの幼なじみ。ローゼンツヴァイクが病気になったあと、自由ユダヤ学舎の主要な業務を引き継いだ。 *245, 285*

ヒエロニムス、エウセビウス・ソポロニウス（Hieronymus, Eusebius Sophronius 347頃–420）、初代ラテン教父。聖書のラテン語訳（ウルガタ聖書）を製作した。
284, 382, 385, 391, 398

ビスマルク、オットー・エドゥアルド・レオポルト（Bismarck, Otto Eduard Leopold Fürst von 1815–1898）、ドイツの政治家。ドイツ第二帝国の建設者。 *131, 231, 232*

ヒルシュ、ザムゾン・ラファエル（Hirsch, Samson Raphael 1808–1888）、ドイツのラビ。1851年にフランクフルトの正統派ユダヤ教の「イスラエルの民宗教協会」のラビとなる。『モーセ五書の翻訳と解説』（全5巻、1867–78）、『詩篇』（1882）を翻訳する。 *402, 403, 405, 411, 422, 424, 429*

フィヒテ、ヨハン・ゴットリーブ（Fichte, Johann Gottlieb 1762–1814）、ドイツの哲学者。ドイツ観念論の代表者の一人。カントの影響のもとに知識学を展開する。『全知識学の基礎』（1794）。 *28, 49, 58, 74, 79, 133, 162, 202, 219, 336*

フィリップゾーン、ルートヴィヒ（Philippson, Ludwig 1811–89）、ドイツのラビで著述家。1837年に『ユダヤ一般新聞（*Allgemeine Zeitung des Judentums*）』を創刊。聖書翻訳には1839年に着手し、1853年に完成した。 *402, 428*

フィロン（アレクサンドリアの）(Philon ho Alexandreios BC25頃–BC45頃)、ヘレニズム時代のユダヤ哲学者。ギリシア哲学の概念を導入し、ユダヤ教の理論的基礎づけをおこなう。　　　　　　　　　　　　　　　　　　　　　　　　　　　　　　87, 415, 430, 438

フォイエルバッハ、ルートヴィヒ (Feuerbach, Ludwig 1804–1872)、ヘーゲル左派の代表的な唯物論的哲学者。　　　　　　　　　　　　　　　　　　　　　　　　　　　　　28, 49

フォーゲルヴァイデ、ヴァルター・フォン・デア (Vogelweide, Walther von der 1170頃–1230頃)、ドイツの中高ドイツ語叙情詩人。　　　　　　　　　　　　　　　　　346

フォス、ヨハン・ハインリヒ (Voss, Johan Heinrich 1751–1826)、ドイツの詩人、翻訳家。「ゲッティンゲン詩社」に参加。ギリシア・ラテンの古典を数多く翻訳したが、ホメロスの翻訳はもっとも有名。　　　　　　　　　　　　　　　　　329, 364, 366

フッサール、エドムント (Husserl, Edmund 1859–1938)、ドイツの哲学者。「厳密な学としての哲学」を標榜し、「志向性」、「ノエシス＝ノエマ」といった概念を駆使して「現象学」という新しい学問を樹立した。ハイデガー、マックス・シェーラー、サルトル、メルロ＝ポンティなどに大きな影響を与えた。　　　　　　　　　　　476

ブーバー、マルティン (Buber, Martin 1878–1965)、オーストリア出身のユダヤ系宗教哲学者。18世紀のポーランドで起こったユダヤの敬虔主義運動「ハシディズム」を西洋に紹介し、『我と汝』(1922)では対話の哲学を展開した。ローゼンツヴァイクを誘い、聖書のドイツ語訳をおこない、ローゼンツヴァイクの死後は一人で完成した。　　29, 49, 161, 209, 247, 266, 313, 319, 398, 399, 428, 439, 443, 467, 470, 472

聖フランチェスコ（アッシジの）(Franciscus Assisiensis)、ジョバンニ・フランチェスコ・ベルナルドーネ (Giovanni Franceso Bernardone 1182–1226)、フランシスコ修道会を創立したイタリアの守護聖人。　　　　　　　　　　　　　　　　　　　　375

フリッチェ、ローベルト・アルノルト (Fritzsche, Robert Arnold 1868–1939)、ドイツの古典文献学者、司書。　　　　　　　　　　　　　　　　　　　　　　　　　　　　　473

ブール、フランツ (Buhl, Frants 1850–1932)、デンマークのオリエント学者、旧約聖書学者。　　　　　　　　　　　　　　　　　　　　　　　　　　　　　　　　　　　　420

ブルクハルト、カール・ヤーコプ・クリストフ (Burkhard, Carl Jacob Christoph 1818–1897)、スイスの歴史家、文化史家。　　　　　　　　　　　　　　　　　101, 350

ブルダッハ、コンラート（Burdach, Konrad 1859–1936）、ドイツのゲルマニスト、文芸学者。ドイツ中世の精神史的研究、特にヴァルター（フォーゲルヴァイデの）にかんする精細な研究のほか、ドイツ語を精神史との連関において把握することに努めた。 *393*

ブルーノ、ジョルダーノ（Bruno, Giordano 1548–1600）、後期ルネサンスの哲学者。コペルニクスを支持し、無限宇宙論を主張して火刑に処せられる。主著『無限・宇宙・諸世界について（*De l'Infinito, Universo e Mondi*）』（1584）。 *142, 473, 478*

プロティノス（Plotinos 204–270）。新プラトン主義の創始者とされるギリシアの哲学者。『エンネアデス（*Enneades*）』（全6巻）。 *77*

ブロート、マックス（Brod, Max 1884–1968）、ユダヤ系のオーストリア作家。『ノルネピッゲ城（*Schloß Nornepygge*）』（1908）で表現主義作家として認められ、宗教哲学的著作『異教・キリスト教・ユダヤ教（*Heidentum, Christentum und Judentum*）』（1921）も評判を呼んだ。熱烈なシオニストで、1939年にパレスチナに移住。フランツ・カフカの友人にして紹介者としても知られる。
19, 47, 256, 445, 450-460, 464, 466

ヘーゲル、ゲオルク・ヴィルヘルム・フリードリヒ・フォン（Hegel, Georg Wilhelm Friedrich von 1770–1831）、ドイツの哲学者、ドイツ観念論の完成者。
9, 45, 49, 53, 55, 57, 59, 62, 68, 70, 74, 75, 79, 93, 101, 142, 196, 241, 336, 351, 392, 469, 472

ベーコン、フランシス（Bacon, Francis 1561–1626）、英国の哲学者・政治家。スコラ主義を打破し、経験と実験を重視する帰納法を主張。経験論の先駆者となった。
142, 194

ベック、レオ（Baeck, Leo 1873–1956）、ドイツのラビ、ユダヤ学者。リベラルなユダヤ人指導者。主著『ユダヤ教の本質（*Das Wesen des Judentums*）』（1905）は、プロテスタント神学者アドルフ・フォン・ハルナックがユダヤ教を時代遅れの律法宗教として批判したことへの反論の書である。 *445, 457-460, 464, 466*

ヘッケル、エルンスト・ハインリヒ（Haeckel, Ernst Heinrich 1834–1919）、ドイツの生物学者、哲学者。ダーヴィンの進化論をドイツに広め、生物界を一元論的に説明した。1906年に「ドイツ一元論者同盟」を結成。『宇宙の謎（*Die Welträthsel*）』（1899）、『生命の不可思議（*Die Lebenswunder*）』（1904）。 *96*

ベートーヴェン、ルートヴィヒ・ヴァン（Beethoven, Ludwig van 1770–1827）、ドイツの作曲家。ウィーン古典派様式の完成者で西洋音楽の代表的巨匠の一人。

115, 404, 429

ベーメ、ヤーコブ（Böhme, Jakob 1575–1624）、ドイツの神秘主義哲学者。靴職人であり、ドイツ語ではじめて著述した。主著に『アウローラ（*Aurora*）』（1612）、『キリストへの道（*Christsophia*）』（1621）、『大いなる神秘（*Mysterium magnum*）』（1623）などがある。

467-469

ヘラー、ゼーリヒマン（Heller, Seligmann 1830–90）、オーストリアの詩人、ジャーナリスト。

330, 331

ヘリゲル、ヘルマン（Herrigel, Hermann 1888–1973）、ドイツのジャーナリスト、1935年まで『フランクフルター・ツァイトゥング（*Frankfurter Zeitung*）』紙の編集者。

478

ベルシェ、ヴィルヘルム（Boelsche, Wilhelm 1861–1939）、ドイツの作家、自然哲学者、ダーウィン主義者。

226

ヘルダー、ヨハン・ゴットフリート・フォン（Herder, Johann Gottfried von 1744–1803）、ドイツの哲学者、美学者、批評家、言語学者。カントの理性主義に反対して、近代キリスト教的ヒューマニズムの立場を確立。『言語起源論（*Abhandlung über den Ursprung der Sprache*）』（1772）、『人類の歴史哲学考案（*Ideen zur Philosophie der Geschichte der Menschheit*）』（1784–91）。

142, 317

ヘルダーリン、ヨハン・クリスチャン・フリードリヒ（Hölderlin, Johann Christian Friedrich 1770–1843）、ドイツの詩人。小説『ヒュペーリオン（*Hyperion oder Der Eremit in Griechenland*）』（1797–9）、戯曲『エンペドクレスの死（*Der Tod des Empedokles*）』（1797–1800）。

119, 340

ヘルツル、テオドール（Herzl, Theodor 1860–1904）、政治的シオニズムの創始者。ジャーナリストとしてフランスに赴いたさいにドレフュス事件と反ユダヤ主義に遭遇した彼は、ユダヤ人には独立国家が必要であることを痛感し、『ユダヤ人国家（*Der Judenstaat*）』（1896）を刊行し、スイスのバーゼルで第一回シオニズム会議（1897）を開催した。ユダヤ人国家の候補地としてパレスチナのほか、アルゼンチンやウガンダなども考えたが、志なかばで死去した。

290, 308

ベンシュ、オットー（Baensch Otto 1878–1936）、スピノザ研究者、1905年にスピノザ『エチカ』のドイツ語訳を出版。1906年から18年までストラスブルグ大学私講師、そののちミュンヘン大学哲学教授。 *295, 307*

ホプフ、ゲオルク・ヴィルヘルム（Georg Wilhelm Hopf）、不詳。 *393, 394*

ホメロス（Homeros 生没年未詳）、前8世紀頃のギリシアの詩人。ヨーロッパ最古の詩人で、英雄叙事詩『イリアス』と『オデュッセイア』の作者と言われる。 *18, 309, 329, 332, 364-366, 396*

マ行

マイアー、エードゥアルト（Meyer, Eduard 1855–1930）、ドイツの歴史家。モムゼンに続く世代を代表する古代史家。『古代史（*Geschichte des Alterthums*）』（全5巻、1884–1902）は、オリエントからローマまでを同時代史的に記述した画期的大著。 *349*

マイモン、アブラハム・モーシェ・ベン（Maimon, Abraham Moshe ben 1135–1204）、スペイン生まれの哲学者、法学者。マイモニデス、ランバムとも呼ばれる。ユダヤ法を主題別に編集した『ミシュネー・トーラー（*Mischne Tora*）』（全14巻）は重要。政治的主著『迷える者への手引き（*Führer der Unschlüssigen*）』は1190年に刊行された。 *178, 181, 195, 299, 307, 318, 408, 412, 438, 445, 446, 448, 449, 462, 463*

マイリンク、グスタフ（Meyrink, Gustav 1868–1932）、オーストリアの小説家。カバラ、占星術、神智学などの神秘思想の影響を受けた幻想小説を書いた。プラハのシナゴーグの伝説を題材とした『ゴーレム（*Der Golem*）』（1915）、ヨーロッパの没落を描いた『緑の顔（*Das grüne Gesicht*）』（1916）などの作品がある。 *77, 82*

マテジウス、ヨハンネス（Mathesius, Johannes 1504–65）、ドイツのルター派の神学者。『ルター伝（*Luthers Leben*）』（1566）。 *395*

マロ、クレマン（Marot, Clément 1497–1544）、ルネサンスのフランス詩人。フランス語韻文による『詩篇』訳を1541年に出版している。 *404, 429*

マン、パウル・トーマス（Mann, Paul Thomas 1875–1955）、ドイツの小説家。代表作『ヴェニスに死す』（1912）、『魔の山』（1924）など。 *300*

ミケランジェロ・ブオナッローティ（Michelangelo Buonarroti 1475–1564）、イタリアの画家、彫刻家、建築家。　　　　　　　　　　　　　　　　　　*115, 120*

ミュラー、イヴァン・フィリップ・エドゥアルド（Müller, Iwan Philipp Eduard 1830–1917）、ドイツの古典文献学者、教育学者。『古典文献教本（*Handbuch der Altertumswissenschaft*）』の編者。　　　　　　　　　　　　　　　　*322, 324, 350*

メンデルスゾーン、モーゼス（Mendelssohn, Moses 1729–1786）、ドイツのユダヤ系哲学者。啓蒙主義の影響のもとにユダヤ教の改革をおこない、汎神論論争の当事者となった。　　*255, 256, 401–406, 408–410, 412, 414, 415, 417, 422–425, 428, 429, 463*

ヤ行

ヤーコプ、ベンノ（Jacob, Benno 1862–1945）、ドイツ・リベラル派のラビ、ユダヤの聖書註釈者。　　　　　　　　　　　　　　　　　　　　*394, 409, 410, 425, 427*

ヤストロウ、モーリス（Jastrow, Morris 1861–1921）、ポーランド生まれのアメリカのオリエント学者。　　　　　　　　　　　　　　　　　　　　　　　　*417, 418*

ユーバーヴェーク、フリードリヒ（Überweg, Friedrich 1826–1871）、ドイツの哲学者、哲学史家。1862年から66年にかけて『哲学史綱要（*Grundriss der Geschichte der Philosophie*）』全3巻（1862–66）を刊行。　　　　　　　　　　　　　　　　*8, 44*

ヨールソン、ヨーゼフ（Johlson, Joseph 1777–1851）、改革派教育者、ユダヤ神学者。聖書翻訳は1831–35年、第一巻はモーセ五書、第二巻はヨシュア記、士師記、サムエル記、列王記。　　　　　　　　　　　　　　　　　　　　　　　*401, 402, 428*

ラ行

ラガルド、パウル（Lagarde, Paul Anton de 1827–1891）、ドイツの新約聖書学者、東洋学者。ギリシア語、アラム語、シリア語、ヘブライ語などの聖書の複写と編集をおこない、七〇人訳旧約聖書を研究した。ドイツ民族主義の立場から、唯物論、自由主義、ユダヤ教を攻撃した。　　　　　　　　　　　　　　　　　　*171, 368*

ラシ（Raschi 1040–1105）、ラビ・サロモ・ベン・イサク（Rabbi Salomo ben Isaak）、

あるいは、ラビ・シュローモー・イツハーキー（Rabbi Schlomo Jizchaki）の略語。中世フランスのラビで、『バビロニア・タルムード』の註釈で有名。

79, 171, 194, 299, 316, 409, 412

ラシーヌ、ジャン（Racine, Jean-Baptist 1639–1699)、フランスの劇作家。三大古典劇作家の一人。　*404*

ラシュバム（Raschbam 1085頃–1174頃)、本名サムエル・ベン・メイアー（Samuel ben Meir)。12世紀のタルムード註釈者、ラシの孫。　*412*

ラツァルス、モーリッツ（Lazarus, Moritz 1824–1903)、ドイツのユダヤ系哲学者。1851年にハイマン・シュタインタール（Heymann Steinthal 1823–99）とともに、言語、法律、宗教などの民族意識を厳密に研究する「民族心理学」を創始した。「われわれはドイツ人以外の何者でもない」と語り、ユダヤ人の民族的独自性を認めなかった。『ユダヤ教の倫理（*Die Ethik des Judenthums*)』（全2巻、1898–1911）では、普遍的な社会倫理こそがユダヤ教の本質だと主張し、ヘルマン・コーヘンに批判された。　*457, 466*

ラング、フローレンス・クリスチャン（Rang, Florens Christian 1864–1924)、ドイツのプロテスタント神学者、著作家。　*29*

ランダウアー、グスタフ（Landauer, Gustav 1870–1919)、ユダヤ系ドイツのアナーキスト。「自由民衆劇場」に属し、雑誌『社会主義者（*Sozialist*)』（1892–9）の編集にたずさわる。フリッツ・マウトナーの言語批判に影響を受け、『懐疑と神秘主義（*Skepsis und Mystik*)』（1903）を書き、マルティン・ブーバーの影響のもとにユダヤ人問題を論じた。第一次大戦後、アイスナーとともにミュンヘンの中央労働者評議会を結成し、当地のレーテ共和国の文相に就任するが、一九一九年に反革命義勇軍によって殺害された。　*450, 464*

リーサー、ガブリエル（Riesser, Gabriel 1806–63)、ハンブルクの上級裁判所評議員。フランクフルト国民会議で副議長を務めた。　*288*

リッケルト、ハインリヒ・ヨーン（Rickert, Heinrich John 1863–1936)、ドイツの哲学者、新カント派の一派西南ドイツ学派の指導者。ローゼンツヴァイクは学生時代に彼のもとで哲学を学んだ。　*96*

リトレ、マクシミリアン・ポール・エミール（Littré, Maximilien Paul Emile 1801–81)、

フランスの社会学者、実証主義者コントの弟子。『フランス語辞典（*Dictionnaire de la langague française*)』全4巻（1863–73）補遺（1878）を刊行。 *404*

リュッケルト、フリードリヒ（Rückert, Friedrich 1788–1866）、ドイツの詩人、翻訳者、東洋学者。「フライムント・ライマー」のペンネームで愛国詩を書き、インド、アラビア、ペルシアなどの東洋文学を翻訳した。 *330*

ルース、エドゥアール・ギョーム・ウジェーヌ（Reuss, Édouard Guillaume Eugène 1804–1891）、フランス（アルザス州）出身のプロテスタント神学者。『カルヴァン全集（*Calvani opera*)』（全59巻、1863–73）の共同編集者。 *403, 424*

ルター、マルティン（Luther, Martin 1483–1546）、ドイツの神学者、宗教改革者。ザクセン選帝侯の保護のもとでドイツ語訳聖書を完成させた。 *161, 312, 326-329, 337, 356, 358-363, 366-368, 370-372, 374, 378, 380-382, 384-386, 388-393, 395-397, 404, 411, 426*

ルツァット、ザムエル・ダーフィト（Luzzatto, Samuel David 1800–65）、イタリア系ユダヤ人の詩人、哲学者。代表作『転向者の恋人（*Ohev Ger*)』（1830）『トーラーの基礎（*Yesodei: ha-Torah*)』（1880）。 *344*

ルフト、ハンス（Lufft, Hans 1495頃–1584）、ドイツの宗教改革期の出版業者。1543年にルター訳聖書の最初の全集を刊行し、10万冊を売りあげた。 *370, 393*

ルリア、イサク・ベン・サロモ（Luria, Isaak ben Salomo 1543–1572?）、サフェドのカバリスト。カバラに決定的な新解釈を与え、後世に重要な影響を及ぼした。 *59, 79*

レーゲンスブルク、ベルトルト・フォン（Regensburg, Berthold von 1210頃–72）、中世のもっとも有名な説教者のひとり。 *362*

レンナー、カール（Renner, Karl 1870–1950）、オーストリアの社会主義者で政治家。第一次世界大戦直後の共和国で初代首相となり、第二次大戦後の共和国でも臨時首相、初代大統領となる。 *289*

レンバッハ、フランツ・フォン（Lenbach, Franz von 1836–1904）、ドイツの画家。ウィーン、ベルリン、エジプトを訪れ、国際的な肖像画家として活躍。ビスマルクの肖像画（1879）など、著名人の肖像画が多い。 *120, 131*

レンブラント、ファン・レイン（Rembrandt, Harmensz van Rijn 1606–1669）、オランダの画家。 *115*

ローゼンシュトック゠ヒュシィ、オイゲン（Rosenstock-Huessy, Eugen 1888–1973）、ドイツの哲学者。『応用心理学（*Angewandte Seelenkunde*）』（1916）で対話の哲学を展開。若いころ、ローゼンツヴァイクと親交があった。 *28, 53-55, 76, 78, 273*

ワ行

ワーグナー、ヴィルヘルム・リヒャルト（Wagner, Wilhelm Richard 183–83）、ドイツの作曲家。音楽、演劇、詩を融合した総合芸術をめざす楽劇を創始した。
115, 131, 228, 333

《叢書・ウニベルシタス　1104》
新しい思考

2019年10月25日　初版第1刷発行

フランツ・ローゼンツヴァイク
村岡晋一・田中直美 編訳
発行所　一般財団法人　法政大学出版局
〒102-0071 東京都千代田区富士見2-17-1
電話 03(5214)5540　振替 00160-6-95814
組版：HUP　印刷：平文社　製本：誠製本

Printed in Japan
ISBN978-4-588-01104-7

著　者

フランツ・ローゼンツヴァイク（Franz Rosenzweig）
1886年、ドイツに生まれる。ゲッティンゲン大学、ミュンヘン大学にて医学を、フライブルク大学にて歴史学・哲学を学び、フリードリヒ・マイネッケの指導のもと、ヘーゲルに関する博士論文を提出する（1921年、『ヘーゲルと国家』として刊行）。第一次世界大戦末期の1918年、バルカン戦線の塹壕のなかで霊感を受け、主著『救済の星』を執筆（1921年刊行）。1920年、ユダヤ人のための成人教育機関「自由ユダヤ学舎」を開校。1921年、筋萎縮側索硬化症を発症。マルティン・ブーバーとともに旧約聖書の新しいドイツ語訳に着手するが、1929年逝去。日本語訳に『救済の星』（村岡晋一他訳、みすず書房、2009年）、『健康な悟性と病的な悟性』（村岡晋一訳、作品社、2011年）、『ヘーゲルと国家』（村岡晋一他訳、作品社、2015年）がある。

訳　者

村岡晋一（むらおか・しんいち）
1952年、熊本県生まれ。中央大学文学部卒業。同大学大学院文学研究科博士後期課程中退。現在、中央大学理工学部教授。ドイツ・ユダヤ思想、ドイツ観念論専攻。著書に『対話の哲学——ドイツ・ユダヤ思想の隠れた系譜』（講談社選書メチエ、2008年）、『ドイツ観念論——カント・フィヒテ・シェリング・ヘーゲル』（講談社選書メチエ、2012年）、訳書にローゼンツヴァイクの諸著作のほか、マーティン・ジェイ『アドルノ』（共訳、岩波書店、1987年）、カッシーラー『シンボル形式の哲学』（第3巻、共訳、岩波書店、1994年）、同『認識問題』（全5冊、共訳、みすず書房、1996–2013年）、ヘーゲル『ヘーゲル初期論文集成』（共訳、作品社、2017年）などがある。

田中直美（たなか・なおみ）
お茶の水女子大学人間文化創成科学研究科博士後期課程修了。現在、武蔵丘短期大学講師。教育哲学、教育思想専攻。論文に「対話的思想における人間形成論的研究——H. アーレントからF. ローゼンツヴァイクへ」（博士論文、2016年）、「F・ローゼンツヴァイクにおけるユダヤ性（Judentum）の〈復元〉と翻訳の課題について——『イェフタ・ハレヴィ』のあとがきの検討を中心に」（『京都ユダヤ思想』第7号、2016年）、「対話的教育実践による生徒指導と道徳教育の交差——哲学対話の手法に着目して」（『人間発達研究』第32号、2017年）などがある。